# 씨네마 법률 산책

김광록

충북대학교 출판부

# 머리말

우리나라에서의 법조인 양성 교육은 2009년 도입된 법학전문대학원, 즉 로스쿨 제도로 통합되었다. 그간 법조인 양성 교육에 대한 비판을 수용하고 여러 단점을 보완하여 새로운 제도로 일원화된 것이다. 물론 이 제도가 완벽하다고는 할 수 없지만 그래도 나름대로 긍정적인 측면에서 매우 효과적으로 운용되고 있다는 것이 일반적인 평가이다.

그러나 로스쿨이 도입된 대학에는 기존의 법과대학이나 법학과를 설치할 수가 없다. 꼭 그래서 그런 것만은 아니겠지만, 법학전문대학에서 법조인 양성을 위한 법학 교육은 나름대로 전문화되면서 발전하고 있는 반면 학부에서의 일반 교양으로서 법학 교육은 점점 부실해 지는 것같아 너무나 아쉬운 것이 현실이다. 충북대학교만 하더라도 한 학기에 개설되는 법학 교양과목이 이제는 그 절반도 안되는 정도만 개설되고 있다. 그러다 보니 법학에 대한 학생들의 관심도 점점 멀어지는 악순환에 빠진 것 같아 안타까움이 너무나 크다.

사실 대학에서 학부생을 대상으로 하는 법학 교양과목은 매우 중요하다. 앞으로 민주시민으로서 우리나라의 주축이 될 청년으로서 무엇이 옳고 무엇이 그른 지에 대한 올바른 가치판단을 할 수 있는 자질은 법학 교양과목을 통해 성장할 수 있기 때문이다. 즉 이러한 가치판단은 법학 교양과목을 통해 우리 사회의 법이란 무엇인가를 알아가면서부터 비로소 시작된다고 해도 과언이 아니기 때문이다. 그런데 로스쿨 제도의 도입 이전부터 학생들에게 법학은 그냥 어려운 것으로만 인식되어 오던 사정에서 이제는 학부 학생들의 법학 교양과목에 대한 접근성마저 떨어지게 된 것이 현실이다. 특히나 코로나 시대를 거치면서 학생들은 어렵고 따분한 과목이라고 하여 법학 과목을 더욱 기피하게 된 것을 감안하면 학부에서의 교양 법학은 실로 위기라 하지 않을 수 없다.

평소 이러한 문제를 고민하던 차에 2024년 1학기부터 학부에서 새로운 교양과목을 개설할 수 있는 기회가 주어졌다. 그래서 일말의 고민도 없이 평소 생각해 오던 이 [씨네마 법률 산책] 과목을 개설하게 되었다. 교양과목으로서 [씨네마 법률 산책]은 기존의 영화로 "배우는" 또는 영화로 "읽는" 과목과는 전혀 다른 새로운 과목으로서 학생들에게 영화를 매개로 무엇인가를 배우게 하고 가르치는 것에 방점을 두는 과목이 아니다. 이 과목은 학생들이 영화를 통해 자연스럽게 법률의 세계를 그저 산책하듯이 "이해하는" 과목으로서 학생들은 영화 속에서 나타나는 법적 문제에 대하여 자연스럽게 이해하고 그에 대한 해결책을 제시하게 될 것이다. 이를 위하여 이 책은 주요 영화를 선정하고 그 속에서 찾을 수 있는 법적 쟁점들에 대하여 논의할 수 있는 자료는 물론 일반적으로 꼭 알아야 하는 교양 법학의 기본적인 내용을 포함하는 자료들도 함께 엮어냈다. 그래서 이 책이 법학 교양과목으로서 [씨네마 법률 산책]의 교재로서는 물론 일반적인 교양 법학을 공부할 수 있는 중요한 자료로서도 그 역할을 충분히 할 수 있기를 바란다.

2024. 2. 연구실에서

# 차 례

# 씨네마 법률 산책

김 광 록

# 제1장

# 씨네마 법률 산책에 앞서...

## 제1절

# 새로운 교양 법학 과목의 필요성

우리의 일상은 물론 고등교육의 측면에서 지대한 영향을 끼쳐 왔던 COVID-19(이하 "코로나")시대가 이제 막을 내렸다. 코로나 시대의 교양 교육은 교육의 본질에 대한 성찰의 기회를 제공해 주었다는 긍정적인 측면이 있음을 부정할 수 없다. 코로나 시대 이전의 교양 교육은 단순히 교양 교육 과정표에서 정한 교육목표를 중심으로 그에 포함된 교육내용과 방법 등을 특정한 강의실에서 특히 신입생 중심의 학생들에게 전달하는 방식으로 이루어져 온 것이 사실이기 때문이다. 그러나 코로나 시대를 거치면서 대학의 교양 교육은 비대면 원격 교육의 방식으로 이루어짐으로써 그 편의성과 실효성이라는 새로운 교육의 "뉴 트렌드"를 제시하게 되었다. 이러한 새로운 교양 교육의 뉴 트렌드는 교수자에게는 학생들에게 확고한 학문의 토대를 마련해 주고 그들의 더 나은 삶을 위한 교양 교육이 무엇인지에 대한 문제의식을 제시하여 주기도 하였다. 그러나 학생들에게는 소위 '코로나 블루'라는 신조어를 낳을 만큼 우울감이나 걱정, 불안, 절망감 등을 가중시키는 결과를 초래하기도 하였다.[1] 이는 원격 수업이 컴퓨터를 비롯한 전자기기를 통해서 이루어짐으로써 대학 캠퍼스의 편의시설이나 자연환경을 공유하지 못하고 자기만의 고립된 환경에서 교육받음으로써 학교나 교수로부터 제대로 보호받지 못한다는 심리적 불안감이 컸

---

1) 문화진, "코로나-19로 인한 인한 비대면 대학 생활에서 나타나는 대학생의 스트레스 경험에 대한 현상학적 연구," 학습자중심교과교육연구 제21권 제11호 (학습자중심교과교육학회, 2021), 234면 참조.

기 때문이다.[2] 이러한 부정적인 코로나로 인한 팬데믹 시대의 교양 교육은 소위 "비정상의 정상화"라는 뉴노멀(New Normal)의 새로운 시대를 창출하기도 하였다.[3] 즉 뉴노멀은 과거에는 전형적이지 않던 상황이 이제는 전형적인 상태로 되었다는 것인데, 비대면 원격 수업이 이제는 새로운 정상적인 교양 교육의 한 모습인 에듀테크라는 분야를 탄생시킨 것이다.[4] 결국 교양 교육의 수요자인 학생들은 코로나 시대를 거치면서 원격 교육을 통해 체득한 디지털 맞춤형 교육의 장점을 대면 교육에서도 강력하게 요구한다는 것이다. 사실상 융합적 사고와 자기주도적 학습은 교수자와 학생 간의 대체 불가한 관계성을 전제로 한 대면 교육을 통해 극대화되기 때문에 이제는 코로나 이후 학생들이 필요로 하는 디지털 맞춤형 교육의 필요를 충족하면서 비대면이 아닌 직접 대면 교양 교육의 목표를 달성해 나가야 할 것이다. 따라서 향후 새롭게 개발되는 교양 교육은 코로나 시대 이후의 학생들이 요구하는 새로운 디지털 시대의 교양 교육으로서 디지털의 상징인 영화 등을 매개로 학생들의 적극적인 사고와 행위의 장인 새로운 교양 과목을 마련토록 할 필요가 있게 된 것이다.

---

2) 주소영, 정연재, "이공계 신입생의 학습참여, 자기효능감, 회복탄력성과 교양교육 만족도의 관계," 교육문화연구 제27권 제2호 (인하대학교 교육연구소, 2021), 240면 참조.

3) 정진석, "뉴 노멀-교육의 비판적 담론 분석을 통한 국어교육의 방향 모색," 교과교육학연구 제26권 제1호 (이화여자대학교 교과교육연구소, 2022), 21면 참조.

4) 정연재, "포스트 코로나 시대의 교양교육 : 디지털 전환의 속도전에서 지속가능한 미래로," 교양학연구 제22집 (다빈치미래교양연구소, 2023), 52면 참조.

## 제2절

# 미디어 기반의 디지털 교양 법학

지난 2009년 법학전문대학원 제도가 도입된 후 얼마간 함께 존재하던 사법시험제도가 2018년 완전히 폐지됨으로써 그때부터 법조인 양성은 법학전문대학원을 졸업한 학생들만 응시하는 변호사 시험으로 완전히 일원화되었다. 그리고 우리 대학처럼 법학전문대학원이 설치된 대학에서는 기존의 법과대학 및 법학과는 완전히 사라지게 되었다. 이로써 학부에서 이루어지던 기존의 법학적 기본 소양을 목적으로 하는 교양 교육의 다양성도 점차 자취를 감추었다. 그러나 민주 시민으로서 사회를 규율하는 규범에 대한 가장 기초적이고도 기본적인 내용에 대한 학습은 반드시 필요하고, 특히 우리 사회의 중추적인 역할을 하게 될 대학생을 대상으로 하는 대학에서의 법학 소양 교육은 매우 중요한 의미가 있다. 사회 전반적으로 규범의 중요성은 점점 더 커지고 있는데, 개인 간 또는 개인과 단체 간의 분쟁이 발생한 경우 규범, 즉 법) 의한 해결방식이 우선시 되고 있으며, 기업경영에 있어서도 과거와는 달리 준법경영이 그 어느 때보다도 강조되고 있고, 최근에는 지속가능한 경영이라는 ESG경영의 일환으로 소위 "글로벌 스탠다드 (Global Standard)"가 요구되어 법규범을 준수하지 않고는 기업의 생존은 담보되지 않는 실정이다. 국가의 행정도 법치주의가 강화됨으로써 정책결정권자의 자의적인 기준이 아닌 법률에 근거한 집행이 요구되고 있으며, 결과 만능주의가 아닌 과정을 존중하는 문화가 확대되면서 소위 적법절차를 최우선하는 경향이 뚜렷해지고 있다. 따라서 이제는 규범, 즉 법을 경시하는 풍조는 정치, 경제, 사회 문화 등 모든 영역에서 더 이상 통용될 수 없게 된 것이다. 이러한 사정에서 고등학교 교과과정에서 규범 또는 법 교육에 관한 사회과목들이 선택과목이 되었고, 대학 수학능력 시험에서 "법과 정치"과목의 선택 비율은 다른 사회과목에 비해 낮은 상황이다.[5] 그럼에도 불구하고 각 지역에 소재하는 대학들은 법학적 소양 교육으로서의 일반 교양 법학 교육을 개발 운영함으로써 현대사회에 적합한 법학 소양 교육이 점차 강화되는 시대적 요구에 부응할 필요가 있는 것이다. 그런데 현재까지는 많은 대학들이 교양 교육으로서 법학 소양 교육을 법학개론이나 법학원론 수준의 과목 위주로 운영하고 있는 것이 현실이다. 이러한 현실은 법학 분야의 지식을 단기간에 수박 겉핥기식으로 교육하는데 머무를 수밖에 없기 때문에 법학 지식을 함양은 고사하고 학생들로 하여금 법학에 대한 흥미를 갖기 어렵게 만들 우려가 농후하다. 더욱이 코로나 시대를 거치면서 실질적인 참여형 디지털 교양 교육을 원하는 학생들의 필요를 충족시켜 주기에는 부족함이 크다고 판단되는 것은 당연하다고 할 것이다. 따라서 이제는 학생이 실질적으로 교육에 직접 몰입하여 참여하고 이를 통하여 주어진 문제 해결을 위한 자신만의 창의적인 아이디어를 다른 학생과 공유함으로써 의사소통능력은 물론 타인과의 조율 및 협력, 그리고 공감과 배려가 실현될 수 있는 실질적인 참여형 교양 교육의 장이 필요한 것이다.

5) 김정현, "법과대학 폐지 이후 학부에서의 법학교육," 법교육연구 제13권 제3호 (한국법교육학회, 2019), 94면.

제3절

# 리걸마인드로 이해하는 법률 산책

특히 현대사회의 이념이 민주주의와 법치주의임을 감안하면 교양 교육으로서 법학 교육은 법학을 전공하고자 하는 학생은 물론 법학을 전공하지 않는 학생이나 일반인에게도 반드시 필요하다. 민주시민으로 거듭나게 될 대학생이라면 민주시민이 갖추어야 할 기본적 소양이자 실생활에 필요한 법적 지식을 함양하기 위하여 법 교육을 반드시 이수하여야 할 것이다. 그러나 이미 언급한 바와 같이 교양 교육으로서의 법학 교육은 기존의 법과대학 법학과에서 이루어지던 전문적인 법학 소양 교육과는 뚜렷한 차이를 보여야 하며, 코로나 이후 시대의 학생들의 필요를 반드시 충족하는 방향으로 구성되어야 한다. 즉 기존의 법학 교육과는 달리 코로나 시대 이후의 교양 교육으로서의 법학 교육은 양적 측면은 물론 질적 측면 모두에서 개선되어야 하는 것이다. 양적 측면에서는 기존의 법학 교육과정에서 포함하고 있는 다양한 분야의 법학 교육을 하나의 교양 과목에서 포섭함으로써 학생들이 사회에 진출한 이후에도 다양한 법적 쟁점들에 대한 이해와 문제해결 능력을 갖출 수 있도록 하여야 한다. 질적 측면에서는 사회에서 요구하는 다양하고도 방대한 법학적 지식을 단순히 주입하는 것이 아니라 학생들이 소위 "리걸 마인드 (Legal Mind)"를 가지고 앞으로 접하게 될 문제를 실천적으로 해결할 수 있는 능력을 갖추는 교육이 되어야 한다. 따라서 새롭게 개설되는 법학 교양 과목은 모든 법 분야를 이론적으로만 다루는 기존의 "법학개론" 류의 과목과도 다르고, 단지 생활 속의 법률문제만을 다루는 "생활과 법률" 류의 과목과도 달라야 하며, 법학의 기본개념조차도 알지 못하는 대학의 신입생들에게 헌법, 행정법, 형법 등의 공법과 민법 및 상법을 비롯한 사법을 비롯하여 경제법 및 사회법 등의 방대한 법학 지식을 기존의 교육 체계와 유사하게 가르쳐봐야 학생들에게 법학에 대한 관심만 오히려 잃게 될 우려가 큰 것이 뻔하기 때문이다.

이번에 새롭게 선 보이는 교양 과목으로서 [씨네마 법률 산책]은 기존의 영화로 "배우는" 또는 영화로 "읽는"과목과는 전혀 다른 새로운 과목으로서 학생들에게 영화를 매개로 무엇인가를 배우게 하고 가르치는 것에 방점을 두는 과목이 아니다. 이 과목은 학생들이 영화를 통해 자연스럽게 법률의 세계를 그저 산책하듯이 "이해하는" 과목으로서 학생들은 영화 속에서 나타나는 법적 문제에 대하여 자연스럽게 이해하고 그에 대한 해결책을 제시하게 될 것이다. 영화를 통해 나타나는 법적 문제에 대하여 학생들간 상호소통과 토론을 통하여 그 해결책에 대하여 상호 공감대를 형성해 가는 과정을 거침으로서 민주시민으로서의 법학적 소양을 갖추어 나가는 과목이기 때문이다. 결국 [씨네마 법률 산책]은 코로나 시대 이후의 학생들이 필요로 하는 영화라는 디지털 방식의 교육을 통하여 학생들이 직접·능동적·자발적으로 수업에 참여할 수 있도록 하여, 학습자 수준에서 학생 주도형 교육이 이루어짐으로써 학생들이 자기 스스로 세상을 꾸려갈 수 있는 능력의 함양이 첫 번째 목적이다. 특히 영화를 감상한 이후 이루어지는 토론 중심의 수업 방식으로 학생들의 자발적인 수업 참여를 통하여 기존의 어렵고 딱딱하고 재미없는 법학에 대한 인식에 대한 변화를 도모하여 법학은 재미있고 흥미로우며 현대사회에서 반드시 필요한 소양임을 이해하고 인식함으로써 민주시민으로서 갖추어야 할 기본적인 시민의식을 함양할 수 있도록 하는 것이 두 번째 목적이다. 한편 대학에서의 교육은 학생들의 졸업 후 취업을 위한 교육을 포함하여 이제는 생애 전반에서 지속적인 성장을 촉진하는 밑거름이 되는 교육이 되어야 할 것이다. 따라서 이 과목은 학생들이 시시각각 변화하는 미래에 적응하고 자신만의 진로를 설정하는데 그 기준을 제시하는 것이 세 번째 목적이다. 기타 부수적 목적으로는 이 과목을 수강하는 대학의 학생들이 법학 과목에 관심 갖고 전문법조인으로서 성장해 나갈 수 있는 단초를 제공하는 것이다. 이 책은 바로 이러한 목적을 달성하기 위한 교양교육으로서 [씨네마 법률 산책]의 주 교재로서의 역할을 충실하게 해 낼 것을 기대하면서 마련되었다. 아무쪼록 이 책과 이 교양과목을 접하는 모든 이들이 영화를 매개로 생활속에서 나타나는 법률문제에 대한 기본적인 이해와 그 해결을 위한 실마리를 찾아가는 법률 산책을 잘 마무리하기를 바란다.

# 제2장

# 법이란 무엇인가?

제1절

# 법의 개념[1)]

## Ⅰ. 들어가는 말

법이란 무엇인가? 법학을 처음 접하거나 법에 관심을 갖고 있는 사람이라면 누구나 한번쯤은 들었던 질문이다. 그리고 우리는 이러한 질문에 대하여 너무나도 쉽게 '행위준칙'이니, '사회규범'이니 또는 '공동선'이라는 용어를 사용하여 이상의 질문에 답을 하곤 한다. 물론 이러한 답이 틀린 것은 아니다. 그러나 우리가 이렇게 답을 하게 되면 또 다른 질문이 우리 앞에 던져지게 되는데 과연 행위준칙은 무엇이며, 사회규범은 무엇이고, 또 공동선은 무엇이란 말인가. 우리는 법이란 무엇인가에 대한 답을 구하려다가 또 다른 무수한 질문들을 만들어 버리고 만 것이다. 그리고 이러한 또 다른 질문 속에서 답을 찾아 헤매이다가 결국 법은 진정으로 어려운 것이라는 결론에 도달하게 되는 것이다. 이러한 현실을 감안하여 "법이 무엇인지 잘 모르겠다고 하여 모든 것을 법이라고 할 수 없다"는 경고까지 하고 있는 실정이다.

법이 무엇이지, 그러니까 법의 개념을 정립함에 있어 우리가 곤란을 겪는 이유 중의 하나는 이미 다양한 형태로 복잡하게 얽혀있는 현재의 법 상황을 전제로 하여 법의 개념을 정하고자 하는데 있다. 복잡하고 다양한

1) 이하에서는 권재열, 김광록 외, 법학개론 제3판 (법원사, 2006)의 내용을 일부 수정 및 인용하여 강의자료로 활용하였음

관념들 속에서 법의 개념만을 따로 꺼내어 그것만을 정의하기란 그리 쉬운 일이 아닌 것은 틀림없다. 그렇다면 법이 존재하지 않던 상황으로 돌아가서 법이 발생하게 되는 배경이나 이유를 살펴 본다면 보다 명확하게 그 개념을 이해할 수 있을 것이다. 과연 인간이 무리를 지어 살지 않고 단독으로 생활하였다면 법이 발생할 수 있었을까? 인간이 무리를 지어 살 수밖에 없다면 무리 중에서 나 아닌 다른 구성원을 고려하지 않고서 원만한 무리생활을 해 나갈 수가 있을까? 그리고 단순한 무리생활이 아닌 사회를 구성하고 살아간다면 그 사회를 유지하기 위하여 우리는 공동의 목적을 필요로 하지 않을까? 그렇다면 사회의 공동목적을 실현하기 위하여 우리는 무엇이 필요할까? 더욱이 사회가 존재하기도 전에 법이 먼저 존재할 수 있을까?

법이란 무엇인가를 묻거나 그에 대하여 답을 구하기에 앞서 우리가 이상의 질문들에 대하여 다시 한번 생각해 본다면, 우리는 현재의 우리가 처해 있는 상황에서 현재의 관념적 개념들을 이용하더라도 법이란 무엇인가에 대하여 비교적 명확하게 이해할 수 있을 것이다.

## II. 법의 의의

서양에서의 법이라는 말은 그리스어인 노모스(nomos)에서 그 근거를 찾을 수 있다. 노모스라는 말은 '나누어 준다'라는 의미를 가지는데, 인간에게 가장 필요한 의·식·주의 기본이 되는 토지를 나누어 주는 데에서 유래하였다고 한다. 어떠한 한 인간에게 무엇인가를 나누어 주기 위해서는 그 무엇인가를 받는 자를 포함하여 다른 자들도 모두가 이에 최소한 공감하거나 받아들일 수 있도록 하여야 할 것이다. 따라서 무엇인가를 누구에게 나누어 주기 위하여 인위적이고 강제적으로 다른 누군가의 생래적인 자유를 제한할 필요가 생겼고, 이것이 지금의 규율과 관습으로 발전하였으며, 지금의 규범(norm)과 유사한 말이 되었다. 이렇듯 법은 관습적인 우연에 의해서 만들어진 법칙이라고 할 수 있다.

라틴어에서는 법을 지칭하는 말로서 'jus'와 'lex'가 있었는데, 'jus'는 추상적이고 일반적인 의미의 법을 표현하는데 사용되었으며, '올바른 것', '법', '권리'라는 뜻이 모두 포함되어 있다. 반면에 'lex'는 권위있는 기관에 의하여 제정된 실정법 규범이나 명령을 의미하였으며, 이는 영어의 'law'라는 단어로 발전하였으며, '명령', '계율'의 의미를 포함한다. 한편 라틴어의 'jus'는 독일어로 'Recht', 프랑스어로는 'droit'라고 부르는데, 이들은 모두 '올바른 것' 또는 '정의'를 상징한다. 따라서 이들 나라에서는 법이란 권리 또는 정의 관념을 강하게 내포하고 있음을 알 수 있다.

동양에서의 법은 상형문자인 '법(灋)'에 잘 나타나 있다. 법(灋)의 정자(正字)는 물(水)과 해태(廌), 그리고 간다(去)로 구성되어 있다. 이것은 어떠한 그릇에 부어도 평평한 것처럼 공평한 상태를 뜻하는 물과 시비선악을 가리는 전설적인 동물인 해태가 악(惡)을 제거하고 평등과 형평을 구현하며 나간다는 뜻을 나타내고 있다. 즉, 법이라는 글자 속에는 물이 뜻하는 공평 또는 형평, 해태가 상징하는 정의, 그리고 악의 제거라는 제재의 의미가 함께 내포되어 있는 것이다.[2)]

우리나라에서도 법에 해당하는 말이 있는데, 바로 '본보기', '본때'라고 할 때의 '본'이 그것이다. 여기서의 본은 남의 모범이 되는 상태로서 꼭 있어야 하는 상태로 존재하는 것을 의미한다. 결국 이는 당위적으로 존재하는 것, 즉 당위적 존재(Sollendes Sein)라고 이해할 수 있을 것이다.

---

2) 힘이되는 법, "'法(법)'에 이런 비밀이?" 법무부 공식 블로그 (2013. 1. 29.) 참조. 〈https://blog.naver.com/mojjustice/150157981514〉 (최종방문일 2023. 12. 29)

# Ⅲ. 법의 규범적 특성

## 1. 행위규범

법은 사회질서의 유지를 목적으로 그 구성원인 인간에게 준수하도록 하는 규범으로서 법이 규율하는 대상은 사람의 행위이다. 이러한 행위는 사람의 의사에 따라 외부적으로 나타나는 신체적인 동정(動靜)을 말한다. 즉, 법은 사람의 내심의 의사를 문제 삼는 것이 아니라 이러한 의사가 외부에 나타나는 적극적 행위(作爲) 또는 소극적 행위(不作爲)를 문제 삼는 것이다. 따라서 법은 인간행동의 판단 기초가 되어 이를 표준으로 하여야 할 행위와 하지 말아야 할 행위를 결정하여 주는 것이다. 이러한 의미에서 법은 행위의 준칙으로서 행위규범인 것이다.

## 2. 사회규범

법은 사회질서의 유지를 위하여 개인에게 일정한 행위를 요구하거나 금지하는 사회적 행위규범으로서 사회생활의 목적을 실현하기 위하여 지켜야 할 사회규범이다. 이와 같이 법은 사회규범이라는 점에서 자연계의 법칙인 자연법칙과 차이가 있다. 자연법칙은 인간의 의사 또는 행위와 관계없이 객관성이 인정되는 원칙으로서 "해는 동쪽에서 뜬다", "물은 높은 곳에서 낮은 곳으로 흐른다" 등과 같이 자연현상을 대상으로 하여 자연의 "사실이 그러하다"는 관계를 나타내는 존재의 법칙, 인과의 법칙, 필연의 법칙이다. 따라서 자연의 법칙은 위반의 가능성이 없으며, 선악과 공과 등의 가치판단과 관계없는 몰가치의 법칙이다.

반면에 사회규범은 '마땅히 그러해야 하는' 관계를 나타내는 당위의 법칙으로서 사회생활에서 나타나는 인간의 행위를 대상으로 한다. 사회규범은 사회적으로 인간이 설정한 목표를 이루기 위해서 만들어 낸 원칙으로서 특정인을 대상으로 하는 것이 아니라 사회구성원 전체, 즉 평균인을 대상으로 하는 사회의 행위규범이다. 이러한 의미에서 사회규범은 인위적인 법칙으로서 목표가 실현되기를 기대하는 목적의 법칙이다. 또한 사회규범은 준수의 가능성이 있는 동시에 위반의 가능성이 함께 존재하여야 한다. 즉, 준수의 가능성만 존재하고 위반의 가능성은 존재하지 않거나, 반대로 준수의 가능성은 존재하지 않고 위반의 가능성만 존재하는 경우에는 사회규범으로 인정될 수 없다.

### 3. 목적규범

법은 사회의 구성원이 사회생활을 영위하기 위하여 그 질서를 유지할 것을 목적으로 성립하는 목적규범이다. 즉, 법의 궁극적인 목적은 그 사회의 구성원인 인간의 행복이나 선을 효과적으로 달성하는데 있는 것이다. 따라서 법은 사회에 특정한 공동의 목적을 달성하기 위한 준수규범으로서 국가권력에 의하여 강제되는 목적규범이다.

### 4. 강제규범

법은 정치적으로 이루어진 국가라는 사회 속에서 스스로 실효성을 갖기 위하여 강제라는 수단을 가지는 강제규범이다. 즉, 법은 국가권력에 의하여 유지되며 강제됨으로써 그 위반에 대하여 일정한 불이익이나 제재에 의하여 그의 준수가 강제되는 국가적 규범인 것이다. 이 때 국가가 가지는 권위는 절대적이므로 법은 절대적 규범이며, 법은 국가기관에 의해 제정된 것으로서 권력적 규범이다. 국가권력은 그 국가 내에서는 최고·절대·유일·불가분의 것으로서, 그 권력에 의하여 제정된 법도 강제성이 월등한 최고의 강제규범이다. 이러한 의미에서 법의 강제성은 법의 특질이며 그 본질이라고 할 수 있다. 예링(Jhering)이 "국가의 손으로 실현되는 강제야말로 법의 절대적 기준이 된다. 강제가 없는 법규는 자기모순이다. 그것은 마치 타지 않는 불이요, 비치지 않는 빛과 같다"고 한 말은 강제규범으로서의 법을 잘 지적해 주고 있다.

## Ⅳ. 다른 사회규범과 법

### 1. 들어가는 말

법은 인간생활을 규율하는 사회규범이다. 이러한 사회규범에는 법규범 이외에도 관습·종교·도덕 등 여러 가지가 존재한다. 법규범을 포함한 다른 사회규범들은 문화가 발달하지 않은 상태에서는 서로 미분화의 상태에서 혼합되어 있었다. 그러나 사회가 발달하고 그 생활이 점차 복잡하게 됨에 따라 서로 분화하여 각각 다른 가치기준을 추구하는 사회규범으로 존재하고 있다. 그러나 오늘날에도 이러한 규범들은 서로 엄격하게 분리되어 존재하는 것이 아니라 상호간에 밀접한 관계를 갖고 우리의 사회생활상의 질서를 유지하는 규범이 되고 있다. 따라서 법의 개념을 보다 명확하게 이해하기 위해서는 법규범과 다른 사회규범과의 관계를 살펴보는 것이 매우 중요하다.

### 2. 법과 관습

#### (1) 관습의 의의

일반적으로 관습이라 함은 일정한 행위가 특정한 범위의 사회에 속하는 다수인 사이에 계속적이고 반복적으로 발생하여 계속됨으로써 사회의 관행으로 승인되고 그에 의거하여 행동해야한다는 의식을 갖게 하는 사회규범을 말한다. 즉, 관습은 사회적 행위이고 이를 준수하여야 한다는 사회공통의 의식이 사회구성원들 간에 발생하고 있는 규범이다. 그러나 이러한 관습은 현실생활 속에서 무의식적으로 발생하는 사회준칙으로서 이상성이 희박한 무자각적이라는 특징이 있다.

#### (2) 법과 관습의 구별

법은 만들어지는 것이고 관습은 생성되는 것이라고 구별할 수 있으나,

법과 관습은 성립, 타당영역, 강행성유무 및 효력의 시각에서 구별하여야 한다.

첫째, 법은 일정한 사회목적을 달성하기 위하여 의식적으로 성립하는데 반하여, 관습은 현실생활에서 다수인에 의한 자발적 모방에 의하여 자연적 무의식적으로 발생하여 성립한다.

둘째, 법은 국가사회 전반에 걸쳐서 성립하지만, 관습은 부분사회에서만 성립하고 타당성을 갖는다.

셋째, 법은 현실적으로 국가권력에 의하여 강제되어지는데 반하여, 관습은 일정한 행동이 관행으로 되어 온 사실에서 구속력을 갖고 사회적으로 강제되는 것에 지나지 않는다.

넷째, 법은 국가권력에 의하여 강제됨으로써 그 위반이 있는 경우에 법률적 제재가 가해진다. 반면에 관습은 그 위반에 대하여 사회적인 비난이 가해지지만 법률상으로는 아무런 결과가 초래되지 않는다.

### (3) 법과 관습과의 관계

법과 관습은 상호 분화 및 침식의 관계에서 관습이 발전하여 법의 내용을 형성하거나 법이 관습에 의한 것을 규정하는 경우가 있다. 즉, 법의 연원의 하나에 속하는 관습법(민법 제1조)은 관습이 법규범화한 것이고, 또 관습법으로 인정되지 않는 사실인 관습(민법 제106조)도 일정한 요건이 충족되면 일반생활을 지배하게 되는 것이다.

## 3. 법과 종교

### (1) 종교의 의의

종교는 주관적으로 초인격적인 신의 존재를 믿고 이에 귀의한다는 개인적인 내심적 신앙으로써 사회생활을 전제로 성립하며, 신자에게 일정한 계율을 제시하는 규범이다. 종교규범은 다분히 내심적인 상태에 머무르는 개인적 규범으로서 사회적인 차원에서 외부적으로는 아무런 문제도 발생하지 않는다고 할 것이다. 그러나 종교규범도 신앙을 같이하는 신자들의 사회생활을 규율하고 그 위반에 대해서는 집단 소정의 제재를 가한다는 측면에서 사회규범으로서 독자적 기능을 수행하고 있다.

### (2) 법과 종교의 구별

법과 종교는 다음과 같은 점에서 서로 구별된다. 첫째, 법은 일반대중을 규율대상으로 하나, 종교는 오직 같은 신앙을 갖는 특정 집단을 그 규율대상으로 한다.

둘째, 법은 정치적으로 조직화 된 국가권력에 의하여 강제되는데 반하여, 종교는 각 개인의 내심적인 신앙을 기초로 하여 그 강제성을 확보해 나간다.

셋째, 법은 그 위반자에 대하여 법률적인 제재가 가해지나, 종교에 있어서 계율을 위반한 자에 대해서는 파문 등의 일정한 제재가 예정되어 있는 경우가 있을 뿐이다.

### (3) 법과 종교와의 관계

법과 종교는 그 속성상 매우 유사한 관계에 있다고 할 것이다. 즉, 법은 정의라고 하는 절대적인 이념을 추구하고, 종교는 무한 절대자의 신앙을 통하여 영혼의 구원을 추구하기 때문이다. 특히 종교는 영혼의 구원에 이르려는 노력이므로 그 자체가 선한 것으로서 법과 함께 사회정의나 평화를 실현하려는 공통목적을 가지고 있다. 따라서 법은 종교의 가치와 자유를 최대한 보장하여 주어야 하는 등 법과 종교는 상호 조화를 모색하여야 한다. 현대국가에서 헌법과 법률을 통하여 종교의 자유를 보장하고 종교관계를 규정하고 있는 이유도 이러한 관계에 연유한다.

## 4. 법과 도덕

### (1) 도덕의 의의

법과 도덕은 모두 인간의 행위를 규율하기 위한 사회규범으로서 양자는 매우 밀접한 관계를 가지고 사회생활의 질서를 유지해 나가고 있다. 한편 고대사회에서는 법과 도덕을 구별할 수 없을 정도로 규범적인 측면에서 그 구별이 어려웠던 것이 사실이다. 그러나 근세에 이르러 사회가 점점 발달하고 복잡해짐에 따라 그 구별이 가능하게 되었다. 일반적으로 법은 외부적인 강제력에 의하여 행위의 작위·부작위의 동기가 부여되는데 반하여, 도덕은 인간의 존재를 전제로 인간이 마땅히 하여야 할 도리를 체득하는 것으로서 그러한 도리에 따른 의무감이 행위의 동기가 되는 것이라고 할 수 있다. 이러한 법과 도덕의 구별에도 불구하고 사회적 모순이나 성문법 만능주의에서 오는 병폐를 해결하기 위하여 도덕적 질서에 대하여 법적 가치를 부여하거나 도덕적 규범을 법규범에 도입하는 등 법과 도덕의 조화를 도모하고 있다.

### (2) 법과 도덕의 구별

#### 1) 서설

종래 법과 도덕을 구별함에 있어 법과 도덕을 인식하는 근거의 상이를 기준으로 일원론과 이원론이 대립되고 있다. 일원론은 자연법론자들에 의하여 주장되고 있는 것으로서, 자연법은 실정법을 초월한 영구불변의 법칙이라고 하고, 인간이 만든 법은 도덕에 기초하고 그에 합치하여야 법으로서 효력을 갖는다고 한다. 반면에 이원론은 법실증주의자들에 의하여 주장되고 있다. 이들에 따르면 법은 국가의사의 일정한 형식에 따라 법규로 성립하면 강제적 효력을 가지고 법의 내용이 정당한가는 문제 삼지 않는다. 따라서 법의 내용이 도덕에 반할지라도 법으로 인정된다고 하여 법과 도덕을 이원적인 것이라고 한다.

### 2) 법의 외면성과 도덕의 내면성

법과 도덕은 관심방향에 따라서 구별된다. 즉, 법은 인간의 외부적 형태에 관심을 갖고 외면적 행위만을 규율하고, 도덕은 인간의 내부적 형태에 관심을 두고 인간의 내면적·정신적 의사를 규율한다. 따라서 법에서는 간음에 대한 의사나 생각을 가지고 있다고 하더라도 그것이 외부의 행위로 나타나지 않는다면 법적으로 처벌받지 않으나, 도덕에서는 인간의 양심을 대상으로 하므로 마음속을 한 간음도 제재의 대상이 된다. 그러나 법적 평가가 반드시 인간의 외부적 행위에만 국한되는 것이 아니라 고의·과실·선의·악의 등 그 내부적 의사에도 영향을 미치고, 도덕적 평가도 인간의 외부적인 태도에 따라 영향을 받는다. 따라서 이러한 구별은 다분히 상대적인 의미만을 지닌다고 할 것이다.

### 3) 법의 타율성과 도덕의 자율성

법과 도덕은 타당근원에서 구별된다. 즉, 법은 본인의 의도와는 관계없이 외부적인 강요에 의하여 준수하여야 하는 타율성을 본질로 하는데 반하여, 도덕은 고유한 인격을 통한 양심에 기초하여 스스로의 자각으로 준수하는 자율성을 본질로 한다. 그러나 법적 의무도 자신이 의욕을 가지고 준수한다면 자율성을 부정할 수 없으며, 도덕적 의무도 타인에 의한 비난이 두려워서 준수한다면 타율성을 부정할 수 없을 것이다. 특히 법이나 도덕 모두 그 실효성을 보장하기 위해서는 외부적인 강요를 필요로 하기 때문에 이러한 구별은 그 구체적인 타당성을 결여하고 있다고 할 것이다.

### 4) 법의 강제성과 도덕의 비강제성

법과 도덕은 그 효력의 강제성 여부에 따라 구별된다. 즉, 법은 국가권력에 의하여 강행되는 권력적·물리적·사회적인 유형력에 의하여 강제되는데 반하여, 도덕은 각자의 내면적인 양심에 따라 인격적·심리적으로 준수가 요구된다. 즉, 법적인 강제는 국가권력에 의하여 가해지는 물리적인 강제이며, 도덕적 강제는 사회적 비난에 대한 두려움과 같은 심리적인 강제이다. 그러나 법에 의한 강제도 국가의 강제가 수반되지 않는 것이 있고, 도덕에서의 심리적인 강제도 결국은 강제성이라고 한다면 강제성의 유무에 관한 구별도 절대적인 표준이 된다고 할 수 없다고 할 것이다.

#### 5) 법의 합법성과 도덕의 도덕성

법과 도덕은 의무방식에서 구별된다. 즉, 법은 규정에 적합한 행동만을 요구함으로써 합법성을 본질로 하는데 반해서, 도덕은 규범의 적합한 심정도 요구함으로써 행위의 도덕성을 본질로 한다. 이러한 의무방식의 차이로 인하여 도덕은 언제나 자기 자신에 대한 채무를 부담하며, 남에게 권리로서 요구할 수 없다고 한다. 그러나 법에서 요구하는 합법성과 함께 구별의 표준이 되기 위해서는 비합법성의 표준이 사용되어야 하는데, 도덕에서 요구하는 도덕성은 비합법성과는 거리가 멀다고 할 것이다. 따라서 합법성과 도덕성은 상호 구별의 표준으로 될 수 없다는 비판이 있다.

#### 6) 법의 양면성과 도덕의 일면성

법과 도덕은 권리와 의무의 대응성에서 구별된다. 즉, 법은 권리·의무의 양면성을 내포하고 있으므로 법적 의무에는 이에 대응하는 권리가 존재한다. 반면에 도덕은 개개 주체에 대한 규범으로서 자신의 양심에 기초한 일방적 의무만이 존재하고 그에 대응하는 권리가 존재하지 않으므로 의무의 일면성만을 갖는다. 그러나 법에도 취소권이나 추인권 등과 같이 의무가 존재하지 않는 권리가 있고, 또한 자연채무와 같이 상대방의 권리행사가 요구되지 않는 의무도 있다는 점에서 바람직한 구별의 기준은 아니라고 할 것이다.

#### 7) 소결

이상의 구별표지에 의한 법과 도덕의 구별은 법과 도덕을 하나의 사회규범으로 인식하는 것을 전제로 그 개념적 속성을 살펴본 것이다. 이러한 법과 도덕의 속성에 대한 구별은 외면성·내면성, 타율성·자율성, 강제성·비강제성, 합법성·도덕성, 그리고 양면성·일면성이라는 구별표지를 사용함으로써 자칫 잘못하면 법과 도덕은 상호 반대 또는 모순되는 개념으로 잘못 이해할 가능성이 존재한다. 그러나 이러한 법과 도덕의 구별은 그 개념적 속성에 대한 특징을 비교한 것으로서 법과 도덕 자체가 반대 또는 모순개념이라는 것을 의미하는 것은 아니다. 물론 그 개념적 특징에 따라서 상호 뚜렷한 차별성을 갖는 것도 사실이나 법과 도덕은 기본적으로 규범적 동질성을 갖고 법규법과 도덕규범은 상호 조화를 통하여 사회질서의 유지를 추구한다.

### (3) 법과 도덕의 관계

이상에서 살펴본 바와 같이 법과 도덕은 그 개념적 속성에 따라 다양한 측면에서 구별이 가능하지만, 양자는 모두 사회규범으로서 상호 밀접한 관련성을 가지고 있다. 사실 법과 도덕의 관계는 법의 본질에 관한 자연법론과 법실증주의의 대립에서 비롯된 것으로서 도덕을 중심으로 법을 이해하는 자연법론주의자들은 '법은 도덕의 최소한'으로 이해하는 반면에, 법을 중심으로 도덕을 이해하는 법실증주의자들은 '법은 도덕의 최대한'으로 이해한다. 그러나 도덕은 법의 타당성의 근거인 동시에 그 목적으로 작용한다고 이해하여야 할 것이다. 결국 법질서는 도덕적 가치와 불가분의 관계를 갖게 되며 그 내용이나 효력에 있어서 많은 부분 상호 중복된다. 특히 도덕은 법규범의 형성에 기장 중요한 역할을 하며, 신의성실의 원칙이나 선량한 풍속의 규정은 도덕적 경향이 법의 내용에 반영된 대표적인 것이라고 하겠다. 또한 오랫동안 사회내부에 계속되어 온 규정의 위반이 법적 비난과 함께 도덕적 비난까지도 야기되는 경우가 있다. 따라서 법과 도덕은 상호 의존 내지 보완관계에 있다고 할 수 있다.

## 제2절

# 법의 이념

## Ⅰ. 서설

법의 이념이란 '법이 추구하고 있는 궁극적인 목적 또는 가치'로서 법의 목적을 말한다. 이때 법의 목적은 법을 정립하고 실현함에 있어 법에 의하여 달성하려고 하는 현실적인 목적을 말하는데, 이는 인간이 실현하려고 하는 가치이며 법의 생명이라고 할 수 있다. 따라서 법의 목적은 법의 배후에서 법의 방향을 지시하는 기능을 수행하는데, 입법자에게는 입법의 방향을 제시하고, 법관과 행정가에게는 법해석과 적용의 기준을 제시하게 된다. 법의 목적에는 제정법 등의 개별적인 법이 가지는 목적과 법 전체가 가지는 법 일반의 목적이 있다.

## Ⅱ. 개별적인 법의 목적

개개의 제정법에는 각각 그 특유의 목적이 존재한다. 이 목적은 그 법을 통하여 달성하려는 현실적인 가치를 말한다. 따라서 개별적인 법의 목적은 그 내용을 법 자체 내에서 명시적 또는 묵시적으로 규정하고 있다. 이것은 모든 법에 공통된 법 일반의 목적과는 구별된다. 예를 들어, 근로기준법 제1조는 "이 법은 헌법에 의하여 근로조건의 기준을 정함으로써 근로자의 기본적 생활을 보장·향상시키며, 균형있는 국민경제의 발전을 도모함을 목적으로 한다"라고 규정하여 그 법의 입법목적을 명시하고 있는 것과 같다.

이처럼 개별적인 법의 목적은 법 제정시 제1조에 규정하는 것이 보통인데, 법 자체에 그 법의 목적을 명시적으로 규정하고 있지 않은 경우도 많다. 예를 들어, 민법, 형법, 상법, 국회법, 교육법 등이 그것이다. 그러나 이러한 경우도 편의상 목적을 규정하지 않았을 뿐이고 그 법의 목적은 개별적인 법의 연구를 통하여 논하게 된다.

## Ⅲ. 일반적인 법의 목적

일반적인 법의 목적은 전체로서의 법이 공통적으로 가지는 목적, 즉 모든 법이 달성하려는 현실적인 가치를 말한다. 이러한 일반적인 법의 목적은 시대, 사회구조 그리고 국가관 등의 변천에 따라 달라지는데, 그동안 학자들이 정의한 법의 목적 중 대표적인 경우를 들면 다음과 같다.

그리스의 철학자인 플라톤(Platon)과 아리스토텔레스(Aristoteles)는 법의 목적은 '정의를 원칙으로 한 도덕생활의 실현'이라 하였고, 프랑스의 사상가인 루소(J.J. Rousseau)는 '개인의 자유. 평등을 확보하고 발달시키는 것'이 법의 목적이라 하였다. 독일의 철학자인 칸트(I. Kant)는 법의 목적을 '도덕적인 개인 인격의 확보를 위하여 봉사하는 것'이라 하였으며, 또한 영국의 사회사상가인 벤담(J. Bentham)은 '최대다수의 최대행복을 얻게 하는 것'을 법의 목적으로 보았다. 이밖에 미국의 법학자인 파운드(R. Pound)는 법의 목적을 '특정한 때와 장소에 있어서의 문화의 법적 공리'로 보았다.

이와 같이 법의 목적은 그 당시의 사회사조 또는 국가관 등에 따라 다를 수 있으나 궁극적으로는 인간으로서의 존엄과 가치의 인정 그리고 행복추구에 있다고 할 수 있을 것이다. 아래에서는 현대 법철학의 대가인 독일의 라드부르흐(G. Radbruch)가 제시한 법의 이념 내지 목적인 정의의 실현, 법적 안정성 확보 그리고 합목적성의 추구를 중심으로 검토한다.

## 1. 정의의 실현

### (1) 들어가는 말

법은 정의 이념을 통하여 사회질서를 유지하고 법이 법으로서의 가치를 가지며 정당한 것으로 된다. 따라서 법의 목적은 정의의 실현에 있다고 볼 수 있다. 법과 정의는 예로부터 상호 밀접한 관계에 있었다. 즉, 그리스에서는 법(Dike)과 정의(Dikaion)는 언어상 불가분의 관계로 간주되었고, 로마에서도 법(Jus)은 정의(Justitia)로부터 유래되었다. 오늘날에도 영어의 justice는 정의라는 의미 외에도 사법, 재판 등의 뜻이 있다. 그러면 "정의란 무엇인가?" 이러한 질문에 대한 대답으로 그 동안 수많은 주장이 있어왔다. 아래는 그 중에서 대표적인 주장들에 관하여 살펴본다.

### (2) 소크라테스의 정의

고대 그리스의 소크라테스(Socrates)는 정의의 내용에 관하여 프로타고라스(Protagoras)를 비롯한 소피스트(Sophist)들의 주관적 상대주의를 배척하면서, 법과 정의를 동일한 것으로 보고 법과 정의는 개인적인 이해관계에서 나오는 것이 아니라 인간의 본성에서 나오는 것이라 하였다.

### (3) 플라톤의 정의

플라톤은 정의를 인간의 이성의 덕으로부터 발견하고자 했다. 그는 이성의 덕을 '지혜', '용기', '절제'로 나누고, 정의란 인간의 공동생활 속에서 각 계급(지배계급, 무사계급, 생산자계급)이 이성의 지배하에 각자 자신의 직분을 다하고 세 부분이 상호 조화를 이루는 것이라 보았다.

### (4) 아리스토텔레스의 정의

아리스토텔레스는 정의의 개념을 윤리적 관점에서 최초로 이론화하였다. 그는 정의를 사람이 행하여야할 최고의 완전한 덕이라고 함과 동시에 정의는 단순한 개인의 도덕이 아니고 각자가 타인과의 관계에 있어서 실현하여야 할 사회적 도덕이라고 하였다. 또한 그는 정의를 공동체의 모든 구성원에게 일반적으로 요구·적용되는 '일반적 정의'와 법의 구체적 원리에 따라 각자의 정신적. 물질적 이해를 평등하게 하는 '특수적 정의'로 나누었다.

일반적 정의는 사회의 구성원인 개인으로 하여금 사회를 위하여 필요한 힘을 쓰게 하는 것으로 국가를 위난으로부터 구출하기 위하여 순국하는 것 등을 의미한다. 특수적 정의는 다시 '평균적 정의'와 '배분적 정의'로 나누어진다. 평균적 정의 또는 산술적 정의라 함은 모든 사람은 균등한 능력이 있다는 것을 전제로 개인 상호간의 거래에 있어서 급부와 반대급부, 손해와 배상, 범죄와 형벌 등에 있어서 차별이 있어서는 안 된다고 하는 절대적·형식적 평등을 의미한다. 반면에 배분적 정의란 모든 사람은 균등한 능력을 갖는 것이 아니라는 것을 전제로 능력에 따른 차별을 인정해야 한다는 상대적·실질적 평등을 의미한다. 따라서 사회가 각 개인에 대하여 그 능력과 노력에 따라 명예, 재화, 납세 등에 관하여 공정하게 배분해야 한다는 것이다. 아리스토텔레스의 이와 같은 정의는 개인주의와 단체주의의 양 측면을 모두 고려하고 그 조화를 꾀한 것으로 후세의 학자들에게 많은 영향을 미쳤다.

### (5) 기타의 정의

키케로(Cicero)와 피아누스(Ulpianus)는 정의를 '각자 그의 몫을 주는 것'이라 했다. 그리고 중세 교부철학의 대표자인 아우구스티누스(A. Augustinus)는 정의를 하나님의 사랑과 같은 것으로 보고 하느님의 뜻에 따르면서 사랑을 실천하는 것을 정의라 보았다. 켈젠(Kelsen)은 절대적,

보편적 정의의 제시를 거부하면서 자신에 있어서 정의란 자유의 정의, 평화의 정의, 민주주의 즉, 관용의 정의라고 하여 상대주의의 정의관을 주장하였다. 유명한 법학자인 라드브루흐는 법의 이념으로서 정의뿐만 아니라 법적 안정성과 합목적성도 함께 법에 봉사하여야 할 가치로 이해했다. 그는 아리스토텔레스의 배분적 정의를 정의의 원형이라고 보고 정의 판단은 각자의 가치관에 의하여 결정될 수밖에 없다고 하여 상대주의적 정의관을 취하고 있다. 한편, 동양에서는 정의의 개념에 해당하는 것으로 '의' 내지 '의리'라는 표현을 즐겨 사용한다. 또한 법치주의보다는 예치주의, 덕치주의가 더 높이 평가되고 법규범보다는 도덕규범이 중시된다.

#### (6) 소결

이상에서 살펴본바와 같이, 정의의 구체적인 내용은 주장하는 사람마다 다양하지만 공통적으로 정의란 각자에게 자기의 몫을 주려는 의지로서 그 본질은 평등에 있다고 보고 있다. 그러나 구체적인 경우에 무엇이 평등인가를 명백히 하는 작업은 결코 쉬운 일이 아니다. 만일 법이 지나치게 정의의 실현만을 지향할 경우에 현실적으로 부당한 결과를 초래할 수도 있다. 따라서 법에 있어서 구체적인 정당성을 실현시킬 수 있는 또 다른 이념인 합목적성을 필요로 한다.

### 2. 합목적성의 추구

합목적성이란 법이 추구하는 가치관(이념)에 구체적으로 합치되는 원리를 말하며, 추상적이고 상대적인 정의의 내용을 보완시켜주는 역할을 한다. 즉, 이것은 법에 있어서 구체적인 정당성을 실현시킬 수 있는 현실적 가치로서의 의미를 지니고 있다. 정의의 내용을 구체적으로 어떻게 실현할 것인가는 국가와 사회가 처해있는 상황에 따라서 결정해야 할 문제이다. 따라서 법의 목적도 국가가 선택하는 가치관에 따라 합목적적으로 조정할 수밖에 없다고 본다.

라드부르흐는 선택할 수 있는 가치관의 종류로서 ① 개인이 가치의 궁극적 기준이며 개인의 자유를 최대한 보장하는 것을 법의 목적으로 하는 개인주의와 ② 국가 등의 단체에 최고의 가치를 부여하고(국가지상주의) 개인의 가치는 단체의 가치를 실현하는 범위 안에서 인정하는 단체주의(초개인주의) 그리고 ③ 개인이 단체 속에서 창조하는 작품 내지 문화를 최고의 가치로 삼는 문화주의(초인격주의)를 들고 있다. 이러한 가치관들은 상호 모순되고 충돌되므로 법은 이중 하나만을 선택할 수 있고 일단 선택을 하면 그것을 절대적인 것으로 믿고 끝까지 밀고 나가야한다는 것이 상대주의의 정신이다.

## 3. 법적 안정성 확보

"정의롭지 못한 법도 무질서보다는 낫다"라는 괴테(Goethe)의 표현도 있지만, 법의 제1차적인 기능은 분쟁을 사전에 예방하고 사후에 원만하게 해결하여 사회질서를 유지하는데 있다. 따라서 법은 그 자체의 안정성이 요구된다. 만일 법이 지나치게 자주 변경되면 국민들은 행동지침을 잃게 되어 사회가 혼란에 빠질 수 있다. 법적 안정성은 법의 내용이 정의에 부합되느냐의 여부를 불문하고 법 그 자체의 안정성의 의미에서 논의된다.

법적 안정성이 확보되기 위해서는 일반적으로 다음 4가지가 요구된다. 첫째, 법의 내용이 명확해야 한다(법내용의 명확성). 둘째, 법은 함부로 변경되어서는 안된다(법변경의 곤란성). 셋째, 법은 실행 가능한 것이어야 한다(법의 실행성). 넷째, 법은 일반국민들의 법의식에 합치되어야 한다(법의 적합성). 요컨대, 법적 안정성을 확보하기 위해서는 무엇보다도 법이 일반국민들로부터 신뢰를 얻어야 하고 그러기 위해서는 법 자체가 객관적이고 합리적인 일정한 요건을 갖추어야 한다.

## 4. 상호간의 관계

라드브루흐는 법의 이념 내지 목적으로서 정의, 합목적성, 법적 안정성이 3가지의 법이념은 시대에 따라 각각 달리 적용된다고 한다. 즉, 자연법 시대에는 정의의 이념이 강조되고, 경찰국가시대에는 합목적성의 이념이 강조되었고, 법실증주의시대에는 법적 안정성의 이념이 강조된다고 한다. 또한 법체계에 있어서도 형법에서는 정의의 이념이 중시되고, 행정법에서는 합목적성의 이념이 강조되며, 민법이나 소송법에서는 법적 안정성의 이념이 중시된다고 한다.

그런데 정의는 주로 법의 내용에 관한 법이념이지만, 법적 안정성이란 주로 법의 기능에 관한 법의 이념이다. 또한 정의가 윤리적 가치와 결부된 법이념인데 반하여 합목적성은 공리적 가치와 결부된 법이념이라 할 수 있다. 그리고 정의와 합목적성은 이념적인 것에 반하여, 법적 안정성은 실정성을 요구하고 이 실정성은 사실로부터 나온다. 이와 같이 법의 이념으로서 정의, 합목적성, 법적 안정성의 관계는 한마디로 상호모순관계에 있으면서도 상호보완관계에 있다고 하겠다. 결국 현실적으로 법을 제정하고 적용함에 있어서 이 3가지의 이념을 어떻게 적절하게 조화할 것인가가 법과 민주주의 발전 여부를 결정하는 중요한 열쇠가 될 것이다.

제3절

# 법의 구조

## Ⅰ. 들어가는 말

법은 규범이므로 법이라는 말과 법규범이라는 말은 같은 의미로 사용된다. 특히 법의 구조에서 이야기하는 법은 법규범 전체를 의미하며, 단순히 현실적으로 시행되고 있는 법률만을 의미하는 것은 아니다. 즉, 규범은 당위(當爲)를 내용으로 하는 명제로서 어떠한 존재적 사실이나 행위의 의미를 해석하는 공식이며, 법은 일정한 요건과 다른 요건을 당위의 관계에서 결합하는 강제규범으로 이해할 수 있다.

일반적으로 국가사회의 모든 법질서는 각각 그 존재형태가 다르다고 할지라도 그 논리적 형태를 달리하는 3가지의 법규범으로 구성되어 있다. 즉, 국가사회의 법질서는 행위규범·강제규범·조직규범 등을 그 구성적 요소로 하는데, 보는 관점에 따라서는 행위규범 또는 강제규범으로 규정할 수 있는 복합구조의 관계에 있는 경우도 있다. 결국 법은 행위규범·강제규범·조직규범 등의 3가지 형태로 구성되는 복합체로서 상호 유기적인 관계를 이루면서 국가의 조직과 작용을 규정하고 법질서를 유지하고 있다.

법의 3가지 규범적 구성요소 아래에서 법의 실현과정을 살펴보면 법은 우선 사회 구성원에게 행위규범을 요구하고, 이것이 지켜지지 않은 경우에 한하여 강제규범을 발동하게 된다. 결국 행위규범을 제1차적 규범으로, 그리고 강제규범은 행위규범을 보장하는 수단으로서 제2차적 규범이라고 할 수 있다. 한편 이러한 법규범도 조직적인 권력의 작용에 의하여 담보되어야만 비로소 그 실효성을 확보할 수 있으므로 조직규범은 국가사회에 있어 법규범 실현을 위한 담보규범이라고 할 수 있다.

## II. 행위규범

행위규범은 본질적으로 인간의 행동에 관한 규범으로서 "……을 하여야 한다"고 명령하거나, 또는 "……은 하지 말아야 한다"고 금지하는 규범으로 인간의 행위에 대한 기준을 정하는 당위적 법칙으로서의 사회규범이다. 또한 '……을 할 수 있다'는 허용규범도 이에 포함된다. 예를 들어 민법 제2조 제1항의 "권리의 행사와 의무의 이행은 신의에 좇아 성실히 하여야 한다"는 규정은 명령을 나타내고, 민법 제2조 제2항의 "권리는 남용하지 못한다"는 규정은 금지를 나타내는 규정으로서 행위규범이다. 또한 "사람은 생존하는 동안 권리와 의무의 주체가 된다"는 민법 제3조의 규정은 허용규범으로서의 행위규범이다. 이러한 행위규범은 국가사회의 질서를 유지하기 위한 제1차적인 기능을 수행한다. 특히 행위규범은 행위에 대한 기준을 정하는 당위적 법칙으로서 법규범을 행위규범의 구조로만 파악한다면 아직까지는 강제성이 결여되어 있다는 점에서 도덕이나 관습과 같은 다른 사회규범과 같다.

## III. 강제규범

행위규범으로서의 법규범은 행위기준이 되는 당위의 법칙을 준수할 것을 요구하고 이를 위반하는 경우에는 일정한 제재를 가함으로써 그 실효성을 담보하고자 한다. 여기에서 일정한 제재를 가한다는 것은 결국 행위규범의 준수를 강제하는 효과를 나타내는데, 이렇듯 행위규범에 위반하는 행위에 대하여 강제력을 동원함으로써 행위규범의 준수를 실현하고자 하는 법규범을 강제규범이라고 한다. 예를 들어 형법 제250조의 "사람을 살해한 자는 사형·무기 또는 5년 이상의 징역에 처한다"는 규정은 "사람을 죽이는 행위는 하지 말아야 한다"는 행위규범을 전제로 하고, 이에 대한 위반행위가 있는 경우에는 그에 대한 제재로서 형벌을 가한다는 강제규범이다. 민법 제309조의 "전세권자는 목적물의 현상을 유지하고 그 통상의 관리에 속한 수선을 하여야 한다"는 규정은 "남의 것이라고 하더라도 내 것처럼 잘 사용하여야 한다"는 행위규범으로 이해할 때, 이러한 행위규범을 지키지 않은 경우에는 당사자간에 다툼이 발생하게 된다. 결과적으로 이러한 다툼을 해결하기 위하여 일방 당사자가 법원에 소를 제기하여 재판을 청구하면 법원은 이러한 행위규범을 기준으로 다툼을 해결한다. 이때 행위규범의 위반에 대한 최종적인 효과는 법원에 의하여 행위규범인 법의 해석에 의하여 이루어지게 되고, 법관의 판결은 이러한 준칙에 따른다. 즉, 법의 실현은 국가의 강제력에 의하여 보장되고, 국가의 강제력은 법원에 의한 법의 해석, 즉 재판에 의해 담보되어지는데, 재판의 기준은 법규범이다. 따라서 강제규범이 되는 법을 재판규범이라고도 한다. 또한 재판규범은 행위규범을 전제로 하여 일정한 행위가 적법한가 또는 위법한가 등을 평가하는 평가규범의 성질을 갖기도 하는데, 그 행위가 위법하다고 판단한 경우에는 일정한 제재를 가하게 된다. 따라서 이를 제재규범이라고도 한다.

일반적으로 행위규범은 국가사회의 구성원인 개개인이 지켜야 할 규범인데 반해서 재판규범은 법원이 판결을 하기 위한 기준이 되므로 법관의 행위규범이라고 할 수 있다. 따라서 재판규범은 "사람을 죽이는 행위는 하지 말아야 한다"는 행위규범의 위반상태인 법적 요건을 충족하는 경우에 '살인 또는 무기징역'과 같은 일정한 법적 효과를 부여할 것을 선언하고 있는 가언적(假言的) 명제라는데 그 특색이 있다. 결국 재판규범은 일정한 행위를 행할 것을 명하는 행위규범과 그러한 행위규범의 위반이 있는 경우에 재판을 통하여 제재를 가한다는 강제규범을 복합적으로 포함한다. 즉, 법은 두 개의 이질적인 규범체계로 구성되어 있는데 이를 '법규범의 복합구조'라고 한다. 법규범의 복합구조는 법의 실효성을 확보하는 동시에, 일정한 행위규범의 위반에 대하여 일정한 제재를 받을 것을 예고함으로써 예측가능성과 법적안정성을 보장하는 기능을 수행한다.

## Ⅳ. 조직규범

조직규범은 행위규범과 재판규범의 존립기초와 작용방식을 정하는 조직원리에 관한 규범이다. 즉, 조직규범이란 법규범의 제정·적용·집행을 담당하는 국회, 법원, 행정관청 등의 조직과 이러한 조직을 구성하는 기관에 일정한 권한을 부여하는 근거를 마련하는 규범이다. 이와 같이 조직규범은 국가자치단체 등의 조직 또는 제도에 관한 사항을 규정하는 것으로서 국가사회 구성원의 일반적인 생활을 규율하는 것이 아니기 때문에 행위규범과는 달리 윤리성이 희박하고 기술성이 매우 강하다. 또한 조직규범은 그 위반이 있다고 하더라도 위반행위에 대하여 직접 강제적인 효과를 귀속시키지 않는다는 점에서 강제규범과 구별된다. 물론 국가·지방자치단체 등의 조직은 강제질서이나 조직규범의 직접적인 규율대상이 국가사회의 구성원인 일반 국민이아니라 국가기관이라는 점에서 재판규범의 성질을 가지지 않는다. 그러나 법원이 국가기관 등이 갖는 조직의 적법성과 부적법한 조직이 행한 조치에 대해서 판단하고 이에 의거하여 제재할 수 있다는 점에서 조직규범도 재판규범이 될 수 있다.

한 국가에 있어 가장 기본적인 조직규범은 헌법이며, 헌법의 일반적인 규정을 위임받아 다시 국가기관의 조직과 권한을 정하는 모든 법, 예를 들어 국가공무원법, 국회법, 정부조직법, 법원조직법 등이 조직규범의 범주에 속한다.

제4절

# 법계

## Ⅰ. 서설

법은 특정한 사회적 생활관계를 규율하기 위하여 탄생한 규범이기 때문에 그 법이 속하는 민족의 생활문화 또는 국가와 밀접하게 관계를 가지며 발전하지 않을 수 없다. 즉, 법은 국가의 문화 또는 민족성에 따라서 각각 특색 있게 발달하였음을 알 수 있다. 따라서 법은 그 국가나 민족의 정치적·사회적 특성에 고유한 법문화를 창조하여 왔다. 한 국가의 법문화는 다른 민족 또는 국가에게 영향을 주며 서로 교류하고 융합하면서 상호 공통된 특색을 지닌 하나의 법문화권을 형성하게 된다. 이와 같이 서로 다른 법문화가 법의 계수(繼受) 등으로 인하여 서로 동일한 계통의 성격을 갖는 법문화권을 형성하게 되는 경우 이를 법의 계통 또는 법계(法系)라고 한다. 즉, 법계는 특정한 국가에 있어 법질서의 기원이 어디에 있는가, 또는 어느 계보에 속하는가에 관한 문제이다.

일반적으로 법계는 고유한 특색을 가지고 자신이 속한 법문화권에서 발전해 가는 것이 보통이지만 때로는 다른 법계에 흡수되거나, 그 법계를 탄생시킨 민족이나 국가와 상관없이 소멸하는 경우가 있는가 하면, 법계를 탄생 시킨 민족이나 국가와는 상관없이 존속발전하는 경우도 있다. 이와 같이 법계는 탄생하여 흡수·합병·소멸 등의 과정을 거치면서 보다 광범위하고 보편적인 법계로 발전하게 되는데 이를 '법계의 보편화 현상'이라고 한다. 특히 오늘날과 같이 교통·통신기술 등의 발달로 인해 국가간 장벽이 사라지고 모든 면에서 국제교류가 성행하는 때에는 법계 간의 긴밀한 상호 영향으로 인해 한 법계의 특성이 사라지고 통일적인 모습을 나타내게 된다. 특히 해상법과 같은 특정한 법 영역에서는 법계의 보편화 현상을 뛰어넘는 '법계의 통일화 현상'이 두드러지는데, 이를 '세계법화 현상'이라고 한다.

법계를 생성 연대순으로 보면 이집트법계, 바빌로니아법계, 중국법계, 인도법계, 헤브라이법계, 그리스법계, 로마법계, 게르만법계, 교회법계, 마호메트법계, 슬라브법계, 유럽대륙법계, 영미법계 등으로 구분된다. 이 중에서 대륙법계와 영미법계가 오늘날에도 여러 국가의 법질서에 큰 영향을 대표적인 법계이다.

## II. 대륙법계

대륙법계는 유럽대륙의 독일·프랑스를 중심으로 발달한 법계로서 근대국가의 성립과 함께 로마법(Roman Law)과 게르만법(Germanic Law)을 근간으로 형성되었다. 따라서 이를 로마·게르만법게라고도 하는데, 특히 대륙법계라고 불리는 것은 이 법계에 속하는 국가가 대부분 유럽대륙에 위치하고 있기 때문이다.

유럽대륙 국가들의 법문화적 특징은 추상적인 규범화와 그 체계화로 나타나기 때문에 대륙법계에서는 경험에 의한 문제해결방법 보다는 규범을 연역적 방법으로 해석하여 문제를 해결하고자 노력하여 왔다. 따라서 대륙법계는 불문법주의를 취하고 있는 영미법계와는 달리 성문법주의를 중심으로 발달하여 그 이론성 및 논리성이 뛰어나다.

## 1. 로마법계

로마법은 로마가 도시국가의 형태로 출발하기 시작한 기원전 753년부터 동로마제국의 유스티니아누스(Justinianus) 황제가 로마법대전을 완성하기에 이른 기원후 6세기 중엽까지 약 1,300년에 걸쳐 발전하였다. 초기의 로마법도 다른 사회규범과 혼재되어 나타났으나 그 분화는 다른 민족의 법보다 빠르게 진행되었다. 특히 기원후 2세기 동안 조직적인 법체계가 이루어졌으며, 기원후 2세기부터 3세기까지는 '법학융성시대' 또는 '법학사상 고전시대'라고 일컬어질 정도로 찬란한 발전을 이루었다. 유스티니아누스 황제의 「로마법대전」은 바로 이 시대 법학자들의 업적을 집대성하여 법전화한 것으로서 고전시대의 학설법을 집대성한 학설휘찬(Digesta), 법의 근본원칙을 기술한 법학제요(Institutiones), 칙법을 집대성한 칙법휘찬(Codex), 그리고 유스티니아누스 화제가 사망할 때까지 공포된 칙법을 수록한 신칙법(Novellae)의 4부로 구성되어 있다.

유스티니아누스황제의 사망이후 로마법은 이렇다할 발전을 보이지 못하였으나, 기원후 12세기에 이르러 이탈리아의 볼로냐에서 일어난 주석학파에 의하여 로마법대전이 대륙법계의 각국에 계수되어 로마법이 부활되었다. 그 후 로마법은 각국의 고유법과 융합되어 점차 보편적인 대륙법으로 발전되어 대륙법계의 기초를 이루었다.

근세 독일에 이르러서는 로마법이 독일보통법(Gemeines Recht)으로 계수되고, 각 지방의 고유법은 보충적으로 적용되었으나, 로마계수법은 너무나 추상적·개념적이라는 비판과 함께 1900년 독일 민법전의 시행과 함께 마침내 사라지게 되었다.

## 2. 게르만법계

게르만법은 기원전 1세기 경부터 중세를 통하여 다양한 발전을 보이면서 근대법질서에 중대한 영향을 준 게르만 민족의 고법(古法)을 말한다. 게르만법도 초기에는 관습법의 형태로서 도덕규범 등과 혼융되어 구체적인 문답형식으로 구전되어 오다가 점차 격언 또는 법언(法諺)의 형식으로 요약되었다. 5세기 중엽부터는 비교적 포괄적인 관습법의 형태로 나타나다가 13세기에 이르러서는 일부 개인법률가에 의하여 법률문서가 편찬되기 시작하였다. 그 대표적인 것이 작센 지방의 배심원인 레프고우(Eike von Repgow)가 저술한 작센슈피겔(Sacksenspiegel)로서 작센 지방에서는 법전과 같은 효력을 가지고 있었으며, 이것이 독일의 다른 지방에 까지 전파되어 법률문서 편찬의 기초를 이루었다. 그러나 대체로 중세 말까지는 일부 성문법령의 존재에도 불구하고 관습법이 사회생활을 크게 지배하였다.

13세기 말엽부터는 로마법을 계수함으로써 관습법시대를 마감하고 게르만법의 로마법화 현상이 두드러진 외국법계수시대를 거치면서 게르만법계의 큰 변혁을 가져왔다. 유럽 최초의 체계적인 법전인 프로이센일반란트법(1794년), 프랑스 민법전인 나폴레옹법전(1804년), 독일민법전(1896년) 등이 그 영향으로 제정된 것이다.

### 3. 대륙법계의 특징

대륙법계 각국들은 1794년의 프로이센일반란트법전을 효시로 저마다의 법전을 가지면서 성문법주의를 채택함으로써 체계성·이론성·논리성이 뛰어나다. 특히 대륙법은 시민 간의 관계를 규율하기 위하여 사법 중심으로 발전하였으며, 법을 올바른 행위규칙으로 인식하였기 때문에 정의·도덕관념과 결부하여 개념법학의 성립을 이루었다. 따라서 법계의 발전에 있어 법실무자들 보다는 법학자들이 큰 역할을 하였다.

로마법은 법조법, 도시법, 상인법 중심으로 발전하였으며, 성문주의, 논리적 체계, 공사법의 구분, 개인주의 사상을 그 내용으로 하고 있다. 반면에 게르만법은 민중법, 농촌법, 농민법 중심으로 발전하였으며, 법분열의 경향이강하고, 관습법주의, 상징주의, 공·사법의 융합, 단체주의 사상을 그 특색으로 한다. 한편 현재 대륙법계는 독일과 프랑스를 중심으로 한 유럽

대륙의 각국의 법계를 포함하고 있으며, 우리나라와 일본도 이 법계에 속한다. 특히 독일법계는 게르만 고유법의 요소를 다분히 포함하여 단체주의적인 특성이 강하며, 프랑스법계는 프랑스 혁명의 산물인 민법전(Code Civil)의 영향을 받아 개인주의 및 자유주의를 그 특징으로 한다.

## Ⅲ. 영미법계

영미법계란 영국법과 이를 계수한 미국법을 중심으로 하는 법계로서 대륙법계에 대립되는 법계를 말한다. 영국법은 유럽 대륙법의 영향을 받지 않고 독자적으로 생성·발전함으로써 독일·프랑스 등 대륙법계 각국의 법과는 다른 법계를 형성하였다. 미국법은 이러한 영국법을 계수하여 다시 독립된 법계를 탄생시킨 것이다. 영미법은 보통법(common law)을 중심으로 발전하였기 때문에 보통법계 또는 커먼로계라고도 한다. 영국·미국을 비롯하여 캐나다·오스트레일리아·뉴질랜드 등이 영미법계에 속하며, 최근 우리나라도 상사관계 및 행정법 등에서 영미법을 도입하고 있다.

### 1. 영국법

영국에서는 영국 고유의 관습을 기초로 오랜 기간동안 판결에 의하여 성립·전개된 법체계로서 재판관에 의하여 만들어진 판례법, 즉 보통법이 전국에 걸쳐 적용되었다. 보통법은 사회적 관행의 계속성을 중요시하였으며, 그 강인성으로 인하여 로마법의 영향을 거의 받지 않았다. 따라서 영국법은 판례법주의, 법의 지배, 배심제도 등을 주요 내용으로 발전하였으며, 특히 왕권과 중앙집권화를 중심으로 발전하였기 때문에 공법적인 성격을 가지고 왕권과는 무관한 개인간의 분쟁에 대해서는 소홀하였다.

결국 보통법에는 합치하지 않으나 도덕이나 양심에 비추어 억울한 부분을 해결하기 탄원을 받아들이고 이를 해결하기 위하여 보통법 법원과 대립하는 새로운 형평법 법원이 탄생하게 되었다. 이 곳에서는 보통법의 지나친 엄격성을 완화하고 선례에 구애됨이 없이 구체적 타당성을 존중하였으며, 법관의 재량권 범위를 폭 넓게 인정하였다. 본 법원에서 수립한 법과 그로부터 발달한 법을 형평법(equity)이라고 하는데, 이는 보통법과 더불어 영국 법원(法源)의 중요한 부분을 차지한다. 그 후 보통법 법원과 형평법 법원 간에 분쟁이 발생하게 되고 이를 해결하기 위하여 1873년 법원법(Judicature Act)이 제정되어 통일된 법원이 탄생하였다. 이로써 보통법과 형평법은 동일한 법원에 의해 적용되었으며, 양자의 저촉이 있는 경우에는 형평법이 우선 적용되었다.

## 2. 미국법

미국은 보통법과 형평법을 중심으로 한 영국법을 계수하였다. 특히 1776년 독립선언에 이르는 동안에는 보통법이 도입되었다. 그러나 독립 후 남북전쟁에 이르는 동안의 미국법 형성기에는 반영(反英)감정으로 인하여 영국법 계수에 대한 반발이 있었으며, 특히 루이지애나주를 비롯한 일부 주에서는 프랑스법을 계수하기도 하였다. 따라서 미국법은 영국법을 기초로 하고 대륙법의 영향을 받아 새로운 법으로 탄생하였다. 특히 미국 특유의 정치적 사회적 여건에 따라 영국과는 달리 사법부 우위의 전통이 세워짐에 따라 판례법의 확립과 정비가 촉진되어 많은 판례집이 발간되었다. 판례법의 중요성에 대한 인식은 결국 제정법에 대한 판례법 우위의 법사상을 확립하게 되었으며, 법의 연구에 있어서도 이념적·관념적인 것 보다는 실질적·분석적인 방법을 취하면서 실용주의를 중심으로 한 법철학의 발전을 이끌어 내었다.

## 3. 영미법계의 특징

영미법은 대륙법계가 법질서의 조직화·일반화를 특징으로 하는 성문법주의를 채택한 것과는 달리 구체적인 사건에 대하여 내린 법원의 판결에 대하여 제1차적인 법원성을 인정하는 판례법 중심체제인 불문법주의를 채택하고 있다. 이와 같은 판례법 중심체제는 필연적으로 판례구속의 법리를 수반하게 된다. 따라서 체계적·일반적인 법전이 없고 제정법은 특수한 영역에 한정되어 있다.

대륙법계에서의 법관은 성문법주의아래에서 법전의 해석자에 불과하지만 영미법계에서는 개인간의 분쟁을 해결하는 판결을 통하여 법발전의 실질적 담당자 역할을 수행한다. 따라서 영미법은 대륙법이 일반적이고 추상적인 법칙을 제정한 것과는 달리 구체적인 분쟁소송에서 해결책을 제시하는데 중점을 두고 발전하였다. 결과적으로 영미법에서는 소송절차, 증거절차 등에 관련한 절차법규가 법률관계의 내용을 구성하는 실체법규 이상으로 주요하게 인정되었다.

대륙법계와는 달리 영미법계에서는 보통법법원의 재판방법으로 배심제도를 채택하고 있다. 이는 법관과 일반시민으로부터 선출된 배심원들의 협력에 의하여 재판하는 제도로서 사실관계를 판단하는 기능은 배심원이 담당하고, 법관은 배심원이 내린 판단을 토대로 재판을 한다. 결국 법률문제는 법률전문가인 법관에게, 사실문제는 법률문외한인 배심원에게 맡김으로써 보다 합리적인 판결이 이루어지도록 한 것이다.

영미법은 법의 지배사상을 중심으로 발전하였다. 법의 지배 또는 법지상주의란 국가기관을 포함하는 모든 자는 동일하게 법의 적용을 받으며, 누구도 법 이외의 지배를 받지를 받지 않는다는 원칙으로 사법권의 우위를 의미하기도 한다. 영국에서는 이러한 사법권의 우위는 행정권에 대한 우위만을 의미하였으나, 미국에서는 위헌입법심사제도를 채택하는 등 행정권에 대한 우위일 뿐만 아니라 입법권에 대한 우위이기도 하다.

제5절

# 법원

## Ⅰ. 법원의 의의

법원(法源)이란 법의 연원(sources of law)을 줄인 말로서 법의 근원, 원천, 존립원인, 존립근거 등 여러 가지 의미로 사용되어지나 일반적으로 법의 존재형식을 의미한다. 인간이 사회생활에서 누리고 있는 일정한 법적 권리나 법적 이익은 법률에 근거해서 부여되었고, 법관이 국민의 권리나 의무에 대한 법적 분쟁을 재판함에 있어서 법률에 근거하여 판결했다면 그 법률이 곧 법의 연원이 되는 것이다. 따라서 법의 존재형식으로서의 법원의 개념도 재판의 기준이 될 수 있는 규범의 존재형식으로서 이해하는 것이 일반적이다.

법원 즉, 법의 존재형식은 그 표현형식에 따라 2가지 형태로 분류된다. 법규범이 문자의 형식을 갖추고 있는 것이 성문법이고, 문자에 의해 조문의 형식을 갖추지 못한 것이 불문법이다. 따라서 법원이란 어느 구체적 법규범이 객관적으로 존재 하거나 제정되는 법형식을 의미한다.

## II. 법원의 분류

### 1. 성문법

성문법(written law)은 규범의 내용을 문자나 문장으로 조문형식을 빌어 제정하여 문서화한 법이다. 이는 일정한 절차와 형식에 의하여 입법기관에서 제정되므로 제정법이라고도 한다.

역사적으로 볼 때 법은 불문법에서 성문법으로 발전하여 왔다. 근대의 국가들에서는 국민의 자유와 권리를 보장할 목적으로 명시적인 법규에 의한 법치주의를 그 통치원리로 채택하고 있으므로 대부분의 법이 성문법으로 되어있다. 성문법은 실정법질서에서 차지하는 지위가 국가마다 다르다. 오늘날 독일, 프랑스, 이탈리아, 북유럽·라틴아메리카국가들, 일본 및 우리나라 등 대부분의 국가들은 대륙법계국가로서 성문법주의를 택하고 있다. 그러나 영국, 미국 등의 영미법계 국가들은 불문법주의를 원칙으로 하고 있기에 극히 국한되어 있던 성문법의 범위였지만 점차 증가하고 있는 추세이다.

#### (1) 헌법

헌법(Constitution)은 국가의 조직과 통치체제를 규정하고, 국민의 권리·의무에 관한 기본이 되는 골격을 규정한 기본법인 동시에 최고법으로서 명문으로 제정한 성문법이다. 물론 불문헌법을 택하고 있는 영국에서는 헌법전을 가지고 있지 않고서 일반법률이나 관습법의 형식으로 헌법적 규율이 산재하고 있다. 헌법은 국가의 최상위법으로서 하위법인 법률·명령·규칙 등은 헌법에 위배해서는 안 된다. 하위법률의 위헌 여부를 판단하기 위해서 위헌법률심사제를 채택하고 있다.

우리나라의 헌법은 1948년 7월 12일 제정되고, '대한민국 헌법'이란 명칭을 가진 성문헌법으로서 동년 7월 17일 공포되어 시행된 이래로 지금까지 9차에 걸쳐 개정되었으며 현재에는 전문과 10장 130조 부칙 6조로 구성되어 있다.

### (2) 법률

법률이라는 말은 넓은 의미의 법률(law)과 좁은 의미의 법률(statute)의 2가지가 있다. 여기서의 법률은 좁은 의미의 법률로서 헌법에 근거하여 국민의 대표기관인 국회의 의결을 거쳐 제정·공포된 법을 말한다. 헌법이나 그 외의 법령에서 '법률'이라는 표현은 좁은 의미의 법률만을 의미하는 것으로서 헌법보다는 하위규범이지만 법령이나 자치법규보다는 상위규범이다. 그러므로 헌법에 위배되는 법률은 효력이 없으나 명령·규칙이 법률에 위배되어서는 효력이 없다. 근대 이후의 민주주의 국가에서는 법치주의를 택하고 있어서 국민의 권리와 의무에 직접 관계되는 사항은 법률의 형식을 통해 제정하도록 하고 있다. 법률제정권인 입법권은 오직 국회에만 있다(헌법 제40조 참조). 그러나 국민의 권리와 의무에 직접관계가 없는 사항에 대하여는 법률에 의하여 다른 기관에 위임하고 있다.

### (3) 명령

명령은 입법절차에 있어서 국회의 의결을 거치지 아니하고 행정기관에 의하여 제정되는 성문법규를 말한다. 명령은 법률보다 하위규범이지만 오늘날 행정권이 비대화되고 전문화됨에 따라 그 중요성이 증가되고 있다. 즉, 국회가 모든 사항에 대하여 세부적인 입법을 할 수 없으므로 법률집행에 필요한 세부적 사항을 상급행정기관에 위임한 것이다.

명령은 제정권자의 주체에 따라서 대통령령(헌법 제75조), 총리령(헌법 제95조)과 부령(헌법 제95조)으로 나누어진다. 대통령령도 법률의 하위에 있지만 대통령의 긴급재정·경제명령·긴급명령의 경우는 예외적으로 법률과 동일한 효력을 가진다(헌법 제76조). 이들은 그 성격에 따라 법규명령과 행정명령으로 나누어지고, 법규명령은 다시 위임명령과 집행명령으로 나누어진다.

법규명령은 행정기관이 헌법에 근거하여 국민의 자유와 권리에 관한 사항을 정하는 것으로 대외적·일반적 구속력이 있는 법규로서의 성질을 가지는 명령을 말한다. 행정기관에 의한 법규명령의 제정은 형식적 의미에서는 행정이지만 실질적 의미에서는 입법작용이다. 행정명령은 특별권력관계의 존재를 전제로 행정기관이 헌법상의 근거를 요하지 아니하고 그 고유의 권한으로서 국민의 자유 또는 권리와 직접 관계가 없는 사항을 정하는 것으로 행정기관 내부에서만 효력이 있는 내규로서의 성격을 가진 행정규칙 또는 행정내규라고도 한다.

위임명령이라 함은 헌법에 근거하고 또 법률의 위임에 따라 발하는 명령을 말하고, 집행명령은 헌법에 근거하여 법률을 집행하는 데 필요한 세칙을 정하는 명령을 말한다.

### (4) 규칙

규칙은 자율성을 극히 존중해 주어야 할 국가기관이 그 소관사무에 관하여 법률에 저촉되지 않는 범위 내에서 내부법률과 사무처리에 관하여 제정하는 규칙이라는 명칭을 가진 모든 법규를 말한다. 대법원규칙, 국회규칙, 헌법재판소규칙, 중앙선거관리위원회 규칙 등이 이에 속한다.

규칙은 대체로 법률의 하위규범이지만 명령과는 동등한 효력을 인정하고 있다. 단, 중앙선거관리위원회 규칙은 법령의 범위 내에서 규정해야 하므로 다른 행정명령이나 다른 규칙보다 하위규범에 속한다.

### (5) 자치법규

지방자치단체는 지방자치의 취지에 따라 법령의 범위 내에서 그 자치에 관련된 법규를 제정할 수 있는 자치입법권을 가진다. 이에 의하여 제정하는 법규를 자치법규라고 하며 대개 조례(條例)와 규칙(規則)으로 나눌 수 있다.

조례는 지방의회가 법령의 범위 내에서(헌법 제117조) 지방의회의 심의와 의결을 거쳐 제정하는 자치법규이고, 규칙은 지방자치단체의 장이 법령과 조례의 범위 내에서(지방자치법 제16조) 그 권한에 속하는 사무에 관하여 단독으로 제정하는 자치법규이다. 단, 자치법규는 관련 지방자치단체의 관할구역 내에서만 효력을 갖는다. 조례의 형식과 효력은 법률과 명령보다 하위에 있으며 규칙의 효력은 조례보다 하위에 있다(헌법제117조, 지방자치법 제16조).

### (6) 국제성문법

국제성문법은 국제사회의 법으로서 국가간의 동등관계를 규율하는 성문법을 말한다. 이에는 체결·공포된 조약과 일반적으로 승인된 국제법규가 있으며 국내법과 동등한 효력을 갖는다(헌법 제6조).

#### 1) 조약

조약(treaty)은 그 명칭에 관계없이, 그리고 한 개의 문서로 되어 있거나 여러 부속문서가 있던 간에 국제법의 주체(국가, 국제기구, 다국적기업 등의 비정부기구)들이 일정한 법률효과를 발생시키기 위하여 체결한 국가간의 합의결정을 말한다. 이에는 조약, 협정, 협약, 헌장, 결정서, 의정서, 각서 등이 있다.

조약은 국무회의의 심의를 걸쳐 대통령이 체결·비준하여야 하며, 상호원조 또는 안전보장에 관한 조약, 중요한 국제조직에 관한 조약, 우호통상항해조약, 주권의 제약에 관한 조약, 강화조약, 국가나 국민에게 중대한 재정적 부담을 지우는 조약 또는 입법사항에 관한 조약의 체결과 비준에 있어서는 국회의 동의를 받아야 한다(헌법 제60조 제1항).

조약은 국가 자체의 권리·의무를 내용으로 하는 것이나 당사국 국민의 권리·의무까지도 규정하는 경우가 많다. 이 때 조약이 그 국가의 국민에 대하여 당연히 효력을 발생하느냐가 조약이 법원으로서 인정되느냐에 관한 문제이다. 우리 헌법 제16조 제1항에서 “헌법에 의하여 체결·공포된 조약과 일반적으로 승인된 국제법규는 국내법과 같은 효력을 가진다”라고 규정하고 있어서 조약과 일반적으로 승인된 국제법규가 국내법의 법원임을 명시하고 있다. 여기서 일반적으로 승인된 국제법규란 국제관습법과 포로에 관한 제네바협정과 같이 우리나라가 체결당사국은 아니지만 국제사회에서 일반적으로 그 규범성이 승인된 조약을 말한다.

**2) 국제기구법규**

UN헌장 등과 같은 국제기구의 기본법인 설립헌장이나 세계보건기구의 위생·격리조치 등과 같은 당해 국제기구의 활동을 위해 제정한 강제규칙도 회원국을 구속한다는 점에서 국제법의 법원이 된다.

**3) 지역공동체의 법규**

유럽연합(EU)이나 아세안 APEC의 법규 등 세계의 특정지역간의 법규도 그 지역국가나 가입국가를 구속한다는 점에서 국제법의 법원이 된다. 이에는 ① 일반적인 법규형식을 띠고, 행위형식·방법·결과 모두를 구속하는 규칙, ② 일반적 강제력을 가지지만 일정한 결과의 발생만을 요구하는 지침, ③ 개별적·구체적 효력을 나타내지만 행위형식·방법·결과 모두를 구속하는 결정이 있다.

## 2. 불문법

불문법(unwritten law)은 존재형식이 문자에 의한 조문으로 되어있지 아니하고 입법기관의 제정절차를 거치지 않고 생겨난 법을 말한다. 연혁적으로 볼 때 불문법이 성문법으로 발전하여 왔으나, 오늘날에는 불문법이 성문법에 비하여 그 고정성과 명확성이 뒤떨어지나 성문법의 고정성을 보충하여 날로 변화하는 사회생활에서 실제로 행하여지는 살아있는 법을 말한다. 이에는 관습법, 판례법, 조리 등이 있다.

### (1) 관습법

#### 1) 의의

국가기관의 입법기관에 의하여 제정된 것이 아니고, 실제적 사회생활 속에서 그 사회구성원들의 반복된 구체적 행위를 통하여 점차 의무감이 굳어져서 자발적으로 형성되어 법적 확신과 법적 효력을 인정받게 된 법형식을 말한다.

#### 2) 성립에 관한 학설

가. 관행설

일정한 사항에 있어서 동일한 행위가 오랫동안 계속반복되어 관행이 되면 그 관행이 관습법이 된다는 설이다(Ernst Zitelmann 주장). 그러나 이 설에 대하여는 관행이 아무리 반복되어도 의무감이 생기지 않으면 법규범이라고 할 수 없고, 관습이 왜 관습법이 되는가에 대하여 설명을 하지 못한다는 비판이 있다.

나. 법적 확신설

사회의 다수인이 어떤 관습적인 것을 법이라고 확신하고, 다수인이 어느 관습에 따르는 것이 권리 또는 의무라고  확신할 때에 그것이 관습법이 된다는 설이다(Friedrich Karl von Savigny, Paul Raband, Otto von Gierke 등 역사법학자 주장). 그러나 이 설에 대하여는 법적 확신이 국가법적인 입장에서는 입법소재에 불과할 뿐이며, 왜 법적 확신이 생기느냐에 대하여는 설명을 하지 못한다는 비판이 있다.

다. 국가승인설

국가가 어떤 관습의 내용을 법으로써 승인함으로써 관습법이 성립한다는 설이다(Adolf Sasson, Karl Binding 등 헤겔학파 주장). 이 설은 국가만능주의적 법률관에 기초하고 있다. 그러나 이 설에 의하면 관습법의 성립여부는 법관의 재판에 의하여 확인됨으로 법관이 관습법이라고 인정해야 관습법으로 효력을 발생한다고 하는 것이

되어 부당하다는 비판이 있다.

라. 검토

생각건대 관습법의 성립근거를 오랫동안 관행과 그것이 권리·의무에 관한 내용을 가지며, 이를 준수하도록 강제받는다는 확신이 생길 때 관습법으로 보는 법적 확신설이 타당하다고 본다.

### 3) 성립요건

법적 확신설에 따라 관습법의 성립요건을 살펴보면 다음과 같다. 첫째, 관행이 존재하여야 한다. 둘째, 관행의 가치에 대한 법적 확신이 있어야 한다. 셋째, 관행이 선량한 풍속 기타 사회질서에 위반하지 않는 것이어야 한다. 넷째, 관행이 법령의 규정에 의하여 인정되거나 그 내용이 법령의 규정에 없는 사항이어야 한다.

### 4) 관습법의 효력

가. 관습과의 관계

사실인 관습은 당사자의 의사가 불명확한 경우에만 법적인 효력 및 의사의 내용으로 해석된다. 그러나 관습법은 당사자의 의사와 상관없이 효력을 나타낸다. 따라서 법원의 판결이 관습에 위반한 때에는 상고이유(민사소송법 제393조)가 되지만, 사실인 관습은 사실인정의 문제에 불과하다. 그러나 사실인 관습도 임의법규에 우선하여 해석의 기준이 된다. 그러나 상행위에 대해서는 상관습법, 민법, 사실인 상관습의 순으로 적용한다(상법 제1조).

나. 성문법과의 관계

관습법이 성문법을 보충하는 효력이 있느냐 아니면 성문법을 개폐하는 효력까지 있느냐 하는 것이 문제이다. 로마법시대에는 관습법에 대하여 성문법의 개폐효력를 인정하였지만, 근세에 들어와서는 국가권력의 강대화와 자연법사상에 의하여 관습법을 부정하기도 하였다. 그러나 19세기에 들어와서는 역사법학파에 의해 관습법의 존재가 다시 부각되면서 성문법에 대한 보충효가 인정되기에 이르렀다. 특히 공법보다는 사법에서 관습법의 기능을 중요시하고 있다. 우리나라에서는 민법 제1조에서 "민사에 관하여 법률에 규정이 없으면 관습법에 의하고 …"라고 규정함으로써 관습법의 보충적 효력만을 인정하고 있다.

### (2) 판례법

#### 1) 의의

판례법(case law)은 법원에 의해 일정한 법률문제에 관하여 동일한 취지의 판결이 반복되고, 그 후 동종의 사안에 관하여 사실상 법원을 구속하게 되는 불문의 규범을 말한다. 이것은 법원에서 형성된 관습법의 특수한 형태라는 점에서 일반 관습법과는 다르다.

판례라 함은 일정한 법률문제에 관하여 동일취지의 판결이 반복됨으로써 재판의 방향이 대체로 확정되었을 때에 성립하는 재판의 선례를 말하며, 그 선례가 그 후의 판결을 구속할 때에 판례는 법원으로 된다. 법원의 판결은 구체적 사건의 해결을 본질로 하나, 그 속에 포함되어 있는 일반적인 합리성은 다른 유사한 사건에 관하여도 동일한 해결을 하게 마련이다. 여기에 판례에 의한 법규범이 성립할 여지가 있는 것이다.

#### 2) 판례의 법원성

가. 영미법계

불문법주의를 취하고 있는 영미법계의 국가에서는 판례 그 자체가 독립한 법원이며 법의 원천이 된다. 특히 미국의 경우에는 연방대법원이 위헌법령심사권을 가짐으로써 그 판결이 최고의 권위있는 판례법이 되고 있다.

나. 대륙법계

성문법주의를 취하고 있는 대륙법계의 국가에서는 판례의 기판력이 원칙적으로 당해사건과 그 사건의 당사자에게만 미치며, 다른 사건과 관련하여서는 법원에 대해 법률상 구속력을 가지지 않는다. 따라서 법관은 동급 및 상급법원의 판결에 구속받지 않고 헌법과 법률에 의하여 그 양심에 따라서 독립하여 심판한다(헌법 제103조). 이와 같은 성문법국가에서는 일반적으로 판례법의 법원성을 부인한다.

그러나 법원조직법 제8조에서 "상급법원의 재판에 있어서의 판단은 당해 사건에 관하여 하급심을 기속한다"라고 규정하고 있어서 문제가 된다. 또한 종래의 판결의 변경은 사회생활의 안정을 위해 중대한 이유와 확실한 근거가 없는 한 곤란할 뿐만 아니라, 그것을 변경하기 위해서는 대법관 전원의 ⅔이상의 합의체에서 행하도록 하고 있다는 점(법원조직법 제7조 제1항)을 고려할 때 사실상 구속력을 가지고 있다는 점을 부인 할 수는 없다.

특히 판례는 그 자체가 하나의 구체적 사실과 결합하여 나타나므로 성문법의 구속력보다 높은 예민성을 나타내며, 그 형성과정에서 일종의 입법적 기능을 갖는다는 점에서 오히려 '살아있는 법'으로서의 기능을 하고 있는 것이다.

### (3) 조리(條理)

#### 1) 의의

조리(law of nature 또는 common sense)는 일반사회의 정의감에 비추어 반드시 그러하여야 할 것이라고 인정되는 사물의 본질적 법칙 또는 사물의 도리를 말하는 것으로 그 사회의 합리성을 의미한다. 즉, 현행법 질서를 유지하기 위해 현실적으로 사회생활을 규율하는 법적 규범의식으로서 국가에 의해 승인된 사회생활의 원리로서 사람의 건전한 상식으로 판단할 수 있는 사물자연의 이치를 말한다. 일반적으로 공서양속, 사회통념, 경험법칙, 사회적 타당성, 형평, 정의 등으로 표현되기도 한다.

**2) 조리의 법원성**

조리도 법원이 된다. 현실적으로 성문법의 흠결은 불가피한 것이지만 그렇다고 법원은 법의 불비를 이유로 재판을 거부할 수가 없다. 따라서 이와 같이 성문법이 흠결된 경우에는 법관이 조리에 따라 판결하여야 한다. 민법 제1조는 "민사에 관하여 법률에 규정이 없으면 관습법에 의하고 관습법이 없으면 조리에 의한다"고 규정함으로써 조리를 민사법원으로 인정하고 있다.

그러나 조리의 법원성의 인정에 대하여 조리는 단지 사회생활상의 관계를 규율하는 법규범의 흠결을 보충할 해석상 또는 재판상의 표준이 될 뿐이지 법적용상의 이념에 불과하며 법 그 자체로는 볼 수 없다는 설도 있다.

**(4) 자치법**

자치법이란 좁은 의미에서는 지방자치단체 기타의 공법인(公法人)이 국가로부터 부여받은 입법권의 범위 내에서 제정하는 법규를 의미하지만, 넓은 의미로는 공익법인, 영리법인, 상호보험회사정관 등을 포함한다. 그러나 문제는 사법인(私法人)의 정관이 법원성을 갖느냐이다. 이에 대하여 사법인의 설립행위를 설립자간의 계약의 법리로 이해하는 입장에서는 법원성을 부인하지만, 사단법인의 특수한 행위로 보는 입장에서는 법원성을 인정한다. 일반적으로 자치법은 관습법과 유사한 성격을 갖지만 단순히 재판을 할 때나 법규를 제정할 때 기초로 되고, 거래상 관습법 발생의 원인으로 되는 경우가 있을 뿐이므로 그 법원성을 직접 인정하기는 어렵다고 본다.

## 3. 성문법과 불문법의 관계

### (1) 의의

성문법은 제도상 입법권을 가진 자에 의해 문장의 형식, 즉 문자로 표현되고 문서의 형식을 갖춘 법을 의미하며, 일정한 절차와 형식에 따라서 공포된 것을 말한다. 주로 대륙법계의 입법태도이다. 이에 반해 불문법은 사회생활 속에서 구성원 일반이나 법관 또는 법학자, 기타 전문가들이 한결같은 반복된 행위에 따라 점차적으로 의무감이 발생함으로써 자발적으로 형성되는 법을 말한다. 주로 영미법계에서 취하는 입법태도이다. 양자의 구별은 형식적이고 절차적인 것에 불과하며, 그 효력에 있어서는 사회구성원 일반이 법제정의 주동적 세력이고 법의 내용이 그 사회의 합리적 가치요소를 포함한다고 하는 점에서 차이가 없다.

### (2) 장점 · 단점

#### 1) 성문법의 장점

성문법의 장점, 즉 불문법의 단점은 다음과 같다. 첫째, 법규의 존재 및 그 의미를 명확히 하므로 법적 안정성이 있다. 둘째, 입법기간이 짧으며, 입법정책을 통하여 발전적 방향으로 사회제도를 개혁해 나갈 수 있다. 셋째, 국가권력의 전횡에 대해 국민의 자유를 보호하는데 유효하다. 넷째, 법규의 통람이 극히 편리하고 법규의 내용을 일반국민에게 알리기에 적합하다. 이점은 일일 생활권이 된 국제사회에서 중요한 의의를 가진다.

#### 2) 성문법의 단점

성문법의 단점, 즉 불문법의 장점은 다음과 같다. 첫째, 입법자의 자의에 흐를 염려가 있으며, 다수의 자가 입법절차에 참여하게 되어 불철저하고 모순을 내포할 우려가 크다. 둘째, 문장으로 표현되므로 법적 표현의 특수성으로 용어선택에 난점이 있으므로 법규의 진실한 내용을 파악하기에 곤란하다. 따라서 법해석이 중대한 의의를 가지게 된다. 단지 법해석 및 개정을 통한 부분적 적응에 불과하다.

### (3) 성문법과 불문법의 관계

성문법은 불문법에 우선한다. 일반적으로 성문법은 다분히 이상적 요소를 포함한다. 따라서 윤리적 의미에서 또는 사회 기술적 의미에서 개혁적이고 진보적이다. 근대국가에서는 이러한 제정법을 통해 그 이상의 실현을 도모하고자 하는 의도에서 다른 법원보다 우월한 지위를 보장하고 있는 것이다. 우리나라도 원칙적으로 대륙법계의 성문법주의를 채택하고 있다.

불문법은 원칙적으로 성문법에 대해 보충적 효력을 가짐에 불과하다. 따라서 근래에는 영미법계에서도 법체계가 기본법인 보통법을 수정하고 보충하기 위해 성문화되어 가는 경향이 있다.

제6절

# 법의 체계

## Ⅰ. 법체계의 의의

우리의 생활이 인간 사회의 기준이 되는 방대한 수와 양의 법에 의하여 영위되고 있음은 부인할 수 없다. 이와 같은 수많은 법들은 그 목적과 규율의 영역 등이 중복되거나 충돌되어질 수 있다. 따라서 이로 인한 혼란을 해결할 필요가 있다.

법체계의 분석은 우리의 생활을 규율하고 있는 모든 법률들을 크고 작은 여러 기준에 따라 정돈하고 분류하고, 다시 계통을 수립하여 논리적 통일성에 맞추어 질서 있게 정비함으로써 구체적인 법률생활의 안정·신속·확실과 원활을 기하고 혼란을 피하고자 하는 것이다.

이와 같이 수많은 법들을 그 성질과 내용에 따라서 유사한 것끼리 구분하여 본다면, 각기 질서적인 체계의 형성을 인식할 수 있다. 우선 자연법칙과 인위적 법칙, 인위적 법칙을 다시 국제적인 법칙과 국내적인 법칙으로 구분할 수 있으며, 국내적인 면을 다시 여러 기준에 따라 더 분류할 수 있다. 이러한 분류를 통하여 법의 체계가 논리적 통일성에 의하여 계층적으로 질서있게 정돈되어지고, 이로 인해 그 모순을 해소하고 적용법규를 쉽게 발견할 수 있는 것이다.

## II. 법의 분류

### 1. 자연법과 실정법

#### (1) 자연법

자연법은 인위적인 것이 아닌, 역사나 민족이나 환경을 초월한 법을 말하는 것으로서 실정법과 대치되는 개념의 법이다. 그러므로 자연법은 실정법이 만들어지기 이전 본래부터 존재하여온 법으로서 근원적이고 영구불변의 법이라 할 수 있다. 인간이 실정법을 제정할 때 온힘을 다하여 정당한 법질서를 이룩하고자 하겠지만 정당성의 평가기준 자체를 명확히 제시하지 못한다. 그 정당성의 평가기준은 초월성을 가진 어떤 영원하고 객관적인 질서에 의하지 않으면 안 될 것이다. 따라서 자연법은 그 기준을 말하고 국가가 만든 법이 아니고 국가의 법이 준수하여야 할 법규범을 말한다. 이와 같은 자연법의 존재를 인정하고 실정법은 자연법의 기초위에 이루어져야 한다는 주장을 자연법론이라 한다.

자연법론은 고대 그리스의 플라톤, 아리스토텔레스에 의하여 시작되어 스토아(Stoa) 학파를 거쳐 중세 스콜라(Schola) 학파에 이르러 그 이론체계가 완성되었다. 이러한 자연법론은 전통적인 자연법론에서 근대 자연법론을 거쳐 현대의 자연법론에 이르게 된다.

전통적 자연법론자들의 주장을 보면 다음과 같다. 첫째, 이 세상에는 인간에 의하여 좌우될 수 없는 영구불변의 질서가 존재하며 이것이 자연의 질서 또는 신의 질서라고 하였다. 둘째, 자연질서에 맞추어 살아가는 것이 인간의 본래적이고 자연적인 모습이라고 생각하였고, 인간이 자신을 영구불변한 질서에 맞추어 나갈 수 있는 것은 인간이 이성적 존재이기 때문이라고 하였다. 셋째, 자연법의 내용에 대하여 로마의 법학자들은 '각자에게 그의 것을 주는 것'이라고 하였고, 아퀴나스(Thomas Aquinas)는 "선을 행하라"라고 하였다. 넷째, 실정법은 자연법에 저촉되어서는 아니 되며, 자연법에 실정법은 법으로서 인정될 수 없다고 하였다.

근대 자연법론은 17세기 이후 개인주의, 합리주의 및 공리주의 사상이 대두됨에 따라서 이전의 전통적인 자연법론에서 새롭게 이루어진 것이다. 근대 자연법론자들의 주장은 다음과 같다.

첫째, 자연법을 자연적 권리에 중점을 두었다. 즉, 모든 인간이 인간이기 때문에 당연히 갖는다고 생각되는 인권 또는 국민의 기본적 권리는 보장되어야 한다고 주장하였다. 둘째, 인간이 인권을 가진다는 것은 인간이 이성적인 존재임을 고려한다면 지극히 당연하므로 인권을 국가의 실정법보다 먼저 존재한다고 주장하였다.

반면에 현대의 자연법론자들은 자연법을 인간의 본성(Natur der Mensch)과 사물의 본성(Natur der Sache)에 근거하여 시대와 민족, 국가와 사회를 초월하여 적용되는 객관적 질서라고 한다. 오늘날 자연법은 실정법의 정당성 평가기준으로서 이에 위반된 실정법은 무효이므로 입법권력을 견제하는 기능을 수행하기도 한다고 보고 있다.

### (2) 실정법

실정법은 우리의 생활을 실제로 규율하는 법으로써 국가기관에 의해 제정되는 법규범인 성문법이 보통이지만 관습법, 판례법, 조리 등과 같은 불문법도 포함하여 말한다. 실정법의 법형식은 국내법의 경우, 헌법을 중심으로 하여 법률, 명령, 규칙, 자치법규 등의 순서로 체계적인 구조로 되어 있다. 이처럼 실정법은 자연법과는 달리 가장 현실적이며 구체적인 법이므로 시대적·사회적 상황에 따라 다르게 변화되는 법이다. 또한 실정법만이 법으로서 인정받게 되므로 법의 정당성의 평가기준을 실정법 자체 내에서 상대적으로 논의할 수 있을 뿐이라는 주장을 법실증주의라고 한다.

이러한 실정법은 가시적이고 확실한 장점은 있으나 때로는 악법도 인정하고 준수해야 하는 결함을 가지고 있어서 독재의 수단으로 이용되어질 우려가 따른다.

### (3) 자연법과 실정법의 이해

사실 자연법과 실정법은 단순하게 비교하여 구별할 것은 아니다. 이 구분은 자연법주의와 법실증주의를 비롯하여 그에 기반한 대륙법과 영미법의 체계까지도 구분할 수 있도록 해주는 기준이 되기 때문이다. 예를 들어 우리나라의 "형법"을 영어로 번역하면 무엇인가. 대부분의 사람들은 "형법"을 영어로 하면 "Criminal Law"라고 답한다. 그런데 이 "Criminal Law"를 다시 우리말로 번역해 보자. 그러니까 "Criminal Law"를 우리말로 번역하면 마찬가지로 대부분의 사람들은 "형법"이라고 말하지 않고 "범죄법"이라고 말한다.

자, 그러면 "형법"과 "범죄법"은 무엇인가. 같은 형법을 말하는데 영어로의 번역을 거치다 보니 "형법"이 "범죄법"이 된 것이다. 그러면 이들을 이해하기 위해서 먼저 "형법"의 입장에서 살펴보자. "형법"은 말 그대로 "형(刑)"에 관한 법을 말한다. 누군가가 잘못을 저지른 후에 그 자에게 어떠한 "형(刑)"내릴 것인가에 관한 법을 말한다고 이해할 수 있다. 예를 들어 누군가가 사람을 죽였다고 치자. 그러면 "형법"의 관점에서는 사람을 죽인 나쁜 짓을 했으니 그 자에게 사형을 구형할 것인가 아니면 무기징역, 아니면 5년의 유기징역을 구형할 것인가를 다룬다고 이해하면 될 것이다. 우리나라 형법 제250조가 제1항에서 "사람을 살해한 자는 사형, 무기 또는 5년 이상의 징역에 처한다"고 규정하고 있고, 제2항에서는 "자기 또는 배우자의 직계존속을 살해한 자는 사형, 무기 또는 7년 이상의 징역에 처한다"고 규정하고 있기 때문이다.

그러면 똑같은 사정에서 이를 "범죄법"의 입장에서 살펴보자. "범죄법"은 말 그대로 "범죄(犯罪)"에 관한 법을 말한다. 누군가가 사람을 죽였다. 그런데 여기에서는 앞에서 본 "형법"과는 달리 그 누군가가 사람을 죽인 행위가 그야말로 "범죄"가 되는지를 우선 살펴보는 입장이라는 것이다. 사람을 죽인 사실은 존재하나 이 행위가 범죄가 되느냐를 먼저 살피겠다는 입장이다. 범죄가 된다면 당연히 그 이후에 "형법"의 입장에서처럼 사형을 구형할 것인가 아니면 징역형을 구형할 것인가를 따지게 될 것이다.

그러나 이 행위가 범죄가 되지 않는다면 굳이 그 이후의 문제를 따질 일은 아니라는 것이다.

"형법"의 입장이든 "범죄법"의 입장이든 누군가가 사람을 죽였으니 우리는 당연히 그 자에게 어떠한 형벌을 가할 것인가를 당연히 따져야 할 것이다. 그러나 법의 입장에서, 그러니까 법의 이념적 관점에서 그 중심에 "사람"을 둘 것인가, 아니면 "제도" 또는 "조직"이나 "국가"를 둘 것인가에 대한 관념적 차이가 존재하는 것이다. 이 예에서 굳이 그 차이를 찾자면 자연법주의에서는 "사람"을 법의 중심에 두고 그 사람의 자연적 권리를 우선 살피겠다는 입장에서 영미법계의 "범죄법"을 이해할 수 있게 되는 것이다. 법실증주의 입장에서는 이미 그 사람은 사람을 죽였으니 "국가"적 차원에서 정해진 제도적 차원에서 어떠한 형을 구형할 것인가를 살피겠다는 입장에서 대륙법계의 "형법"을 이해할 수 있게 되는 것이다. 물론 이상의 예는 다른 사정은 고려하지 않고 아주 단순한 차원의 예를 단적으로 만들어 낸 것에 불과하지만 이를 통해 자연법주의와 법실증주의, 대륙법계와 영미법계, 그리고 자연법과 실정법의 차이를 이해하는 데에는 큰 무리가 없을 것이다.

## 2. 국내법과 국제법

법을 인정하는 주체, 법이 규율하는 내용 및 법의 효력이 미치는 지역적 범위에 따른 분류이다.

### (1) 국내법

국내법은 하나의 국가에 의하여 인정되고 그 국가의 통치권이 미치는 범위 내에서만 효력을 가지고 시행되는 법이다. 이것은 한 국가의 단독의 사로서 국가와 국민과의 관계 또는 국민 상호간의 권리·의무관계를 규율한다.

### (2) 국제법

국제법은 국제사회에 있어서 명시 또는 묵시의 국제간의 합의에 의하여 성립되는 법으로서, 국가 상호간의 권리·의무관계를 규정하는 법을 의미한다. 그러나 오늘날에 있어서는 국제단체가 조직되고 개인의 지위가 향상됨으로써 국제법이란 국제사회의 법으로서 국가, 국제단체 및 개인에 관하여 규정한 법을 가리킨다. 이에는 국제사회 일반에 그 효력을 미치는 일반국제법과 특정한 2개국 또는 다수의 국가 사이에서만 효력을 가지는 특수국제법이 있다.

그러나 국제법은 첫째, 입법절차가 각 국가간의 승인에 의해 강행되어지고, 둘째, 강행하는 조직적 사회력도 국내법보다 미약하며, 셋째, 그 위반을 판정하는 재판기구나 그에 의한 제재도 매우 약하고 불완전하다는 점에서 법이라고 인정하기는 곤란하다는 견해도 있다. 그렇지만 국제사회가 불완전하기 때문에 국제법의 발달이 아직 미흡할 뿐이고, 국제단체가 조직적 사회력으로서 국제법의 법규범성을 한층 높여주고 있으므로 이러한 비판은 타당하지 않고 오히려 세계법의 확충을 위하여 노력해야 할 것이다.

### (3) 국내법과 국제법의 관계

국가가 모여서 국제사회가 형성되므로 국내법과 국제법은 서로 밀접한 관계를 맺고 있다. 그러나 그 제정의 형식절차가 다르므로 충돌하는 경우가 있는데 이때 어느 것을 우선 적용시켜야 할 것인가가 문제된다.

#### 1) 일원론

객관주의 입장에서 법질서란 결국 같은 것이며, 따라서 국내법과 국제법은 하나의 통일적 법체계를 구성하는 2가지 요소에 불과하다고 하는 설이다. 이는 다시 국내법우위설과 국제법우위설로 나누어진다.

가. 국내법우위설

국제법의 성립기반도 국가법에 의하므로 국내법과 국제법 충돌할 경우에는 국내법이 우선한다(Albert Zorn 등). 우리나라 헌법학계에서의 다수설이다.

나. 국제법우위설

"국제공동체가 개별국가보다 우위이다"(Verdross, Kunz), "사회간 규범이 사회내 규범보다 우위이다"(G. Scell), "부분사회에 타당한 규칙보다 전체사회에 타당한 규칙이 우선이다"는 것 등을 근거로 하여 국내법과 국제법이 충돌하는 경우에는 국제법이 우선한다고 보는 견해이다. 켈젠(Kelsen), 베르드로스(Verdross) 등이 주장했다. 이는 국제사법재판소의 1932년 Danzig에 있는 폴란드 국민의 대우에 관한 판결에서 천명된 이래 국제재판상 일관된 원칙이다.

**2) 이원론**

고전적 법의사주의에 근거하여 국내에서만 효력이 있는 국내법과 국제관계에서만 효력이 있는 국제법은 독립한 별개의 법체계에 속하는 이질적인 것으로 보는 설이다. 이 들은 다음과 같은 점에서 구별되어진다.

첫째, 법의 주체를 보면 국내법은 국가와 개인과의 관계 또는 개인상호간의 관계를 규율함으로 개인이 주체이지만, 국제법은 국가사이의 관계를 규율함으로 국가·국제단체·개인 등이 모두 주체가 될 수 있다.

둘째, 법의 연원을 보면 국내법은 국가의 일방의사에 의한 제정이나 승인이지만, 국제법은 국가들 사이의 명시적 또는 묵시적 합의이다.

셋째, 법의 효력면을 보면 국내법은 한 국가와 그 국민을 중심으로 하여 효력을 가지는데, 국제법은 국가와 국가 사이에 효력을 가진다.

넷째, 조직과 적용면을 보면 국내법에서는 개인보다 상위기관이 존재하고, 분쟁이 일어나면 국내법원에서 재판을 받으며, 그 판결은 국내기관이 집행한다. 반면에 국제법에서는 국가보다 상위기관은 존재하지 않고, 분쟁이 발생하면 외교교섭이나 국제재판을 통해 해결하게 되지만 그 결정을 집행할 강력한 기관이 없다는 점 등이다.

3) 검토

이원론에 의하면 국제법과 국내법이 국가기관에 일정한 명령을 포함할 경우 충돌되었을 때 서로 이질적인 두개의 규범이 동시에 효력을 갖는다는 것은 모순이며, 국제법이 국내법에 또는 역으로 국내법이 국제법에 직접 적용되는 경우도 있음을 간과하게 됨으로 문제가 있다고 본다. 그럼에도 불구하고 오늘날의 국제적인 통설은 이원론이며, 우리나라에서는 일원론에 의하되 헌법에 의하여 체결·공포된 조약과 일반적으로 승인된 국제법규는 국내법과 동일한 효력을 갖는다고 하고 있다(헌법 제6조 1항).

## 3. 공법과 사법 및 사회법

### (1) 공법과 사법

법의 내용에 따른 분류로서 국가적 법률관에서 유래한다.

#### 1) 공법과 사법의 발달과정

법을 공법과 사법으로 나누는 것은 일찍이 로마시대에서부터 시작되었다. 공사법의 구별은 강력한 중앙집권적 국가가 존재하였던 로마법아래에서 국가권력과 직접 관계되는 것은 정치적인 것으로 생각하여 공법관계를 법의 영역에서 제외하고, 개인관계만을 법률관계로 규정하려고 하는 의도를 가지고 인정한 것이었다. 이에 따라서 로마·게르만법은 영미법상의 보통법과는 달리 개인관계를 규정하는 사법관계를 중심으로 발전하였다.

그럼에도 불구하고 17세기에서 18세기에 형성된 근대 자연법론에 의하여 국가권력을 제한하고 개인의 기본적 권리를 보장하려는 주장에 따라 공법관계도 발달하기 시작하였다. 또한 그 이후 특히 자본주의의 발달로 18세깅서 19세기에 들어 개인주의·자유주의적 사회경제체제가 이루어지면서 사적자치를 최대한 인정하였고, 이에 따라 사법질서에 대한 새로운 인식이 싹트면서 사법도 동시에 발달하게 되었다.

그러나 20세기에 들어와서는 복지국가를 지향함으로써 사적자치에 제한을 가하였기에 '사법의 공법화' 경향이 나타나고 있다. 따라서 오늘날은 점차 공법과 사법의 영역이 혼재되는 현상이 나타나고 있어서 공사법의 중간영역을 사회법이라 부르고 있다.

**2) 공법과 사법의 구별에 관한 학설**

가. 구별부정설

공법과 사법의 구별을 부정하는 견해들이 있다. 이에 관한 주장을 보면, 국가와 법을 동일하게 생각하여 모든 정치적 관념을 내포한 공법을 완강히 거부하는 입장(Kelsen), 국가를 가정이나 단체 등의 다른 인간 공동체와 같은 자격으로 보는 입장(Renard), 국가의 인격성을 부정하고 법률관계를 궁극적으로 사회연대성에 기초한 개인간의 관계로 보는 입장(Leon Duguit)과 개인들 간의 법률관계를 포함하여 모든 현상이 국가에 속한 것으로 보는 입장(독일 Nazis, 구소련의 독재체제) 등이 있다.

나. 구별필요설

공법과 사법의 구별은 무의미한 것은 아니라고 생각하는 견해이다. 이에 관한 주장들을 보면, 우선 공법과 사법은 배경·분야·역사가 다르고, 법률관계를 지배하는 정신과 원칙도 다르다는 것이다. 즉, 사법관계는 개인의사의 자치가 강조되므로 가능한 한 개인들의 법률관계를 자유롭게 유지하여 사회생활의 원활한 발전을 도모하는 반면, 공법관계는 국가권력의 남용을 방지하고 개인의 기본권리를 철저히 보장하기 위해 가능한 한 법률관계 요건을 엄격히 규제한다는 것이다. 또한 대륙법계에서는 공법과 사법은 사법제도(司法制度)상에도 차이가 있어서 모든 법률사건을 법원에서 관할하는 영미법계와는 달리 사법법원(私法法院)과 행정법원을 분리하여 관할하므로 관할권을 배분하기 위해서도 양자의 구별은 필요하다는 것이다. 그 외에도 법률정책상, 법집행상 또는 법학을 함에 있어서도 양자의 구별은 필요하다고 보는 견해들이 있다.

### 3) 구별근거

가. 이익설

법의 보호법익이 공익이냐 사익이냐에 따라 공법과 사법을 구별한다. 즉, 공법은 공익의 보호를 내용으로 하는 법이고, 사법은 개인적 사익의 보호를 내용으로 하는 법이라고 하는 설이다. 따라서 공법은 사회질서유지와 연관된 공공의 법익을 보호하는 법이고, 사법은 자유권 및 재산권 등과 관련된 개인의 법익을 보호하는 법이라고 한다. 이미 3세기 초에 로마의 울피아누스는 "로마국 자신에 관한 것은 공법이요, 각 개인의 이익에 관한 법은 사법이다"라고 정의 한 바 있다.

이 견해에 대하여는 법은 원래 국가와 사회생활에 관한 법이므로 공익과 사익의 조화를 추구하고(예를 들어, 형법은 개인의 생명과 재산 외에 국가의 질서도 보호한다), 공익과 사익의 구별이 어렵고 (예를 들어, 민법상의 등기제도나 친족상속에 관한 규정들), 또 국가와 개인의 중간에 위치한 각종의 단체에 대한 법을 도외시하거나 무비판적으로 사법에 귀속시켜버린다는 비판도 따르고 있다.

나. 주체설

법률관계를 이루는 주체를 기준으로 구별하는 견해이다. 공법은 국가 및 공공단체 상호간의 관계 또는 이들과 사인간의 관계를 규율하는 법이고, 사법은 사인 상호간의 관계를 규율하는 법이라고 하는 설로서 옐리네크(Georg Jellinek)에 의하여 주장되었다.

이 견해는 왜 국가 기타 공법인에 대하여 다른 모든 종류의 단체 및 사인 상호간의 관계와 다른 취급을 해야 하느냐를 명확히 설명하지 못한다는 비판도 있다. 즉, 국가가 도로건설을 위해 개인업체와 사법상 계약을 체결하는 것은 사법에 해당하지만 이 견해에 의하며 공법관계가 된다는 점에서 문제가 있다.

다. 법률관계설

법률관계의 성질을 기준으로 하여 구별하는 견해로서 권력설 또는 성질설이라고도 한다. 법률관계의 성질을 수직적 권력관계와 수평적 대등관계로 구분하여 공법과 사법을 구분한다. 법률관계가 권력을 수반하는 불평등관계, 수직관계 또는 지배복종관계로 이루어진 경우는 공법영역이고, 법률관계가 권력과 관계없이 평등관계, 수평관계 또는 협력관계로 이루어진 경우는 사법영역이라는 것이다.

이 견해는 주체설에 비하여 그 기준이 비교적 선명한 점은 있다. 그러나 우리 민법상의 친족상속에 관한 규정들에는 불평등하고 수직적인 관계가 많이 나타남에도 불구하고 공법이 아닌 사법에 속하고, 국제법은 수평적·대등관계인 국가상호간의 관계에 대한 규율임에도 불구하고 사법이 아닌 공법에 속한다는 문제점을 가지고 있기도 하다.

라. 생활관계설

인간의 생활관계를 기준으로 국가생활관계와 사회생활관계로 나누어 구별하는 견해이다. 사람이 국민의 자격으로서 행하는 공적인 생활관계 즉, 국가생활관계를 규율하는 법이 공법이고, 개인(인간)으로서 행하는 사적인 생활관계 즉, 사회생활관계를 규율하는 법을 사법이라고 한다. 따라서 국가가 상품구입 등의 거래행위를 하는 것은 사적인 생활관계로 보아 사법의 규율을 받게 된다는 것이다. 이 견해는 푸흐타(G. F. Puchta)에 의하여 주장되었으며 현재 일본과 우리나라의 다수설이다. 그러나 이 견해도 국가생활과 사회생활을 구별하는 것이 항상 용이한 것만은 아니어서 공법과 사법의 구별에 정확한 근거가 되는 것은 아니다.

마. 통치관계설

법이 통치권의 발동에 관한 것이냐 아니냐를 기준으로 구별하는 견해이다. 법이 국가통치권의 발동에 관한 것이면 공법이고, 국가와 직접관계가 없는 인간으로서의 생활관계를 규율한 법은 사법이라고 한다.

그러나 일반적으로 통치권의 발동이 국가권력의 절대적 발동인 대내적인 발동만을 가리킨다고 보고 있음으로 국제법은 통치권의 발동이라는 국가권력의 대내적 관계를 규율하는 것이 아니고 대외적 발동을 규율한 것이기 때문에 사법관계로 보아야 한다는 문제점이 나타난다.

라. 검토

이상에서 살펴본 바와 같이 공법과 사법의 구별에 관한 근거들에 대한 견해들이 모두 문제가 있으므로 이들을 경합적 또는 종합적으로 반영하여 구별하는 것이 바람직하다고 본다. 따라서 공법은 공익적·국가적·강제적·통제적 법률관계를 규율하는 것이고, 사법은 사익적·사회적·임의적·비통제적 법률관계를 규율하는 것으로 볼 수 있을 것이다. 이와 같은 구별에 의하면 공법에는 헌법, 행정법, 형법, 소송법 등이 속하며, 사법에는 민법과 상법 등이 속하게 된다.

그러나 현대사회의 복잡·다양성과 급변화에 따른 국민 생활의 안정과 보호를 위해 국가의 개입이 모든 분야에서 두드러지고 있다. 특히 국가가 복지국가를 지향함에 따라 국민의 경제·사회생활의 안정과 발전에 깊숙이 관여함으로써 공사법의 조화현상이 두드러지게 나타나고 있어서 양자의 구별이 의미한 경우가 많이 있다. 따라서 오늘날에는 공익법인, 영리회사, 각종의 직업단체 등이 국가적인 것이 아니라 '사회적'인 것으로 독립하여 인식되어지고, 사회복지국가의 요청에 따라 자본주의의 사회적 부정의(不正義)가 억압되고 그 폐해를 제거하기 위하여 공법과 사법의 중간적인 법영역으로서 '사회법'이 등장하게 되었다.

### (2) 사회법

#### 1) 의의

사회법은 근대의 개인주의·자유주의적 사상에 기초를 두고 사법의 원칙적 존재와 그 고유의 영역을 인정하면서 사회적·경제적인 약자를 보호하는 입장에서 공법적인 규제를 가하여 사인의 실질적 평등을 실현하려고 하는 법이다. 즉, 사회중심적 사고에 입각하여 사회공공의 복지와 국민경제의 실질적 평등을 기하기 위하여 사법적 질서에 대해 많은 간섭과 통제를 하고자 하는 것이다. 이것은 소유권 절대원칙·사적자치의 원칙과실책임의 원칙에 입각한 근대시민법의 수정적 의미를 가진다. 또한 고도로 발달한 자본주의경제사회에서의 부의 편중과 실업자의 대량 배출 등의 여러 가지 모순과 부조리의 심화로 인하여 정치적·사회정책적 입장에서 자유주의적 사법원리에 수정을 가하는 의미를 가지는 것이다.

그러나 사회법은 계급사상을 바탕으로 하는 사회주의법이 아니라 자본주의법의 범위내에서 복지국가의 이념에 따라 기업과 근로자의 이해를 조절하고 소유와 이용의 조화를 꾀하여 독점기업의 횡포를 억제하고자 이를 수정·보완하는 것이다.

#### 2) 종류

사회법은 노동법, 경제법, 사회보장법의 영역을 포함하는 것으로 보는 것이 일반적이다. 노동법영역은 근로기준법, 노동조합 및 노동관계조정법, 노동위원회법, 근로자참여 및 협력증진에 관한 법 등과 같이 근로자에게 인간다운 생활의 보장하고 유지시켜 주기 위하여 국가가 근로관계에 개입하고 간섭하는 법규의 영역을 말한다.

경제법영역은 독점규제 및 공정거래에 관한 법률, 소비자보호법 및 각종 경제적 규제법 등과 같이 기업가의 과도한 경제적 활동을 통제하여 국민경제의 성장과 안정을 위하여 사적 경제활동에 대한 국가의 규제를 규정하고 있는 법규의 영역을 말한다.

사회보장법영역은 국민연금법과 국민건강보험법 등을 비롯한 사회보험에 관한 법, 노인복지법과 여성복지법 등을 비롯한 사회복지법 등과 같이 자본주의의 발달에 따라 점차 증대한 사회적 약자 내지 빈민계층에 대하여 사회국가적 책임으로 보고 국가가 국민의 생존권과 인간다운 생활의 보장을 위해 적극적인 사회정책을 실시하기 위하여 필요한 법규들의 영역을 말한다.

## 4. 일반법과 특별법

법이 적용되는 효력범위의 기준에 따른 분류이다.

### (1) 의의

법의 효력이 미치는 범위가 일반적인가 또는 특수적인가에 따른 분류이다. 일반법 또는 보통법(general law)은 사람, 사항, 장소에 대하여 특수한 제한이 없이 일반적으로 넓은 효력범위에 적용되는 법을 의미하고, 특별법(special law)은 특수한 사정 때문에 특수적이거나 부분적인 좁은 효력범위에 적용되는 법을 말한다. 이러한 구별은 상대적인 것으로 일반법은 보편적이고 추상적인데 반해, 특별법은 특수적이고 구체적이다. 즉, 적용되는 사람을 기준으로 하면 일반인 모두에게 적용되는 민법, 형법은 일반법이고, 특정인에게만 적용되는 선원법, 군형법, 공무원법 등은 특별법이다. 또한 적용사항을 기준으로 어떤 사항전반에 효력이 적용되는 법인지 특수한 사항에만 적용되는 법인지에 따라서 보면 민법은 사법관계 일반에 적용된다는 점에서 일반법이지만, 상법은 상사관계에만 적용된다는 점에서 특별법이다. 그리고 적용되는 장소를 기준으로 국가의 전 영역에 효력이 적용되는 민법, 형법, 상법 등은 일반법이고, 국가영역의 일부분인 각 시·도의 조례와 규칙은 그 지방 내에서만 효력을 발생한다는 점에서 특별법이다.

### (2) 구별실익

일반법과 특별법을 구별하는 실익은 법규가 경합하는 경우에 나타난다. 이 경우 법규정의 적용순서로서 "특별법은 일반법에 우선한다"는 원칙에 따른다. 물론 이것은 특별법이 없는 경우에 한하여 보충적으로 적용되는 것이다. 따라서 상사에 관하여 특별법인 상법이 적용되며, 상법에 규정이 없는 경우에 일반법인 민법이 적용되는 것이다. 그리고 일반법과 특별법에서 유사한 듯하지만 전혀 다른 원칙법과 예외법이 있다. 예를 들면 법전의 각 조문에서 본문은 원칙법에 해당하고 단서는 예외법에 해당한다.

## 5. 원칙법과 예외법

원칙법과 예외법은 법의 효력범위에 따른 분류로서 일반법과 특별법의 구별과 유사하지만, 어떤 특정사항에 관하여 동일한 조문 또는 동일한 법령 중에서 구별하는 것이다.

### (1) 의의

원칙법은 일정한 사항에 관하여 일반적·원칙적으로 적용되는 법을 말하고, 예외법은 위의 일반적인 사항에 대하여 구체적인 경우에까지 일률적으로 관철하게 되면 현저히 불균형을 초래하는 경우에 원칙법을 배제하고 예외를 인정하여 특수하게 적용되는 법을 말한다. 예를 들어 민법 제3조에 의해 사람은 생존한 동안 권리·의무의 주체가 될 수 있지만 태아도 예외적으로 불법행위에 대한 손해배상의 청구(민법 제762조)의 주체가 될 수 있음을 인정하고 있다. 그러나 사회변천에 따라 예외적인 사항이 원칙적인 것으로 되는 경우도 있다.

### (2) 구별실익

원칙법과 예외법을 구별하는 실익은, 우선 법해석면에 있어서 예외법은 엄격하게 해석해야 한다는 법해석의 일반원칙상 명백한 예외규정에 대해서는 확장해석을 하여서는 안된다는 점이다. 또한 거증책임에 있어서 원칙법은 그 전제가 되는 사실을 주장하는 측인 원고 또는 청구자에 거증책임이 있지만, 예외법의 경우에는 그 전제되는 사실을 부인하는 측인 피고 또는 피청구자에 거증책임이 있다는 점에서 차이가 있다.

## 6. 강행법과 임의법

강행법과 임의법은 당사자의 의사에 의하여 법의 적용을 배제할 수 있느냐의 여부에 따른 분류이다.

### (1) 의의

강행법은 당사자의 의사에 관계없이 강제적으로 적용되는 법으로서 당사자가 강행법규의 규정과 다른 내용의 의사표시를 하더라도 그 법규의 적용을 배제하지 못한다. 임의법은 당사자가 그 법의 규정과 다른 의사표시를 한 때에는 그 법의 규정이 적용되지 않는 법을 말하지만, 임의법이라도 당사자의 의사에 의해 적용하기로 한 때에는 강행성을 갖는다. 일반적으로 공법에 속하는 법규는 거의 강행법이다. 그러나 사법 중에서도 물권의 종류와 내용에 관한 규정(민법 제165조), 신분관계에 관한 규정(민법 제876조 이하, 제909조 이하, 제1000조 이하), 사회적 약자를 보호하는 규정(민법 제339조) 등 많은 강행법규가 있다. 임의법에는 당사자의 평균적 의사나 통상 갖는 의사를 상정하여 당사자의 의사에 상관없이 적용되는 것(예를 들어, 보충규정으로서 민법 제42조 제1항, 제106조, 제408조 등)과 당사자의 의사표시가 존재하나 그 의미가 불명확하여 의문이 있는 경우에 이를 결정할 것을 목적으로 하여 적용되는 것(예를 들어, 해석규정으로서 민법 제398조 제1항 등)이 있다.

또한 강행법은 '...... 하여야 한다', '......하지 못한다'로 규정되어 있는 반면, 임의법은 '다른 의사표시가 없는 한', '다른 규정이 있는 때에는' 등으로 법조문상에 명백히 구분하여 규정하고 있다. 그러나 그렇지 않은 경우에는 각 조항의 내용과 성질 및 입법정신 등을 검토해서 개별적으로 판단하여야 한다.

### (2) 구별실익

강행법과 임의법을 구별하는 실익은 당사자가 법규위반의 경우에 어떠한 제재 또는 불이익을 가하는가의 문제이다. 임의법은 이에 위반하더라도 그대로 유효하거나 적어도 불법한 것은 되지 않지만, 강행법의 경우에는 이에 위반하면 무효(민법 제103조), 취소(민법 제5조 제2항) 또는 일정한 제재(민법 제97조)를 받는다.

## 7. 실체법과 절차법

실체법과 절차법은 법률의 규정내용에 따른 분류이다.

### (1) 의의

실체법은 권리·의무의 실체적 사항인 내용 · 성질 · 종류 · 주체 · 발생 · 변경 · 소멸 등에 관하여 규정한 법으로서 헌법, 민법, 형법, 상법 등의 대부분의 법이 이에 속한다. 절차법은 권리·의무의 실현을 위한 수단과 방법을 규율하는 법으로서 민사소송법, 형사소송법, 행정소송법, 비송사건절차법, 파산법, 경매법, 부동산등기법 등이 이에 속한다. 그러나 절차법에 의해서만이 실체법이 현실화된다는 점에서 양자는 밀접한 관계를 맺고 있으나 회사법처럼 양자의 요소를 포함하는 경우도 있다.

### (2) 구별실익

실체법과 절차법을 구별하는 실익은 재판과 법의 개정에 있다. 재판의 경우에 법관은 실체법의 부존재를 이유로 재판을 거부할 수 있으나 절차법의 결여시에는 법관은 편의적인 재량으로 재판개시나 진행이 불가능하며, 양자가 서로 저촉되는 경우에는 실체법을 기준으로 재판하여야 한다. 법의 개정의 경우 실체법의 개정시에는 법률불소급의 원칙, 기득권 불가침의 원칙이 적용되지만, 절차법의 개정시에는 법주체간의 권익을 해할 염려가 없으므로 구법률관계에 특별한 규정이 없는 한 신절차법을 적용한다.

## 8. 고유법과 계수법

고유법과 계수법은 법의 성립 또는 제정자료에 따른 분류이다.

### (1) 의의

고유법은 특정 국가안에서 오랜 사회생활의 결과로서 발생하고 발달해 온 그 국가고유의 규범을 기초로 하여 성립한 법이고, 계수법은 외국에서 발생·발달한 법을 수입·모방하여 이를 자료로 제정된 법을 말한다. 법의 계수는 주로 사회적·경제적 여건이 유사한 국가간의 행하여지는데 오늘날 그 규모는 세계적이다. 이 때 계수되는 법이 모법(母法)이고 계수한 법을 자법(子法)이라고 한다.

우리나라의 경우 고조선시대에는 '8조금법'이란 독자적인 법이 있었지만, 그 이후로는 여러 국가로부터 법을 계수하여 왔다. 신라시대에는 당율(唐律), 고려시대에는 송율(宋律)과 원율(元律), 조선시대에는 명율(明律)이 적용되었다. 또 일제시대에는 일본법을 통해 대륙법계의 영향을 받았으며, 해방 후 오늘날에 이르기까지는 대륙법계 뿐만 아니라 영미법계의 영향도 여러 면에서 받고 있다.

### (2) 구별실익

고유법과 계수법을 구별하는 실익은 그 법규가 어느 것에 속하느냐에 따라 법의 해석이나 연구방법상에 차이를 가져온다는데 있다. 즉, 고유법은 자국의 법제를 연역적·귀납적 방법에 의하여 역사법제만 연구하면 되지만, 계수법은 모법 자체 및 그 모법을 발달하게 한 국가의 역사적·문화적인 모든 사정을 고려하여 연구하여야만 한다.

그러나 고유법과 계수법의 구별은 상대적이며, 계수법도 오랜 시일이 지나면 계수한 국가의 국민생활 속에 소화흡수되어 자연스럽게 고유법화 된다는 점을 간과할 수 없다.

## 9. 조직법과 행위법

조직법과 행위법은 법의 법률대상에 따른 분류이다.

### (1) 의의

조직법은 인간행위의 기초 또는 수단이 되는 조직 · 제도를 정하는 법으로서 헌법, 법원조직법, 형사소송법, 민사소송법 등이 이에 속한다. 행위법은 사회생활에 있어서 인간의 행위 그 자체를 규율하는 법으로서 형법, 민법, 상법 등이 이에 속한다.

### (2) 구별실익

조직법과 행위법을 구별하는 실익은, 조직법은 행위법이 비교적 자유롭게 해석하여 적용하는 것과는 달리 엄격한 법의 간섭이 따르는 데 있다. 조직법은 일반적으로 강행법적인 성격을 가지고 있으나, 행위법은 임의법적인 성격을 가지고 있어서 임의규정과 강행규정이 모두 존재한다.

제7절

# 법의 효력

## Ⅰ. 서설

법은 사회생활을 규율하는 규범이기 때문에 법으로서의 구속력을 가지고 사회에서 법의 이념을 실현할 수 있는 힘을 지니고 있는데 이를 '법의 효력'(validity of law)이라 한다. 법은 현실생활 속에서 그것이 실현하려는 이념인 타당성과 법이 현실적으로 실현되고 있는 상태인 실효성이 합치될 때 본래의 효력을 갖는다. 이것을 법의 "실질적 효력"이라 한다. 그리고 제정법은 시간적, 대인적 그리고 장소적으로 한정된 범위 내에서 효력을 갖는데 이것을 법의 "형식적 효력"이라 한다. 이와 같이 법의 효력은 실질적 효력과 형식적 효력으로 나뉜다.

## Ⅱ. 법의 실질적 효력

### 1. 법의 타당성과 실효성

법의 타당성은 법이 규범이기 때문에 실현되어야 한다는 당위성의 요구를 의미하며, 이것은 법이 구속력을 행사할 수 있는 정당성을 갖게 하는 법의 가치를 말하는 것이다. 즉, 행위규범으로서의 법은 사람에게 금지나

명령을 통하여 그 규범내용이 실현되어야 한다는 요구가 법의 타당성이다. 반면에 그 행위규범이 준수되지 않은 경우에 제재조치를 통하여 법이 사실로서 실현되도록 하는 것을 법의 실효성이라 한다. 따라서 법이 실효성을 갖는다는 것은 국가권력이 강제력을 동원하여 그 실현을 보장하고 있다는 것을 의미한다. 결국 법의 실효성은 법이 현실적으로 사람들에 의해 준수되는 힘을 말한다. 예를 들어, 형법 제307조 제1항에서 "공연히 사실을 적시하여 사람의 명예를 훼손한 자는 2년 이하의 징역이나 금고 또는 500만원 이하의 벌금에 처한다"고 규정하고 있다. 이것은 "공연히 사실을 적시하여 사람의 명예를 훼손해서는 안된다"는 행위규범과 "타인의 명예를 훼손한 자는 2년 이하의 징역이나 금고 또는 500만원 이하의 벌금"이라는 강제규범의 측면을 규정하고 있다.

## 2. 법의 타당성과 실효성과의 관계

법이 효력을 갖기 위해서는 규범적 타당성과 사실적 실효성을 동시에 갖추어야 한다. 이 중에서 어느 하나라도 결여되는 경우에는 실정법으로서의 존재가치를 잃게 된다. 법이 타당성은 있으나 실효성이 없으면 하나의 공문(空文)에 불과하며, 이와 반대로 실효성은 있으나 타당성이 없는 경우는 악법이 될 것이다. 이와 같이 법의 규범적 타당성과 사실적 실효성은 법에 있어서 필수적인 요건으로 사실상 상호 밀접·불가분의 관계에 있다.

그런데 실제로 양자간에 모순, 충돌이 발생 할 경우에 문제가 될 수 있다. 이에 관하여, 라드부르흐는 '타당성이 없는 악법에 복종하는 것은 범죄행위'라 하였고, 켈젠은 "법은 타당성만 가진다면 그 효력이 있으며 실효성까지 요구할 필요가 없다. 한 사람의 복종자도 없고 또 범죄인이 사실상 처벌받지 않는다 하더라도 법은 여전히 효력이 있는 것이다"라고 주장하였다. 이것은 법의 실효성보다 타당성을 중시하며 악법에 대한 거부와 함께 저항권을 강조한 것이라고 볼 수 있다.

## Ⅲ. 법의 형식적 효력

법의 형식적 효력이란 법이 구체적으로 적용되는 효력범위를 의미하며, 법의 효력범위는 시간적, 대인적, 장소적인 3가지 측면에서 고찰할 수 있다.

### 1. 법의 시간적 효력

법의 시간적 효력이란 법이 언제부터 언제까지 효력을 가지느냐의 문제이다.

#### (1) 법의 시행

제정법의 효력은 시행일로부터 폐지일까지 계속된다. 이 기간을 법의 시행기간 또는 유효기간이라고 한다. 시행일은 법이 효력을 발생하는 날을 말한다. 법은 시행에 앞서 공포되어야 한다. 공포는 법의 내용을 국민에게 알리기 위한 것이다. 공포일로부터 시행일까지의 기간을 법의 주지기간 또는 시행유예기간 이라한다. 특별한 규정이 없는 한 법은 공포한 날로부터 20일을 경과함으로써 효력이 발생한다(헌법 제53조 7항). 경우에 따라서는 공포와 동시에 시행하는 법도 있다. 이러한 경우에는 대개 그 법의 부칙에 "본 법은 공포한 날로부터 시행 한다"고 규정되어 있다.

#### (2) 법의 폐지

법의 폐지란 법이 종래 가졌던 구속력을 소멸시키는 것을 말한다. 이에는 명시적 폐지와 묵시적 폐지가 있다.

##### 1) 명시적 폐지

법이 그 시행기간, 즉 유효기간을 정한 때에는 그 기간의 종료로 그 법은 당연히 폐지된다. 이러한 법을 한시법이라고 한다. 한시법은 특정한 목적을 위하여 제정되는 경우가 대부분이다. 또한 신법의 명시적 규정에 의하여 구법의 일부 또는 전부를 폐지한다고 정한 때에는 구법은 당연히 폐지된다.

#### 2) 묵시적 폐지

법의 효력을 소멸케 한다는 명시적 규정은 없으나, ① 구법의 규정이 신법의 규정과 상호 모순저촉되는 경우, 즉 동일한 사항에 관하여 신법과 구법의 규정이 상반되는 경우에 그 저촉되는 범위 내에서 구법은 당연히 폐지된 것으로 본다. 이것이 "신법은 구법을 개폐한다"는 원칙인 신법우선의 원칙이다. 그러나 신법이라 하더라도 일반법인 신법은 특별법인 구법을 개폐하지 못한다. 이것이 "일반적 신법은 특별적 구법을 개폐하지 못한다"는 원칙인 특별법우선의 원칙이다. ② 해제조건부의 법으로서 처음부터 일정한 조건의 성취, 목적의 달성을 위하여 제정된 법은 그 조건의 성취, 목적의 달성으로 당연히 폐지된다.

### (3) 법률불소급의 원칙

법의 효력은 법 시행 후에 발생한 사항에 관해서만 적용되며, 그 시행 전에 발생한 사항에 관해서는 적용되지 않는다는 원칙을 법률불소급의 원칙이라 한다. 이 원칙은 법률생활의 안정성과 기득권 존중의 요구로 인정되고 있다. 형법 제1조 제1항에서 "범죄의 성립과 처벌은 행위시의 법률에 의한다"고 규정하여 행위시에 범죄가 되지 아니하는 행위를 소급법으로 처벌하지 못하도록 죄형법정주의를 선언하고 있다. 또한 헌법 제13조 제1항은 "모든 국민은 행위시의 법률에 의하여 범죄를 구성하지 아니하는 행위로 소추되지 아니하며 …… "라고 규정하여 이러한 정신을 반영하고 있다.

그러나 이 원칙은 절대적인 것은 아니다. 소급효를 인정하는 것이 정의, 형평의 관념에 부합하는 경우에 입법으로써 소급효를 인정할 수 있다. 민법 부칙 제2조는 "본법은 특별한 규정 있는 경우 외에는 본법 시행일 전의 사항에 대하여도 이를 적용한다. 그러나 이미 구법에 의하여 생긴 효력에 영향을 미치지 아니한다"고 하여 신법의 소급효를 인정하고 있으며, 상법 시행법 제2조 등에서도 비슷한 내용의 규정을 두고 있다. 더군다나 법률불소급의 원칙이 가장 엄격히 적용되는 형법에 있어서도 제1조 제2항에서 "범죄 후 법률의 변경에 의하여 그 행위가 범죄를 구성하지 아니하거나 형이 구법보다 경한 때에는 신법에 의한다"고 규정하여 신법이 구법보다 형사피고인에게 유리한 경우에는 예외적으로 신법이 소급하여 적용된다. 이 밖에 소급입법의 예로는 4·19 혁명 이후에 입법된 반민주행위자 공민권제한법이 있다.

법률불소급의 원칙과 관련하여 문제가 되는 것으로 이른바 기득권 불가침의 원칙이 있다. 이것은 구법에 의하여 취득한 기득권은 신법에 의하여 변경되거나 소멸되지 아니한다는 원칙이다. 그러나 이 원칙도 절대적인 것은 아니고 입법에 의하여 제한할 수 있다.

### (4) 경과법

법률불소급의 원칙에 의하여 구법시에 발생한 사항에 대하여는 구법을 적용하고 신법시행 후에 발생한 사항에 대하여는 신법을 적용한다. 그러나 구법시에 발생한 사항이 신법시행 후에도 계속 진행되고 있는 경우에 과연 어느 법을 적용하여야 할 것인가의 문제가 제기될 수 있다. 이것을 해결하기 위하여 규정된 것이 경과법 내지 경과규정인 바, 신법의 부칙에서 규정하는 것이 일반적이다. 그 예로서는 민법부칙 제5조, 형법부칙 제4조 등이 있다.

## 2. 법의 대인적 효력

법의 대인적 효력이란 한 국가의 법이 어느 범위의 사람에게 적용되는가의 문제로써 이에 관하여 속인주의, 속지주의, 수동적 속인주의, 보호주의 그리고 보편주의가 있다.

### (1) 속인주의

#### 1) 원칙

행위의 장소에 관계없이 행위자의 국적을 기준으로 관할권을 행사하는 주의이다. 따라서 외국에서 자국민에 의해 행해진 범죄에 대해서도 본국은 관할권을 행사할 수 있다. 우리 형법 제3조는 "본법은 대한민국영역 외에서 죄를 범한 내국인에게 적용한다"고 규정하고 있는바, 형법의 적용범위에 관하여 속인주의를 취하고 있다.

#### 2) 예외

일반인에 대하여는 법의 효력이 미치지 않고 특수한 신분을 가진 사람에게만 적용되는 경우가 있다. 예를 들어, 공무원법은 공무원을 그리고 군형법은 군인, 군속을 주된 적용대상으로 한다. 그리고 헌법 제84조에 의하면, "대통령은 내란 또는 외환의 죄를 범한 경우를 제외하고는 재직중 형사상의 소추를 받지 아니한다"고 규정하여 대통령의 형사상의 특권을 인정하고 있다. 또한 헌법 제44조에 의하면, "국회의원은 현행범인 경우를 제외하고는 회기중 국회의 동의없이 체포 또는 구금되지 아니한다"고 규정하여 국회의원의 불체포특권을 인정하고 있다.

### (2) 속지주의

#### 1) 원칙

국가가 자국 영토 내에서 발생한 사안에 대하여 행위자의 국적에 상관없이 사안의 발생장소를 기준으로 관할권의 존재여부를 결정하는 주의이다. 즉, 한 국가의 영역 내에 있는 사람은 내국인이든 외국인이든 불문하고, 그 국가의 법이 적용된다는 입장이다. 우리 형법 제2조는 "본법은 대한민국영역 내에서 죄를 범한 내국인과 외국인에게 적용한다"고 규정하고 있다.

오늘날 국제사회에서는 일반적으로 서로 타국의 영역을 존중하는 의미에서 속지주의를 원칙적으로 채택하고 속인주의를 보충적으로 적용하고 있다.

**2) 예외**

① 헌법상의 제한: 선거권, 공무담임권, 청원권, 국방의 의무 등과 같은 헌법상의 권리의무는 국민의 지위에 기한 것이므로 자국 내에 재류하는 외국인에 대해서는 적용되지 않는다. ② 국제사법상의 제한: 외국인은 혼인, 이혼, 친족 상속관계, 유언 등의 사항에 관하여는 각국이 풍속, 관습, 문화 등을 달리하기 때문에 재류국법이 적용되지 않고 본국법이 적용된다. ③ 국제법상의 제한: 국제법상 특별한 신분, 지위를 향유하는 자 즉, 국가원수, 외교사절 및 그 가족. 수행원, 군함 승무원, 일정한 책임있는 지휘관하에 있는 군대 등은 재류국법의 적용을 받지 않고 본국법의 적용을 받는다.

### (3) 수동적 속인주의

외국에서 외국인이 자국민에 대하여 범죄를 행하였을 경우 피해자의 국적국은 관할권을 행사할 수 있다는 주의이다. 수동적(소극적) 속인주의를 규정하고 있는 우리 형법 제6조는 대한민국영역 외에서 대한민국 또는 대한민국국민에 대하여 내란의 죄, 외환의 죄, 국기에 관한 죄, 통화에 관한 죄, 유가증권. 우표와 인지에 관한 죄, 문서에 관한 죄, 인장에 관한 죄 이외의 죄를 범한 외국인에게 적용한다고 규정하고 있다. 그러나 이 원칙은 외국에서 행한 행위가 당해 외국에서는 합법이지만 자국법에 의해 범죄로 규정될 우려가 있다는 비판이 있다. 따라서 이러한 문제점을 보완하기 위하여, 형법 제6조 단서는 "행위지의 법률에 의하여 범죄를 구성하지 아니하거나 소추 또는 형의 집행을 면제할 경우에는 예외로 한다"고 규정하고 있다.

### (4) 보호주의

국가의 안전, 영토의 보전 및 독립을 해치거나 통화 및 여권의 위조 등 국가의 공적 신용을 해치는 행위에 대하여 행위의 장소, 행위자의 국적에 관계없이 관할권을 행사하는 주의이다. 우리 형법 제5조는 대한민국 영역 외에서 내란의 죄, 외환의 죄, 국기에 관한 죄, 통화에 관한 죄, 유가증권. 우표와 인지에 관한 죄, 문서에 관한 죄, 인장에 관한 죄를 범한 외국인에게 적용한다고 규정하고 있다.

### (5) 보편주의

행위의 장소, 행위자의 국적에 관계없이 국제사회의 공통이익을 저해하는 행위에 대해 국제사회의 구성원인 모든 국가가 관할권을 가진다는 주의이다. 국제사회의 공통이익을 저해하는 보편적 범죄의 예로써, 해적행위, 노예수송, 반인륜적 범죄 등이 있다.

## 3. 법의 장소적 효력

법의 장소적 효력이란 법이 현실적으로 적용되는 영역적 범위를 말한다.

### (1) 원칙

한 국가의 법은 원칙적으로 그 국가의 전 영역에 걸쳐 적용된다. 여기서 국가의 영역이라 함은 국가가 국제법에 의하여 제한되지 않는 범위 내에서 배타적으로 지배하는 공간을 말한다. 국가영역은 육지인 영토와 육지에 접속한 수역인 영수 및 양자의 상공인 영공으로 구성되며, 법은 이 영역 내에서는 내국인, 외국인을 불문하고 모든 사람에게 일률적으로 적용된다.

### (2) 예외

법이 자국의 국가영역 내에서만 효력이 미친다는 원칙에는 몇 가지 예외가 있다. 즉, ① 타국에 있는 자국민에게 선거권, 공무담임권, 청원권, 국방의 의무 등에 관하여는 속인주의에 의해 자국법이 적용된다. ② 국가원수, 외교사절 및 그 가족수행원 등 치외법권을 갖는 자는 타국에 있더라도 자국법이 적용된다. ③ 타국의 영해내에 있는 자국의 군함이나 공선 또는 타국의 영공안에 있는 자국의 군용, 공용 항공기안에서도 자국법이 적용된다. 왜냐하면 이들 선박이나 항공기내의 공간은 자국영토의 연장으로 보기 때문이다.

제8절

# 법의 적용과 해석

## Ⅰ. 법의 적용

### 1. 의의

법의 적용이란 '일반적, 추상적 규범인 법규를 개별적, 구체적 사실에 실현시키는 것'을 말한다. 즉, 법규의 내용은 그 성질상 일반적이고 추상적이기 때문에 구체적 사실에 대하여 법률효과를 발생케 하기 위해서는 법의 적용이라는 과정을 통하여야 한다. 법의 적용을 담당하는 국가기관으로는 행정기관과 사법기관이 있는데 주된 기관은 사법기관이다. 법의 적용은 법원의 재판과정에서 보다 명확하게 나타난다. 재판과정을 보면, 우선 ① 적용될 일반적·추상적 법규를 대전제로 하고, ② 구체적·개별적 사실을 소전제로 하여, ③ 판결이라는 결론을 이끌어 내는 삼단논법(syllogism)의 단계를 밟게 된다. 예를 들어, "사람을 살해한자는 사형, 무기 또는 5년 이상의 징역에 처한다"(형법 제260조 제1항)라는 법규를 대전제로 하고, "A가 B를 살해했다"라는 사실을 소전제로 하여 이것을 근거로 판결로서 "A를 사형에 처 한다"라는 결론을 도출하는 것이 살인죄에 관한 형법 제250조를 적용하는 것이다.

법의 적용을 위해서는 우선먼저, 구체적 사실을 확정하여야 하고, 그 다음에 확정된 사실에 적용시켜야 할 법을 발견한 후에 이 법의 진의를 밝히고, 마지막으로 당해사실에 대하여 이 법을 적용시키는 일련의 과정을 거치게 된다.

## 2. 사실의 확정

법규를 적용하려면 먼저 사실을 확정해야 한다. 만일 사실이 확정되지 않으면 법규를 적용할 수 없게 된다. 여기서 말하는 사실이란 법적으로 중요한 사실을 말하며 법률요건이나 구성요건에 해당하는 사실을 의미한다. 예를 들어, A가 B를 살해한 경우 그 사실여부, 동기, 고의인가 과실인가, 살해방법, A와 B와의 관계 등의 사실을 명백하게 하여야 한다. 이와 같이 사실의 확정은 법을 적용하는데 있어서 매우 중요한 과정이다. 사실의 확정 방법으로는 입증, 추정, 의제가 있다.

### (1) 사실의 입증

사실의 입증은 증거에 의한다. 증거는 재판에 있어서 법원에 대하여 사실의 유무에 관한 확신을 주는 자료로서, 사실인정의 객관성을 담보한다. 일반적으로 증거에는 증거서류, 증거물, 증언, 증인신문시 표정이나 태도 등이 모두 포함된다. 소송법상 일반원칙에 의하면, 사실에 관한 입증(거증)책임은 어떤 사실을 주장하는 측에서 부담한다. 그러나 실제로 입증이 사실상 불가능하거나 곤란한 경우가 많이 있는데 이런 경우를 대비하여 법은 일정한 사실의 존재 또는 부존재를 추정하거나 간주, 즉 의제하는 제도를 두고 있다.

### (2) 사실의 추정

사실의 추정이란 어떤 사실이 증거에 의하여 명백하지 않은 경우에 일단 있는 사실대로 확정하여 법률효과를 발생시키는 것을 말한다. 예를 들어, 민법 제30조는 "2인 이상이 동일한 위난으로 사망한 경우에는 동시에 사망한 것으로 추정한다"고 규정하고 있는데 이는 동시사망의 추정규정이다. 법문에서는 보통 ' ~ 한 것으로 추정한다'라고 규정하고 있다.

그러나 추정은 편의상 잠정적으로 사실의 존부를 인정하는 것에 불과한 것이므로, 추정된 사실과 다른 사실을 주장하는 자가 반증을 들면 추정된 효과는 발생하지 않는다. 예를 들어, 민법 제830조 제2항에는 "부부의 누구에게 속한 것인지 분명하지 아니한 재산은 부부의 공유로 추정한다"라고 규정하고 있는데, 만일 그 재산이 부의 재산으로 입증된다면 추정규정의 효과는 발생하지 않는다.

### (3) 사실의 간주

사실의 간주란 불명확한 사실에 대하여 공익 또는 기타 법정책상의 이유로 사실의 진실성 여부와는 관계없이 확정된 사실로 인정하여 일정한 법률효과를 부여하는 것을 말한다. 의제라고도 한다. 법문에서 ' ~ 으로 간주한다' 내지 ' ~ 으로 본다'라는 표현을 쓰고 있다.

그런데 간주는 추정과 달라서 상대적 법률효과를 인정하는 것이 아니라, 절대적인 효과를 확정하는 것이기 때문에 반증을 통해서도 이를 뒤집을 수 없다. 예를 들어, 민법 제28조는 "실종선고를 받은 자는 전조의 기간이 만료한때에 사망한 것으로 본다"라는 규정을 두고 있는데, 이는 실종선고는 사망한 것으로 추정하는 것이 아니라 간주해 버리므로 그 실종선고가 사실과 다르다는 것이 후에 입증되더라도 취소의 절차를 밟지 않는 한 사망이라는 법률적 효과를 소멸시키지 못한다. 따라서 사실의 확정에 있어서 추정보다 간주의 효력이 훨씬 강함을 알 수 있다.

## 3. 법의 발견 및 흠결

구체적인 사실이 확정되면 다음에는 그 사실에다가 적용해야 할 법을 발견해야 한다. 여기서 발견해야 할 법은 성문법과 관습법 모두를 포함한다. 그러나 적용할 법을 발견한다는 것은 쉬운 일이 아니다. 구체적인 사건에 적용할 관련법이 존재하면 별 문제는 없으나 그러한 법이 아예 존재하지 않는 경우 이를 법의 흠결이라 한다. 예를 들어, 국제사법상 준거법이 외국법인 경우 해당 외국법을 찾을 수 없는 경우가 이에 해당한다.

그런데 문제는 일단 재판이 개시된 경우 법을 적용하는 것이 주된 임무인 법관은 법의 흠결을 이유로 재판을 거부할 수 없다는데 있다. 그러면 이 경우에 법관이 과연 어떻게 재판하느냐가 문제이다. 이에 관하여 법관은 유추적용의 방법으로 재판해야 한다는 견해와 조리에 의해 재판해야 한다는 견해가 있다. 그러나 형사재판의 경우에는 죄형법정주의원칙이 철저히 적용되기 때문에 법의 흠결이 있다고 해서 조리나 또는 다른 규정의 유추적용에 의하여 재판할 수는 없다.

## II. 법의 해석

### 1. 의의

법의 해석이라 함은 일반적·추상적으로 규정되어 있는 법규의 내용을 구체적 사실에 적용할 수 있도록 그 의미와 내용을 명확히 확정하는 것을 말한다. 여기서 법의 해석은 법문을 단순히 문법적 또는 기계 논리적으로 해석하는 것이 아니라 법에 내재하고 있는 이념과 정신을 객관화시키는 해석을 의미한다. 따라서 법은 자의적으로 해석되어서는 아니되고 객관성, 구체적 타당성, 합목적성, 법적 안정성 등이 확보될 수 있도록 해석함이 타당하다. 법해석의 대상은 성문법뿐만 아니라 불문법도 포함되나, 불문법은 그 존재 자체에서 내용을 나타내고 있으므로 그 해석보다도 그 존부가 문제된다. 따라서 법의 해석의 대상은 주로 성문법이다.

### 2. 해석방법

법은 다양한 방법으로 해석될 수 있다. 우선 해석이 구속력을 가지느냐의 여부에 따라서 유권해석과 학리해석으로 나누어진다. 전자는 해석하는 국가기관의 종류에 따라 입법해석, 사법해석, 입법해석으로 나누어지며, 후자 역시 해석 방법에 따라 다시 문리해석과 논리해석으로 나누어진다.

### (1) 유권해석

유권해석이란 권한 있는 국가 또는 공공기관에 의하여 법규의 의미나 내용을 확정하는 것을 말하며, 공적인 구속력을 갖는다. 공권적 해석이라고도 하며 해석하는 기관에 따라 입법해석, 사법해석, 행정해석으로 구분된다.

#### 1) 입법해석

입법해석이란 입법기관이 법을 제정할 때 특정한 법규의 내용이나 문구의 의미를 확정하는 해석규정을 두는 것을 말한다. 예를 들어, "본법에서 물건이라 함은 유체물 및 전기 기타 관리할 수 있는 자연력을 말한다"라고 규정한 민법 제98조와 "자기 명의로 상행위를 하는 자를 상인이라 한다"고 규정한 상법 제4조 등이 해석규정으로서 입법해석의 예이다. 따라서 이는 실질적으로 법의 해석이라기보다는 또 하나의 입법작용이라 할 수 있다. 그러므로 이 해석규정 역시 또 하나의 해석대상이 된다.

#### 2) 사법해석

사법해석이란 사법기관인 법원이 하는 해석으로 보통 판결의 형식으로 나타난다. 즉, 법원이 구체적인 소송사건을 해결하면서 행하는 법해석을 말한다. 그런데 법원의 판결은 대륙법계에 속하는 독일, 일본, 우리나라에서는 당해사건에 대해서만 효력을 미칠 뿐이고 다른 사건에 대해서는 법적 구속력이 없다는 점에서 입법해석과 구별된다. 따라서 사법해석은 유권해석이라고 할 수 없다는 견해도 있으나, 상급법원 특히 대법원의 판결은 당해사건의 당사자는 물론 일반국민이나 다른 법원에 대해 사실상 강력한 구속력을 가지므로 사법해석도 유권해석으로 보는 것이 타당할 것이다.

#### 3) 행정해석

행정해석이란 행정관청이 하는 법의 해석을 말한다. 이는 행정관청이 스스로의 판단 하에 법을 해석·집행하는 경우도 있고, 상급관청이 하급관청에 대하여 관련법을 해석하여 회답, 훈령, 지령 등의 형식으로 하는 경우도 있다. 이 행정해석은 일반적 구속력은 없으나 동일계통의 행정관청 상호간에 있어서는 일정한 구속력을 가지고 있기 때문에 일종의 유권해석으로 볼 수 있다. 그러나 행정해석이 위법·부당한 경우에는 행정심판을 통해 상급관청의 해석으로, 또는 행정소송을 통해 법원의 사법해석에 의해 취소 또는 변경될 수 있다. 따라서 사법해석이 행정해석보다 우월하다.

### (2) 학리해석

학리해석이란 법학자나 변호사 등 개인이 순수한 학문적 입장에서 법규의 의미 내용을 확정하는 것을 말한다. 이 해석은 국가권력의 뒷받침이 없으므로 그자체로서 하등 구속력이 없는 무권해석이다. 그러나 학문적 입장에서 객관적으로 행하는 해석이기 때문에 유권해석에 상당한 영향을 주는 것은 물론 법학발전에 커다란 역할을 한다. 학리해석은 문리해석과 논리해석으로 구분할 수 있다.

#### 1) 문리해석

문리해석이란 법문(法文)의 자구 및 문장의 언어적 의미에 충실하게 하는 해석을 말한다. 이는 법해석의 제1단계적 해석으로서 법문의 국어학적, 문법적 해석을 의미한다. 그러나 문리해석만으로는 특수한 법률용어나 법률표현을 올바르게 해석할 수 없게 된다. 예를 들어, '선의로'라는 법률용어는 '호의로' 또는 '착한 의도로'라는 뜻이 아니라 '어떤 사정을 모르고'라는 의미이며, '악의로'라는 용어는 '해칠 의사로' 또는 '나쁜 의도로'라는 뜻이 아니라 '어떤 사정을 알면서'라는 의미로 사용된다. 따라서 문리해석만으로는 법규의 진의를 잘못 파악하거나 구체적 타당성이 결여될 수 있기 때문에 논리해석이 필요하게 된다.

### 2) 논리해석

논리해석이란 법문의 자구 및 문장의 언어적 의미에 얽매이지 않고 입법취지, 사회적 요구, 법적용의 효과, 법의 일반원칙 등을 종합적으로 고려하여 논리적으로 법규의 의미를 확정하는 것을 말한다. 이러한 논리해석도 문리해석을 기초로 해야 하며 지나치게 자유로운 논리전개를 허용하는 것은 아니다. 논리해석에는 다음과 같은 여러 가지 방법이 있다.

#### 가. 확장해석

확장해석이란 법문을 문리해석 하는 경우 그 의미가 너무 협소하여 법문의 입법취지를 실현할 수 없는 경우 논리적 방법으로 그 의미를 확장하여 해석하는 것을 말한다. 예를 들어, 형법 제257조 제1항은 "사람의 신체를 상해한 자는 7년 이하의 징역, 10년 이하의 자격정지 또는 1천만원 이하의 벌금에 처한다"고 규정하고 있다. 여기서 상해란 문리해석을 할 경우 신체의 생리적 기능에 장애를 초래하는 것을 의미한다. 그러나 비록 생리적 장애는 없더라도 예를 들어 여성의 두발을 절단하여 사회생활을 영위하는데 외관상 막대한 장애를 초래하는 경우에 상해죄로 처벌하는 것은 상해의 개념을 확장해석한 것이다.

#### 나. 축소해석

축소해석이란 확장해석과는 반대로, 법문을 문리해석 하는 경우 그 의미가 너무 광범위하여 법문의 입법취지를 실현할 수 없는 경우 그 의미를 축소하여 해석하는 것을 말한다. 예를 들어, 형법 제329조의 절도죄의 객체인 재물에는 부동산이 포함되지 않는다고 해석하는 경우이다. 또한 민법 제212조는 "토지의 소유권은 정당한 이익 있는 범위 내에서 토지의 상하에 미친다"고 규정하고 있는데, 여기서 '상하'라 함은 무제한의 의미로 해석하는 것이 아니라 제한적으로 해석하는 방법이다.

### 다. 반대해석

반대해석이란 법문이 어떤 사항을 규정하고 일정한 법률효과를 인정하고 있는 경우에 그 법문에 포함되어 있지 않은 사항에 대해서는 반대의 효과가 발생한다고 해석하는 것을 말한다. 예를 들어, 형법 제366조는 타인의 재물을 손괴한자는 손괴죄로 처벌한다고 규정을 두고 있는데, 이는 자기의 재물을 손괴한자는 손괴죄로 처벌받지 않는다는 반대해석이 가능하다. 또한 민법 제4조는 민법 제4조는 '사람은 19세로 성년에 이르게 된다'고 규정되어 있는데 이를 반대해석하면 19세에 이르지 못한 자는 미성년자로 한다는 의미가 된다.

### 라. 물론해석

물론해석이란 법문이 일정한 사항에 관하여 규정하고 있는 경우에 그 규정의 입법취지나 사물의 성질상 당연히 다른 사항까지도 그 규정에 포함되는 것으로 해석하는 것을 말한다. 예를 들어, "우마차(牛馬車) 통행금지"의 경우 자동차통행은 물론 당연히 금지한다는 뜻으로 해석하는 것이다. 또한 법문이 과실에 의한 불법행위책임을 규정하고 있는 경우에 과실보다 더 중한 귀책사유인 고의에 의한 경우도 물론 포함되는 것으로 해석하는 것이다.

### 마. 보정해석

보정해석이란 법문에 사용된 용어나 표현에 명백한 착오 내지 오류가 있고 이를 문리해석 하면 그 결과가 입법취지에 반하는 경우에, 이를 보정 또는 변경하여 해석하는 것을 말한다. 예를 들어, 민법 제7조는 "법정대리인은 미성년자가 아직 법률행위를 하기 전에는 전 2조의 동의와 승낙을 취소할 수 있다"라고 규정하고 있다. 그러나 여기서 '취소'는 동의와 승낙의 법적효력을 소급하여 소멸시키는 것을 의미하기 때문에 위의 규정은 장래에 향하여 효력을 소멸시키는 철회의 의미로 해석해야 하는바, 이러한 해석을 보정해석이라고 한다.

### 바. 연혁해석

연혁해석이란 법이 성립한 연혁, 특히 법안제출이유서, 입안자의 의견, 의사록, 외국입법사례 등 입법과정에서의 자료를 참작하여 하는 해석을 말한다. 그러나 법을 해석함에 있어서 입법자의 의도나 연혁 등을 지나치게 중시하는 것은 바람직하지 않다. 따라서 이는 단지 참고적, 보충적인 해석방법으로 고려되어야 할 것이다.

### 사. 유추해석

유추해석이란 어떤 사항에 관해 적용할 법규정이 없는 경우에 이와 성질이 유사한 다른 사항의 법규정을 적용하여 해석하는 것이다. 예를 들어, 민법 제326조는 "유치권의 행사는 채권의 소멸시효의 진행에 영향을 미치지 아니 한다"고 규정하고 있는데, 동일한 성질의 질권에 대해서는 이와 같은 규정이 없다. 그럼에도 불구하고 질권의 행사에도 상기 규정을 유추적용하는 것이 그 예이다. 또한 민법에 규정이 없는 권리능력 없는 사단의 법률관계에 관해 법인격을 전제로 하는 것을 제외하고는 법인의 규정을 유추적용하는 경우가 또 다른 예이다. 그러나 형법에서는 죄형법정주의의 원칙에 따라 일반적으로 유추해석은 금지되고 있다.

유추해석은 직접 적용할 법규정이 없는 경우에 다른 법규정을 적용하는 것이므로, 법조문의 자구의 의미를 문리해석하는 경우보다 논리적 방법으로 확대하여 해석하는 확장해석과는 다르다. 또한 유추해석은 반대해석과도 차이가 있다. 상술한 바처럼, 반대해석은 해당 법조문에 근거를 두고 해석하기 때문에, 유사한 성질을 지닌 다른 법조문을 적용하는 유추해석과는 다르다.

유추해석은 준용(準用)과도 구별된다. 준용은 입법기술상 규정의 중복과 번잡을 피하기 위해 다른 법규의 원용을 명문으로 규정한 경우를 말한다. 예를 들어, 예를 들어, 민법 제12조 제2항에서 "한정후견개시의 경우에 제9조제2항을 준용한다"고 규정하고 있는 것이 그 예이다. 따라서 명문의 규정이 없는 경우에 그와 유사한 사항에 관한 법규를 적용하는 유추해석과는 다르다.

# 제3장

# 12명의 성난 사람들
(12 Angry Men, 1957)

* 이 포스터의 출처는 〈www.moviewposterdb.com〉로서, 저작권 갱신이 이루어지지 않아 자유 이용저작물(Public Domain)임

제1절

# 씨네마 법

## I. 개요

1954년에 출간된 레지날드 로즈(Reginald Rose)의 “12명의 성난 사람들(12 Angry Men)”을 각색한 영화이다. 보리스 카우프만이 촬영을 맡고, 레지날드 로즈가 각본을 맡았다. 본래 이 각본은 TV용 드라마를 위해 쓰여졌고, 실제 CBS의 'STUDIO ONE'이라는 프로그램을 통해 방영되었다. 드라마의 성공에 고무된 헨리 폰다와 레지날드 로즈는 공동으로 영화를 제작하기로 하고, 그 전부터 TV 드라마를 통해 인정받은 시드니 루멧을 감독으로 기용했다.

미국의 배심원 제도를 다룬 영화인 12명의 성난 사람들은 개인의 오만함에서 인종주의와 계급주의에 이르기까지 미국의 사법 제도상의 문제를 깊게 생각하게 한다. 유죄가 확실해 보이는 살인사건 피고인 소년을 두고, 12인의 배심원이 격렬한 토론을 통해 합의해나가는 과정을 그려낸다. 무죄추정의 원칙을 전제로 한 배심원제도을 면면을 제재로 보여주고 있다는 평을 받는다.

사회 풍자의 대가로 꼽히는 시드니 루멧 감독의 첫 영화 연출작으로서 시드니 루멧 특유의 연극식 연출이 돋보이며 초반 롱테이크가 백미이다. 미국 영화 연구소에서 선정한 미국 영화 Top 100에 포함되었으며 IMDb Top 250에서 무려 5위를 차지하는 등 역사상 가장 위대한 법정 영화 중

하나로 꼽힌다. 1957년 4월 10일 개봉하였으며, 전체 상영 시간은 96분이다. 제7회 베를린 국제 영화제 황금곰상 수상작, 제30회 아카데미 시상식 작품상, 감독상, 각색상 후보작이다.

## II. 시놉시스

전체 연극은 더운 날 초라한 배심원 실에서 진행된다. 객실 창문을 통해 1950년대 당시 뉴욕시의 스카이라인을 감상할 수도 있다. 영화가 시작되면 방은 비어 있고 무대 뒤에서 판사가 배심원들에게 사건을 심의하는 방법에 대해 지시하는 것을 들을 수 있다. 12명의 배심원들은 아버지를 살해한 혐의로 기소된 16세 스페인계 미국 소년의 운명을 결정해야 한다. 합리적인 의심이 든다면 그들은 소년에게 무죄를 선고해야 하나, 소년이 유죄 판결을 받게 되면 그는 사형에 처해지게 될 것이다.

배심원 번호로만 알려진 배심원들이 방으로 들어온다. 그들은 방에 스며드는 열기와 연중 가장 더운 날에 대해 이야기 한다. 3번 배심원은 이 사건에 있어 소년이 유죄라고 확신한다. 7번 배심원은 그가 참석하고 싶은 야구 경기가 있기 때문에 절차를 빨리 마무리하기를 원한다. 배심원들 배심원 테이블 주위에 순서대로 자리를 잡고 재판의 평결을 위해 첫 번째 투표를 하기로 결정한다. 8번 배심원을 제외한 나머지 11명의 배심원이 유죄로 투표했다. 8번 배심원은 소년에게 조금 더 시간을 주고 사건의 모든 면을 차근차근 살펴볼 것을 제안한다. 배심원들은 순서대로 방을 돌아다니며 소년이 유죄라고 생각하는 이유를 논의한다. 유독 만장일치의 유죄 결정을 반박하고 다른 배심원들의 회유에 맞서 완강히 자신의 의견을 내세우는 단 한 명의 배심원! 그는 사건의 정황을 미루어 볼 때 절대로 이 사건은 소년의 범죄가 아니라고 생각하고 끝까지 소년의 무죄를 밝히고자 한다. 소년의 유죄를 확신하는 배심원들과 무죄를 밝히려는 그와의 대립이 점차 거칠어지자 배심원들은 일단 그의 주장을 들어보기로 하고, 사건은 새로운 국면으로 접어들기 시작한다. 시신에 있는 상처와 소년의 키를 비교하는 등 상황을 재현하면서 설득력 있고 논리적인 그의 주장은 계속되고, 배심원들의 시선을 집중시킨 그는 계속되는 반대파 배심원의 방해와 욕설에도 불구하고 사건의 진위를 조금씩 밝혀내기 시작하면서 영화는 더욱 흥미와 긴장감을 더해 간다.

## III. 사색하는 법률 산책

이 영화는 미국의 배심제도가 어떻게 기능하지를 가장 잘 표현하고 있다. 우리나라는 그간 재판이 이루어지는 과정이 투명하게 공개되지 않는다는 이유에서 밀실재판이라는 비판을 면하지 못했다. 그러니까 특정 사건을 두고 판사와 검사, 그리고 변호사가 밀실에서 서로 협의한 결과가 재판결과로 나타나기 때문에 일반 국민들은 그 결과에 대하여 크게 신뢰하기 어렵다는 이유에서이다. 더욱이 최근 사법 불신을 초래하는 판결들이 거듭됨에 따라 일반 국민들이 재판에 참여하여야 한다는 주장이 더욱 거세게 일고 있는 사정이다. 이러한 사정을 감안하면서 이 영화를 감상하게 되면 몇 가지를 사색하는 법률 산책을 하게 될 것이다.

즉, 배심제도가 과연 무엇인가. 누가 배심원이 될 것이며, 그 수는 어떻게 정할 것인가. 그리고 배심원들은 어떤 과정을 거쳐 평결에 이르게 되며, 평결의 효력은 어떻게 되는가 등이다. 이와 함께 누가 보아도 살인죄를 저질렀을 것으로 보이는 주인공에 대한 평결 과정을 보면서는 소위 무죄추정의 원칙이란 무엇인가. 이를 위해 우리는 적법절차를 따라야 하는가 등 미국 헌법상 가치를 어떻게 구현할 것인가 등을 사색하게 된다. 자~ 이제 모두 "12명의 성난 사람들"과 함께 사색하는 법률 산책을 떠나보자.

제2절

# 미국의 배심원제도[1)]

## I. 의의

배심원제도는 원래 보통법(common law)을 중심으로 하는 영미법계의 핵심적 요소로서 발전해 온 것이다.[2)] 영미법계는 소위 판례법을 중심으로 법관의 역할이 매우 중요하기 때문에 법관에 대한 통제의 필요성으로 인해 시민의 재판참여의 전통이 형성되어온 것으로 이해하기도 한다.[3)] 한편, 1789년 제정된 미국 헌법 제3조 제2항은 "탄핵을 제외한 모든 범죄에 대한 재판은 배심에 의한다"고 규정한다.[4)] 1791년 수정헌법 제6조는 "모든 형사 소송에서 피고는 범죄가 발생한 주 또는 지역에서 배심원단에

1) 주로 한상훈, "미국배심제에서 배심원선정절차," 저스티스 통권 제94호 (한국법학원, 2006)를 일부 수정하여 강의자료로 활용하였음.

2) 따라서 대륙법계 국가에서는 찾아보기 어려운 제도이다. Lawrence M. Friedman, Law in America -A Short History (The Modern Library, 2004), at.9; 정만희, "미국의 배심제도 - 한국의 국민사법참여제도 도입방안에의 시사점 -," 공법연구 제35집 제1호 (한국공법학회, 2006), 467면 참조.

3) 그러니까 영미법계 전통이 판례를 중시하고 분쟁의 해결에 초점을 두기 때문에 법 이론이나 법체계보다는 각 사건에서 '사실관계'의 미묘한 차이점에 많은 비중을 두게 되므로 사실관계의 확정에 법전문가가 아닌 일반 시민의 판단을 이용한다는 점이 영미법계 배심제도의 주요한 특징을 이루게 된 것이다. 정만희, 앞의 논문, 467면 참조.

4) 미국 헌법 제3조 제2항 제3문: The trial of all crimes, except in cases of impeachment, shall be by jury; and such trial shall be held in the state where the said crimes shall have been committed; but when not committed within any state, the trial shall be at such place or places as the Congress may by law have directed.

의해 신속하고 공개적이며 공정한 재판을 받을 권리를 가진다"고 규정한다.[5] 수정헌법 제7조는 민사 배심에 대하여 규정한다.[6] 이처럼 미국 헌법이 배심제도에 관한 규정을 여럿 두고 있는 이유는 식민지 시절 영국이 미국인들의 배심원 재판 자격을 박탈하거나 영국으로 이송해 재판을 받게 해 상당한 불만을 샀기 때문이라고 하기도 한다.[7]

한편 수정헌법 제6조는 연방 형사사건에만 적용되었고 주 형사사건에는 적용되지 않는다고 판단되어 왔다. 그러나 1968년 Duncan v. Louisiana 사건에서[8] 연방 대법원은 수정헌법 제6조는 수정헌법 제14조 제1항[9]의 적법절차 조항을 통해 각 주의 형사사건에도 적용된다고 판결하였다. 이후 따라서 공정한 배심에 의하여 형사재판을 받을 권리는 연방뿐만 아니라 모든 주에서 더욱 강력하게 보장되게 되었다.[10]

5) 미국 수정헌법 제6조: In all criminal prosecutions, the accused shall enjoy the right to a speedy and public trial, by an impartial jury of the state and district wherein the crime shall have been committed, which district shall have been previously ascertained by law, and to be informed of the nature and cause of the accusation; to be confronted with the witnesses against him; to have compulsory process for obtaining witnesses in his favor, and to have the assistance of counsel for his defense.

6) 미국 수정헌법 제7조: In Suits at common law, where the value in controversy shall exceed twenty dollars, the right of trial by jury shall be preserved, and no fact tried by a jury, shall be otherwise re-examined in any Court of the United States, than according to the rules of the common law.

7) 한상훈, "미국배심제에서 배심원선정절차," 저스티스 통권 제94호 (한국법학원, 2006), 150면.

8) 391 U.S. 149; 88 S. Ct. 1444(1968).

9) 미국 수정헌법 제14조 제1항 : All persons born or naturalized in the United States, and subject to the jurisdiction thereof, are citizens of the United States and of the state wherein they reside. No state shall make or enforce any law which shall abridge the privileges or immunities of citizens of the United States; nor shall any state deprive any person of life, liberty, or property, without due process of law; nor deny to any person within its jurisdiction the equal protection of the laws.

10) 한상훈, "미국배심제에서 배심원선정절차," 저스티스 통권 제94호 (한국법학원, 2006), 150면

## II. 배심원의 수

형사배심원의 수와 평결방법은 배심원선정절차에 영향을 준다. 미국에서 배심원의 수는 원래 코몬로상의 원칙에 따라 12명으로 구성되어 있었다. 1898년 Thompson v. Utah 사건[11]에서도 중죄사건에서의 배심원은 12명으로 구성되어야 하며, 만장일치를 요건으로 한다고 판시한 바 있다. 1930년 Patton v. United States 사건에서 연방대법원은 수정헌법 제6조의 배심에 의한 재판을 받을 권리의 핵심적 요소로 (1) 12명으로 구성된 배심단, (2) 배심원을 법에 관하여 설시하고 사실에 대하여 조언하는 법관, (3) 만장일치의 평결을 열거하였다.[12] 그러나 법원은 법원과 검사의 동의하에 배심재판(jury trial)을 포기하고 법관재판(bench trial)을 받을 수 있으며, 12명이 아닌 적은 수의 배심원에 의한 재판을 받을 수도 있다고 판시하였다.[13] 연방대법원은 배심제의 기능(function)에 주목하여 배심원의 수는 12명의 불가피한 요소(indispensable component)가 아니라고 하면서 6인의 배심원단에 의하여 유죄평결을 내리도록 하는 플로리다 주법이 수정헌법 제6조에 위반되지 않는다고 판시하였다.[14] 그러나 배신원은 최소한 6명 이상이어야 한다는 것이 연방 대법원의 기본 입장이다. 따라서 현재 미국의 40개 주 이상에서는 중죄사건의 경우 12명의 배심원을 규정하고 있고, Connecticut, Florida주에서는 6명의 배심원을 둘 수 있도록 하고 있다. 물론 사형사건에서는 12명의 배심원이 평결하도록 하고 있다. 경죄사건의 경우에는 6명, 8명, 12명 등 다양하게 배심원을 둘 수 있도록 규정하

11) Thompson v. Utah, 170 U.S. 343(1898).

12) Patton v. United States, 281 U.S. 276, 288(1930).

13) 안경환, 한인섭, 배심제와 시민의 사법참여, 189면; 성선제, 미국의 형사배심제도, 미국헌법연구, 14권, 2003, 237면 참조.

14) Williams v. Florida, 399 U.S. 78(1970). 다만 Ballew사건에서 배심재판을 받을 권리의 본질이 유지될 수 있는 어느 지점에서는 객관적 기준이 마련되어야 한다고 하면서, 5명의 배심원으로 중죄를 평결하게 하는 조지아 주법은 수정헌법 제6조 위반이라고 판시하였다. Ballew v. Georgia, 435 U.S. 223(1978).

고 있다.[15)]

## III. 평결방법

코몬로상에서 평결방법은 배심원 전원의 만장일치를 요구하였다. 이는 1930년대에도 마찬가지였다. 1930년의 Patton 판결에서도 만장일치를 배심제의 본질이라고 판시하였다.[16)] 그러나 연방 대법원은 1972년 Apodaca v. Oregon사건에서 사형사건이 아닌 중범죄에 있어서 12명 중 10명의 배심원에 의한 유죄평결을 허용하는 오레건주 법은 합헌이라고 판시하면서 수정헌법 제6조와 제14조는 배심원평결의 만장일치를 요구하지 않는다고 하였다.[17)] 그리고 12명의 배심원 중 9명의 찬성으로 강제노역을 부과하는 유죄평결을 허용하는 루이지애나 주법도 평등권이나 적법절차를 위반하지 않는다고 판시하였다.[18)] 따라서 11 대 1, 또는 10 대 2의 다수결에 의한 유죄평결은 물론  최소한 9 대 3 이상의 가중다수결도 합헌이지만 9 대 3 이상이 위한 최소요건이라고 보고 있다.[19)] 연방대법원의 이러한 판결에도 불구하고, 실제 연방형사소송의 경우 만장일치를 요구하고 있으며, 주의 경우에도 거의 모든 주에서 중죄사건에 대하여는 만장일치를 요구하고 있다.[20)] 한편 12명보다 적은 배심원으로 구성된 배심원이 만장일치가

15) 한상훈, "미국배심제에서 배심원선정절차," 저스티스 통권 제94호 (한국법학원, 2006), 151면.

16) Patton v. United States, 281 U.S. 276, 288(1930)

17) Apodaca v. Oregon, 406 U.S. 404(1972).

18) Johnson v. Louisiana, 406 U.S. 356(1972).

19) Randolph Jonakait, The American Jury System (Yale University Press, 2003), at 95.

20) 만장일치를 요구하지 않는 주는 Louisiana주와 Oregon주이다. 루이지애나주는 사형사건의 경우에는 만장일치, 필요적 징역사건의 경우에는 12명 중 10명 이상, 임의적 징역사건의 경우에는 6명 배심원의 만장일치를 요구하며(La. CCRP Art. 782(a)), 오레곤주는 살인죄에 대하여는 12명 중11명, 기타 범죄에 대하여는 12명 중 10명의 찬성에 의한 평결을 허용한다(ORS §136.450); 한상훈, "미국배심제에서 배심원선정절차," 저스티스 통권 제94호 (한국법학원, 2006), 152면.

아닌 다수결로 유죄를 평결할 수 있는지에 대해서는 논란이 있을 수 있다. 이에 대하여 연방대법원은 Burch v. Louisiana사건[21]을 통해서 배심재판을 받을 권리의 본질이 유지되는 기준을 정하여야 한다면서 6명으로 구성된 배심원이 만장일치가 아닌 5 대 1로 유죄평결을 하였다면 이는 위헌이라고 한 바 있다.[22]

## IV. 배심원의 자격

노예제도가 존재하던 남북전쟁 이전에는 배심원은 백인남성만이 될 수 있었다. 즉 배심원의 선정절차와 관련하여 흑인이나 여성을 배제하는 법령이나 관행이 오랜 기간 존재하고 있었다. 그러다가 1880년에 이르러서 Strauder v. West Virginia판결[23]은 남북수정헌법 제14조에 의거하여 흑인을 배심원후보명단에서 배제하는 주법은 헌법상 적법절차위반이라고 판시하였다.[24] 그러나 이는 인종차별에 의한 경우에 한하는 것으로서[25] 법령에 의한 차별만을 대상으로 하는 것이었다.[26] 따라서 법령이 아닌 운영상의 차별, 즉 배심원후보자의 선정에 있어서 "유력인사제도"(keyman system)와 같이 지역의 유력인사가 배심원후보자를 추천하는 제도는 허용되었고, 지역의 유력인사는 대부분 백인남성이고 추천되는 사람도 백인남성이 많아 유색인종이나 여성의 배심원복무는 대단히 제한적이었다. 이에 대한 사회적 개정의 목소리가 높아지자 미국의회는 1968년 '배심원 선정

21) BURCH v. LOUISIANA, 441 U.S. 130(1979).

22) Ibid.

23) 100 U.S. 303, 10 Otto 303, 1879 WL 16562 (U.S.W.Va.), 25 L.Ed. 664(1880).

24) Ibid.

25) Nancy Lawler Dickhute, Jury Duty for the Blind in the Time of Reasonable Accomodations, 32 Creighton L. Rev. 849, 849(1999).

26) Jeffrey B. Abramson, We, the Jury: The Jury System and the Ideal of Democracy (Harvard University Press, 1994), at 105.

및 복무에 관한 법률'(Jury Selection and Service Act of 1968)을 제정하여 배심원선정에 있어서 지역사회의 공정한 횡단적 구성(fair cross-section of the community)이라는 원칙을 확립하기에 이르렀다. 이 법률에 의하면, 연방법원은 모든 대배심(grand jury)[27] 및 소배심(petit jury)[28]을 구성함에 있어서 인종, 성별, 종교 등을 차별하지 않고 무작위(at random)로 지역사회의 공정한 횡단적 구성집단으로부터 선발하여야 한다.[29] 현재 미국연방이 규정하고 있는 배심원의 결격사유는 관할지역에서 1년 이상 거주한 18세 이상의 미국시민이 아닌 자, 배심원질문서를 작성할 수 있을 정도로 영어를 읽거나 쓰거나 이해할 수 없는 자, 영어를 말할 수 없는 자, 신체적·정신적 장애가 있는 자, 1년 이상의 자유형에 처할 수 있는 범죄로 전과가 있고 복권되지 않거나 이에 해당하는 사건이 계류 중인 자 등이다.[30] 배

---

27) 기소배심이라고도 하며, 형사사건에 대해서만 심리한다. 소배심(小陪審)과 함께 법률전문가가 아닌 일반시민이 사법에 참가하는 배심제의 한 형태이다. 특정 관할구역에서 일어난 범죄에 대해 그 지역에 거주하는 주민들이 소환되어 재판에 관여하는 점은 소배심과 같다. 대배심의 명단은 법원에서 무작위로 선정한 뒤 보통 12~23명을 가려서 배심원단을 구성한다. 그 가운데 한 사람을 배심장으로 뽑는데 재판관이 지명하거나 배심원단에서 선출한다.

28) 심리배심 또는 공판배심이라고도 한다. 형사사건과 민사가건 모두에 대해서 심리한다. 일반적으로 배심제라고 하면 소배심을 말한다. 대배심과 마찬가지로 법률 전문가가 아닌 일반시민으로 구성된다. 인원에 대한 규정은 없지만 12명이 일반적이다. 보통 배심제라고 하면 소배심을 가리킨다. 배심원은 판사 또는 소송 당사자의 변호사들이 소집한다. 변호사들은 배심원들이 유죄 또는 무죄의 편견이나 선입견을 갖고 있다는 이유 등으로 배심원을 기피할 수 있다. 소배심은 민사재판과 형사재판에 적용된다. 민사는 소송 당사자 가운데 어느 한쪽이 요구하면 소집되지만, 형사는 피고인이 요구해야만 소집된다. 대배심이 사건의 기소 여부를 결정하는 데 대하여, 소배심은 재판에 제출된 증거 등을 토대로 쟁점이 된 사실 문제를 심리하여 유죄 또는 무죄, 원고 승소 또는 피고 승소의 평결(verdict)을 한다. 배심원단이 무죄를 평결할 경우 검사는 기소할 수 없으며, 유죄를 평결할 경우 판사가 형량을 결정한다.

29) 28 U.S.C. §1861: "It is the policy of the United States that all litigants in Federal courts entitled to trial by jury shall have the right to grand and petit juries selected at random from a fair cross section of the community in the district or division wherein the court convenes. It is further the policy of the United States that all citizens shall have the opportunity to be considered for service on grand and petit juries in the district courts of the United States, and shall have an obligation to serve as jurors when summoned for that purpose."

30) 28 U.S.C. § 1865(b) 참조. 주의 경우에도 대체로 유사한 자격요건을 규정하고 있으나, 70세 이상일 경우 배심원복무를 면제시키는 경우, 의사, 변호사 등을 면제사유로 포함하는 경우, 공무원, 군인 등에 대하여도 면제를 인정하지 않는 경우 등의 차이가 있기도 하다.

심원의 제외사유로는 현역군인, 경찰관, 소방관, 공무 중인 입법부·행정부·사법부의 공무원 등이다. 이러한 자격요건과 면제조건은 법정조건이므로 사유가 존재하면 배심원복무가 배제된다. 나아가 특별한 어려움(undue hardship or extreme inconvenience)이 있는 경우에도 배심원복무가 면제된다. 현업중인 의사, 변호사, 성직자, 교사, 직장관계, 학생, 유아의 양육, 70세 이상, 2년 이내에 배심원으로 소환된 경우 등이 이에 해당한다. 연방대법원은 이러한 면제사유를 인정하는 것이 공정한 배심재판을 받을 권리를 침해하는 것은 아니라고 한다. 이외의 상세한 배심원선정절차는 연방 법률에 의거하여 각 관할법원이 무작위 배심원선정계획(Plan for random jury selection)을 제정하여 승인을 얻도록 하고 있으며 각 연방관할법원은 이러한 선정계획을 공포하여 사용하고 있다.

관할지역에서 법원의 서기(clerk)는 일정한 표본의 배심원후보예정자들을 명부로 작성하여 정기적으로 관리하는데, 선거인명부(voter list)를 원칙으로 자동차운전면허명부(driver's license), 자동차등록부, 전화번호부, 세금명부, 전기수도사용자명부(utility customer) 등을 보충적으로 사용하여 표본을 추출한다. 이렇게 관할지역 거주자의 0.5% 정도의 후보예정자 명부를 무작위로 추출하여 명부로 작성한 것을 표본배심원후보예정자명부(Master Jury Wheel)라고 한다. 그리고 이 중에서 배심원질문서 등을 통하여 조사한 후 결격자를 제외한 자격배심원후보예정자명부(Qualified Jury Wheel)를 작성하고, 이 명부에서 배심재판이 있을 때마다 일정한 수의 배심원후보자를 무작위로 추첨하여 배심원선정기일에 출석을 요구하고 배심원질문절차(voir dire)를 거쳐 배심원선정절차에 들어간다.[31]

31) 이하 자세한 배심원 심누절차에 대해서는 한상훈, "미국배심제에서 배심원선정절차," 저스티스 통권 제94호 (한국법학원, 2006) 참조.

제3절

# 미국 법원에서 판단하는 무죄추정의 원칙[32)]

## I. 의의

우리나라 헌법은 제27조 제4항에서“형사피고인은 유죄의 판결이 확정될 때까지는 무죄로 추정된다”고 규정하여 무죄추정원칙을 명시적으로 규정하고 있다. 그리고 형사소송법 제275조의2에서도 “피고인은 유죄의 판결이 확정될 때까지는 무죄로 추정된다”고 규정하고 있어 무죄추정 원칙은 헌법과 형사소송법이 명문으로 채택하고 있는 중요한 원칙이다.[33)]

식민지 모국이었던 영국에서 법원이 무죄추정원칙을 적용하기 이전부터 매사추세츠 식민지 일반의회(General Court of Massachusetts)는 1657년에 무죄추정을 민사소송과 형사소송에서 입증책임에 관한 규칙으로 확정한 바 있다.[34)] 그 결과 미국에서는 이미 18세기 후반기에 무죄추정이 모든 주에 확고하게 뿌리를 내리게 되었다. 19세기 초부터 미국 법원은

32) 이하에서는 이진국, 도중진, “무죄추정원칙에 관한 연구,” 형사정책연구원 년구총서 05-30 (한국형사정책법무연구원, 2005)를 주로 참고 및 인용하였음.

33) 김정한, “무죄추정 원칙의 적용 범위에 관한 소고,” 형사정책연구 제17권 제1호 (한국형사정책법무연구원, 2006), 339면.

34) Carroll/Smith, American Constitutional Rights, 487면; 이진국, 도중진, “무죄추정원칙에 관한 연구,” 형사정책연구원 년구총서 05-30 (한국형사정책법무연구원, 2005), 61면.

무죄추정을 입증책임의 분배와 동일하게 이해했지만 무죄추정을 증거법을 초월 하는 일반적 소송원칙으로 이해하는 견해는 거의 존재하지 않았다. 그러나 이러한 사정은 20세기에 접어들어서면서 부터 바뀌게 되었다. 미국 연방대법원은 Coffin v. United States 사건[35)]에서 무죄추정원칙을 강조하기 시작하였으며, 1930년대 이후로는 무죄추정의 범위와 효력에 관한 헌법재판이 증가하기 시작하였고, 이러한 경향은 1960년대 이후로 다시 한 번 더 강화되고 있다.

## II. 법적 근거

우리나라와는 달리 미국 헌법에는 무죄추정원칙이 명시되어 있지 않다. 그러나 미국 연방대법원은 수많은 판례를 통하여 무죄추정원칙이 헌법 개정 제5조 및 제14조의 적법절차조항을 구체화하는 절차의 공정성에 대한 권리의 본질적 내용이라고 판시함으로써 불문의 헌법원리라는 점을 명백히 밝히고 있다.[36)] 특히 Estelle v. Williams 사건에서는 "비록 무죄추정이 헌법에 명시되어 있지 않지만, 우리의 형사사법체계 하에서 공정한 절차의 기초적인 요소에 해당한다"(The presumption of innocence, although not articulated in the Constitution, is a basic component of a fair trial under our system of criminal justice)고 판시하였다.[37)] 미국에서 무죄추정원칙은 오늘날 보통법의 한 내용으로 승인을 받고 있을 뿐만 아니라 일부

35) Coffin v. United States, 156 U.S. 432, 15 S. Ct. 394(1895); 그 이후의 판례로는 Allen v. United States, 164 U.S. 492, 17 S. Ct 500(1896); Lilienthal's Tobacco v. United States, 97 U.S. 237(1877); Kirby v. United States, 174 U.S. 47, 19 S. Ct. 574(1899); Holt v. United States, 218 U.S. 245, 31 S. Ct. 2, 54 L. Ed 1021(1910); United States v. Di Re, 332 U.S. 581(1948); Brubacker v. United States, 183 F.2d 894(6th Cir. 1950); Washington v. Clemmer, 339 F.2d 725(D.C.Cir. 1964).

36) Coffin v. United States, 156 U.S. 432, 15 S. Ct. 394(1895).

37) Estelle v. Williams, 425 U.S. 501, 96 S. Ct. 1691, 48 L. Ed. 2d 126(1976).

주에서는 헌법이나 개별 법률에서 명시적으로 규정하고 있다.[38] 예를 들어 연방모범형법전 증거법에서는, "어느 누구도 범죄의 개별적 요소가 합리적 의심을 넘을 정도로 입증되지 않는 한 그 범죄로 선고받지 않는다. 범죄의 증거가 존재하지 않는 경우에는 피고인의 무죄가 추정된다"는 형식으로 무죄추정원칙을 명시하고 있다.[39] 현재 약 20개 이상의 주에서 무죄추정원칙을 연방모범형법전 Sec. 1.12(I)의 내용과 유사하게 규정하고 있다.[40]

# III. 무죄추정의 원칙

## 1. 재판 전 단계에서의 무죄추정의 원칙

우리나라와는 미국의 경우 연방법에서 뿐만 아니라 개별 주법도 중범죄(capital offenses)의 경우에 도주의 위험이나 증인 또는 배심원에 대한 부당한 영향을 미칠 위험이 있는 경우에 구속(즉, 공판전 구금: pretrial detention, custody)이 거의 예외 없이 인정되고 있다. 그러나 재판전 단계에서도 무죄추정원칙이 적용되며, 보석제도를 무죄추정원칙의 제도적 표현이라고 이해하는 판례도 나왔고,[41] 일체의 유형의 구금을 그 목적과는 무관하게 형벌로 보는 판례도 있었다.[42] 이러한 경향은 1951년에 연방대

38) 캘리포니아주 형법 제1096조에도 무죄추정이 규정되어 있다.

39) Model Penal Code, Official Draft, 1962, Sec. 1.12(I): "No person may be convicted of an offense unless each element of such offense is proved beyond a reasonable doubt. In the absence of such proof, the innocence of the defendant is assumed".

40) 이진국, 도중진, "무죄추정원칙에 관한 연구," 형사정책연구원 년구총서 05-30 (한국형사정책법무연구원, 2005), 63면.

41) 구속과 관련하여 무죄추정을 주장한 판례로는 Heikkinen v. United States, 208 F. 2d 738(7th Cir. 1953); State v. Konigsberg, 164 A. 2d 740, 33 N.J. 367(1960); Long v. Hamilton, 467 S.W. 2d 139,(Ky. App. 1971); United States v. Alston, 412 A. 2d 351(D.C. 1980).

법원이 Stack v. Boyle1 사건[43]에 대한 판결문 방론에서 "유죄판결 이전의 자유에 대한 권리는 변호를 방해받지 않고 준비할 수 있도록 해 주며 유죄판결 이전의 형벌 효과를 방지하는데 기여하는 것이다. …만일 보석을 받을 권리가 유지되지 않는다면 수세기에 걸친 투쟁 끝에 획득한 무죄추정원칙은 그 의미를 상실하게 될 것이다"[44]라고 언급한 점을 보면 분명하게 알 수 있다. 나아가 보석을 불허하는 이유를 국가가 입증해야 한다고 함으로써 개별 사건에서 보석에 의한 석방의 요건에 대해서도 무죄추정원칙이 적용되기도 했다.[45]

그 결과 다수의 연방법원은 자유를 제한하는 미결구금의 조건에 대하여 엄격한 기준(이른바 '절박한 필요성의 기준': compelling necessity - standards)에 따라서 판단했다. 미결구금자는 무죄추정에 기하여 보석된 피의자나 일반인과 동일한 권리를 향유한다고 보았기 때문이다. 이러한 기준에 따르면, 피의자의 법원출두를 확보하고 구금시설내의 안전 확보에 필수불가결한 기본권제한만 허용되며,[46] 교도당국의 행정적·재정적 사유는 수용자의 권리를 축소할 충분한 이유가 되지 못한다. 또한 구속 상태에 있는 피의자를 기결수 보다 더 열악한 구금조건에 처해서는 안 될 뿐만 아니라 어떠한 교정처분도 허용되지 않는다고 판시한 판례도 나왔다.[47] 나아가 1987년에 콜롬비아 특별순회구 연방항소법원(U.S Court of Appeals for the District of Columbia)은 Campbell v. McGruder 사건[48]에

42) United States v. Brown, 381 U.S. 437, 85 S. Ct, 1707(1965).

43) 342 U.S. 1, 4; 72 S.Ct. 1; 96 L. Ed. 1(1951).

44) "This traditional right to freedom before conviction permits the unhampered of a defence, and severs to prevent the infliction of punishment prior to conviction. ....Unless this right to bail is preserved, the presumption of innocence, secured only after senturies of struggle, would lose its meaning"

45) State v. Konigsberg, 164 A. 2d 740, 33 N.J. 362(1960).

46) Detainees of the Brooklyn House of Detention For Men v. Malcom, 520 F. 2d 392(2d Cir. 1975); Inmates of Milwaukee County Jail v. Petersen, 353 F. Supp. 1157(E. D. Wis. 1973)

47) Marcera v. Chinlund, 595 F. 2d 1231(2d Cir. 1979).

48) Campbell v. McGruder, 580 F. 2d 521(D.C. Cir. 1978).

서, 무죄추정이 구속에 적용되지 않는다는 견해는 원초적으로(profoundly) 잘못 해석된 것이라는 전제에서, 무죄추정의 헌법원칙과 형사소송의 실행을 위한 구속의 허용이라는 헌법원칙 간에 원초적인 모순관계가 존재하다는 점을 확인하면서, 국가가 소송기일에 피고인의 출두를 확보하기 위하여 필요한 조치를 취할 수 있다면, 그것은 가택구금이 유일하게 허용되는 수단이라고 보았다.

한편, 무죄추정이 재판 전 단계에 적용될 수 있는 지의 문제에 대해서는1979년의 연방대법원 판결을 통하여 결정되었다. 연방대법원은 Bell v. Wolfish 사건[49]에서 무죄추정이 단지 재판절차에서 형사피고인의 입증책임에 관련을 가질 뿐, 재판전 단계에서는 적용되지 않는다는 점을 명확하게 판시하였다. 연방대법원은, "무죄추정이 우리의 형사사법체계에서 중요한 역할을 담당한다는 데 의심의 여지가 없다. 피고인에게 유리한 무죄의 추정이라는 이 원칙은 의심의 여지가 없는 법칙이고, 공리이자 핵심이며, 무죄추정의 실현은 우리의 형사법운용의 초석이라 할 수 있다. 그러나 무죄추정원칙은 재판 전 단계에서 피구금자의 권리를 판단하는 데 적용되는 것이 아니다"라고 명시적으로 확인한 것이다.[50]

## 2. 재판 단계에서의 무죄추정의 원칙

미국에서는 대부분의 다른 나라와 마찬가지로 피고인이 무죄를 주장하거나 묵비권을 행사하는 경우,[51] 즉 유죄답변(guilty plea)을 통하여 소송과 무죄추정을 포기하지 않는 경우에만 형사소송이 개시된다. 형사소송의

49) Bell v. Wolfish, 441 U.S. 520, 99 S. Ct. 1861, 60 L. Ed. 2d 447(1979).

50) "Without question, the presumption of innocence plays an important role in our criminal justice system. The principle that there is a presumption of innocence in favor of the accused is the undoubted law, axiomatic and elementary, and its enforcement lies at the foundation of the administration of our criminal law. But it has no application to a determination of the rights of a pretrial detainee during confinement before his trial has even begun."

51) Federal Rules of Criminal Procedure, Rule II(a)(I).

기본적인 입증책임의 구조는 다음과 같다. 즉, 대부분의 경우 검사인 공소 제기자가 피고인의 책임을 증명해야 하고, 입증의 정도는 합리적 의심을 넘어서는 정도(beyond resonable doubt)로 피고인의 책임이 입증되어야 한다는 것이다. 연방대법원은 이 원칙을 수정헌법 제5조(자기부죄금지)[52] 및 개정 제14조의 적법절차의 구성요소로 보고 있다.

그러니까 미국에서 입증책임과 입증의 정도에 관한 규칙은 무죄추정원칙의 본질적 내용으로 간주되고 있다. 무죄추정원칙의 내용으로 간주되는 합리적 의심이 없을 정도의 증명(proof beyond a resonable doubt)은 형법적 비난의 근거가 되는 모든 요소와 관련되어 있으며 이러한 요소들은 공정한 절차에서 합리적 의심을 넘어서는 정도의 입증을 통해서만 인정될 수 있다.[53] 단순한 혐의만으로 피고인의 책임을 인정해서는 안 된다. 따라서 증거가 불충분한 경우에는 피고인의 이익으로 해결되어야 한다. 물론 합리적 의심의 기준(reasonable-doubt standards)이 항상 무죄추정원칙과 결부되어 있는 것은 아니지만,[54] 무죄추정의 표현 내지는 무죄추정에 대한 실체성을 부여하는 규범으로 이해되고 있다. 이 점에서 합리적 의심의 기준은 재판의 오류를 줄이는 것을 본질적인 과제로 삼고 있다. 합리적 의심의 기준은 수정헌법 제14조를 통하여 개별 주의 법에도 적용될 뿐만 아니라 소년사건에 대해서도 적용된다.[55]

---

52) 미국 수정헌법 제5조: No person shall be held to answer for a capital, or otherwise infamous crime, unless on a presentment or indictment of a grand jury, except in cases arising in the land or naval forces, or in the militia, when in actual service in time of war or public danger; nor shall any person be subject for the same offense to be twice put in jeopardy of life or limb; nor shall be compelled in any criminal case to be a witness against himself, nor be deprived of life, liberty, or property, without due process of law; nor shall private property be taken for public use, without just compensation.

53) In re Winship, 397 U.S. 357, 90 S. Ct. 1068, 25 L. Ed. 2d 368(1970).

54) Wigmore, Evidence in Trials at Common Law in Ten Volumes, vol. 9, §2511.

55) 이상 이진국, 도중진, "무죄추정원칙에 관한 연구," 형사정책연구원 연구총서 05-30 (한국형사정책법무연구원, 2005)를 참고 및 인용하였음.

# 제4장

# 어 퓨 굿 맨
# (A Few Good Men, 1992)

* 이 영화포스터의 출처는 〈www.movieposterdb.com〉이며, Colombia Pictures사가 저작권을 가지고 있으나, 공정이용(Fair Use)의 범위에서 이용이 가능한 포스터임

제1절

# 씨네마 법

## I. 개요

실화를 바탕으로 에런 소킨(Aaron Soekin)이 1988년에 쓴 희곡의 각본인 “어 퓨 굿 맨 (A Few Good Men)”을 각색한 영화이다. 롭 라이너(Rob Reiner) 감독이 연출한 작품으로서 1992년 12월 9일 개봉한 영화이다. 우리나라에서는 같은 해 12월 18일 개봉하였다. 이 영화는 동료 해병을 살해한 혐의로 기소된 두 명의 미 해병대 병사들 사건을 준비하는 과정에서 겪은 변호사들의  정의 찾기 이야기이다. 특히 “넌 진실을 감당할 수 없어! (You can't handle the truth!)”라는 영화속 대사는 미국영화연구소에서 뽑은 영화 명대사 중 29위에 선정되었으며, 2007년 프리미어에서 투표로 뽑은 '영화 100대 명대사' 중 92위에 선정되기도 하였다. 제65회 아카데미 시상식 작품상, 남우조연상, 편집상, 음향상 후보작이었으며, 1992년 제5회 시카고 비평가 협회상(남우조연상), 1993년 2회 MTV 영화 & TV 어워즈(최고의 영화상) 등을 수상하였다.

## II. 시놉시스

쿠바의 관타나모 기지(United States Naval Base, Guantanamo Bay, Cuba)에서 해병대 경비중대의 윌리엄 산티아고 이병이 같은 소대원인 해럴드 도슨 일병과 로든 다우니 이병에게 거친 폭행을 당하고 결국 사망에 이르는 사건이 발생한다. 이 사건이 일어나기 전에 산티아고 이병은 부대에 적응하지 못하고 감찰부, 상원의원 등 군 내외 사람들에게 편지를 써 전출을 요구한 바 있다. 이 사건은 즉각 상부에 보고되고, 합의에 의한 사건 해결이 뛰어난 캐피 중위(Lieutenant Daniel Alistair Kaffee: 톰 크루즈 분)에게 맡겨진다. 캐피 중위는 신참 법무관으로서 자기가 맡은 사건을 법정까지 끌고 가지 않고 사전에 합의만으로 잘 해결하는 것으로 유명하다. 캐피 중위는 이 사건을 위해 겔로웨이 소령(Lieutenant Commander JoAnne Galloway: 데비 무어 분)과 한 팀이 된다. 그런데 겔로웨이는 캐피와 달리 합의보다는 진실을 찾는 것을 우선시하기 때문에 두 사람은 매번 충돌한다. 이런 과정에서 캐피는 사건의 심각성을 인지하게 되고 이 사건을 합의로 끝내기 보다는 법정으로 가져가야 한다는 결론을 내린다. 문제의 2명의 해병대는 직속 상사 캔드릭(Lieutenant Jonathan James Kendrick: 키퍼 서덜랜드 분)의 비공식적인 "코드 레드"명령를 받은 것뿐이라 하지만, 캔드릭이나 제셉 장군(Colonel Nathan R. Jessep: 잭 니콜슨 분)은 그 사실을 부인한다. 그리고 유일한 증인이었던 마킨슨(Lieutenant Colonel Matthew Andrew Markinson: J.T. 월쉬 분)은 권총 자살을 하게 되고 결국 이 사건은 더욱 미궁에 빠진다. 그러나 재판이 진행됨에 따라 캐피는 무언가에 대한 확신을 갖게 되고, 결국 캐피는 제셉을 증언대에 세우고 마지막 진실을 찾는 싸움을 벌이게 된다.[1)]

1) 네이버 영화 정보 참고.

## III. 사색하는 법률 산책

이 영화는 1986년 관타나모 만 미 해군기지에서 실제로 일어났던 사건을 소재로 한 영화이다. 군대 내의 구타와 비리 등을 폭로한 영화로서 당시 미국 사회에 경종을 울릴 만큼 흥행에 성공했다. 이 영화는 최근 우리나라 군 내부의 구타와 비리 등 군 인권 문제를 함께 생각해 볼 거리를 제공하고 있다. 즉, 현재 우리나라 군인권문제의 현주소는 어떠한가. 군인권문제를 해결하기 위한 방안으로는 어떠한 것이 있을까 하는 문제이다. 이 외에도 이 영화 속에는 캐피 중위가 형량을 놓고 합의해 가는 과정이 그려진다. 우리나라에는 없는 소위 유죄협상제도, 즉 플리 바게닝(plea bargaining)제도에 관한 부분이다. 범죄 피의자에 대하여 형량을 낮춰준다는 빌미로 자백을 유도하는 문제가 사회적으로도 이슈가 되고 있는 사정에서 우리나라에 이를 도입할 필요는 없을까. 이 영화는 단순히 군법무관의 멋진 활약을 감상하는 것 이외에 다양한 법률문제도 사색하게 된다. 자~ 이제 모두 "어 퓨 굿 맨"과 함께 사색하는 법률 산책을 떠나보자.

제2절

# 플리 바게닝 (Plea Bargaining)

## I. 의의

플리 바게닝(Plea Bargaining)은 통상 "유죄협상제도"라고 불리고 있다. 형사사건에서 검사가 피의자 또는 피고인에게 혐의사실에 대하여 혐의사실보다 가벼운 처벌을 제안하면서 유죄라는 답변을 요구하고 상대방은 이를 수락함으로써 형사절차를 신속하고 간소하게 종결짓는 수사방법이다. 영미법계에서 발달한 제도로써 유죄로 결정되는 사건 중 캐나다에서는 약 90%, 미국에서는 약 97%[2] 정도까지 플리 바게닝의 결과라고 추정되고 있다.[3] 이외에도 세계적으로 약 65개국이 그 형태를 달리하면서 플리 바게닝 제도를 도입하고 있으며, 이웃 나라 일본의 경우에도 지난 2015년 정부차원에서 "수사·공판협력형 협의·합의 제도"에 관한 법안이 제출된[4] 이후 2018년부터 이 제도가 시행 중에 있다.[5] 우리나라의 경우에는 지난

2) 2012년 기준 주 형사사건의 94%, 연방사건의 97% 가량이 플리바게닝을 통해 해결된다. 안성열, 김선일, "법률선진국, 다양한 '플리바게닝' 활용," 내일신문 4. 25. (2023), available at 〈http://www.naeil.com/news_view/?id_art=458702〉

3) Devers, L., "Plea and charge bargaining – Bureau of Justice Assistance", Bureau of Justice Assistance (2011), at 24; 고민조, "플리바게닝(Plea bargaining)에 영향을 미치는 요인에 대한 연구," 아주법학 제16권 제3호 (아주대학교 법학연구소, 2022), 18면.

4) 박종순, "일본에서의 수사 ·공판협력형 협의 ·합의제도(搜査·公判協力型 協議·合意制度)와 사면책제도 (刑事免責制度) 도입에 관한 소고(小考)," 형사법의 신동향 통권 제51호 (2016), 456면.

5) 안성열, 김선일, "법률선진국, 다양한 '플리바게닝' 활용," 내일신문 4. 25. (2023).

2005년부터 본격적으로 플리 바게닝 제도의 도입에 대한 논의가 시작된 이래 현재에 이르고 있다.

# II. 미국의 플리 바게닝 제도

## 1. 미국의 형사 절차[6]

미국의 형사 절차는 크게 재판 전 절차, 재판 절차, 재판 후 절차로 구성된다. 재판 전 절차는 고발장의 작성으로 시작된다. 고발장(complaint)은 범죄사실이 있음을 주장하는 정식절차로서, 피해자나 목격자 또는 고소를 접수한 경찰관에 의해 작성된다. 고발장은 체포영장을 발부하는 기초가 된다. 그러나 범죄 혐의자가 영장 없이 체포된 경우 체포한 경찰관은 치안판사에게 혐의자를 인치하기 전에 고발장을 작성한다. 미국의 경우 약 95%의 체포가 영장 없이 이루어진다. 범죄 혐의자가 체포되면 지체 없이 치안판사 앞에 인치된다(initial appearance before amagistrate). 치안판사는 체포된 범죄 혐의자에게 진술 거부권, 변호인을 선임할 권리 등 미란다원칙을 고지한다. 경죄(misdemeanor)인 경우 체포된 범죄 혐의자는 기소인부를 하고, 혐의에 대하여 답변하여야 한다. 대부분의 경죄는 이 단계에서 유죄답변으로 처리된다. 그러나 중죄(felony)인 경우 체포된 자는 예비심문(preliminary hearing)을 받는다. 예비심문은 재판과 거의 비슷하다. 예비심문은 통상 검찰이 어떤 증거를 가지고 있고, 그 사안이 어느 정도 중대한지를 알 수 있는 최초의 기회이다. 예비심문에서는 범죄 혐의가 합리적인 의심이 없는 정도의 증명에 이를 것을 요구하지 않으므로 검찰은 그들이 가지고 있는 모든 증거를 공개하지 않는다. 치안판사는 심리를 마친 다

6) 이하에서는 박종순, "답변협상제도의 도입에 관한 연구 - 미국 Plea Bargaining의 발전과정을 중심으로 -," 법학박사학위논문 (고려대학교, 2015)를 일부 수정 및 인용하여 강의자료로 활용하였음.

음 범죄 혐의에 대한 타당한 이유를 발견하면 피의자에게 답변을 요구하고, 재판을 위해 피의자를 그 범죄를 관할하는 법원으로 보낸다. 이때 검사는 보통 2주 내에 그 법원에 기소장(information)을 제출한다. 또 치안판사는 범죄 혐의에 대한 타당한 이유를 발견하지 못하면 범죄 혐의를 기각하고 체포된 범죄 혐의자를 석방한다.[7)]

예비심문 이후에 검사는 기소 여부를 결정한다. 형사기소는 대배심(grand jury)에 의한 기소(indictment)와 검사에 의한 기소(information)가 있다. 대배심에 의한 기소는 중죄 범죄에서 이용되는 시스템으로서, 대배심이 검사에 의해 제출된 기소안(bill of indictment)을 심리하여 범죄에 대한 증거가 충분하다고 믿으면 기소(true bill)로 정리한 서면 기소이고, 검사에 의한 기소는 경죄 범죄에서 이용되는 것으로서 대배심의 관여 없이 검사에 의해 이루어지는 기소이다. 기소되면 피고인은 기소인부 절차(arraignment)를 위해 법정에 소환된다. 피고인은 경미한 범죄를 제외하고 반드시 기소인부 절차에 출석하여야 한다. 연방 법정의 경우 기소인부 절차에서 피고인은 대배심의 기소장 또는 검사의 기소장 사본을 가지고 있어야 하고, 기소내용이 낭독되어야 하며, 대배심의 기소나 검사의 기소에 대한 피고인의 답변이 요청된다. 이때 피고인은 불항쟁답변, 무죄답변, 유죄답변 중 하나의 답변을 한다. 불항쟁답변(nolo contendere plea)은 피고인이 논쟁하지 않겠다는 답변, 즉 범죄를 인정하지 않지만, 처벌을 수용한다는 답변이다. 무죄답변은, 피고인이 죄가 없다고 답변하는 것으로서, 피고인이 무죄답변을 하면 2주 또는 3주 내에재판기일이 열린다. 무죄답변과 재판개시 사이에 변호인은 법원에 여러 가지 신청을 할 수 있다. 그 중 일반적인 신청이 증거가 불법적으로 압수되었다는 것을 이유로 하는 증거기각신청이다. 유죄답변은 피고인이 기소 사실을 인정한다는 답변으로서 피고인이 유죄답변을 하면 재판기록에 답변이 임의적이며 피고인이 그 결

7) Rolando V. Del Carmen, Criminal Procedure Law and Practice 8th Edition (Wadsworth Cengage Learning, 2010), at 33~40.; Larry J. Siegel and John L. Worrall, Thirteenth Edition Introduction to Criminal Justice (Wadsworth, 2012), at 401.

과를 완전하게 이해하였다는 것이 기록되어야 한다.

피고인이 무죄를 주장하면 재판절차가 시작된다. 배심재판 절차는 배심원 선정, 검사와 변호인의 모두 진술, 검찰 측과 피고인의 증거 제출, 양측의 최후 진술, 판사의 배심원단에 대한 설명, 배심원단의 평의와 평결 순으로 진행된다. 재판 절차가 끝나면 재판 후 절차가 진행된다. 재판 후 절차는 유죄평결을 받은 피고인에 대한 형의 선고와 상소가 있고, 인신보호영장(writ of habeas corpus)의 신청이 있다. 플리 바게닝은 위 형사 절차 중 피고인의 답변절차에서 피고인이 어떻게 답변할 것인지를 정하는 검사와 변호인 또는 피고인 간의 협상을 말한다.

## 2. 플리 바게닝의 구체적 절차[8)]

검사와 피의자 혹은 피의자의 변호인 간의 플리 바게닝에는 법원이 관여 할 수 없다.[9)] 검사는 입건된 범죄보다 가볍거나 입건된 범죄와 관련된 범죄에 대해 유죄답변을 약속하는 경우에 다음과 같은 세 가지 종류의 대가를 약속할 수 있다.[10)] 첫째, 일부 혐의사실에 대한 공소를 제기하지 않거나 철회하겠다는 약속; 둘째, 특정한 선고형 혹은 그 범위를 추천하거나 양형기준법의 특정 조항, 양형정책 혹은 양형요소의 적용여부에 관한 의견을 제시하겠다는 약속 또는 이러한 점에 대한 피고인의 의견 제시에 반

8) 이하 이충희, "형사절차상 유죄협상제도의 법적 정당성 및 도입방안에 관한 연구 ," 법학석사학위논문 (한국항공대학교, 2019)을 일부 수정하여 강의자로 활용하였음

9) 검사와 피고인 혹은 피고인의 변호사 사이의 협상에 법원의 개입이 금지되는 이유는 다음 다섯 가지와 같다. 첫째, 양형을 결정할 판사가 협상에 개입할 경우 피고인은 판사의 판사가 제시한 형량을 거부하기 어렵게 되고 이것은 유죄답변을 강제하게 되는 위험이 있다고 한다. 둘째, 판사가 협상에 관여한다면 피고인은 유죄답변 협상을 거절하기가 어려워진다고 한다. 셋째, 기소인부절차에서 피고인의 자발성을 평가하여야 하는 판사가 협상에 관여 한다면 중립적인 심사가 어려워진다고 한다. 넷째, 선고 전 양형조사를 하는 것과 협상 과정에서 양형을 약속하는 것은 서로 모순되는 판사의 역할이라고 한다. 다섯째 사법의 순수성을 지키고, 피고인에게 중립적이어야 할 판사가 협상에 관여한다면 피고인은 법원을 자신의 상대방이라고 인식할 수 있다고 한다. 이충희, "형사절차상 유죄협상제도의 법적 정당성 및 도입방안에 관한 연구 ," 법학석사학위논문 (한국항공대학교, 2019), 18~20면 참조.

10) 연방형사소송법: Federal Rules of Criminal Procedure for the United States District Court(이하 "FRCP") Rule 11(c)(1).

대하지 않겠다는 약속;[11] 셋째, 특정한 선고형 혹은 그 범위가 적절하다거나 양형기준법의 특정 조항, 양형정책, 양형요소의 적용여부에 관한 동의[12] 등 이다.

이러한 검사 측의 약속에 대하여 피고인은 무죄, 유죄, 불항쟁 답변을 선택할 수 있다. 피고인이 불출석하거나 답변을 거부하는 경우에는 무죄 답변을 한 것으로 간주된다.[13] 불항쟁 답변은 유죄 답변과 같은 효과를 지닌다. 피고인이 유죄 혹은 불항쟁의 답변을 한 경우에 법원은 피고인이 답변을 이해하고 있는지 확인하고, 다음 두 가지를 심리하여야 한다. 바로 임의성과 사실에 대한 기초이다. 첫 번째로 법원은 답변이 임의적이라는 점에 대하여 확인하여야 한다.[14] 법원은 피고인의 답변이 위력이나 위협, 부당한 약속에 의한 것이 아닌지 공개법정에서 심문하여야 한다. 두 번째로 답변이 사실에 기초한 것인지 확인하여야 한다.[15] 52) 이외에도 법원은 답변에 사실적인 기초가 있는지 확인하여야 한다.[16] 법원이 유죄답변을 수용하면 비로소 양형단계로 넘어가게 된다.

한편, 검사가 일부 혐의사실에 대한 공소제기를 포기 혹은 철회 하겠다는 약속을 한 경우, 특정한 선고형 혹은 그 범위가 적절하다거나 양형기준법의 특정 조항, 양형정책, 양형요소의 적용여부에 관한 동의를 한 경우에 법원은 이러한 합의사항을 승인, 거절, 유보할 수 있다.[17]

---

11) 단, 법원에 대한 구속력은 없다. FRCP Rule 11(c)(1)(B).

12) 단,이러한 약속은 법원이 합의를 받아들인다면 법원을 구속한다. FRCP Rule 11(c)(1)(C).

13) FRCP Rule 11(a)(1).

14) FRCP Rule 11(b)(2).

15) FRCP Rule 11(b)(3).

16) 금태섭, "Plea Bargaining 제도와 그 도입문제," 대법원 형사실무연구회 발표문 (2005), 13면.

17) FRCP Rule 11(c)(3)(A).

제3절

# 군인권의 실효성 보장을 위한 군인권보호관

## I. 의의

우리나라는 군인의 기본권을 보장하고 보장하고, 군인의 의무와 병영생활에 관한 사항을 규율하기 위하여 「군인의 지위 및 복무에 관한 기본법」(이하 "「군인복무기본법」")을 제정하였다.[18] 군인복무기본법은 1966년 병영생활 규범이 각 군별로 다르게 적용됨에 따라 야기되는 문제점을 해결하기 위해 제정된 군인의 행동 규범으로 활용되던 "군인복무규율"을 대신하여 2016년 6월 30일부터 시행된 것이다. 군인복무규율은 대통령령으로 제정되어 시행되었으나, 이 군인복무기본법은 군인의 지위 및 권리에 관한 사항을 법률에 담음으로써 위상이 훨씬 높아졌고 장병의 기본권 보장에 대한 중요성을 한층 새롭게 인식하는 계기가 되었다. 이 법률은 ① 군내 인권침해사고에 대한 입법대응의 필요성, ② 기존 법령의 한계 극복을 위하여 제정되었다. 따라서 이 법은 단순히 선언적 권리·의무에 관한 사항을 규율하는 것에 거치지 않고 권리구제 방안을 구체적으로 제시하고 있다는 특징이 있다.[19] 그 대표적인 사항이 군인권 보장을 위한 제도적

18) 군인의 지위 및 복무에 관한 기본법, 법률 제13631호, 2015. 12. 29., 제정.

19) 강현철, "군인권의 실효성 보장을 위한 군인권보호관 제도 도입방안에 관한 연구," 유럽헌법

장치로서 군인의 기본권 보장 및 기본권 침해에 대한 권리구제를 위하여 '군인권보호관'을 두도록 의무화한 것이라고 할 수 있다.[20]

## II. 군인권보호관

군인복무기본법은 군인권보호관을 두도록 의무화하면서 그 구체적인 사항은 법률로 따로 두도록 하였다. 그러나 군임복무기본법이 2016년 제정되고도 한동안 군인권보호관은 탄생하지 못하였다. 그러다가 2021년에 이르러 군인권 보호관 설치를 위한 '국가인권위원회법 일부개정법률안'이 발의되었다. 이 법안의 주요내용은 다음과 같다. 우선 국가인권위 상임위원 1인을 대통령이 지명하는 '군인권 보호관'으로 하고, 군인권침해 등의 예방 및 군 인권 보호 업무를 총괄하도록 하였다. 관련하여 군인권보호위원회와 군인권본부를 설치하도록 하였다. 그리고 필요하다고 인정하는 경우 군부대를 방문하여 조사할 수 있으며, 긴급을 요하는 경우 통지하지 않고 방문 조사할 수 있도록 하였다. 이는 군이 사전에 사건을 은폐할 수 있는 여지를 없앨 수 있기 때문이다. 마지막으로 국방 부장관은 군인 등이 복무 중 사망한 경우에는 즉시 위원회에 사망 사실을 통보해야 하는 내용도 담았다.[21]

이에 따라 2022년 7월 1일 군대 내 인권침해 및 차별행위를 조사하고 필요한 경우 시정조치와 정책 권고 등을 담당하는 기구인 국가인권위원회 군인권보호관이 출범했다. 군인권보호관제도는 2014년 4월 육군 전방사단에서 선임병들의 구타·가혹행위로 병사가 사망한 이른바 '윤 일병 사건'을

연구 제33호 (유럽헌법학회, 2020. 8.).

20) 군인복무기본법 제42조 ① 군인의 기본권 보장 및 기본권 침해에 대한 권리구제를 위하여 군인권보호관을 두도록 한다. ② 제1항에 따른 군인권보호관의 조직과 업무 및 운영 등에 관하여는 따로 법률로 정한다.

21) 배진교, "군인권보호관 설치, 「국가인권위원회법 일부개정법률안」 발의" 기자회견 (2021. 11. 15).

계기로 국회와 정부 차원에서 군인의 인권 문제를 전담할 기구의 필요성이 제기되면서 도입 논의가 시작됐다. 이후 관련 법은 국회 문턱을 넘지 못하다가 2021년 5월 공군 비행단에서 '성폭력 피해자가 사망한 사건'이 발생하면서 급진전됐다. 군 내 인권침해 근절의 필요성에 공감하는 여론과 시민사회의 요구에 따라 2021년 12월 국회에서 군인권보호관 설치 근거를 마련하고 권한을 부여하는 '국가인권위원회법 일부개정법률안'이 통과돼 군인권보호관이 출범하게 된 것이다.[22)]

# III. 국가인권위원회법

국가인권위원회법 **제4장의2 "군인권보호관 · 군인권보호위원회 및 군인권침해의 조사 · 구제"**에서 군인권보호관제도를 규정하고 있다. 제50조의2에서 제50조의9까지가 그에 관한 규정이다. 구체적인 내용은 다음과 같다.

**제50조의2(군인권보호관)**
군인권보호관은 제5조제2항제2호에 따라 대통령이 지명하는 상임위원이 겸직한다.

**제50조의3(군인권보호위원회)**
① 위원회는 군인권침해 예방 및 군인등의 인권 보호 관련 업무를 수행하게 하기 위하여 군인권보호위원회(이하 "군인권보호위원회"라 한다)를 둔다.
② 군인권보호위원회의 위원장은 군인권보호관으로 한다.
③ 군인권보호위원회는 제12조제1항에 따라 설치된 소위원회로 본다.

22) 이찬영, "군 인권침해·차별 뿌리뽑는다," K-공감 664호 (2022. 7. 24.), available at ⟨https://gonggam.korea.kr/newsContentView.es?mid=a10201000000&section_id=NCCD_POLICY&content=NC002&news_id=EBC6D4014CF14203E0540021F662AC5F⟩

**제50조의4(군부대 방문조사)**

① 위원회 또는 군인권보호위원회(이하 이 장에서 "위원회등"이라 한다)는 필요하다고 인정하면 그 의결로써 군인권보호관, 위원 또는 소속 직원에게 군부대(「국군조직법」 제15조에 따라 설치된 부대와 기관을 말한다. 이하 이 조에서 같다)를 방문하여 조사하게 할 수 있다.

② 군인권보호관은 제1항에 따른 군부대 방문조사를 하려는 경우에는 해당 군부대의 장에게 그 취지, 일시, 장소 등을 미리 통지하여야 한다. 다만, 긴급을 요하거나 미리 통지를 하면 목적 달성이 어렵다고 인정되어 국방부장관에게 사전에 통지하고 군인권보호관 또는 위원이 직접 방문조사하는 경우에는 그러하지 아니하다.

③ 국방부장관은 군사 · 외교 · 대북관계의 국가기밀에 관한 사항으로서 국가안위에 중대한 영향을 주거나 국가비상사태 또는 작전임무수행에 지장을 주는 등 제1항에 따른 방문조사를 받기 어려운 특별한 사정이 있는 경우 그 이유를 소명하여 방문조사의 중단을 요구할 수 있다. 이 경우 위원회등은 그 이유가 소명된 때에는 즉시 방문조사를 중단하되, 그 사유가 해소되는 즉시 방문조사를 다시 시작할 수 있다.

④ 제1항에 따른 군부대 방문조사를 하는 군인권보호관, 위원 또는 소속 직원은 그 권한을 표시하는 증표를 지니고 이를 관계인에게 내보여야 하며, 방문조사를 받는 군부대의 장은 즉시 방문조사에 편의를 제공하여야 한다.

⑤ 제1항에 따른 군부대 방문조사를 하는 군인권보호관, 위원 또는 소속 직원은 군부대 소속의 직원 및 군인등과 면담할 수 있고 구술 또는 서면으로 사실이나 의견을 진술하게 할 수 있다.

⑥ 그 밖에 군부대 방문조사의 방법, 절차, 통지 시기 등에 관하여 필요한 사항은 대통령령으로 정한다.

**제50조의5(군인등의 진정권 보장을 위한 수단 제공)**

국방부장관은 군인등의 진정권을 보장하기 위하여 우편 · 전화 · 인터넷 등 위원회에 진정할 수 있는 효율적인 수단을 제공하고, 이를 널리 알려야 한다.

**제50조의6(사망사건의 통보와 조사 · 수사의 입회)**

① 국방부장관은 군인등이 복무 중 사망한 경우에는 즉시 위원회등에 사망 사실을 통보하여야 한다.

② 제1항에 따른 통보를 받은 위원회등은 필요하다고 인정하는 경우 해당 사건의 군 조사기관 또는 군 수사기관의 장(「군사법원법」 제2조제2항 각 호의 죄에 해당하는 사건을 수사하는 수사기관의 장은 제외한다)에게 진행 중인 해당 사건에 관한 조사 또는 수사에 군인권보호관 및 소속 직원의 입회를 요구할 수 있다. 이 경우 요구를 받은 군 조사기관 또는 군 수사기관의 장은 진행 중인 조사나 수사에 중대한 지장을 주지 아니하면 그 입회 요구에 따라야 한다.

**제50조의7(진정의 각하에 대한 특례)**

① 위원회등은 진정의 원인이 된 사실이 발생한 날부터 1년 이상 지난 군인권침해 사건 관련 진정으로서 진정을 제기하기 어려운 사정이 있었다고 인정되는 진정의 경우에는 제32조제1항제4호 본문에도 불구하고 이를 각하하지 아니하고 조사할 수 있다. 다만, 진정을 제기하기 어려운 사정이 없어진 날부터 1년 이상 지나서 진정한 경우에는 그 진정을 각하한다.

② 위원회등은 군인권침해 사건과 관련된 진정(법원이나 헌법재판소의 재판절차가 진행 중이거나 종결된 경우는 제외한다. 이하 이 조에서 같다)의 경우에는 제32조제1항제5호 본문에도 불구하고 위원회등의 의결을 거쳐 이를 각하하지 아니하고 조사할 수 있다. 다만, 「군사법원법」 제2조제2항 각 호의 죄와 관련된 진정으로서 그에 관한 수사가 진행 중이거나 종결된 경우에는 군인권침해가 있다고 믿을 만한 상당한 근거가 있고 그 내용이 중대하다고 인정할 때 위원회등의 의결을 거치고, 관계 기관의 장과 협의를 거쳐 이를 각하하지 아니하고 조사할 수 있다.

③ 제2항에 따른 조사는 진행 중인 수사나 그 밖의 법률에 따른 권리구제 절차의 진행에 지장을 주어서는 아니 된다.

**제50조의8(조사의 방법에 대한 특례)**

① 위원회등은 군인권침해가 있다고 믿을 만한 상당한 근거가 있고 그 내용이 중대하다고 인정할 때에는 제36조제7항제2호에도 불구하고

관계 국가기관(법원과 헌법재판소는 제외한다. 이하 이 조에서 같다)의 장과 협의를 거쳐 자료나 물건의 제출을 요구하거나 그 자료, 물건 또는 시설에 대한 현장조사 또는 감정을 할 수 있다. 이 경우 관계 국가기관의 장은 해당 사건 수사가 종결된 이후 자료제출 등을 할 수 있다.

② 관계 국가기관의 장은 제1항에 따른 위원회등의 자료 등의 제출 요구, 현장조사 또는 감정에 특별한 사정이 없으면 성실히 협조하여야 한다.

**제50조의9(피해자 보호조치)**

① 위원회등은 필요하다고 인정하는 경우 국방부장관에게 군인권침해사건의 피해자 보호를 위하여 제48조에 따른 조치를 하도록 요구할 수 있다.

② 국방부장관은 제1항에 따른 피해자 보호조치의 요구를 받은 경우 이를 이행하기 어려운 특별한 사정이 없으면 즉시 피해자 보호를 위한 조치를 취하고 위원회등에 그 결과를 통보하여야 한다.

③ 국방부장관은 제1항에 따른 피해자 보호조치의 요구를 이행할 수 없는 경우에는 그 요구를 받은 날부터 3일 이내에 위원회등에 문서로 그 사유를 통보하여야 한다.

# 제5장

# 에린 브로코비치 (Erin Brockovich, 2000)

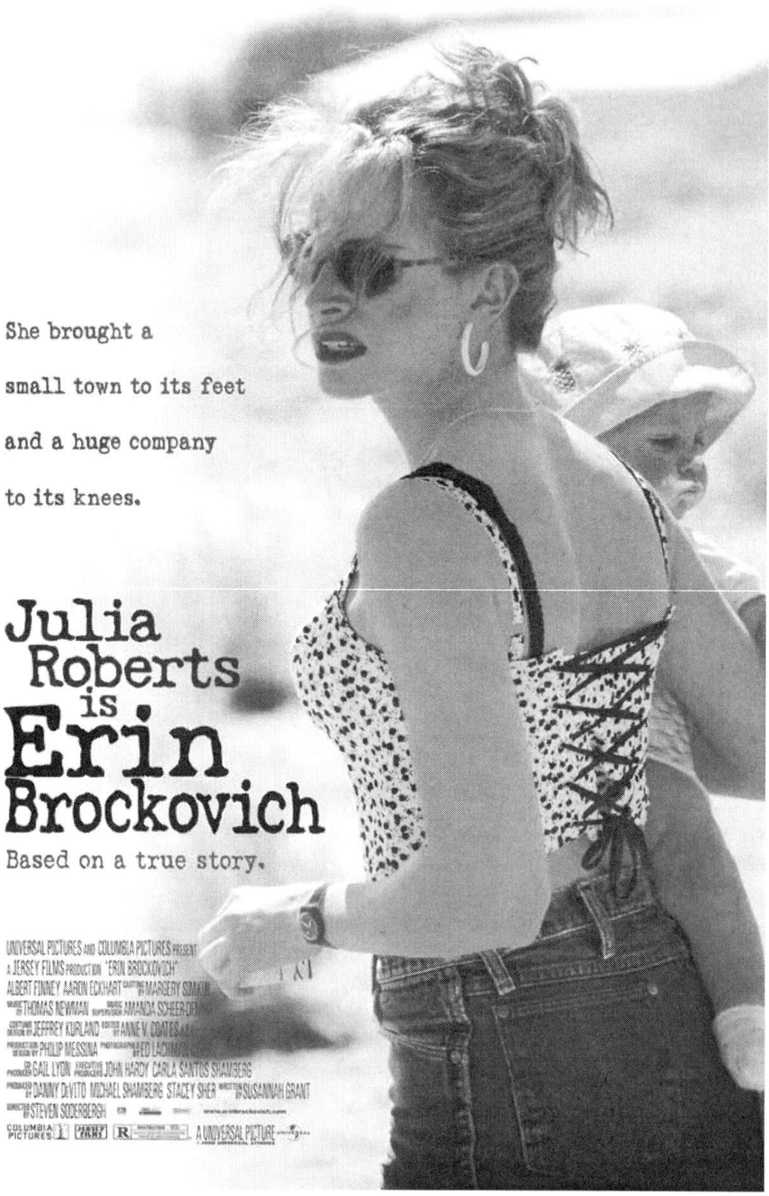


* 이 영화포스터의 출처는 www.movieposterdb.com〉이며, Universal Pictures사가 저작권을 가지고 있으나, 공정이용(Fair Use)의 범위에서 이용이 가능한 포스터임

제1절

# 씨네마 법

## I. 개요

이 영화 에린 브로코비치(Erin Brockovich)는 스티븐 소더버그(Steven Soderbergh)가 감독하고 수잔나 그랜트(Susannah Grant)가 각본을 쓴 2000년 미국의 전기 법률 드라마 영화이다. 이 영화는 에린 브로코비치의 실화를 바탕으로 한 영화로서 에너지 회사인 PG&E (Pacific Gas and Electric Company)와 캘리포니아주의 작은 도시인 힝클리 지역의 지하수 오염 사건에 대한 책임을 놓고 법정공방을 벌이는 영화이다. 200년 3월 17일 개봉했다. 이 영화는 제73회 아카데미상에서 최우수 작품상, 소더버그 감독상, 그랜트 각본상, 로버츠 여우주연상, 앨버트 피니 남우조연상 등 5개 부문에 후보로 올랐고, 에린 브로코비치 역을 맡은 줄리아 로버츠는 여우주연상을 수상했다. 줄리아 로버츠는 이 영화 단 한편으로 아카데미상, BAFTA상, 크리틱스 초이스 영화상, 골든 글로브상, 미국 심사위원회상, 미국 배우 조합상을 수상한 최초의 여배우가 되었다.

## II. 시놉시스

1993년 에린 브로코비치는 고졸에다가 세 아이의 이혼녀로서 교통사고를 당하고 사고를 낸 운전자를 고소한다. 에린의 변호사인 에드는 승소할 것을 예상하였으나 법정에서 예기치 않은 에린의 행동으로 결국 패소하게 된다. 마땅한 일자리도 없고 당장 생계를 걱정해야 하는 상황에서 에드는 자신의 사무실에서 장부 정리 등의 허드렛일을 하게 한다. 그러나 평소 에린의 버릇없고 거친 태도와 속옷이 다 드러나는 차림새로 다른 변호사들과 관계가 그리 좋지 않다. 하지만 에린은 남의 시선일랑 무시한 채 당당하게 자신의 일에 몰두한다. 그러던 어느 날 에린은 수북히 쌓인 서류 중에서 이상한 의학적 자료들이 담긴 기록들을 발견한다. 퍼시픽 가스 앤 일렉트릭 컴퍼니(PG&E)가 캘리포니아 힝클리(Hinkley)에 있는 도나 젠슨의 집을 매입하겠다고 제안한 부동산 사건의 파일인데 그 파일에 있는 의료기록을 보고 놀라지 않을 수 없었다. 도나는 이미 개의 종양을 가지고 있었고 그녀의 남편은 호지킨 림프종을 알고 있었다. 에린은 사건을 파헤치기 시작하고 힝클리의 지하수가 발암성 6가 크롬으로 심각하게 오염되었다는 증거를 발견하게 된다. 바로 그 마을에 들어서 있는 대기업 PG&E의 공장에서 유출되는 크롬성분이 마을 사람들을 병들게 하고 있었던 것이다. 에린은 에드의 도움을 받아 거대기업을 상대로 한 미국 역사상 최대의 소송 전쟁을 시작하게 된다. 힝클리 주민 대 PG&E의 이 사건으로 에린은 1996년 당시 기준으로 미국 역사상 최고 금액인 3억3천3백만 달러의 손해배상금을 받게 된다. 젠슨 부부도 5백만 달러를 받게 되고 에린은 250만 달러의 보너스를 받는다.

## III. 에린 브로코비치

에린 브로코비치는 1960년생으로 미국의 유명한 준볍률가(paralegal)이자, 환경운동가이다. 1993년 PG&E사건을 계기로 유명하게 되어 ABC 방송에서 에린 브로코비차와 도전 어메리카(Challenge America with Erin Brockovich)라는 쇼를 진행하기도 하였다. 그녀는 또한 석면 노출에 대한 인신 상해 배상 청구에 초점을 맞춘 Weitz & Luxenberg의 뉴욕 로펌과 호주의 Shine Lawlories, 그리고 캘리포니아 로펌인 Girardi & Keese에서 컨설턴트로 일하는 등 지금까지도 계속하여 준법률가로서 활발하게 활동하고 있다. 최근 2023년 2월 3일 오하이오의 동팔레스타인에서 발생한 노퍽 남부 열차 탈선 사고 때에도 지역 및 전국 네트워크에 이르기까지 다양한 매체와 인터뷰를 통해 수십 년간 지속된 유독 화학 열차탈선 사고와 환경문제에 대하여 강조하였다.[1)]

## IV. 사색하는 법률 산책

이 영화는 1993년 년 미국 캘리포니아주에서 발생한 실제 사건을 소재로 한 영화이다. ANDERSON v. PG & E[2)] 사건이다. 영화에서 최초로 사건이 드러나게 된 것은 변호사의 프로보노 활동의 일환으로 맡았던 사건이 이렇게 놀라운 결말을 이끌어 낸 것이다. 변호사의 프로보노 활동(pro bono publico)이란 개업변호사가 종교·자선의 목적으로, 또는 공익적 목적으로서 의무에 기하여 무료 또는 극히 적은 보수만 받고 의뢰인에게 법률서비스를 하는 공익활동의 하나이다. 사실상 대부분의 변호사가 프로보노

1) 환경우농기 및 작가로서의 에린 브로코비치의 생활은 〈https://www.brockovich.com/〉에서 자세하게 확인할 수 있음

2) 14 Cal. App. 4th 254 (Cal. Ct. App. 1993).

사건의 경우에는 시간이나 비용 등을 감안하면 충분한 노력을 기울이지 않는 것이 일반적이다. 이 영화에서의 사건에서도 에린이 파헤치지 않았으면 단순한 부동산 거래 사건으로 처리되었을 것이다. 이러한 사정을 감안하면서 이 영화를 감상하게 되면 몇 가지를 사색하는 법률 산책을 하게 될 것이다. 변호사의 프로보노 활동이란 무엇이고, 우리나라도 변호사가 프로보노 활동을 하는가. 로스쿨에서는 어떠한가. 그리고 변호사의 역할과 준법률가의 역할을 비교해 보면서 그들의 직업에 대한 매력은 무엇인가. 특히 최근 전 세계적으로 이슈가 되고 있는 ESG 열풍과 함께 환경 문제와 기업은 이러한 정보를 언제 어떻게 누구에게 알려야 하는가에 등에 대하여 사색하게 된다. 자~ 이제 모두 "1에린 브로코비치"와 함께 사색하는 법률 산책을 떠나보자.

제2절

# 변호사의 공익적 활동으로서 프로보노[3)]

## I. 의의

프로보노(Pro Bono)는 어려운 사람들을 돕는다는 뜻으로 그 기원은 라틴어인 '공익을 위하여(pro bono publico)'에서 찾는다. 그 본래적 의미는 변호사를 선임할 경제적 여유가 없는 사람들의 사법접근권(Access To Justice)을 보장해서 그들에게도 실질적인 법 앞의 평등이 실현되도록 하는 것이다. 오늘날 국가제도 아래에서는 법 없이는 살 수가 없는데, 경제적으로 어려운 사람들이 법률 서비스를 받지 못한다면 그 자체로 국가제도의 모순이다. 따라서 국가는 경제적인 이유로 법률 서비스를 받지 못하는 사람을 도와줄 의무가 있는 것이고 일부는 전문 직업인인 법률가가 이를 부담해야 하는 것이다.[4)] 이러한 측면에서 미국에서는 변호사에게 일정한 시간 이상을 프로보노 활동으로 채워야 할 것을 의무화하고 있으며 각 로스쿨도 마찬가지이다. 이러한 법률가의 프로보노 활동은 법률 서비스의 수요와 공급이 불일치하는 문제를 해소하거나 완화시키고, 일반 국민들은

---

3) 이 글은 김상철, "법원의 프로보노(Pro Bono) 활동 지원 방안 - 사법접근(Access To Justice) 지원을 위한 플랫폼 구축을 중심으로 -," 법학논집 제21권 제4호 (이화여자대학교 법학연구소, 2017)을 강의자료로 활용한 것임

4) 차병직, "변호사 공익 활동의 활성화 방안" (사법제도개혁추진위원회, 2005. 12.), 18~19면.

그 만큼 법률가 집단이나 사법제도에 대하여 신뢰하게 될 것이다. 결국 이러한 신뢰는 사회적 통합과 경제적 안정을 가져오는 기초가 된다고 할 것이다.[5]

# II. 프로보노 제도

## 1. 미국의 프로보노

미국변호사협회(ABA) 변호사 직업윤리규정에서 모든 변호사는 비용을 지불할 능력이 없는 자를 위하여 법률 서비스를 제공할 직업적 책임을 규정하고 있다. 이에 따라 1년에 최소 50시간 이상 프로보노 법률 서비스를 하도록 권장한다.[6] 이후 2008년 세계금융위기로 인하여 프로보노 활동의 중요성 은 더 강조되고 있다. 미국의 개별 주 법원 등에서 제정하는 변호사와 법률 서비스에 관한 규정은 변호사 등록, 변호사 윤리, 재교육(CLE) 등에 관한 사항을 규정하면서 프로보노 활동 의무 및 활동 시간, 변호사 등록요건과의 연계, 프로보노 활동 보고의무 등을 규정하고 있다.[7] 미국에서의 프로보노 활동의 중요한 역할은 주 대법원 명령·규칙(Supreme Court Order or Rule)에 근거하여 설립된 사법접근위원회(Access to Justice Commission)가 담당하고 있다.[8] 미국 프로보노 활동의 특색 중 하나는 로스쿨에서부터 예비법조인들에게 프로보노 활동을 적극 장려한다는 것이다. 로스쿨들은 사법접근위원회의 중요한 파트너로 관여할 뿐만

---

5) 한인섭, "왜 법률가의 윤리와 책임인가", 법률가의 윤리와 책임 (2003), 27~28면.

6) Model Rules of Professional Conduct, Rule 6.1 Voluntary Pro Bono Publico Service

7) Latham & Watkins LLP, "A Survey of Pro Bono Practices and Opportunities in 71 Jurisdictions" (2012), at 348.

8) 김상철, "법원의 프로보노(Pro Bono) 활동 지원 방안 – 사법접근(Access To Justice) 지원을 위한 플랫폼 구축을 중심으로 –," 법학논집 제21권 제4호 (이화여자대학교 법학연구소, 2017), 24면.

아니라 효율적·실질적 프로보노 활동을 위해서 나홀로소송 지원, 통역 서비스, 법률상담 등 다양한 법원 기반의 프로보노 프로그램(court-based programs)에 참여하고 있다.[9)]

## 2. 우리나라의 프로보노

우리나라는 1987년 이후 새롭게 정착하게 된 민주화 이후 시민사회운동의 일환으로 변호사들의 다양한 공익인권활동이 늘어났다. 그리고 1999년 개정된 변호사법은 변호사로 하여금 연간 일정 시간 이상 공익활동에 종사할 것을 규정하였다. 이에 따라 대한변호사협회는 2000년 "공익활동 등에 관한 규정"을 제정하였다. 이 규정에 따르면 공익활동은 "시민의 권리나 자유 또는 공익을 위하거나 경제적인 약자를 돕기 위하여 마련된 자선단체, 종교단체, 사회단체, 시민운동단체 및 교육기관 등 공익적 성격을 가진 단체에 대하여 무료 또는 상당히 저렴한 비용으로 법률 서비스를 제공하는 활동과 위 공익적 단체의 임원 또는 상근자로서의 활동 중 이 회 또는 지방변호사회가 공익활동으로 인정하는 활동"[10)]을 포함하여 "개인에 대한 무료변호 등 법률서비스 제공 행위 또는 입법 연구 등 법률 지원 활동 가운데 공익적 성격을 가진 것으로서 이 회 또는 지방변호사회가 공익활동으로 인정하는 활동"[11)] 등을 말한다. 변호사는 최소한 연간 합계 30시간 이상의 공익활동을 하여야 한다.[12)] 다만 법조경력이 2년 미만이거나 60세 이상인 회원, 질병 등으로 정상적인 변호사 업무를 수행할 수 없는 회원과 기타 공익활동을 수행할 수 없는 정당한 사유가 있는 변호사는

---

9) 예를 들어 충북대학교 법학전문대학원과 자매결연을 맺고 있는 미국 인디애나 대학교의 로스쿨(블루밍턴 소재)은 3년(연간 20시간) 동안 60시간 프로보노 활동을 하도록 하고, 뉴욕주의 경우에는 변호사로 활동하기 전에 50기산의 프로보노 활동을 이수할 것을 요구하고 있다. 자세한 것은 미국 인디애나 대학교 로스쿨 웹사이트 참조 〈https://law.indiana.edu/students/pro-bono/index.html〉 (최종방문일 2023. 6. 30).

10) 대한변호사협회 공익활동 등에 관한 규정 (2018. 02. 05) 제2조 제1호.

11) 대한변호사협회 공익활동 등에 관한 규정 (2018. 02. 05) 제2조 제7호.

12) 대한변호사협회 공익활동 등에 관한 규정 (2018. 02. 05) 제3조 제1항.

공익활동의 의무가 면제된다.[13]

최근에는 마을변호사 법률상담제도, 외국인을 위한 마을변호사제도나 서울지방변호사회의 프로보노지원센터, 민사소액사건 소송지원변호사단 등 프로보노 활동 및 지원을 위한 다양한 프로그램이 운영되고 있다. 시행하고 있는 로스쿨도 실무교육의 역량강화와 동시에 사회적 기여를 위해 리걸클리닉을 통하여 지역적 특색에 맞는 다양한 형태의 프로보노 활동을 시작하고 있다. 국제인권, 난민문제, 노숙인 법률지원, 이주민 인권, 젠더법학, 법원 연계형 조정클리닉 등 다양한 리걸클리닉이 운영되고 있고, 리걸클리닉을 강의로 개설하는 로스쿨도 늘고 있다. 충북대학교 법학전문대학원의 경우에도 리걸클리닉센터 내에 무료법률지원실을 두어 지역민에 대한 실질적인 법률서비스를 프로보노 차원에서 시행하고 있다.[14]

13) 대한변호사협회 공익활동 등에 관한 규정 (2018. 02. 05) 제3조 제3항.

14) 충북대학교 법학전문대학원의 무료법률지원실에 대해서는 〈https://legalclinic.cbnu.ac.kr/〉 참고.

제3절

# 미국 기업의 사회적 책임에 따른 ESG 정보공시[15)]

## I. 들어가는 말

올해에도 지난 11월 7일부터 11월 20일까지 이집트 샤름엘셰이크에서 유엔기후변화협약("UNFCCC" : United Nations Framework Convention on Climate Change) 당사국총회("COP" : Conference of the Parties)가 열렸다. 이번이 제27차 총회이므로 이를 약칭하여 COP27이라고 한다.[16)] COP27에서는 지난 2015년의 COP21에서 채택된 파리기후변화협약("파리협약")의 지구 온도 상승폭 1.5도 제한목표를 그대로 유지하기로 했다. 그런데 이 파리협약은 2020년 만료된 교토의정서를 대체하는 기후변화 대응을 담은 협약으로서 2016년 11월 발효된 것이다. 지난 2020년 만료된 교토의정서가 주요 선진국에만 온실가스 감축 의무를 부여했던 것과는 달

---

15) 이 글은 김광록, "미국 기업의 사회적 책임에 따른 ESG 정보공시 – Regulation S-K를 중심으로 –," 상사법연구 제41권 제4호 (한국상사법학회, 2023)을 강의자료로 활용한 것임

16) COP는 지난 1995년부터 매년 열렸는데 COVID-19로 인해 회의가 열리지 못한 2020년을 제외하면, 이번이 제27회를 맞이했다. COP27에서는 지난 2015년 파리에서 열린 COP21에서 채택된 "파리기후변화협약(파리협약)"의 "지구 온도 상승폭 1.5도 제한" 목표를 유지하는 것 이외에 2021년 영국의 글래스고에서 열린 COP26에서 채택된 "글래스고 기후협약"을 통해 합의된 "온실가스 저감장치가 미비한 석탄화력발전의 단계적 축소"원칙도 유지하기로 했다. COP27에 관한 자세한 사항은 〈https://unfccc.int/〉 참조.

리 파리협약은 195개 당사국 모두가 감축의무를 부담한다는 측면에서 매우 의미가 있다. 그러나 유엔에 따르면 이러한 파리협약 이후 현재에 이르기까지 당사국이 실행하고자 한 목표는 약 30% 정도만 달성하고 있는 것으로 나타났다. 이러한 사정에서 안토니오 그테흐스 유엔 사무총장도 지난 2022년 8월 12일 방한하여 우리나라 대통령을 만나는 자리에서도 기후변화 문제를 논의하는 등 유엔에 있어 가장 절대적으로 우선 순위에 있는 문제는 기후변화 문제라는 기존의 입장을 다시 확인하였다.[17] 결국 기후변화 문제에 대응하는 행동을 비롯한 ESG 가치는 이미 전 세계적으로 가장 중요한 핵심 가치가 되었다고 할 수 있다.

그런데 사실상 ESG 논의는 2004년 UN 글로벌 콤팩트 (UN Global Compact)와 스위스 정부 주도로 진행된 "Who Cares Wins"를 계기로 시작되었다고 할 수 있다.[18] 이때 국제기구들은 물론 세계적인 금융기관들은 한 목소리로 회사의 의사결정 및 투자자의 투자결정에 있어 ESG를 결정 요소에 반영하는 것이 건전한 금융시장과 사회의 지속가능한 발전에 기여한다고 하였다.[19] 이후 2006년 코피 아난 UN 사무총장의 주도아래 UN 책임투자원칙 (UN Principles for Responsible Investment, UNPRI)을 발표하면서 여러 기관투자자들이 투자 분석 및 결정에 ESG 문제를 고려하겠다는 내용을 포함하면서 ESG 투자의 내용이 보다 구체화되었다.[20]

---

17) 정아란, "尹대통령, 유엔 사무총장 접견…구테흐스 "CVID 완전한 지지"(종합)," 연합뉴스 (2022. 8. 12.), available at 〈https://www.yna.co.kr/view/AKR20220812089051001〉 참조.

18) Dorothy S Lund & Elizabeth Pollman, "The Corporate Governance Machine", 121 Colum. L. Rev. 2563 (2021).

19) The Global Compact, "Who Cares Wins – Connecting Financial Markets to a Changing World" (Untied Nations, 2004), at p.ii.

20) 이를 구체적으로 살펴보면 다음과 같다. Principle 1: We will incorporate ESG issues into investment analysis and decision-making processes. Principle 2: We will be active owners and incorporate ESG issues into our ownership policies and practices. Principle 3: We will seek appropriate disclosure on ESG issues by the entities in which we invest. Principle 4: We will promote acceptance and implementation of the Principles within the investment industry. Principle 5: We will work together to enhance our effectiveness in implementing the Principles. Principle 6: We will each report on our activities and progress towards

이러한 사정에서 기업은 회사의 지속가능성에 대한 우려를 심각하게 고민하고, 주주가치의 지속적인 하락 가능성과 회사의 장기적인 존속 자체에 대한 두려움을 가지게 되었다. 이에 따라 각 기업에 대한 다양한 투자 및 위험관리 서비스를 제공하는 투자관리 회사인 블랙락(Blackrock)의 래리 핑크 회장이 지난 2018년 기업의 CEO들에게 보내는 연례 서한에서 기업의 ESG 경영이 투자자의 중요한 투자판단의 기준이 되고 있음을 강조한 것이 오늘날의 전세계적인 ESG 열풍의 기폭제가 되었다고 할 것이다.[21] 그러나 래리 핑크회장은 이미 2016년의 연례 서한에서 ESG 정보공시가 결국 투자자의 투자판단 근거가 될 것으로 판단하였다.[22] 또한, 2019년에는 미국의 주요기업 CEO들로 구성된 비즈니스 라운드테이블(Business Roundtable, BRT)이 회사의 목적에 관한 성명서 (Statement on the Purpose of a Corporation)를 발표하면서 더욱 굳어졌다. 즉 주요 기업의 CEO들은 BRT를 통해 기업들이 고객, 근로자, 공급자, 지역사회 등 회사와 관련한 이해관계자들에게 기여하고, 주주들에게 장기적 가치를 제공할 것을 약속하였다.[23] 물론 최근의 COVID-19 팬데믹을 비롯하여 각종 사회적 대참사를 거치면서 기업 입장에서는 기업의 사회적 책임이나 ESG 경영에 대한 책무를 다하지 않을 수 없게 된 점도 있다.[24] 물론 이러한 사회·경제적 환경이 관련 문제 해결을 위한 입법적 요구로 이어질 수밖에 없기도 한 것이 현실이다. 한편, 래리 핑크 회장은 지난 2021년 서한을 통

implementing the Principles.

21) Vinson & Elkins LLP, "BlackRock's 2018 CEO Letter: A New "Sense of Purpose" For Corporate America?" (LEXOLOGY, January 24 2018), available at ⟨https://www.lexology.com/library/detail.aspx?g=933241e4-a6f7-46af-ab4f-870b21f27e9f⟩ (최종방문일 2022. 11. 21.)

22) Ibid.

23) Business Roundtable, "Business Roundtable Redefines the Purpose of a Corporation to Promote 'An Economy That Serves All Americans'"(2019), available at ⟨(https://www.businessroundtable.org/businessroundtable-redefines-the-purpose-of-a-corporation-to-promote-an-economy-that-serves-all-americans⟩

24) Bainbridge, Stephen M. "Corporate Purpose in a Populist Era." Neb. L. Rev. 98 (2019), at p. 574.

해서 ESG 수준이 높은 기업은 그 실적도 우수하다는 점을 강조하면서 기업이 온실가스 순배출량을 영(0)으로 하는 이른바 넷제로(net-zero) 경제에 부합하는 사업모델을 제시할 것을 요구하였다.[25] 특히 래리 핑크 회장 이러한 계획을 기업의 이사회가 직접 검토하여 회사의 장기전략에 반영할 것을 요청하면서 회사의 지속가능성을 투자결정의 기준으로 삼겠다고 공언하면서 기업의 ESG 경영의 중요성을 강조하였다.[26] 더욱이 래리 핑크 회장은 2022년인 올해에도 연례 서한을 통해 2018년 연례 서한에서 강조한 ESG 문제를 거듭 강조하면서 ESG는 기업의 지속적인 핵심가치임을 확인하였다.[27] 특히 우리나라 주요 기업들도 지난해부터 ESG 경영을 공식선언하고 ESG위원회 및 전담 부서를 신설하는 등 ESG 경영 실천에 앞장서고 있으며, 이제부터는 "ESG 정보시스템 구축" 사업에 앞다투어 참여하는 실정이다.[28] 그리고 금융위원회도 지난 2021년 1월 상장회사에 대하여 ESG에 관한 "지속가능경영보고서"에 대한 공시의무를 부과할 것이라고 밝혔다.[29] 이에 따라 지난 2022년 11월 한국경영자총협회도 ESG 경영의 최대 현안을 환경 문제와 ESG 정보 공시문제라고 강조하면서 현재 부처별로 제각각인 공시 기준의 통합을 정부 측에 제안하기도 했다.[30] 그

---

25) BlackRock, "Larry Fink's 2021 letter to CEOs" (2021), available at 〈https://www.blackrock.com/corporate/investor-relations/larry-fink-ceo-letter〉 (최종방문일 2022. 12. 12.)

26) Ibid.

27) BlackRock, "Larry Fink's 2022 letter to CEOs : The Power of Capitalism," available at 〈https://www.blackrock.com/corporate/investor-relations/larry-fink-ceo-letter〉 (최종방문일 2022. 12. 12.)

28) 김만기, "SK㈜ C&C, 금호석유화학 종합 ESG 시스템 구축," 파이낸셜 뉴스 (2022. 11. 22.), available at 〈https://www.fnnews.com/news/202211220855054438〉 참조.

29) 금융위, 금융감독원, 한국거래소 합동 보도자료, "기업 부담은 줄이고, 투자자 보호는 강화하는 기업공시제도 종합 개선방안" (2021. 1. 14.) 참조. 보조자료에 따르면 2025년까지는 1단계로서 한국거래소에서 마련한 정보공개 "ESG 가이던스"를 통해 자율공시를 활성화하고, 2025년~2030년까지는 2단계로서 코스피에 상장한 대규모 상장사를 대상으로 의무화를 추진하며, 2030년 이후부터는 3단계로서 전체 코스피에 상장한 상장사를 대상으로 의무화 한다고 한다.

30) 문광민, "손경식 경총 회장 "ESG경영 최대 현안은 환경·공시"," 매일경제 (2022. 11. 22.), available at 〈https://www.mk.co.kr/news/business/10540569〉 참조.

만큼 ESG 정보공시 문제의 중요성을 우리나라 기업들도 인식하고 있다는 방증이다. 따라서 이 글에서는 글로벌 ESG 현황으로서 미국 기업의 사회적 책임에 따른 ESG 정보공시의 최근 경향을 살펴봄으로써 우리나라 기업에게 요구되는 ESG 정보공시의 입법 및 정책적 시사점을 찾고자 한다.

## II. 기업의 사회적 책임에 따른 ESG 정보공시

### 1. 지속가능한 발전과 ESG 정보공시

#### 1) ESG 개념

ESG 문제는 기업이 최근의 급변하는 전 지구적 환경 문제 등으로부터 그 존재 목적인 이윤의 극대화를 실현시키기 위한 방안으로 나왔다고 할 수 있다. 즉, 기업이 이윤을 전혀 내지 못하게 되어 더 이상 존재할 수 없는 결과를 피하기 위한 방안인 것이다. 이러한 사정을 감안하면 기업의 ESG 경영은 기업이 소위 "지속가능한" 생존 또는 발전을 위한 경영 전략 중의 하나로 이해할 수 있을 것이다. 그런데 "지속 가능한 발전"이라는 말은 1987년 유엔환경계획(UNEP : United Nation Environment Programme)과 세계환경개발위원회(WCED : World Commission on Environment and Development)[31]가 채택한 "우리 공동의 미래(Our Common Future)"라는 보고서에서[32] 처음 사용되었다.[33] 이 보고서에서 사용된 지속가능한 발전은 현재 세대의 필요충족을 위하여 자원 및 환경을 이용하더라도 미래세대의 필요를 충족시키지 못할 정도로 자원의 고갈 및 자연환경의 오염·

31) 위원회 의장이었던 노르웨이 총리 출신의 그로 할렘 브룬틀란트(Gro Harlem Brundtland)의 이름을 따서 일명 브룬틀란트 위원회(Brundtland Commission)라고 불렸다.

32) 브룬틀란트 의장의 주도로 1987년 제출된 보고서로서 브룬틀란트 보고서라고도 한다. 이 보고서에서 "지속가능한 발전(Sustainable Development)"라는 개념이 처음 사용되었다.

33) 정재규, "상장회사의 ESG공시제도 -모범규준 개정과 ESG 공시현황 및 과제-," 한국상사법학회 하계학술대회 자료집 (한국상사법학회, 2021), 107면.

파괴를 해서는 안 된다는 것이다.[34] 이러한 개념이 이미 살펴본 파리협약을 계기로 전 지구적인 환경문제로 나타났고, 이를 계기로 기업도 환경문제를 심각하게 다루어야 한다는 문제의식이 이뤄진 것이다. 결국 지속가능한 경영을 위해서는 환경문제를 전제로 사회 및 지배구조 문제에 관한 경영전략을 수립할 것이 요구되었고, 이러한 ESG 경영이 바로 새로운 기업의 핵심가치가 된 것이다. 그렇다면 과연 ESG가 무엇인가. "ESG"는 기업의 비재무적 요소인 환경(Environment), 사회(Social), 지배구조(Governance)의 영문 첫 글자를 딴 약어이다. 기업이 지속가능한 성장을 하기 위해서는 환경을 보호하고, 사회적 가치를 중요하게 생각하며, 투명하고 윤리적인 지배구조 개선을 실천해야 한다는 의미이다.[35] 그렇게 보면 ESG 경영의 주요 목적은 투자자와 기업의 활동을 통해 기후변화나 환경오염 등을 통해 인류가 직면하는 위험사회로부터 인권을 보호하고 안전한 근로 환경을 조성하는 것은 물론 전 인류의 빈곤을 해소하고 양성평등을 실현하는 등 갖가지 문제들을 해결하는 것까지 확장된다.[36] 이러한 사정에서 ESG는 투자자의 직접적인 투자결정에도 영향을 끼치는 것은 물론, 기업도 ESG 경영전략의 구체적인 수립을 통해 자신에 대한 재평가 기회로 삼기도 한다.[37] 이에 따라 기업은 ① 'E' 분야 : 탄소배출 감축, 에너

34) 우리 공동의 미래(Our Common Future) 보고서에서 지속가능한 발전에 대한 개념을 "미래 세대가 그들의 필요를 충족시킬 능력을 저해하지 않으면서 현재 세대의 필요를 충족시키는 발전(Humanity has the ability to make development sustainable to ensure that it meets the needs of the present without compromising the ability of future generations to meet their own needs.)"이라고 정의하고 있다. 브룬틀란트 보고서 제27절 참조.

35) 김광록, "ESG 경영의 관점에서 본 미국의 우리사주제도," 기업법연구 제35권 제3호 (한국기업법학회, 2021), 10면; 김문선, "2021년 최대 화두 'ESG 경영' 국내기업도 동참," Platum (2021. 02. 19), available at 〈https://platum.kr/archives/158209〉 참조.

36) 정준혁, "ESG와 회사법의 과제," 상사법연구 제40권 제2호 (한국상사법학회, 2021), 13면 참조.

37) 모건스탠리, 다우존스, 톰슨로이터 등 세계적인 투자정보회사들은 이미 주요 기업의 ESG 등급을 평가하고 이를 투자자들에게 제공하고 있음은 물론 우리나라 기업들도 ESG 경영을 다. 김광록, "ESG 경영의 관점에서 본 미국의 우리사주제도," 기업법연구 제35권 제3호 (한국기업법학회, 2021), 10면; 김문선, "2021년 최대 화두 'ESG 경영' 국내기업도 동참," Platum (2021. 02. 19), available at 〈https://platum.kr/archives /158209〉 참조.

지 및 자원의 소비 절감, 폐기물 관리, 환경 관련 전략 수립 등; ② ‘S’ 분야 : 고용 및 보상 등에 대한 양성평등을 실현, 인재 유치 및 이직률 감소, 산업안전 및 보건, 인권 존중, 사회공헌활동 등; 그리고 ③ ‘G’ 분야 : 윤리 및 부패문제 관리, 비상임이사 보상, 주주권 보장, 이사회 독립성·전문성·다양성 확보, 회계 투명성 강화 등 지배구조 개선을 직접 실천해 나가고 있다.[38)]

## 2) ESG 정보공시

세계적인 ESG 열풍에 따라 미국은 물론 우리나라에서도 기업의 ESG 경영을 위하여 다양한 입법적 시도가 이루어지고 있다. 우리나라는 지난 2015년 「국민연금법」을 개정하면서 “국민연금이 「자본시장과 금융투자업에 관한 법률」 제4조에 따른 증권의 매매와 대여로 기금을 관리·운용하는 경우에는 장기적이고 안정적인 수익증대를 위하여 투자대상과 관련한 환경·사회·지배구조 요소를 고려할 수 있다”고 하여 ESG 경영에 관한 사항을 법률에 직접 포함시켰다.[39)] 또한 지난 1999년에는 한국ESG기준원이 “기업지배구조 모범규준”을 제정 공표하면서 ESG 경영 관점을 전체 모범규준의 원리로 제시한 바 있다.[40)] 이렇듯 최근의 ESG 열풍은 그 시작에서부터 현재에 이르기까지 사실상 기업의 지속가능한 경영을 위한 규범을 새롭게 만들고 있는 과정이라고 할 수 있다. 그래서 아직까지 통일된 ESG

38) 김광록, 전게논문; 최완진, “ESG 경영과 우리 회사법의 대응,” 2021년 한국상사법학회 하계 학술대회 발표 자료집 (2021. 7. 2.) 3면 이하 참조.

39) 국민연금법 제102조 제2항 제4호; 제4항 참조.

40) 한국ESG기준원은 과거 “한국기업지배구조원”으로서 올해 초 그 명칭을 “한국ESG기준원”으로 변경하였다. ESG기준원은 지난 1999년 기업지배구조 모범규준을 제정하였고, 환경 및 사회 분야 모범규준은 2010년 제정하였다. 그 이후 지배구조 분야 모범규준은 2003년과 2015년에 개정한 바 있으며, 최근인 2021년에는 ESG 전 분야에 대한 모범규준을 개정하였다. 한편, 한국ESG기준원은 지난 2003년부터 상장회사들을 대상으로 기업지배구조등급을 매겨 투자자에게 참고자료로 제공하고 있다. 지난 2011년부터는 사회책임과 환경경영 등이 포함된 ESG평가도 함께 하고 있으며, ESG 평가 등급은 S, A+, A, B+, B, C, D 7개 등급이 있다. 지난 2021년에는 상장회사 950사를 대상으로 ESG를 평가한 바 있다. 자세한 사항은 한국ESG기준원 홈페이지 참조 〈http://www.cgs.or.kr〉.

공시 기준이 없고 평가기관마다 제각각 다른 기준을 두고 ESG 평가를 하는 실정이다. 다만 기업은 기업 가치 제고를 위해 경영전략을 수립하고, 이렇게 수립된 경영전략을 통해 이루어낸 경영성과를 투자자들에게 제대로 공시함으로써 지속적인 기업가치 증대를 꾀하여야 할 것이다.

그런데 ESG 정보공시와 관련하여 미국은 "E"에 대한 정보의 공시를 강조하여 왔다. ESG 정보공시를 의무화한 유럽연합과는41) 달리 미국은 증권거래위원회 (SEC : Securities Exchange Commission)나 연방 증권법 차원에서 아직까지 ESG 정보를 강제하고 있지는 않다.42) 그러나 SEC의 Regulation S-K의 Item 303은 "경영진의 경영진단 및 분석의견(Management discussion and analysis : MD&A)" 항목으로서 ESG 정보의 공시를 정하고 있다고 할 수 있다. 구체적으로 MD&A 항목은 "미래의 회사재무상태 및 경영실적에 중대한 영향을 미칠 수 있는 알려진 추세와 불확실성에 관한 정보"를 공시하도록 한다.43) 바로 이 MD&A 항목이 기후변화 및 다른 환경위험 등을 포함한 상당수의 ESG 정보를 공시하는데 이용되고 있다.44) 특히 SEC는 지난 2010년 일찌감치 ESG 정보 중 "E"에 해당하는 기후변화 공시에 대한 상장회사의 실무지침을 마련하여 기존의 연차보고서를 통해 공시되는 환경정보에 관한 한 일정한 공시요건을 제시하기도 하였다.45) 따라서 상장회사들은 기후변화에 관한 입법 및 규제의

---

41) Directive 2014/95, EU of the European Parliament an of the Council of Oct. 22, 2014, art. 1, 2014 O.J. (L 330/1) 1, 5 (EU).

42) 다만, 지난 2202년 5월 25일 SEC는 투자자에게 ESG 펀드에 관한 구체적인 정보제공을 위해 ESG 펀드 및 투자자문사에 대한 공시 규칙 및 보고 양식을 개정할 것을 제안했다. SEC, "Enhanced Disclosures by Certain Investment Advisers and Investment Companies about Environmental, Social, and Governance Investment Practices," Press Release No. 2022-92 (2022), available at 〈https://www.sec.gov/news/press-release/2022-92〉 (최종방문일 2022. 12. 20) 참조.

43) 임재연, 『미국증권법』, 박영사 (2009), 242~243면.

44) Virgina Harper Ho, "*Disclosure Overload? Lessons for Risk Disclosure & ESG Reporting Reform from the Regulation S-K Concept Release,*" 65 Villanova Law Review 67 (2020), 103~104면 참조.

45) Caitlin Ajax and Diane Strauss, "*Corporate Sustainability Disclosures in American Case Law: Purposeful or Mere 'Puffery'?*" 45 Ecology Law Quarterly 703 (2018),

영향, 그리고 기후변화가 회사의 사업에 미치는 물리적 영향 등에 대하여 공시하여야 한다.[46] 이외에도 상장회사는 광범위한 ESG 정보를 자율적으로 공시하고 있는 사정이다.[47]

한편 미국은 이미 1930년대부터 기업의 사회적 책임 문제가 매우 중요하게 다루어졌다.[48] 이후 수 십년에 걸쳐 오늘에 이르기까지 기업의 사회적 책임은 투자자에게 매우 중요한 관심의 대상이 되어 왔으며, 최근에는 기업의 사회적 책임 문제가 기업의 ESG 경영과 맞물려 더욱 새롭게 각광을 받는 사정이다.[49] 사실 기업의 사회적 책임이란 기업이 단순하게 이윤을 창출하고 그것을 극대화하는 것을 목적으로 하는 것이 아니라 공익을 우선하여야 한다는 원칙에 기반한다.[50] 그리고 ESG는 사실상 기업의 사

---

716면; Commission Guidance regarding Disclosure Related to Climate Change, Securities Act Release No. 9106, Exchange Act Release No. 61469, 75 Fed. Reg. 6289 (8 February 2010), 6290면 참조.

46) Nicholas Terris, "*Some Liability Considerations Relating to ESG Disclosures,*" K&L Gates Hub, 7 (2017) 참조.

47) Sara Orr and Bart Kempf, "*Voluntary Sustainability Disclosure and Emerging Litigation,*" Climate Change, Sustainable Development, and Ecosystems Committee Newsletter Vol. 19, No. 1. (2015) 참조.

48) Thomas Lee Hazen, "*Social Issues in the Spotlight: The Increasing Need to Improve Publicly-Held Companies' CSR and ESG Disclosure,*" 23 U. Pa. J. Bus. L. 740 (2021), 741면; *Eg.,* Adolf A. Berle, Jr., "*Corporate Powers as Powers in Trust,*" 44 HARV. L. REV. 1049 (1931) (이 글은 기업은 대주주든 소수주주든 모든 주주의 이익을 고려하여야 한다고 주장함으로써 기업의 사회적 책임 문제를 제기함); E. Merrick Dodd, Jr., "*For Whom Are Corporate Managers Trustees?,*" 45 HARV. L. REV. 1145 (1932) 참조 (이 글에서는 기업은 기업의 이윤 창출 기능뿐만 아니라 사회적 서비스를 함께 제공하여야 한다는 것을 지적하고 있음); Milton Friedman, *The Social Responsibility of Business is to Increase Profits*, THE NEW YORK TIMES MAGAZINE (Sept. 13, 1970) (이 글에서는 기업의 사회적 책임은 주주에게 이익을 극대화하는 것이라고 함) 참조.

49) Thomas Lee Hazen, "Social Issues in the Spotlight: The Increasing Need to Improve Publicly-Held Companies' CSR and ESG Disclosure," 23 U. Pa. J. Bus. L. 740 (2021), 741-742면 참조.

50) John M. Conley & Cynthia A. Williams, "*Engage, Embed, and Embellish: Theory Versus Practice in the Corporate Social Responsibility Movement,*" 31 J. CORP. L. 1 (2005) 참조. 그리고 이러한 원칙을 주장하는 자들에 의하여 처음으로 "기업의 사회적 책임"이라는 말이 처음으로 사용되었다. 기업의 사회적 책임의 역사 및 그 기원에 대해서는, Mauricio Andres Latapi Agudelo, Lara Jóhannsdóttir & Brynhildur Davidstóttir, "*A Literature Review of the History and Evolution of Corporate Social*

회적 책임의 하위 범주로 개발된 개념으로서 기업의 사회적 책임을 구체적으로 측정하기 위한 세부적인 도구로서의 역할을 수행한다.[51] 바로 이러한 측면에서 기업의 사회적 책임은 구체적으로 ESG를 통하여 구현된다고 할 수 있다. 따라서 ESG 정보공시는 바로 기업의 사회적 책임에 대한 지표를 보다 구체적으로 알 수 있는 도구가 된다고 할 것이다.[52] 이러한 의미에서 ESG 정보공시와 관련한 구체적인 기준을 마련하고 이를 제대로 적용하는 환경을 조성하는 것은 매우 중요하다.

## 2. 미국 기업의 ESG 정보 공시의무

### 1) 개 요

미국은 유럽과는 달리 구체적인 ESG 정보공시에 대한 의무화는 상대적으로 늦게 시작하였다고 할 수 있다.[53] 즉, SEC는 지난 2021년에 이르러서야 ESG 정보, 특히 ESG 중에서도 가장 관심을 촉발시킨 "기후변화"에 대한 공시 규정의 개정작업을 시작한 이래, 2022년 3월 비로소 "투자자를 위한 기후 관련 공시 강화 및 표준화(The Enhancement and Standardization of Climate-Related Disclosures for Investors)"에 관한 연방행정규칙 개정안인 Regulation S-X를 발표하였다.[54]

---

*Responsibility*," 4 J. CORP. SOCIAL RESP. 1 (2019) ; Eric C. Chaffee, "*The Origins of Corporate Social Responsibility," 85 U. CIN. L. REV. 347 (2017)* 참조.

51) George Kell, "*The Remarkable Rise of ESG*" FORBES (July 11, 2018), available at 〈https://www.forbes.com/sites/georgkell/2018/07/11/the-remarkable-rise-of-esg/#575351571695〉 (최종방문일 2022. 12. 12.)

52) Thomas Lee Hazen, "*Social Issues in the Spotlight: The Increasing Need to Improve Publicly-Held Companies' CSR and ESG Disclosure*," 23 U. Pa. J. Bus. L. 740 (2021), 746면 참조.

53) 유럽은 지난 2017년부터 비재무정보에 대한 공시 지침(Non-Financial Reporting Directive, NFRD)을 통해 기업의 ESG 정보에 대한 공시의무를 제도화하기 시작했다. 경제개혁연구소, "지속가능성 및 기후변화 공시 관련 국제적 동향과 국내 도입에 관한 제언," 이슈&분석 2022-2호 (2022. 07. 01), 13면 이하 참조.

54) 17 CFR §210, 229, 232, 249 -Regulation S-K, Regulation S-X. SEC, "SEC Proposes Rules to Enhance and Standardize Climate-Related Disclosures for Investors" (2022. 3. 21) 참조.

그러나 미국은 이러한 "기후변화"에 대한 구체적인 공시 규정 이외에 일반적인 비재무적인 정보(Nonfinancial Information), 즉 ESG정보에 대한 공시에 대해서는 일찌감치 그 근거 규정이 마련되어 이미 시행하고 있는 실정이다. 이미 언급한 SEC의 Regulation S-K가 그것이다. 이는 연방차원의 증권법[55]과 연방증권거래법[56]에 따른 발행공시 및 계속공시 서류상의 복잡하고 중복적인 공시사항을 정리하기 위하여 SEC가 1977년에 규정한 것이다.[57] 일명 2010년 도드-프랭크법[58]에서도 일부 관련 규정을 두고 있다.[59] 이 또한 연방 차원의 법이다. 그리고 주 차원에서도 ESG정보의 공시규정을 두고 있기도 하고,[60] 임의적인 공시제도로서 지속가능성 회계기준 심의회(Sustainability Accounting Standards Board, 이하 'SASB')가 지난 2018년에 제정한 "SASB 기준"[61]도 있다.[62]

---

55) Securities Act of 1933, 15 U.S.C. § 77e · 15 U.S. Code Chapter 2A · 15 U.S.C. § 77q. 이는 통상1933년법이라고 불리고 있다. Regulation S-K는 1933년법 제13조 또는 제15조 (d)항에 따른다.

56) Securities Exchange Act of 1934, 15 U.S. Code Chapter 2B · 17 CFR § 240.10b-5 · 15 U.S.C. § 78j. 이는 연방 증권거래소법이라고 하며, 1934년법이라고 불리고 있다. Regulation S-K는 1934년법 제13조 또는 제15조 (d)항에 따른다.

57) Regulation S-K (17 CFR Part 229). 오성근, "환경·사회·지배구조(ESG)정보에 관한 공시제도의 개선방안 연구," 동북아법연구 제14권 제3호 (2021. 1); John C. Coffee, JR ·Hillary A. Sale, Securities Regulation Cases and Materials, Foundation Press (11th ed., 2009), 141면 참조.

58) Dodd-Frank Wall Street Reform and Consumer Protection Act(Public Law No: 111-203), 전체 법문은 H.R.4173 - 111th Congress (2009-2010), available at 〈https://www.congress.gov/bill/111th- congress/house-bill/4173/text〉 (최종방문일 2022. 12, 12) 참조.

59) 오성근, 전게 논문, 104면; Marc I. Steinberg, Securities Regulation, CAP (7th ed., 2017), 257면 참조.

60) 캘리포니아주의 "연속공급 및 생산투명법(California Transparency in Supply Chains Act 2010)" 등이 있다. 오성근, 전게 논문, 104면; 이 법의 구체적인 내용은 Kamala D. Harris, Attorney General, "*The California Transparency in Supply Chains Act : A Resource Guide,*" (California Department of Justice, 2015), available at 〈https://oag.ca.gov/sites/all/files/agweb/pdfs/sb657/resource-guide. pdf〉 (최종방문일 2022. 12. 12) 참조.

61) SASB Standards, 이 기준은 77개 산업별로 그 기준을 마련하고 있다. 자세한 사항은 〈https://www.sasb.org/standards/download/?lang=en-us〉 (최종방문일 2022. 12, 12) 참조.

### 2) Regulation S-K

#### (1) 의 의

SEC가 1977년 제정한 Regulation S-K는 SEC에 등록하여야 하는 기업이 작성하는 연차보고서인 Form10-K를 어떻게 작성하고 어떠한 사항을 공시하여야 하는가를 규정하고 있다.[63] ESG 정보는 바로 이 연차보고서인 Form10-K의 Item 303에서 규정하고 있다.[64] 그러나 SEC의 Regulation S-K의 Item 303은 "경영진의 경영진단 및 분석의견(Management discussion and analysis : MD&A)" 항목으로서 "미래의 회사재무상태 및 경영실적에 중대한 영향을 미칠 수 있는 알려진 추세와 불확실성에 관한 정보"를 공시하도록 한다.[65] 바로 이러한 이유에서 MD&A 항목이 구체적으로 ESG 정보를 공시하는데 이용되고 있다고 할 수 있다.[66] Regulation S-K는 지난 1980년 Form10-K의 개정으로 인해 대폭 개정된 바 있으며,[67] 최근에는 지난 2021년 2월 10일부터는 주요 내용이 개정되어 시행되고 있다. ESG와 관련이 있는 내용을 살펴보면 다음과 같다.

#### (2) Item 101 사업설명

Item 101은 공시의무를 부담하는 기업의 사업설명에 해당하는 내용을

---

62) 이 글에서는 미국의 대표적인 ESG정보 공시법제인 Regulation S-K에 대해서 살펴보는 것으로 한다.

63) 오성근, 전게 논문, 104~105면; Louis Loss · Joel Seligman · Troy Paredes, Fundamentals of Securities Regulation, Vol. 1, Wolters Kluwer (2011), 229~234면; John C. Coffee, JR · Hillary A. Sale, Securities Regulation Cases and Materials, Foundation Press (11th ed., 2009), 141면 참조.

64) 17 CFR § 229.303 - (Item 303) Management's discussion and analysis of financial condition and results of operations.

65) 임재연, 『미국증권법』, 박영사 (2009), 242~243면.

66) Virgina Harper Ho, "*Disclosure Overload? Lessons for Risk Disclosure & ESG Reporting Reform from the Regulation S-K Concept Release,*" 65 Villanova Law Review 67 (2020), 103~104면 참조.

67) 오성근, 전게 논문, 105면; John C. Coffee, JR · Hillary A. Sale, Securities Regulation Cases and Materials, Foundation Press (11th ed., 2009), 141면 참조.

규정하고 있다. 이에 따라 기업은 사업관련 중요사항을 공시하여야 하는데, ESG 중 E에 관한 사항으로서 환경 관련 법령의 준수가 해당 기업 또는 자회사의 자본 지출 및 수익구조와 경쟁력에 미치는 영향 등에 대하여 공시하여야 한다.[68] 또한 기업은 기업은 해당 회계연도의 잔여기간 및 후속기간 동안에 환경관리설비를 위해 필요하다고 예상되는 자본지출액을 공시하여야 한다.[69] 그리고 ESG 중에서 S에 해당하는 사항으로서 종업원에 관한 사항도 공시하여야 한다.[70] 즉, 기업은 종업원을 유치하고 그가 기업에 계속하여 근무할 수 있도록 하며, 그 능력을 개발하는데 필요한 수단이나 목적 또는 사업의 특성 등에 영향이 있는 중점사업관리 사항으로서 인적자본에 관한 사항을 공시하여야 한다.[71]

### (3) Item 103 법적 절차

Item 103은 ESG 관련 법적 절차에 관한 사항을 다루고 있다. 이에 따라 기업은 환경 유해물질 배출 규제 및 환경보호를 위한 연방, 주 또는 지방공공단체의 규정에 따른 소송은 일반적인 소송과는 달리 중요한 사항으로서 그 소송 절차에 관하여 구체적으로 공시하여야 한다. 즉, ① 소송절차가 사업이나 재정에 있어 중요한 경우, ② 소송절차가 주로 손해배상 청구를 포함하거나 잠재적인 벌금·자본 지출 또는 과징금을 포함하며, 그 금액이 이자 및 비용을 제외하고 해당기업 및 그 자회사의 연결재무재표상 현재 자산의 10%를 초과하는 경우, 그리고 ③ 소송절차의 당사자가 정부 당국이거나 벌금이 포함되는 소송절차인 경우[72]에는 이를 중요하게 보

68) Regulation S-K Item 101 (c)(2)(i).

69) Ibid.

70) 인적 자본에 관한 사항은 S, 즉 사회분야가 아닌 G, 즉 지배구조 분야로 이해하기도 한다. 그러나 인적 자본으로서 종업원의 기업에 대한 기여 또는 기업의 종업원에 대한 기여 등 상호관계를 통한 종업원과 기업의 동시 발전을 꾀한다는 측면에서는 지배구조 분야보다는 사회분야로 이해하는 것이 적절하다고 할 것이다.

71) Regulation S-K Item 101 (c)(2)(ii).

72) 이 경우 소송절차가 벌금을 포함하지 않는다는 합리적인 믿음이 있거나, 기업이 합리적으로 결정하여 사업 또는 재무 상태에 중요한 절차를 공시하는 합리적인 다른 임계값이 공시되거

아 반드시 구체적으로 공시하여야 한다.[73)]

#### (4) Item 104 광산 안전 공시

Item 104은 석탄 또는 기타 광산을 운영하는 기업 또는 그러한 기업을 자회사로 둔 기업이 공시하여야 하는 사항을 규정하고 있다. 해당 기업은 1977년 연방 광산 안전 및 건강법(Federal Mine Safety and Health Act of 1977)[74)] 104조에 따라 석탄 또는 기타 광산 안전 또는 건강을 위협하는 원인과 의무적인 건강 또는 안전기준 위반 총수를 비롯하여 의무적인 건강 또는 안전 기준 위반에 따른 소환 및 명령의 총수 등을 공시하여야 한다.[75)] 이는 특정 산업 분야에 해당하는 사항이지만 그 내용이 사실상 ESG 중 S 분야에 해당하는 것으로서 기업 관련 종사자의 가장 기본적인 복지 증진과 관련하여 중요한 의미를 갖는다.

#### (5) Item 105 위험 요소

Item 105는 기업으로 하여금 투기적이거나 고위험성의 투자 제안을 하는 경우 이를 그 위험성에 대하여 공시토록 하고 있다.[76)] 기업은 각 위험 요소에 대하여 논리적이면서도 세부적인 설명을 구체적인 관련 제목 아래 제시하여야 한다. 물론 모든 기업에 대하여 적용되는 일반적인 위험에 대해서는 이처럼 세부적일 필요는 없고, 다만 일반적인 위험 요소의 범위 내에서 "일반 위험 요소"라는 제목을 달아 공시하면 된다. Item 105는 이러한 측면에서 ESG와 크게 관련이 없는 듯 보인다. 그러나 실제로는 대부분의 기업이 Item 105에 따라서 공시하는 내용은 주로 환경 관련 규정에 따라 재정상태의 변화가 발생할 위험성이라거나 기업의 임원 등이 각국의

---

나, 벌금이 기업이 공시하는 연간 및 분기별 보고서상 해당 기업 및 자회사의 유동자산 1% 또는 100만 달러 미만인 때에는 예외로 한다. Regulation S-K Item 103 (c)(3)(iii).

73) Regulation S-K Item 103 (c)(3)(i), (ii) and (iii).

74) 30 U.S.C. 814; 91 stat. 1290 public law 95-164 (Nov. 9, 1977).

75) Regulation S-K Item 104 (a)(1) 참조.

76) Regulation S-K Item 105 (a).

부패방지법 위반 가능성으로 인해 발생하는 문제 등을 위험 요소로 공시하고 있는 실정이다.[77] 또한 기업은 이 Item 105를 통해 종업원의 비밀유지의무 위반으로 인해 발생하는 위험성 및 파업이나 임금 상승으로 인한 비용증가의 위험성을 공시하는 것이 통상적이다.[78] 따라서 Item 105가 직접적인 ESG 공시 규정은 아니라고 할지라도 실제로는 매우 중요한 ESG 공시의무를 부과하는 규정으로서 충분한 역할을 하고 있다고 할 것이다.

#### (6) Item 303 MD&A

##### 가. 의의

Item 303은 ESG 정보공시의 중요한 내용으로 "재무 상태 및 운영 결과에 대한 경영진의 논의 및 분석 (Management's discussion and analysis of financial condition and results of operations : MD&A)이다. 사실상 미국 기업은 연방 증권법에서 공시하도록 요구하는 기업정보 이외에 별도의 비공개 정보를 자발적으로나 적극적으로 공시하여야 할 의무를 부담하지 않았다. 기업이 공시의무를 부담하는 것은 관련 법이 기업으로 하여금 정보를 공시하도록 규정하고 있기 때문이지 단지 비공개 정보를 가지고 있다는 이유로 이를 공시하여야 할 의무를 부담하는 것은 아니기 때문이다.[79]

77) 오성근, "환경・사회・지배구조(ESG)정보에 관한 공시제도의 개선방안 연구," 동북아법연구 제14권 제3호 (2021. 1), 109~110면 참조.

78) Ibid.

79) 김광록, "상장기업 정보공시제도의 비교법적 고찰," 비교사법 제28권 제3호 (한국비교사법학회, 2021), 124면; Chiarella v. United States. 445 U.S. 222 (1980), 235면; Stransky v. Cummins Engine Co. Inc., 51 F.3d 1329 (7th Cir. 1995), 1331면 참조. 미국 법원의 입장이나 SEC의 입장도 법률이 정하고 있지 않는 경우 기업은 별도의 공시의를 부담하지 않으며, 단순히 증권 발행 및 그 거래에 관한 미공개 정보를 보유하고 있다는 사실만으로는 이를 적극적으로 공시할 의무를 부담하지 않는다고 한다. 김광록 전게 논문, Marc I. Steiberg, Understanding Securities Law, Lexis Publishing (1996), 247면; Memorandum of the SEC, *amicus curiae,* Michaels v. Michaels, 767 F.2d 1185 (7th Cir. 1985), 1195면, *cert. denied,* 474 U.S. 1057 (1986); Levinson v. Basic, Inc., 786 F.2d 741 (6th Cir. 1986), 746면; SEC v. Texas Gulf Sulphur Co., 401 F.2d 833 (2nd Cir. 1968), 848면, (en banc), *cert. denied,* 394 U.S. 976 (1969); Roeder v. Alpha Industries, Inc., 814 F.2d 22 (1st Cir. 1987), 27면 참조.

그러나 기업은 이 Regulation S-K, Item 303으로 인하여 이러한 정보를 적극적으로 공시하게 되었다.[80] 즉, Item 303은 기업으로 하여금 MD&A에 관한 중요 정보는 물론 합리적인 측면에서 경영진에게 알려진 중요한 사건 및 불확실성 또한 미래의 기업 운영 결과 또는 재무 상태에 영향을 미칠 수 있는 정보는 이를 공시하여야 한다.[81]

### 나. 공시 정보

Item 303에 따라 기업이 공시하여야 하는 정보는 사실상 확실한 정보가 아닌 불확실한 정보를 그 대상으로 한다. 이를 소위 예측정보(soft information)라고 한다.그러나 예측정보는 그 합리적인 근거가 미약한 불확실성을 기반으로 하기 때문에 미국 법원이나 SEC는 투자자 보호 측면에서 그 공시를 금지하여 왔다.[82] 그러나 1989년 SEC는 Regulation S-K, Item 303을 제정함으로써 이에 관한 공시를 강제하게 된 것이다.[83] 그러면서 SEC는 기업이 부담하는 불확실한 정보에 대한 공시의무에 대하여

---

80) 김정수, 자본시장법원론 제2판 (SFL 그룹, 2014), 443면. .

81) Regulation Item 303(a). 이외에 기업은 최초 공시한 정보가 부정확하거나 잘못된 내용을 포함하는 경우 이를 정정할 의무(duty to correct)가 있다. 김광록, 전게 논문; F. Philip Manns Jr., Duty to Correct: A Suggested Framework, 46 Md. L. Rev. 1250 (1987) 참조. 또한 공개정보가 시간이 경과함에 따라 사정이 변경된 경우 기업은 이를 최신 정보로 갱신하여야 의무(duty to update)가 있다. 김광록, 전게 논문; Robert H. Rosenblum, *An Issuer's Duty under Rule 10b-5 to Correct and Update Materially Misleading Statements,* 40 Cath. U. L. Rev. 289 (1991), 289면 이하 참조.

82) South Coast Services Corp. v. Santa Ana Valley Irrigation Co., 699 F.2d 1265 (9th Cir. 1982), 1271면; Gerstle v. Gamble-Skogmo, Inc., 478 F.2d 1281 (2nd Cir. 1973), 1294면; SEC, Securities Act Release No. 5180 (1971) 참조.

83) SEC Financial Reporting Release No. 36 (1989). SEC가 이를 제정한 데에는 다음과 같은 배경이 있다. 즉, 투자자는 특정한 정보만으로 투자판단을 하는 것이 아니라 시장에 존재하는 다양한 정보를 모두 모아 합리적이고도 지능적으로 투자판단을 하므로, 투자자는 불확실한 정보로 인하여 오히려 더욱 신중한 투자판단을 하게 될 수 있다는 것이다. 김광록, 전게 논문; 1933년 증권법상 Rule 175, 17 C.F.R. § 230.175 및 1934년 증권거래법상 Rule 3b-6, 17 C.F.R. § 240.3b-6; Janet E. Kerr, A Walk Through the Circuits: The Duty to Disclosure Soft Information, 46 Md. L. Rev. 1071 (1987); Bruce A. Hiler, The SEC and the Courts' Approach to Disclosure of Earnings Projections, Assets Appraisals, and Other Soft Information: Old problems, Changing Views, 46 Md. L. Rev. 1114 (1987) 참조.

면책조항도 함께 마련하였다. 즉 이러한 면책조항에 따라 기업은 예측정보를 공시하는데 악의가 있었다거나 공시하지 않는 것에 대하여 합리적인 근거가 없다는 것이 증명되지 않는 한 예측정보와 관련한 책임을 부담하지 않았다.[84] 따라서 기업은 이러한 면책조항으로 인하여 아무런 부담없이 예측정보를 공시할 수 있었던 것이다. 그러나 SEC는 지난 2021년 2월 10일 이 면책조항을 폐기하였다.[85] 따라서 기업은 이러한 예측정보 공시에 대한 책임을 이제는 직접 부담하게 되었다. 이는 기업의 입장에서는 매우 부담되는 개정임에 틀림없다.[86] 그러나 최근의 ESG 정보 공시의무가 점차로 강화되는 사정을 감안한다면 이러한 개정은 매우 시의적절하다고 할 수 있다. 따라서 기업은 앞으로 예측정보를 공시함에 있어 매우 신중할 필요가 있다. 투자자 입장에서는 보다 정확하고 신뢰할 수 있는 ESG 정보를 접할 수 있게 되어 매우 긍정적인 변화라고 할 것이다.

### 3. 한국 기업의 ESG 정보 공시의무

우리나라는 기업의 공시의무를 기본적으로 「자본시장과 금융투자업에 관한 법률」("자본시장법")에서 규정하고 있으나,[87] 아직까지는 구체적인 ESG 정보의 공시에 관한 사항은 규정하고 있지 않다. 다만 자본시장법 제

---

84) 개정 전 Regulation S-K Item 303(c) [17 CFR 229.303(c)]. 법원 및 SEC도 합리적인 근거가 충분한 경우 이에 대한 정정의무도 없다고 하였다. 김광록, 전게 논문; Wielgos v. Commonwealth Edison Co., 892 F.2d 509 (7th Cir. 1989), 513면 참조.

85) SEC, *Management's Discussion and Analysis, Selected Financial Data, and Supplementary Financial Information,* Release No. 33-10890; 34-90459; IC-34100; File No. S7-01-20 (Nov. 19. 2020) 참조.

86) 따라서 SEC도 이를 폐기하면서 그 대안에 대한 의견을 나누었으나 최종적으로 아무런 대안도 체택하지 않은 채 이를 폐기하였다. SEC, *Management's Discussion and Analysis, Selected Financial Data, and Supplementary Financial Information,* Release No. 33-10890; 34-90459; IC-34100; File No. S7-01-20 (Nov. 19. 2020) at 145~149 참조.

87) 자본시장법은 종래의 증권거래법, 선물거래법, 간접투자자산운용업법, 신탁업법, 종합금융회사에 관한 법률, 한국증권선물거래소법 등을 하나로 통합한 법으로서 "자본시장에서의 금융혁신과 공정한 경쟁을 촉진하고 투자자를 보호하며 금융투자업을 건전하게 육성함으로써 자본시장의 공정성 · 신뢰성 및 효율성을 높여 국민경제의 발전에 이바지함을 목적"으로 한다. 자본시장법 제1조.

159조 제2항 제5호・동법시행령 제168조 제3항 제9호에서 위임을 받은 금융위원회의 「증권의 발행 및 공시 등에 관한 규정」은 ESG 정보의 공시를 비교적 세부적으로 규정하고 있다. 즉, 이 공시 규정은 ① 「저탄소 녹색성장 기본법」("녹색성장법") 제42조 제6항에 따른 관리업체, ② 동법 제32조 제2항에 따른 인증 기업, ③ 「환경기술 및 환경산업 지원법」 제16조의2에 따른 지정 기업에 대해 각 법령에 기초한 환경 관련 정보를 공시하도록 규정하고 있다. 또한 이 규정은 제4-3조 제2호에서 미국의 Regulation S-K Item 303과 유사하게 "이사의 경영진단 및 분석의견"을 공시하도록 정하고 있기도 하다. 그러나 아직까지는 구체적인 ESG 정보의 공시에 대한 규정이 존재하지 않는 실정이다. 사정이 이러하다 보니 기업은 ESG 정보의 공시를 사업보고서를 통해서 해야 할지 아니면 지속가능경영 보고서를 통해서 해야 할지 혼란을 겪고 있다. 사실 기업이 ESG 정보를 어느 경로를 통하여 공시하느냐는 자본시장법상 기업의 책임 발생 여부가 달라질 수 있는 중요한 문제임도 말이다.[88] 다만 이러한 사정에서 2000년대 초반부터 대기업 위주로 일부 기업들이 "지속가능경영보고서", "지속가능성보고서", "환경보고서", "사회책임경영보고서' 등의 이름으로 자율적으로 공시를 하고 있는 실정이다.[89] 이에 따라 금융위원회는 지난 2021년 1월 상장회사에 한해 ESG에 관한 "지속가능경영보고서" 공시 의무화를 단계적으로 추진하여 2030년까지는 전체 코스피 상장회사에 확대한다는 계획을 발표하였다.[90] 그러나 ESG 정보 공시 관련한 최근의 세계적인 경향을 볼 때 2030년은 너무 늦은 감이 있어 보이다. 따라서 가능하면 시기를 보다 앞당겨 이를 조기에 정착시키는 것이 필요하다고 본다.

88) 자본시장법 제162조. 정준혁, "ESG와 회사법의 과제," 상사법연구 제40권 제2호 (한국상사법학회, 2021), 62면 참조.

89) 경제개혁연구소, "기후변화 관련 기업공시 강화의 배경 및 현황," 경제개혁리포트 제2021-11호 (2021. 10. 05), 51면 참조.

90) 금융위, 금융감독원, 한국거래소 합동 보도자료, "기업 부담은 줄이고, 투자자 보호는 강화하는 기업공시제도 종합 개선방안" (2021. 1. 14.) 참조.

## III. 나가는 말

투자자들에게 있어 올바른 ESG 정보는 투자 판단의 중요한 요소이다. 미국의 경우에는 연방 증권법 및 증권거래법을 중심으로 기업정보, 특히 ESG 정보를 투자자에게 적시에 공시토록 하고 있다. 이러한 ESG 정보 공시는 Regulation S-K가 규정하는 기업의 사업보고서를 통해서 구체화되고 있다. 그러나 우리나라의 경우에는 아직까지 구체적인 기업의 ESG 정보 공시에 관한 법제가 마련되어 있지 않은 실정이다. 이러한 사정에서 최근 증권시장에서 나타나는 투자의 위험성은 점점 더 심화되고 있는 실정이다. 투자자들에게 정확한 정보가 전달되지 않음으로 인한 불공정 거래가 다양하게 이루어지고 이는 결국 투자자들에 커다란 손해 및 손실을 초래하게 되는 것이다. 결국 안정적인 시장을 확보하고 투자자를 보호하는 최선의 방법은 투자자에게  정확하고 공정한 정보를 제공하는 것이다. 특히 비재무적인 정보, 즉 예측정보와 같은 불확실성에 기반한 정보를 적시에 공시하는 것이 매우 중요하다. 미국이 그 동안 예측정보의 공시에 대한 면책조항을 유지하던 것을 폐기하고 기업의 책임을 보다 강화하는 방향으로 가는 것도 그만큼 시장에서의 ESG 정보가 그 만큼 중요하다는 방증이다. 따라서 현 단계에서 우리나라의 경우에는 무엇보다도 기업이 자발적으로 ESG 정보에 대한 공시 의무를 다 할 수 있는 환경을 조성하는 것이 매우 중요하다. 물론 ESG 정보의 공시를 위한 모범규준의 마련과 그 공시 제도의 조속한 도입은 더욱 중요하다.

이를 위해서 구체적으로 논의하여야 할 것은 우선, 공시 항목을 구체적으로 정해야 한다. 투자자를 대상으로 재무적으로 중요한 정보만 공개해도 되는지, 아니면 투자자 이외의 다양한 이해관계자를 대상으로 재무적으로 중요한 것과 관련된 예측정보까지 그 대상으로 하는지가 문제이다.[91] 투자자 또는 이해관계자 모두에게 보다 광범위한 정보를 제공하는

91) 김동수, "ESG 공시의무화 주요 쟁점과 대응 방향," 머니투데이 (2022. 11. 4), available

것이 바람직하다. 공시 범위를 어떻게 정할 것인가도 문제이다. 즉, 단일 기업의 ESG 정보를 그 대상으로 할 것인가 아니면 연결기업에 까지 공시 의무를 부과할 것인가이다.[92] 최근 기업의 그룹화를 전제로 한다면 당연히 연결기업까지 포함하는 것이 바람직하다. 또한 공시방식 등과 관련된 사항으로 사업보고서를 통할 것인가 아니면 지속가능경영보고서를 통할 것인가의 문제이다. 미국의 경우 사업보고서를 통하고 있으며, 우리나라는 지속가능경영보고서를 활용하고 있는 시정이다. 이러한 사정을 감안하면 기업에게 그 선택권을 주는 것도 방법이 될 수 있다. 다만 투자자에게 전해지는 위험을 최소화한다는 측면에서 양자를 모두 활용할 수 있도록 하는 것도 바람직하다.

---

at 〈https://news.mt.co.kr/mtview.php?no=2022110318245371708〉 (최종방문일 2022. 12. 20) 참조.

92) Ibid.

제4절

# 앤더슨 대 PG & E 사건[93)]

## I. 사건명 및 개요

**Court of Appeal, First District, Division 1, California.**

**ANDERSON, Plaintiff and Appellant, v. PG & E, Defendant and Respondent. [14 Cal. App. 4th 254 (Cal. Ct. App. 1993)]**

No. A055529. Decided: March 18, 1993

Susie Injijian, Deborah M. Heller, Sterns, Walker & Lods, San Francisco, for plaintiff and appellant. Gutierrez & Associates, Vincent A. Ruiz, Gina M. DeVito, San Francisco, for defendant and respondent.

The trial court granted defendant's motion for summary judgment, finding that based upon the undisputed facts, the doctrine of respondeat superior did not apply when an employee of defendant was involved in an automobile accident while on his way home from work. Plaintiff contends the fact the employee was receiving payment for his travel expenses meant the employee was acting within the scope of employment when traveling to and from his job. Plaintiff also contends there are several

93) Anderson v. Pacific Gas & E. Co. 영화 "에린브로코비치"의 주요 내용을 구성하는 사건에 대한 정확한 이해를 위하여 해당하는 사건의 판결문을 그대로 제공하였음

material disputed factual issues.

We conclude that the payment of a travel allowance does not alter the general rule that an employee is not acting within the scope of employment while commuting to and from work. We find no material disputed factual issues in this case and affirm the judgment.

## II. FACTUAL AND PROCEDURAL HISTORY

Plaintiff Hans Anderson was injured when his car collided with a car driven by Donald Henry, an employee of Pacific Gas and Electric Co. hereafter, PG & E). Henry and his passenger, John Quintana, also a PG & E employee, had finished work for the day and were returning home when Henry's car crossed the center line of the road.

Henry and Quintana suffered minor injuries in the crash, and PG & E authorized them to claim workers' compensation benefits.

Henry and Quintana were apprentice linemen who worked out of various locations for PG & E. At the time of the accident, they were assigned to report to the Potrero Power Plant in San Francisco (their "point of assembly"), from whence they would travel to various job sites in company vehicles.

Pursuant to the union contract governing Henry and Quintana's employment, they received a per diem travel allowance whenever they reported to a point of assembly at least twenty-five miles from their home.

Henry and Quintana lived in Sonoma County and received a per diem of $12.50 and $17.25, respectively, for their travel to the Potrero Power Plant. They received the per diem payment regardless of how they got to work, or whether they actually incurred any expense.

In his complaint for personal injuries, Anderson alleged that under the doctrine of respondeat superior, PG & E was vicariously liable for his injuries. PG & E moved for summary judgment, contending that Henry was not acting within the scope of his employment at the time of the accident. The trial court agreed with PG & E, and finding no triable issue of material fact, granted the motion for summary judgment. The court entered judgment in favor of PG & E, and Anderson appeals from that judgment.

# III. DISCUSSION

## 1. Summary Judgment Principles

Summary judgment is proper when there are no triable issues as to any material fact and the moving party is entitled to judgment as a matter of law. (Code Civ.Proc., § 437c, subd. (c).) The moving party's affidavits are construed strictly, the opposing party's liberally. (California Aviation, Inc. v. Leeds (1991) 233 Cal.App.3d 724, 731, 284 Cal.Rptr. 687.) Any doubts as to the propriety of granting a motion for summary judgment should be resolved in favor of the party opposing it. (Ibid.)

## 2. Vicarious Liability

### A. Questions of Law

Anderson contends Henry was acting within the scope of his employment when the accident occurred because Henry was receiving a travel allowance from PG & E. Thus, according to Anderson, PG & E is vicariously liable for Anderson's injuries under the doctrine of respondeat superior.

Existing case law is squarely against Anderson's position. Anderson counters that decisions from other districts of this court are wrong and should be disregarded. Anderson believes that the policies underlying the doctrine of respondeat superior support his right to recover in this case, and that to allow Henry to recover workers' compensation benefits while at the same time declaring Henry was not acting within the scope of employment is inconsistent.

We start with the premise that under the doctrine of respondeat superior, an employer is vicariously liable for torts committed by an employee within the scope of employment. (Perez v. Van Groningen & Sons, Inc. (1986) 41 Cal.3d 962, 967, 227 Cal.Rptr. 106, 719 P.2d 676.) The doctrine is based upon a policy that an employer should be responsible for losses caused by the torts of its employees that occur in the conduct of the employer's enterprise. (Ibid.)[94]

An employee is not considered to be acting within the scope of employment when going to or coming from his or her place of work. (Ducey v. Argo Sales Co. (1979) 25 Cal.3d 707, 722, 159 Cal.Rptr. 835, 602 P.2d 755.) This rule, known as the going-and-coming rule, has several exceptions. Generally, an exception to the going-and-coming rule will be found when the employer derives some incidental benefit from the employee's trip. (Blackman v. Great American First Savings Bank (1991)

94) 1. Three reasons have been suggested for imposing liability on an employer: "(1) to prevent recurrence of the tortious conduct; (2) to give greater assurance of compensation for the victim; and (3) to ensure that the victim's losses will be equitably borne by those who benefit from the enterprise that gave rise to the injury. [Citations.]" (Mary M. v. City of Los Angeles (1991) 54 Cal.3d 202, 209, 285 Cal.Rptr. 99, 814 P.2d 1341.)

233 Cal.App.3d 598, 604, 284 Cal.Rptr. 491.) One specific exception is when the employer compensates the employee for travel time. (See Hinman v. Westinghouse Elec. Co. (1970) 2 Cal.3d 956, 962, 88 Cal.Rptr. 188, 471 P.2d 988.)

Anderson invokes this exception, pointing to the per diem travel allowance PG & E paid to Henry for his commuting expenses.

In Caldwell v. A.R.B., Inc. (1986) 176 Cal.App.3d 1028, 222 Cal.Rptr. 494, the facts and issues were nearly identical to those in the instant case. The employee in Caldwell was an apprentice pipefitter who received a $10 travel allowance, pursuant to a union contract, because his job site was more than 15 miles from the local union office. He received the allowance regardless of whether he drove his own car. While driving home from the job site, he was involved in an auto accident in which he was killed and the plaintiff was injured. The Caldwell court found the payment of a travel allowance, without more, did not provide a benefit to the employer sufficient to impose on the employer the liability for the plaintiff's injuries. (Id. at p. 1041, 222 Cal.Rptr. 494.)

The Caldwell court followed the decision in Harris v. Oro-Dam Constructors (1969) 269 Cal.App.2d 911, 75 Cal.Rptr. 544, which again involved an employee receiving a travel allowance pursuant to a union contract. As explained in Harris:"A transportation allowance may promote the recruitment of applicants living at a distance from the job; or, as is more likely in a collective bargaining situation, it may be demanded as a matter of fairness to workers who incur extra expenses in travel between home and work. Whatever the motivation, the essential purpose of the automobile trip does not change. If, as the going and coming rule denotes, the trip between home and the fixed place of work is primarily for the employee's benefit, the fixed reimbursement allowance does not alter that fact." (Id. at p. 917, 75 Cal.Rptr. 544.)

Both the Caldwell and the Harris courts acknowledged that workers' compensation decisions had recognized an exception to the going-and-coming rule when the employer defrayed its employee's travel expenses. (See Zenith Nat. Ins. Co. v. Workmen's Comp. App. Bd. (1967) 66 Cal.2d 944, 948–949, 59 Cal.Rptr. 622, 428 P.2d 606.) Anderson seizes upon this anomaly and claims no justification has ever been advanced for this disparity between tort law and workers' compensation law.

While the goal of both the doctrine of respondeat superior and the Workers' Compensation Act is to provide compensation to injured victims, the test for determining whether an employee was injured on the job for the purposes of workers' compensation is not identical with the scope of employment test.[95] (Perez v. Van Groningen & Sons, Inc., supra, 41 Cal.3d at p. 967, 227 Cal.Rptr. 106, 719 P.2d 676; Hinman v. Westinghouse Elec. Co., supra, 2 Cal.3d at p. 962, fn.3, 88 Cal.Rptr. 188, 471 P.2d 988.) Workers' compensation decisions can be helpful in determining whether an employer should be vicariously liable, but they are not controlling precedent. (Perez, at p. 967, fn.2, 227 Cal.Rptr. 106, 719 P.2d 676 citing Caldwell v. A.R.B., Inc., supra, 176 Cal.App.3d at p. 1035, 222 Cal.Rptr. 494.)

Contrary to Anderson's claim, the courts have articulated the justification for disparate results in vicarious liability and workers' compensation cases many times. (See e.g. Munyon v. Ole's Inc. (1982) 136 Cal.App.3d 697, 702–703, 186 Cal.Rptr. 424; Church v. Arko (1977) 75 Cal.App.3d 291, 298–300, 142 Cal.Rptr. 92; Harris v. Oro–Dam

---

95) 2. The test under workers' compensation law is whether the injuries sustained by the employee were "arising out of and in the course of the employment." (Lab.Code, § 3600, subd. (a).)

Constructors, supra, 269 Cal.App.2d at p. 915, 75 Cal.Rptr. 544; see also Saala v. McFarland (1965) 63 Cal.2d 124, 45 Cal.Rptr. 144, 403 P.2d 400.)[96] We will not repeat the analysis set forth in these cases, but we will note that under Legislative direction to construe the provisions of the Workers' Compensation Act liberally (Lab. Code, § 3202), the courts have tended to be very generous in finding injured workers are entitled to workers' compensation benefits. (See Blackman v. Great American First Savings Bank, supra, 233 Cal.App.3d at p. 605, 284 Cal.Rptr. 491.)

Anderson argues that PG & E is unfairly obtaining a "double benefit" because it is escaping liability both to its injured employee and to him, the innocent third party. Anderson maintains that, as a matter of public policy, it is incumbent upon the courts to compensate innocent third parties in this situation.

PG & E is not receiving any benefit, let alone a double benefit. Presumably, PG & E paid insurance premiums for workers' compensation coverage, or it is self-insured and it directly paid for Henry's and Quintana's injuries. PG & E is not escaping liability to its injured employee. Nor is PG & E escaping liability for Anderson's injuries, as there are no grounds on which to assign liability to PG & E. There is no evidence PG & E was at fault, and Henry was not on the job when the accident occurred. PG & E is not an insurer for its employees.

Anderson states Henry carried only the statutory minimum, $15,000, of automobile insurance for bodily injury liability (Veh.Code, § 16056, subd.

96) 3. The travel allowance disparity highlighted in this case is not the only situation in which workers' compensation and tort law produce different results. (See Blackman v. Great American First Savings Bank, supra, 233 Cal.App.3d at pp. 604-605, 284 Cal.Rptr. 491 [employee travel to class to improve job skills]; (Munyon v. Ole's Inc., supra, 136 Cal.App.3d at pp. 701-702, 186 Cal.Rptr. 424 [employee travel to collect wages].)

(a)). He asserts this minimal amount of insurance is inadequate, and therefore, the courts must adopt a strong policy of compensating injured victims by liberally applying the doctrine of respondeat superior.

The record does not reveal the extent of Henry's insurance coverage, but in any event, it is not for this court to second guess the Legislature on the amount of insurance motorists should be required to carry. The fact PG & E paid Henry a travel allowance does not automatically make it vicariously liable for Anderson's injuries.

## B. Questions of Fact

Anderson contends summary judgment was inappropriate because there are several disputed factual issues.

Whether an employee was acting within the scope of employment when he or she committed the tort is a question of fact, unless the facts are undisputed and no conflicting inferences are possible. (Miller v. Stouffer (1992) 9 Cal.App.4th 70, 78, 11 Cal.Rptr.2d 454.)

Anderson asserts this case is factually distinguishable from Caldwell because there is evidence PG & E benefitted from paying its workers a per diem travel allowance. He suggests that the travel allowance allowed PG & E to draw employees from a wider geographic area, and to require its employees to report to various points throughout that area.

Anderson relies upon the Supreme Court's opinion in Hinman v. Westinghouse Elec. Co., supra, 2 Cal.3d 956, 88 Cal.Rptr. 188, 471 P.2d 988. In Hinman, the employee was an elevator constructor's helper who traveled from his home directly to the job site. He was paid wages for his travel time and an allowance for his travel expenses. The Supreme Court observed that by paying for travel time and travel expenses, the employer was deriving a benefit by attracting employees from beyond the employer's normal labor market. (Id. at p. 962, 88 Cal.Rptr. 188, 471 P.2d 988.) The court held that where travel time is part of the work day, the doctrine of respondeat superior is applicable.(Ibid.) The court, however, expressly declined to decide whether the mere payment of travel expenses would reflect a sufficient benefit to the employer so that the employer should bear responsibility for the risk of injuries to innocent third parties. (Id. at pp. 962-963, 88 Cal.Rptr. 188, 471 P.2d 988, citing Harris v. Oro-Dam Constructors, supra, 269 Cal.App.2d 911, 75 Cal.Rptr. 544.)

While cognizant of the Hinman decision, the court in Caldwell v. A.R.B., Inc., supra, 176 Cal.App.3d 1028, 222 Cal.Rptr. 494, decided the payment of a travel allowance did not provide a sufficient benefit to the employer so as to impose liability for the plaintiff's injuries. We are similarly satisfied that the payment of the $12.50 per diem to Henry did not provide PG & E with a sufficient benefit so that it should bear the responsibility for Anderson's injuries. While we hesitate to characterize the per diem as nominal, we doubt that it is a substantial factor in accepting PG & E employment, or in allowing PG & E to change an employee's point of assembly.

Anderson maintains there is a question of fact as to whether Henry was engaged in a special errand for PG & E at the time of the accident. Henry's special errand, according to Anderson, was delivering his coworker Quintana to a park-and-ride lot in Cotati.

Another exception to the going-and-coming rule has been found when the employee is running a “special errand” for his or her employer. (Blackman v. Great American First Savings Bank, supra, 233 Cal.App.3d at p. 602, 284 Cal.Rptr. 491.) An employee is considered to be acting within the scope of employment “while on a special errand either as part of his regular duties or at a specific order or request of his employer.

[Citation.]" (Ibid.)

Driving Quintana to and from work was not part of Henry's regular duties, nor was it done at the specific direction of PG & E. Henry and Quintana had an informal arrangement between themselves to drive one another to work on alternate days. Anderson seeks to apply the special errand exception because PG & E allegedly encourages carpooling, but there is a considerable difference between encouraging socially beneficial conduct and requiring certain activities as part of one's job. (See Blackman v. Great American First Savings Bank, supra, 233 Cal.App.3d at pp. 602–603, 284 Cal.Rptr. 491 [encouraging employees to attend college classes does not fall within the special errand exception to the going-and-coming rule]; see also Caldwell v. A.R.B., Inc., supra, 176 Cal.App.3d at pp. 1036–1038, 222 Cal.Rptr. 494 [providing coworker ride home not a special errand when employer made no specific order or request to provide ride].)

Anderson attempts to compare this case to O'Connor v. McDonald's Restaurants (1990) 220 Cal.App.3d 25, 269 Cal.Rptr. 101, in which an employee volunteered for a special work party to clean up the employer's premises. After completing the cleanup, the employee and several fellow workers went to another employee's house where they "talked shop" and socialized. (Id. at p. 28, 269 Cal.Rptr. 101.) The Court of Appeal held a question of fact existed as to whether the employee was still engaged in a special errand for his employer when he collided with a motorcyclist after leaving the coworker's house. (Id. at p. 33, 269 Cal.Rptr. 101.)

The facts in O'Connor are simply not comparable to the instant case. It was conceded in O'Connor that the employee's participation in the cleanup constituted a special errand for his employer and the question was whether he had abandoned that errand when he went to the coworker's house. (220

Cal.App.3d at p. 33, 269 Cal.Rptr. 101.) Here, Henry was driving home after completing his regular shift, and the fact he was going to take Quintana to a park-and-ride lot on the way is irrelevant. Anderson's contention that Henry was engaged in a special errand because he was carpooling has no merit.

Anderson argues a triable issue exists as to whether there was an implied agreement that the employment relationship would continue during the commute. He suggests the travel allowance was intended to compensate for travel time as well as expense.

The undisputed facts show that Henry was paid an hourly wage for an eight-hour shift, for the hours of 7 a.m. to 3:30 p.m. (the accident occurred at approximately 3:45 p.m.). The union contract specified that employees "who provide their own board and lodging" were to be entitled to an expense allowance. There is no material factual dispute as to the character of the travel allowance. There is no evidence Henry was paid for his travel time. (Compare Hinman v. Westinghouse Elec. Co., supra, 2 Cal.3d at p. 962, 88 Cal.Rptr. 188, 471 P.2d 988.)

Finally, Anderson asserts that a jury could agree with PG & E's determination that the collision was an industrial accident.

As previously discussed, workers' compensation law differs in certain respects from tort law, and in particular, the two areas of law differ when an employee receives a travel allowance. PG & E's determination was based upon workers' compensation law. It does not affect the resolution of this case, which must be based upon tort law.

The judgment is affirmed.

NEWSOM, Acting P.J., and STEIN, J., concur.

# 제6장

# 세상을 바꾼 변호인 (On the Basis of Sex, 2018)

* 이 영화포스터의 출처는 〈www.moviewposterdb.com〉로서, 공정이용(Fair Use)의 범위에서 이용이 가능한 포스터임

제1절

# 씨네마 법

## I. 개요

이 영화는 남녀가 엄격하게 차별되던 것이 당연시되던 시대인 1933년에 태어난 미국의 루스 베이더 긴즈버그(Ruth Bader Ginsburg) 대법관에 대하여 다룬 전기 영화이다. 미국 대법원에서 두 번째로 여성 대법관을 지낸 긴즈버그의 삶과 초기 사건을 다룬 영화로서 미미 레더(Mimi Leder)가 감독하고 긴즈버그의 실제 조카인 다니엘 스티플먼(Daniel Stiepleman)이 각본을 썼다. 펠리시티 존스(Felicity Jones)가 긴즈버그 역을 맡았다. 이 영화는 2018년 11월 8일 AFI 페스티벌에서 초연되었으며, 포커스 피처스(Focus Features)사의 배급으로 2018년 12월 25일 미국에서 개봉되었다. 비평가들은 대체적으로 호의적인 평가를 하였으나, 일부 다른 비평가들은 전기 영화로서 특별히 긴장감을 주지 못하고, 과대 포장되었다고 비판하기도 했다.

긴즈버그는 1963년 럿거스 대학 로스쿨에서 교수로서의 생활을 시작하였다. 당시 미국 전역에 여성 법학 교수는 단 20명도 되지 않았는데,[1] 남성 교수들보다 적은 보수를 받았다. 그 이유는 그녀의 남편이 좋은 직업을 가졌다는 이유라고 한다. 한편 긴즈버그는 1970년, 그녀는 여성의 권리에

1) Hill Kay, Herma (2004). "Ruth Bader Ginsburg, Professor of Law". Colum. L. Rev. 104 (2): 2-20. Archived from the original on March 22, 2016. Retrieved July 9, 2016.

만 집중하는 미국 최초의 법률 저널인 “Women's Rights Law Reporter”를 공동 설립했다.2) 그리고 1972년부터 1980년까지는 컬럼비아 로스쿨에서 재직하면서 첫 종신 여성교수가 되었으며, 성차별에 관한 첫 로스쿨 사례집을 공동 집필하기도 한 바 있다.3) 한편, 긴즈버그는 1993년 빌 클린턴 대통령으로부터 대법관에 임명되어 2020년 사망하기까지 대법관으로 봉사하였다. 긴즈버그는 성평등과 영성의 권리를 옹호하는 변호사로서 대법원에서도 그 방면 큰 역할을 하였다. 이를 계기로 이 영화 “세상을 바꾼 변호인” 이외에도 2018년 긴즈버그 대법관의 경력과 인생을 다룬 다큐멘터리 영화인“RGB”가 제작되어 개봉되기도 하였다.

## II. 시놉시스

긴즈버그는 1950년대 하버드대학교 로스쿨에서 전체 학생의 단 2%에 해당하는 9명의 여학생 중 한 명으로서 수석졸업을 한다. 수석으로 졸업했음에도 불구하고, 그녀는 로펌에서 일자리를 구할 수가 없었다. 왜냐하면 그녀가 지원하는 로펌 중 어느 곳도 여성의 고용을 우너하지 않았기 때문이다. 그래서 그녀는 "Sex Discrimination and the Law(성차별과 법)”을 가르치는 럿거스 대학교 로스쿨의 교수가 된다. 그리고 1970년 긴즈버그는 세법관련 사건인 Moritz v. Commissioner을4) 접하게 된다. 당시 국

2) "About the Reporter". Women's Rights Law Reporter. Archived from the original on July 8, 2008. Retrieved June 29, 2008. See, 〈https://web.archive.org/web/20080708192947/http://pegasus.rutgers.edu/~wrlr/index.html〉

3) Toobin, Jeffrey (March 11, 2013). "Heavyweight: How Ruth Bader Ginsburg has moved the Supreme Court". The New Yorker. Archived from the original on February 17, 2016. Retrieved February 28, 2016.

4) Charles E. Moritz v. Commissioner of Internal Revenue, 469 F.2d 466 (1972). 세법이 미국 헌법의 평등 보호 조항과 상충된다고 주장하며 그 결정을 뒤집고 양육자 공제를 결혼하지 않은 남성까지 확대한 사건으로 성별에 따른 차별이 미국 헌법의 평등 보호 조항 위반에 해당한다고 판결하였다.

세법 제214조는 “여성이나 홀아비 또는 이혼녀, 또는 자신의 아내가 무능력자이거나 시설에 수용되어 있는 남편”만이 세법상 공제를 받을 수 있도록 되어 있었다. 이 사건에서 모리츠는 덴버 출신의 남자로서 자신이 계속 일을 하기 위하여 나이든 어머니를 돌보는 것을 돕고자 간호사를 고용해야만 했다. 그러나 법원은 결혼한 적이 없는 모리츠가 공제를 받을 자격이 없다고 판결했다. 긴즈버그는 이 사건을 통하여 남성은 가족을 부양하기 위해 일하고 여성은 집에 머물며 남편과 아이들을 돌볼 것이라고 가정 아래에 제정된 수 많은 법에 대한 도전의 기회로 삼는다. 결국 이 사건은 그러한 법 환경 내에서 남성에 대한 역차별 사건이며 성차별의 근원을 무너뜨릴 수 있는 절호의 기회임을 직감한다. 모두가 도저히 이길 수 없는 싸움, 패배가 확정된 재판이라 말렸지만, 긴즈버그는 남편과 딸의 지지에 힘입어 178건의 합법적 차별을 무너뜨릴 세기의 재판에 나서게 된다. 이 사건에서 긴즈버그는 법원이 우리 사회를 변화시킬 것을 요구하는 것이 아니라 법이 이미 일어난 사회 변화를 따라갈 수 있도록 해 달라고 강력하게 요구한다. 당시 여성에 대한 차별이 당연시되던 세상을 바꿀 위대한 용기, 모두의 평등을 위한 결정적 반전이 시작된다.

## III. 사색하는 법률 산책

이 영화는 여성의 차별을 없애고자 하는 한 여성 법조인을 조명함으로써 당시 남녀차별이 당연시 되던 사회상을 고발한다. 영화 속 사건을 통해 미국 사회는 헌법상 가치인 인권과 평등이라는 가치를 실현해 나갈 수 있는 계기를 마련하게 된다. 이때가 1970년대이다. 이로부터 50년 이상이 지났다. 미국 사회는 최소한 법적인 측면에서만큼은 남녀평등이 실현되었다는 평가를 받기도 한다. 그러면 현재 우리 사회는 어떠한가. 아직도 성별의 차이를 바탕으로 대수롭지 않게 여겼던 차별이 얼마나 존재할까. 우리의 일상에서 수많은 개인 여성들이 맞닥뜨리는 차별을 학생으로서 남성 또는 여성인 우리는 얼마나 이해할 수 있을까. 특히 법적인 측면에서 이러한 차별을 해소하기 위한 노력이 얼마나 진전되어 있을까. 우리는 이 영화 "세상을 바꾼 변호인"을 통해서 우리 사회의 남녀차별에 대해서 진지하게 생각하고 살펴보는 기회를 찾아 사색하는 법률 산책을 떠나보자.

## 제2절

# 양성평등기본법

## I. 의의

지난 2014년 5월 2일 기존의 “여성발전기본법”을 전부 개정하는 안이 국회 본회의를 통과하여 2015년 7월 1일부터 “양성평등기본법”이 시행되었다. 1995년 제정된 여성발전기본법은 사회 전반에 걸친 영역에서 여성과 남성의 평등한 참여를 도모하자는 취지로 제정되었는데, 이를 제정한 지 20년 만에 전부 개정하여 양성평등기본법을 마련한 것이다. 기존의 여성발전기본법은 헌법상 성평등 이념을 구현하기 위하여 국가와 지방자치단체가 부담하는 책무 등에 관한 기본적인 사항을 규정하였다. 따라서 1995년 이후 이법은 중앙 및 지방정부의 여성정책 및 예산 수립의 근거로 작용하였고, 성평등과 여성의 사회 참여 확대 및 권익 증진에 많은 영향을 미쳐 왔다.[5] 그러나 국내외 여성정책의 방향이 여성중심의 정책접근에서 성 주류화 전략으로 변화되고 있는 상황에서 여성발전기본법은 여전히 여성중심의 정책에 치중하여 여성정책의 변화와 발전을 담보하지 못한다는 비판을 받아왔다.[6] 즉, 여성정책을 둘러싼 사회 환경과 관련 법제도가 크게 변화하고 여성정책의 패러다임이 “여성발전”에서 “실질적 양성평등 실

5) 박선영, “「양성평등기본법」의 입법의의와 과제,” 젠더법학 제6권 제1호 (한국젠더법학회, 2014), 29면.

6) Ibid.

현"으로 전환되는 시류에 맞추어 양성평등기본법이 탄생하게 된 것이다.[7)]

## II. 주요 내용

양성평등기본법은 총 6개의 장으로 이루어져 있다. 제1장은 "총칙"인데, 이 법의 목적과 기본이념, 그리고 이 법에서 사용하는 용어의 정의 등을 규정하고 있다.

제2장은 "양성평등정책 기본계획 및 추진체계"에 관한 규정이다. 총 2개의 절로 이루어져 있으며, 제1절은 "양성평등정책 기본계획의 수립 등"에 관한 규정이고, 제2절은 "양성평등정책 추진체계"에 관한 규정이다.

제3장은 "양성평등정책의 기본시책"을 규정하고 있다. 총 4개의 절로 이루어져 있으며, 제1절은 "양성평등정책 촉진"에 관한 규정으로서 성주류화 조치, 성별영향평가, 성인지 예산, 성인지 통계, 성인지 교육, 국가성평등 지수 등에 관하여 규정하고 있다. 제2절은 "양성평등 참여"에 관한 규정으로서 여성의 정책결정과정 참여, 공직 참여, 정치 참여, 경제활동 참여를 비롯하여 여성인적자원의 개발, 여성인재의 관리 및 육성 등에 관한 규정을 두고 있다. 제3절은 "인권 보호 및 복지 증진 등"에 관한 규정으로서 성차별의 금지, 성폭력·가정폭력·성매매 범죄의 예방 및 성희롱 방지, 성희롱 예방교육 등 방지조치, 성희롱 사건 발생 시 조치, 성희롱 방지 조직문화 진단 및 개선 권고, 성희롱 실태조사 등에 관하여 규정하고 있다. 제4절은 "양성평등 문화 확산 등"에 관한 규정으로서 양성평등한 가족, 양성평등 교육, 양성평등 문화조성, 여성의 날 등과 양성평등주간, 여성친화도시 등에 관하여 규정하고 있다.

---

7) 음선필, "양성평등기본법에 대한 입법평가 – 체계적합성을 중심으로 –," 홍익법학 제23권 제2호 (홍익대학교 법학연구소, 2022), 70면. 여성발전기본법이 여성과 여성의 역량을 발전대상으로서 정책화한 법이라 한다면, 양성평등기본법은 여성을 둘러싼 사회적 불평등의 구조와 문화를 바꾸는 것을 정책의 대상으로삼는 법이라 할 수 있다. 차인순, "양성평등기본법 개정의 의미와 주요 내용", 젠더리뷰 여름호 (2014) 참조; 음선필, 앞의 논문, 각주 18).

제4장은 "양성평등기금"에 관하여 규정하고 있다. 구체적으로 기금의 설치, 기금의 용도, 기금의 회계기관에 대하여 규정하고 있다. 제5장은 "양성평등정책 관련 기관 및 시설과 단체 등의 지원"에 관하여 규정하고 있다. 구체적으로 양성평등정책 관련 기관, 한국양성평등교육진흥원의 설립, 한국여성인권진흥원의 설립, 여성인력개발센터의 설치 · 운영, 여성사박물관의 설립 · 운영, 비영리법인 · 비영리민간단체의 지원 등에 관하여 규정하고 있다. 그리고 마지막으로 제6장은 보칙에 관한 규정이다.

양성평등기본법은 "헌법의 양성평등 이념을 실현하기 위한 국가와 지방자치단체의 책무 등에 관한 기본적인 사항을 규정함으로써 정치 · 경제 · 사회 · 문화의 모든 영역에서 양성평등을 실현하는 것을 목적으로 한다."[8] 그리고 이 법은 개인의 존엄과 인권의 존중을 바탕으로 성차별적 의식과 관행을 없애고, 여성과 남성이 동등한 참여와 대우를 받고 모든 영역에서 평등한 책임과 권리를 공유함으로써 실질적 양성평등 사회를 이루는 것을 기본이념으로 한다.[9] 또한 이 법은 "모든 국민은 가족과 사회 등 모든 영역에서 양성평등한 대우를 받고 양성평등한 생활을 영위할 권리를 가지며, 양성평등의 중요성을 인식하고 이를 실현하기 위하여 노력하여야 한다"고 규정함으로써 양성평등이 국민의 기본적인 권리이자 의무임을 천명하고 있다.[10] 특히 이 법은 국가기관 등에 대해서는 양성평등 실현을 위하여 노력하여야 하며, 국가와 지방자치단체에 대해서는 양성평등 실현을 위하여 법적 · 제도적 장치를 마련하고 이에 필요한 재원을 마련할 책무를 부여하고 있다.[11] 이러한 양성평등기본법은 정치, 행정, 경제, 사회, 문화, 교육 등 여러 영역에 걸쳐 광범위한 영향을 미침으로써[12] 여성 정

8) 양성평등기본법 제1조.

9) 양성평등기본법 제2조.

10) 양성평등기본법 제4조.

11) 양성평등기본법 제5조,

12) 양성평등기본법의 영향을 분석한 연구는 김소영·황정임·선보영·남지민, "양성평등기본법 시행에 따른 가족정책의 이슈와 과제" 한국여성정책연구원 (2016) 참조; 음선필, 앞의 논문, 각주 21)에서 재인용.

책의 헌법이라고 불리기도 한다.[13)]

# III. 양성평등과 성평등

양성평등기본법이 탄생할 때 이를 "성평등기본법"으로 할지 "양성평등기본법"으로 할지 논쟁이 있었는데, 이는 남자에 대한 역차별 논쟁을 피하고, 선적 지향이나 제3의 성에 대한 차별까지 포괄하게 되면 우리 사회에 혼란이 야기될 것이라는 우려 때문이었다고 한다.[14)] 그렇다면 "양성평등"과 "성평등"은 어떻게 다른가? 과연 어떠한 차이가 있길래 이러한 용어의 차이에 따라 우리 사회에 우려할 만한 혼란을 야기한다는 것인가를 살펴볼 필요가 있다.

사실상 양성평등은 전통적인 개념에서 오는 남성과 여성의 평등을 전제로 한다. 그러나 최근 남성과 여성 이외에 사회적 성(gender)이 포함된다는 주장이 나타나게 되었다. 따라서 양성평등이 여성의 권리보장이라는 가치를 강조하는 것에 머무른다고 한다면, 성평등을 주장하는 자들은 동성애자나 성소수자 등 사회적 성을 여성과 남성 이외에 또 다른 성이 포함되어야 한다고 하는 것이다.[15)]

우리나라 양성평등기본법은 "양성평등"이란 성별에 따른 차별, 편견, 비하 및 폭력 없이 인권을 동등하게 보장받고 모든 영역에 동등하게 참여하고 대우받는 것을 말한다고 규정하고 있으며, 다른 어느 규정을 통해서도 "성평등"이라는 용어를 사용하고 있지 않다. 다만 양성평등기본법에서 규정하는 양성평등은 우리 사회를 구성하는 구성원들이 성별에 관계없이 동등하게 인권을 보장받는다는 대원칙을 천명하고 있는 것으로서 양성평

13) 음선필, 앞의 논문, 71~72면.

14) 음선필, 앞의 논문, 77면; 신경아, "여성정책에서 성평등정책으로?-젠더정책의 오해와 이해", 한국여성학 , 제32권 제4호(2016), 1-36면 참조.

15) 음선필, 앞의 논문, 80면.

등의 구현은 "차별금지," "동등한 참여·대우 보장" 및 "평등한 책임 및 권리의 공유"로 나타난다. 다만 성평등이라는 개념은 현재법적 용어로 저의되어 있는 용어가 아니기 때문에 아무리 사회적으로 많이 사용되는 보편적 용어라고 하더라도 이를 법적 용어로 사용하기에는 무리가 있다. 무론 오늘날 소위 말하는 "gender equality"라는 용어로 성평등이라는 용어가[16] 양성평등이라는 개념을 포함하면서 사용된다고 하더라도 이를 명확하게 정의하는 작업이 선행되어야 할 것이다. 이러한 과정에서는 그 용어가 포함하고 있는 의미에 대한 사회적 alc 법적 합의가 충분히 이루어져야 함은 당연하다.

16) 성평등이라는 개념이 성적 지향과 성 정체성에 기인한 차별금지를 포함하는 것으로 이해되는 바, 이는 동성애자나 양성애자는 물론·트랜스젠더 등을 비롯한 성소수자의 평등을 포괄한다고 한다. 음선필, 앞의 논문, 82면; 한국법제연구원, "성평등 관련 해외입법동향 및 지원체계에 관한 법제분석" (2016), 64-65, 115-118면 참조.

# 제7장

# 베니스의 상인 (The Merchant of Venice, 2004)

* 이 영화포스터의 출처는 〈www.moviewposterdb.com〉로서, 공정이용(Fair Use)의 범위에서 이용이 가능한 포스터임

제1절

# 씨네마 법

## I. 개요

이 영화는 윌리암 셰익스피어의 같은 이름의 연극 작품을 바탕으로 제작한 영화이다. 원작은 1596년과 1598년 사이에 쓰여졌다고 알려졌다. 연극에서 베니스의 상인 안토니오(Antonio)는 유대인 대부업자 샤일록(Shylock)이 제공한 거액의 대출금을 갚지 못하고 있다. 샤일록은 그 대가로 "살 1파운드"를 요구하는 장면이 가장 극적인 장면으로 꼽힌다. 이 연극에서는 두 가지 유명한 연설을 포함하고 있다. 하나는 샤일록의 "유대인의 눈을 가지고 있지 않느냐?"이고, 다른 하나는 포르시아(Portia)의 "자비의 질"에 관한 연설이다. 이 연극은 차별을 받는 모든 사람들의 일반적인 권리인 탄원에 반대하는 샤일록의 법적 권리 주장이 반유대주의가 아닌가에 대한 논쟁이 있다.

한편 이 영화는 마이클 래드포드(Michael Radford) 감독에 의해 2004년 로맨틱 드라마로 제작되었으며, 주연 인물은 유대인 대부업자인 샤일록(알 피치노, Al Pacino)이 아니라 상인 안토니오(제레미 아이언스, (Jeremy Irons)이다. 영국, 이탈리아, 룩셈부르크가 공동 제작한 베니스의 상인은 2004년 9월 4일 제61회 베니스 영화제에서 비경쟁 분야 영화로 상영되었다. 이 영화는 일반적으로 긍정적인 평가를 받았으며, 로튼 토마토(Rotten Tomatoes)[1]에서 124개의 비평 리뷰를 기반으로 72%가 "신선한(fresh)"영화라고 평가하였다.[2] 대부분의 비평가들은 마이클 래드포드와 알 파치노의 샤일록에 대한 캐릭터의 해석과 이탈리아 국립 영화 기자 협회로부터 영예를 받은 제작 디자이너 브루노 루베오의 어둡고 사실적인 베니스 거리의 모습을 모두 칭찬했다. 영화에서는  반유대주의에 대한 반응은 엇갈렸다. 일부 비평가들은 샤일록이 반유대주의적 캐릭터가 되는 것을 완전히 막을 수 없다고 느꼈다.

이 영화는 2005년 찰스 왕세자가 참석한 가운데 로열 시사회를 가졌고 BAFTA 최우수 의상 디자인상 후보에 올랐다. 그러나 이영화의 제작 예산은 3,000만 달러인데 반해 전 세계적으로 극장 총 수익은 약 2,130만 달러에 그쳤다.

## II. 시놉시스

젊은 베네치아인 바사니오(Bassanio)는 부유한 상속녀 포르시아에게 구애하기 위해 벨몬트(Belmont)로 여행하기를 원한다. 그는 여행 경비에 필요한 3천 두카트를 빌리기 위해 상인 친구 안토니오에게 연락한다. 그러나 안토니오의 모든 배와 상품이 아직 항해 중이기 때문에 안토니오는 유대인 대부업자 샤일록에게 대출을 받고자 한다. 샤일록은 이전에 유대인이라는 이유로 그를 모욕하고 침을 뱉었기 때문에 안토니오에게 악의를 품고 특별한 계약 조건을 제안합니다. 만약 안토니오가 정해진 날짜에 대출금을 갚지 못한다면 샤일록은 그가 원하는 곳 어디에서든 안토니오의 살점 1파운드를 자유롭게 가져갈 수 있다는 것이다. 바사니오는 이를 만

1) 로튼 토마토(Rotten Tomatoes)는 미국의 영화 및 텔레비전 리뷰 집계 웹사이트입니다. 이 회사는 1998년 8월 캘리포니아 대학교 버클리의 세 명의 학부생인 Senh Duong, Patrick Y에 의해 설립되었다. "로튼 토마토"라는 이름은 관객들이 형편없는 무대 공연을 못마땅하게 여기며 썩은 토마토를 던지는 관행과 관련이 있다고 알려졌다.

2) "William Shakespeare's The Merchant of Venice (2004)". Rotten Tomatoes. Retrieved 14 February 2011.

류하고자 하였으나 안토니오는 계약서에 서명한다. 돈을 손에 쥔 바사니오는 또 다른 친구 그라티아노와 함께 출발합니다.

한편, 베네치아에서는 안토니오의 물건을 실은 모든 배들이 바다에서 조난을 당하게 된다. 그리고 샤일록의 딸인 제시카는 기독교로 개종하기 위해 샤일록의 많은 재산을 가지고 자신의 집을 떠나 기독교인 로렌조와 도피한다. 샤일록은 이에 기독교인들에게 복수하기로 결심하고, 안토니오를 계약위반으로 체포하여 법정에 세우도록 한다. 벨몬트에서 이 소식을 들은 포르시아와 바사니오는 안토니오의 목숨을 구하기 위해 포르시아의 돈을 가지고 베네치아로 떠나고... 바사니오는 샤일록에게 상환금을 규정된 대출금의 두 배로 갚겠다고 제안하였으나 샤일록은 그 제안을 거절한다. 샤일록은 계약대로 안토니오에게 1파운드의 살을 요구한다. 재판에서 젊은 남성 "법의 박사"인 발타사르는 샤일록에게 자비를 베풀어 달라고 부탁하지만 샤일록은 이를 거절하고, 결국 법원은 샤일록이 안토니오의 살 1파운드를 베어 갈 것을 허용한다. 그러나 샤일록이 안토니오를 칼로 베려는 순간, 발타사르는 계약에 따라 샤일록이 안토니오의 피가 아닌 살만을 베어 갈 것을 강조한다. 계약에는 피에 관한 언급은 전혀 없었기 때문이다. 따라서 만약 샤일록이 안토니오의 살을 베어 가면서 피를 한 방울이라도 흘리게 한다면 베네치아의 법에 따라 그의 모든 재산은 몰수될 것이라고 한다. 과연 이 상황은 어떻게 전개 될 것인가...

## III. 사색하는 법률 산책

계약자유의 원칙은 개인이 독립된 자율적 인격을 가진 권리주체로서 타인과의 법적 생활을 영위해나감에 있어서 법의 제한에 부딪치지 않는 한, 계약에 의한 법률관계의 형성은 완전히 각자의 자유에 맡겨지며, 국가와 법도 그러한 자유의 결과를 될 수 있는 대로 승인한다는 원칙이다.[3)] 이는 근대 민법의 가장 중요한 원칙인 사적자치의 원칙을 잘 나타내고 있는 전형적인 표현이다. 이에 따르면 계약은 당사자간에 언제, 어디서, 어떠한 내용으로든 어떠한 방식으로든 자유롭게 체결할 수 있다는 것이다. 그렇다고해서 이 영화에서처럼 계약의 내용에 "살 한파운드를 도려낸다"는 조항을 마음대로 포함시키고 이를 강제로 이행토록 하는 것이 타당한가. 영화 속에서처럼 계약 당사자의 한쪽은 경제적으로 약자의 지위에서 매우 시급하고 반드시 필요한 사정이고, 다른 한쪽은 경제적 강자의 지위에서 매우 여유로운 사정이라면 그러한 계약의 내용이 과연 법이 추구하는 정의나 평등이라는 법의 이념에 맞는 것인가. 아니 법의 이념에 맞느냐 아니냐를 이야기하기 전에 일반 사람들의 보편적인 상식에 맞는 것인가를 생각해 보면 뭔가 꺼림칙하지 않을 수가 없다. 따라서 우리는 우리가 살아가는 생활관계를 규율하는 법에 대하여 기본적인 관계를 알 필요가 있다. 그리고 그 기본적인 법의 틀 속에서 계약자유의 원칙이 어떻게 적용되어야 할 것인가에 대해서 생각해 보아야 할 것이다. 근대민법의 중요한 원칙이 현대사회에서도 그대로 적용되어야 하는 것이 과연 옳은 것인가. 아니면 이러한 원칙들이 현대사회에 맞게 변형되어질 수 있다면 과연 어떠한 방식으로 어떻게 변형될 수 있을 것인가. 법이라고 하는 것이 과연 눈물도 없이 그저 냉철하게 차갑고 엄격하기만 한 것인가에 대해서 심각하게 고민해 볼 필요가 있지 않을까. 이번의 사색하는 법률 산책을 통하여 지금까지 우리가 알던 냉철하고 차가운 법이라는 생각을 이제는 법이 더 이상 차갑기만 한 것이 아니라 우리 사회의 외진 곳, 소외된 곳, 추운 곳을 따듯하고 밝게 비추는 따듯한 법이라는 것을 새롭게 생각해 보았으면 한다. 그런 의미에서 "따듯한 정의(warm Justice)"[4] 운동에 대해서도 함께 생각해 보자.

---

3) 민형배, 「민법학 강의 제5판」 (신조사, 2006), 1007면.

4) 김광록 교수가 지난 2009년부터 창시하여 벌이고 있는 계몽 운동의 일환이다. 법에 대한 새로운 인식의 변화를 도모하는 내용이다. 구체적인 내용은 〈https://cbnulaw.wixsite.com/warmjustice/movements〉에서 옮김

**WARM JUSTICE MOVEMENT**

I DECLARE ... "WARM JUSTICE"

I founded the "WARM JUSTICE[따듯한 정의: 온정(溫正)]" movement in 2009 with the new start of the Korean law school system. As a first step, I launch the "WARM JUSTICE" society of CBNU Law Students and Lawyers.

"JUSTICE" is usually described as something "cool" instead of "WARM." As all we know Lady Justice depicts "JUSTICE" as equipped with three symbols: a sword symbolizing the court's coercive power; a human ...scale weighing competing claims in each hand; and a blindfold indicating impartiality.

Therefore, when you hear "JUSTICE" and try to complete "JUSTICE," you naturally think about the idea of law as "JUSTICE," which is something really "cool." Yes, it is true and right!! That is the reason why "JUSTICE" has consisted of "just" and "ice."

However, in this real world, I pursue that Lady Justice rather describes "warm justice" as equipped with a tender hand, a warm heart, and a magnifying glass in this split world. Then, I really hope, Lady Justice sees the dark side of all levels of our society in this real world and realizes "JUSTICE" to the other side of this world, which definitely exists, but no one is interested in it.

I know it is theoretically and juridically not right, but I see something treated injustice under the name of "JUSTICE" in this real world. So, now it is the time when we must start the "WARM JUSTICE" movement.

I am sure that we can build the new world, where the tender LOVE is overflowing and where the idea of law, WARM JUSTICE, is realized with a warm heart.

제2절

# 민사 생활관계를 규율하는 법

## I. 개요

### 1. 민법의 의의

일반적으로 법을 공법과 사법으로 나누게 되면 민법은 사법에 속하고, 사법을 다시 일반법과 특별법으로 나누면, 민법은 일반 사법이다. 또한 사법을 실체법과 절차법으로 나누는 경우에 민법은 실체법에 속한다. 민법은 형식적 의미에서는 민법전을 말하나, 실질적 의미에서는 사인간의 법률관계를 규율하는 일반사법을 말한다. 일반적으로 민법이라 하면 실질적 의미의 민법을 의미한다. 우리 민법은 물권법, 채권법과 같이 재산관계를 규율하는 재산법과 친족법, 상속법과 같이 가족관계를 규율하는 가족법으로 구분되며, 구체적으로는 민법의 일반칙으로서의 총칙인 민법총칙이 맨 앞에 있고, 그 뒤에 물권법, 채권법, 친족법, 상속법이 규정되어 있다.

근대 민법은 사적자치의 원칙을 기조로 한다. 사적자치의 원칙이란 개인이 자기의 법률관계를 그의 자유로운 의사에 기하여 형성할 수 있는 것을 말한다. 이는 계약자유의 원칙, 소유권절대의 원칙, 과실책임의 원칙을 구성한다. 그러나 산업의 발달로 빈부의 격차가 심해지기 시작하였고, 사적자치의 원칙은 수정이 불가피해졌다. 따라서 계약자유의 원칙은 계약의 국가적 규제 또는 사회적 규제로, 소유권절대의 원칙은 공공복리원칙이나 권리남용금지의 원칙으로 과실책임의 원칙은 무과실책임의 원칙으로 변하게 되었다.

## 2. 근대 민법의 3대 원칙

민법의 3대 원칙은 민법 전반에 적용되는 원리를 말한다. 개인 간의 생활관계를 규율하는 근대 사법(私法)은 기존의 봉건적 속박으로부터 벗어난 자유롭고 독립적인 개인을 기본적 요소로 삼고 있다. 민주주의는 원칙적으로 개인의 자유와 평등을 기본이념으로 삼고 있는 만큼 근대민법은 자유와 평등이라고 하는 그 이념의 표현으로서 소위 3대원칙을 천명하고 있는데, 개인의 소유권절대의 원칙, 사적 자치의 원칙, 자기 책임의 원칙이 바로 그것이다.

소유권 절대의 원칙은 소유권이 소유자의 자유의사에 맡겨지게 되는 것을 말한다. 즉, 개인에게 사유재산권이 인정되어 이에 대한 절대적 지배를 허용하고 국가나 다른 사인(私人)이 이에 간섭 또는 제한하지 못한다는 원칙이다. 그러나 이는 20세기에 들어서면서 권리남용이나 공공복지에 의한 제한이 불가피하게 되었다. 그러나 소유권의 자유를 근본적으로 부정하는 것은 불가능하다.

사적 자치의 원칙은 사법상(私法上)의 법률관계는 개인의 자유로운 의사에 따라 자기책임 아래에서 규율되고, 국가는 이에 간섭하지 않는다는 원칙이다. 개인의사는 개인과 개인의 자유로운 의사의 합치(合致)인 계약에서 가장 많이 나타나기 때문에 이를 "계약자유의 원칙"이라고도 한다. 한편, 사적 자치의 원칙은 자기의 권리·의무가 자기의 의사에 의하여 취득·상실된다는 원칙이므로 "개인 의사 자치의 원칙," 또는 "법률행위 자유의 원칙"이라고도 한다.

자기 책임의 원칙은 자기에게 책임있는 사유 즉, 고의 또는 과실로 인한 행위에 의하여 손해가 생긴 경우에 한하고, 그렇지 않을 경우에는 책임을 지지 않는다는 것이다. 소유권 절대의 원칙이나 사적 자치의 원칙이 지켜지는 자유라는 것도 우리 사회의 범위 내에서 허용되는 자유인 것이지 아무런 제한이 없는 자유는 아니다. 따라서 이러한 자유는 타인의 자유와 조화될 수 있어야 하며, 따라서 타인의 재산을 존중하고 약속을 지키고, 타인의 생활권에 부당하게 간섭하지 않는 범위 내에서만 인정될 수 있는 자유인 것이다. 결국 이러한 조화를 깨뜨리는 자는 그로 인하여 발생하는 타인의 손해를 배상하여야 한다. 다만 자기에게 책임이 있는 경우에 한한다는 것이다.

다만 현대사회에 접어들면서 재산권의 절대성뿐만 아니라 공공성을 고려하게 되었고, 사적 자치의 원칙은 약자를 보호하기 위해 국가가 필요한 간섭을 하는 방향으로  수정되었다. 자기책임의 원칙도 경제적으로 우위에 있는 가해자가 과실 없다는 이유로 아무런 책임도 지지 않고, 반면에 손해를 입은 경제적 약자는 아무런 보호도 받지 못하는 문제를 해결하기 위하여 가해자에게 과실이 없더라도 배상책임을 지게 함으로써 심한 불공평을 어느 정도 완화하는 무과실 책임을 인정하기도 한다.

## II. 민법총칙

### 1. 권리의 주체

권리와 의무의 귀속자를 권리의 주체라고 하고, 권리와 의무의 주체가 될 수 있는 법적 지위 즉, 권리를 가지고 의무를 부담할 수 있는 자격을 권리능력이라고 한다. 우리나라에서는 자연인과 법인만이 권리능력을 갖는다.

#### 1. 자연인

**(1) 권리능력**

권리능력이란 권리와 의무의 귀속주체가 될 수 있는 자격 내지 지위를 말한다. 우리 민법 제3조는 "사람은 생존하는 동안 권리와 의무의 주체가 된다"고 규정하여 사람이기만 하면 성, 연령, 계급, 직업, 종교 등에 관계 없이 권리능력을 가지게 된다. 이때 사람이 생존하는 동안이라 함은 태어나서 죽을 때까지를 의미한다. 사람은 출생하였을 때 비로소 권리와 의무의 주체가 되고, 사망함으로써 권리와 의무를 상실하게 된다. 그러면 어느 시점을 출생의 시점으로 볼 것인가. 이에 대해서는 진통설, 일부노출설, 전부노출설, 독립호흡설 등의 견해가 있다. 민사에 있어서는 전부노출설, 그리고 형법에서는 낙태죄와 살인죄를 구별하기 위하여 진통설을 따르는 것이 일반적이다.

사망으로 권리능력은 소멸한다. 이때는 심장정지설에 따른다. 그리고 사망으로 인하여 상속의 개시, 유언의 효력발생, 배우자의 재혼가능 등의 법률효과가 발생한다.

한편, 태아는 아직 출생 전이므로 권리능력을 가질 수 없는 것이 원칙이다. 그러나 이 원칙을 고수하는 경우 태아가 출생한 후 그에게 가혹한 결과를 야기할 수 있다. 따라서 우리나라의 경우 원칙적으로 태아에게 권리능력을 부여하지 않고 예외적으로 태아의 권리능력을 인정하는 경우를 열거하여 규정하는 방법을 통해 태아를 보호하는 방식을 택하고 있다. 즉, 태아가 태아인 동안 제3자의 불법행위로 인하여 손해를 입은 경우 그 손해배상을 청구하는 경우(민법 제762조), 상속이 개시되어 상속을 받는 것(민법 제1000조 제3항), 대습상속(민법 제1001조), 유류분권(민법 제1112조), 유증(민법 제1064조), 태아가 혼인 외의 자인 경우 아버지가 태아를 인지하는 경우(민법 제858조) 등이 있다. 이러한 법률적 문제에 관하여 태아는 이미 출생한 것으로 보게 된다.

#### (2) 의사능력

의사능력이란 자신의 행위의 의미나 결과를 합리적으로 예견할 수 있는 정신적 능력을 말한다. 어떤 법률행위를 함에 있어서 당사자의 의사능력의 유무를 판단함에 있어서는 법률행위의 종류와 구체적으로 그 당사자에게 그와 같은 행위를 함에 있어서 정상적으로 판단할 수 있는 능력이 있는가를 살펴야 한다. 의사무능력자의 예로 정신병자, 만취자, 7세 미만의 자 등을 들 수 있다. 의사무능력자의 법률행위는 무효라고 해석하는 것이 일반적이다.

### (3) 행위능력

#### 1) 행위능력의 의의

의사무능력자의 법률행위는 무효가 된다. 그리고 의사능력이 없는 자가 법률행위를 한 경우, 의사무능력자는 자신이 그 행위 당시에 의사능력이 없었음을 입증하여야 한다. 이러한 경우 이를 알 수 없었던 상대방이나 제3자는 예측할 수 없는 손해를 받을 가능성이 매우 크다. 이러한 문제를 해결하기 위하여 민법은 일정한 기준을 정하여 이 기준에 미달하는 사람의 법률행위를 취소할 수 있게 하고, 다른 한편으로는 객관적·획일적 기준을 외부에서도 쉽게 알 수 있도록 하여 상대방이나 제3자를 보호하는 방법을 채택하였다. 이렇듯 객관적·획일적 기준에 의하여 의사능력을 객관적으로 획일화한 제도가 행위능력제도이다.

행위능력이란 독자적으로 완전 유효한 법률행위를 할 수 있는 능력을 의미한다. 이러한 능력을 갖추지 못한 자를 제한능력자라고 하고, 제한능력자의 법률행위는 취소할 수 있도록 하고 있다. 우리 민법은 행위능력의 기준에 대하여 나이와 법원의 판결을 통하여 객관적인 기준을 제시하고 있으며, 제한능력자에는 19세가 되지 않은 미성년자와 법원의 판결에 의한 피성년후견인, 피한정후견인이 있다.

#### 2) 미성년자

민법 제4조에서는 19세로 성년이 된다고 규정하고 있으므로, 미성년자는 성년에 달하지 못한 사람을 말한다. 미성년자는 독자적으로 완전 유효한 법률행위를 할 수 없다. 미성년자가 법률행위를 하기 위해여는 법정대리인의 동의를 얻어야 하고(민법 제5조 제1항), 동의를 얻지 않은 법률행위는 일단 유효하나, 나중에 취소할 수 있다(민법 제5조 제2항). 법률행위를 취소한 경우 그 법률행위는 법률행위를 한 당시로 소급하여 무효로 된다(민법 제141조). 그 취소는 미성년자 본인이나 법정대리인이 할 수 있다(민법 제140조). 그러나 미성년자라고 할지라도 독자적으로 완전 유효한 법률행위를 할 수 있는 예외가 인정되고 있다. 즉, 미성년자라도 그 법률행위가 단순히 권리만을 얻거나, 의무만을 면하는 행위인 경우(민법 제5조 제1항 단서), 제한능력자가 부담 없는 증여를 받는 경우나 채무면제의 청약에 대하여 승낙하는 경우, 범위를 정하여 처분을 허락 받은 재산을 처분하는 행위(민법 제6조), 미성년자가 법정대리인으로부터 허락을 받아 특정한 영업을 하는 경우(민법 제8조), 유언행위, 근로계약의 체결과 근로계약상의 임금의 청구 등이 그것이다. 미성년자의 법정대리인은 1차적으로 친권자이고(민법 제911조), 친권자가 없거나 친권을 행사할 수 없는 경우에는 2차적으로 후견인이 법정대리인이 된다(민법 제928조, 제938조).

### 3) 피성년후견인

가정법원은 질병, 장애, 노령, 그 밖의 사유로 인한 정신적 제약으로 사무를 처리할 능력이 지속적으로 결여된 사람에 대하여 본인, 배우자, 4촌 이내의 친족, 미성년후견인, 미성년후견감독인, 한정후견인, 한정후견감독인, 특정후견인, 특정후견감독인, 검사 또는 지방자치단체의 장의 청구에 의하여 성년후견개시의 심판을 한다(민법 제9조 제1항). 법원에서 성년후견개시의 심판을 받은 사람을 피성년후견이라고 말한다. 피성년후견인의 법률행위는 취소할 수 있다.(민법 제10조 제항). 다만, 가정법원은 취소할 수 없는 피성년후견인의 법률행위의 범위를 정할 수 있으며, 본인, 배우자, 4촌 이내의 친족, 성년후견인, 성년후견감독인, 검사 또는 지방자치단체의 장의 청구에 의하여 그 범위를 변경할 수 있다(민법 제10조 제2항, 제3항). 만약 성년후견개시의 원인이 소멸된 경우에는 가정법원은 본인, 배우자, 4촌 이내의 친족, 성년후견인, 성년후견감독인, 검사 또는 지방자치단체의 장의 청구에 의하여 성년후견종료의 심판을 한다(민법 제11조).

#### 4) 피한정후견인

가정법원은 질병, 장애, 노령, 그 밖의 사유로 인한 정신적 제약으로 사무를 처리할 능력이 부족한 사람에 대하여 본인, 배우자, 4촌 이내의 친족, 미성년후견인, 미성년후견감독인, 성년후견인, 성년후견감독인, 특정후견인, 특정후견감독인, 검사 또는 지방자치단체의 장의 청구에 의하여 한정후견개시의 심판을 한다(민법 제12조 제항). 가정법원은 피한정후견인이 한정후견인의 동의를 받아야 하는 행위의 범위를 정할 수 있으며, 본인, 배우자, 4촌 이내의 친족, 한정후견인, 한정후견감독인, 검사 또는 지방자치단체의 장의 청구에 의하여 제1항에 따른 한정후견인의 동의를 받아야만 할 수 있는 행위의 범위를 변경할 수 있다(민법 제13조 제1항, 제2항). 한정후견인의 동의를 필요로 하는 행위에 대하여 한정후견인이 피한정후견인의 이익이 침해될 염려가 있음에도 그 동의를 하지 아니하는 때에는 가정법원은 피한정후견인의 청구에 의하여 한정후견인의 동의를 갈음하는 허가를 할 수 있으며, 한정후견인의 동의가 필요한 법률행위를 피한정후견인이 한정후견인의 동의 없이 하였을 때에는 그 법률행위를 취소할 수 있다. 다만, 일용품의 구입 등 일상생활에 필요하고 그 대가가 과도하지 아니한 법률행위에 대하여는 취소할 수 없다(민법 제13조 제3항, 제4항).

#### 5) 제한능력자의 상대방의 보호

제한능력자가 단독으로 한 법률행위는 제한능력자 본인 또는 그의 법정대리인이 취소할 수 있다(민법 제140조). 취소할 수 있는 법률행위는 추인할 수 있는 날로부터 3년, 법률행위를 한 날로부터 10년 이내에는 행사할 수 있는 것이 원칙이다(민법 제146조). 따라서 제한능력자 상대방을 보호하기 위하여 상대방에게 확답촉구권, 철회권·거절권, 취소권의 부인 등의 제도를 마련하고 있다.

확답촉구권이란 상대방이 제한능력자 측에게 취소할 것인가의 여부를 물어보는 것을 말한다. 제한능력자의 상대방이 확답촉구권을 행사하려면 문제의 취소할 수 있는 행위를 적시하고, 1개월 이상의 기간을 정하여, 추인할 것인지의 여부에 대한 확답을 요구하여야 한다(민법 제15조). 제한능력자가 아직 능력자가 되지 못한 경우에는 그의 법정대리인에게 확답의 촉구를 할 수 있고, 법정대리인이 그 정하여진 기간 내에 확답을 발송하지 않은 경우에는 그 행위를 추인한 것으로 본다(민법 제15조 제2항). 그리고 특별한 절차가 필요한 행위는 그 정하여진 기간 내에 그 절차를 밟은 확답을 발송하지 아니하면 취소한 것으로 본다(민법 제15조 제3항).

제한능력자와 체결한 계약은 제한능력자 측에서 추인하기 전에는 상대방은 그 의사표시를 철회할 수 있다(민법 제16조 제1항). 그러나 상대방이 계약 당시에 제한능력자임을 알았을 때에는 인정되지 않는다(민법 제16조 제1항 단서). 제한능력자의 단독행위는 추인이 있을 때까지 상대방이 이를 거절할 수 있다(민법 제16조 제2항). 거절의 의사표시 역시 제한능력자에 대한 의사표시로 가능하다. 상대방 측에서 철회나 거절의 의사표시를 하게 되면 그 계약이나 단독행위는 무효인 것으로 확정된다(민법 제141조 본문).

한편, 제한능력자가 속임수를 쓴 경우 제한능력자측의 취소권은 부인된다. 즉, 제한능력자가 속임수로써 능력자로 믿게 하거나(민법 제17조 제1항), 미성년자나 피한정후견인이 속임수로써 법정대리인의 동의 있는 것으로 믿게 한 때(민법 제17조 제2항)에는 그 행위를 취소하지 못한다(민법 제17조 제1항). 그러나 피성년후견인의 경우 속임수로써 능력자로 믿게 한 때에는 취소권이 부인되나, 법정대리인의 동의 있는 것으로 믿게 한 때에는 본조의 적용이 없다(민법 제17조 참조).

## 2. 법인

### (1) 의의

일정한 목적을 위해 결합한 사람의 단체 또는 재산의 집합체에 권리능력이 인정되는 경우를 법인이라고 하며, 사람과 함께 권리와 의무의 주체가 된다. 법인은 일정한 목적을 위하여 결합한 사람의 단체인 사단법인과 일정한 목적에 바쳐진 재산이 그 실체를 이루는 재단법인으로 나눌 수 있다. 또한 영리추구를 목적으로 하는 지 여부에 따라 영리법인과 비영리법인으로 나눌 수 있다. 재단법인은 비영리법인만이 가능하고, 영리사단법인에 대하여는 상법이 적용되므로 민법상 법인에는 비영리사단법인과 비영리재단법인만이 존재하게 된다. 민법상 법인을 설립하는 경우에는 목적의 비영리성, 설립행위, 주무관청의 허가, 설립등기의 4가지 요건을 필요로 한다.

#### (2) 법인의 능력

법인은 법률의 규정에 좇아 정관으로 정한 목적의 범위 내에서 권리와 의무의 주체가 된다(민법 제34조). 따라서 법인의 권리능력은 법률의 규정과 정관의 목적에 의하여 제한을 받게 된다. 법인의 행위는 현실적으로 자연인을 통하여 할 수밖에 없다. 그리고 이때의 자연인을 대표기관이라고 한다. 이 경우 대표기관의 행위는 자연인으로서의 행위가 아니라 법인의 행위로 간주된다. 법인은 권리능력의 범위에서 행위능력을 가진다고 본다.

한편, 법인은 이사 기타 대표자가 그 직무에 관하여 타인에게 가한 손해를 배상할 책임이 있으며(민법 제35조 제1항), 이 때 이사 기타 대표자는 이로 인하여 자기의 손해배상책임을 면하지 못한다(민법 제35조 제1항 후단). 또한 법인의 목적범위 외의 행위로 인하여 타인에게 손해를 가한 때에는 그 사항의 의결에 찬성하거나 그 의결을 집행한 사원, 이사 및 기타 대표자가 연대하여 배상하여야 한다(민법 제35조 제2항).

## 2. 권리의 객체

### 1. 의의

권리에 의하여 보호되는 이익을 권리의 내용 또는 목적이라 하고, 권리의 내용 또는 목적을 실현하기 위한 일정한 대상을 권리의 객체라고 한다.

권리의 객체는 각각의 권리마다 다르다. 예를 들어 물권의 객체는 물건, 채권의 객체는 채무자의 행위 즉, 급부, 지적재산권에서는 정신적 산물, 인격권에서는 권리주체 자신, 친족권에서는 친족적 신분, 상속권에서는 상속재산 등이 객체가 된다. 그러나 우리 민법은 권리의 객체 중 물건에 관하여만 총칙편에서 규정하고 있다.

## 2. 물건

### (1) 의의

물건이란 유체물 및 전기 기타 관리할 수 있는 자연력을 말한다(민법 제98조). 이때 유체물 뿐만 아니라 무체물도 관리가 가능하면 물건이 될 수 있다. 물건이 되기 위해서는 독립성을 가져야 한다.

### (2) 물건의 종류

물건은 그 구별표준에 따라 부동산과 동산, 주물과 종물, 원물과 과실로 구분된다. 부동산은 토지와 그 정착물을 말하고 그 외의 물건은 모두 부동산이 된다. 정착물 중 건물은 독립된 물건이며 기타의 정착물은 토지의 일부로 본다. 그러나 입목에 관한 법률에 의하여 소유권보존등기를 한 수목의 집단, 명인방법이라는 관습법상의 공시방법을 갖춘 수목의 집단, 미분리의 과실 중 명인방법을 갖춘 경우, 농작물 등은 토지와 별개의 객체로 인정된다.

한 물건이 다른 물건의 이용에 도움이 되도록 부속되어졌으나 아직 독립성을 유지하고 있는 경우 이를 종물이라고 하고, 종물의 도움을 받는 물건을 주물이라고 한다. 종물은 다른 특별한 의사표시가 없는 한 주물의 처분에 따른다(민법 제100조). 하편, 물건으로부터 생기는 경제적 수익을 과실이라고 하고 과실을 생기게 하는 물건을 원물이라고 한다.

## 3. 법률행위와 의사표시

### 1. 법률행위

#### (1) 법률행위의 의의

사람의 생활관계 중 법률의 규율을 받는 것이 법률관계이다. 이 법률관계는 주로 권리·의무관계로 나타나는 것이 보통이다. 이러한 법률관계의 변동의 원인이 되는 것을 법률요건이라고 하고, 법률요건을 이루는 개개의 사실을 법률사실이라고 하며, 이러한 법률요건에 따라 발생되는 효과를 법률효과라고 한다. 법률행위란 하나 또는 여러 개의 의사표시라고 하는 법률사실을 불가결의 요소로 하는 법률요건으로서, 의사표시의 내용대로 법률효과가 발생하는 것을 말한다.

#### (2) 법률행위의 종류

##### 1) 단독행위 · 계약 · 합동행위

단독행위란 하나의 의사표시에 의하여 성립하는 법률행위를 말하며, 계약이란 두 개의 대립되는 의사표시의 합치에 의하여 성립하는 법률행위를 말한다.

합동행위란 두 개 이상의 의사표시가 필요하다는 점에서는 계약과 같으나 의사표시가 서로 대립되는 것이 아니라 공동의 목적을 위한 평행적·구심적이라는 점에서 계약과는 차이가 있다.

##### 2) 채권행위 · 물권행위 · 준물권행위

채권행위란 채권의 발생을 목적으로 하는 법률행위를 말한다. 매매, 임대차, 증여 등이 그 예이다.

물권행위란 물권의 변동을 목적으로 하는 법률행위이다. 예를 들어 소유권이전, 저당권설정 등을 들 수 있다.

준물권행위란 물권 이외의 권리의 변동을 목적으로 한다는 점에서 물권행위와 구분되나, 이행의 문제를 남기지 않는다는 점에서 채권행위와 구분된다. 예를 들어 채권의 양도나 채무의 면제 등을 들 수 있다. 물권행위와 준물권행위를 합쳐 처분행위라고도 한다.

#### (3) 법률행위의 요건

법률행위가 존재하기 위한 최소한의 형식적 요건을 법률행위의 성립요건이라 한다. 일반적 성립요건은 모든 법률행위에 대하여 요구되는 요건으로 일반적으로 당사자, 목적, 의사표시를 들고 있다. 특별성립요건은 개개의 법률행위에 관하여 법이 그 성립에 필요한 요건으로 따로 규정하고 있는 것을 말한다. 유언, 어음행위 등은 일정한 형식을 필요로 하고, 동산질권설정계약의 경우에는 물건의 인도(민법 제330조) 등이 특별성립요건이 된다.

한편, 법률행위의 내용에 따른 법적 효과가 발생되기 위한 요건을 유효요건 또는 효력요건이라 한다. 일반적 효력요건으로는 첫째 당사자에게 권리능력, 의사능력, 행위능력이 있어야 한다. 둘째 요건으로 법률행위의 내용이 확정되어야하고, 실현 가능해야하며, 강행법규에 반하지 않아야 하고, 선량한 풍속 기타 사회질서에 반하지 않아야 한다. 이 요건 중 하나라도 갖추지 못한 법률행위는 무효가 된다. 세 번째 요건으로는 의사표시에 관하여 의사와 표시가 일치하여야하고, 의사표시에 하자가 없어야 한다. 특별효력요건은 개개의 법률에 규정되어 있는데 대리행위에 있어서 대리권의 존재, 조건부·기한부 법률행위에 있어서 조건의 성취 또는 기한의 도래, 유언에 있어서 유언자의 사망 등이 있다.

### 2. 의사표시

#### (1) 의사표시의 의의

의사표시란 일정한 법률효과를 원한다는 의사를 외부로 나타내는 것을 말한다. 법률행위는 의사표시를 필수불가결의 요소로 하고 있으므로 의사표시 없는 법률행위란 있을 수 없다. 의사표시는 기본적으로 '의사'와 '표시'의 두 요소로 나뉘어 진다.

상대방 없는 의사표시 경우 의사가 표시되면 즉시 효력을 갖게 되어 법률행위가 성립하게 되나, 의사표시에 상대방이 있는 경우에는 원칙적으로 의사표시가 상대방에게 도달하여야 효력이 발생된다(민법 제111조 제1항 도달주의 원칙).

#### (2) 의사와 표시의 불일치

#### 1) 비진의표시

비진의표시란 표의자가 일정한 법률효과가 발생하는 것을 원하지 않음에도 불구하고 원하는 것처럼 의사표시를 하였고, 또한 이러한 사실을 표의자가 알고 있는 경우를 말한다. 심리유보라고도 한다. 민법에서는 비진의표시의 경우 표시된 내용에 따른 효력을 인정하고 있으나(민법 제107조 제1항), 상대방이 진의와 표시가 일치하지 않는다는 것을 알았거나, 알 수 있었을 때에는 의사표시를 무효로 하고 있다(민법 제107조 제1항 단서). 그러나 선의의 제3자에게는 의사표시가 무효라는 사실로 대항하지 못한다는 규정을 두어 선의의 제3자를 보호하고 있다(민법 제107조 제2항).

#### 2) 통정허위표시

통정허위표시란 표의자가 상대방과 통정하여 진의와 다른 의사표시를 하는 경우를 말한다. 이는 진의와 표시가 일치하지 않는다는 점을 표의자뿐만 아니라 그 상대방도 알고 있다는 점에서 비진의표시와 구별된다. 상대방과 통정하여 한 허위의 의사표시는 무효로 하나(민법 제108조 제1항), 선의의 제3자에게는 대항할 수 없다(민법 제108조 제2항).

#### 3) 착오

착오란 표의자가 진의와 표시가 일치하지 않는다는 것을 모르고 의사표시를 한 경우를 말한다. 표의자가 모르고 있다는 점에서 비진의표시나 통정허위표시와 구분될 수 있다. 착오는 주관적으로 표의자가 그러한 착오가 있었다는 것을 알고 있었다면 그러한 의사표시를 하지 않았으리라고 인정되어야 하고, 객관적으로도 보통 일반인도 표의자의 처지에 있었다면 그러한 의사표시를 하지 않았으리라고 인정될 정도로 중요한 것이어야 한다. 또한 표의자에게 중대한 과실이 없어야 한다. 이러한 경우 표의자는 의사표시를 취소할 수 있게 되나(민법 제109조 제1항), 선의의 제3자에게 대항하지 못한다(민법 제109조 제2항).

#### 4) 하자 있는 의사표시

하자 있는 의사표시란 표의자의 자유로운 의사 결정에 의하여 의사표시가 이루어지지 않고, 타인으로부터 위법한 간섭에 의하여 의사의 형성 및 표시가 이루어진 경우를 말하며, 사기에 의한 의사표시와 강박에 의한 의사표시가 있다. 사기나 강박에 의한 의사표시의 경우 취소할 수 있으나(민법 제110조 제1항), 이 경우에도 선의의 제3자에게 대항하지 못한다(민법 제110조 제3항).

## 4. 대리

### 1. 대리의 의의

대리제도란 타인의 이름으로 법률행위를 하고, 그 법률행위의 효과가 타인에게 귀속되도록 하는 법제도를 말한다. 즉, 대리제도에 의하여 법률행위는 대리인이 하고, 그 법률행위의 효과는 본인에게 귀속된다. 대리에는 본인의 의사에 기하여 대리권이 주어지는 경우인 임의대리와 본인의 의사와는 관계없이 법률의 규정에 의하여 일정한 자에게 대리권이 주어지는 법정대리로 구분할 수 있다. 그리고 대리인이 제3자에 대하여 의사표시를 할 수 있을 뿐만 아니라 제3자의 의사표시를 수령할 수도 있는 경우를 능동대리라고 하고, 제3자의 의사표시를 수령만 할 수 있는 경우를 수동대리라고 한다.

## 2. 대리권의 범위·소멸

대리권의 범위는 법정대리의 경우에는 법률의 규정에 의하여 정해지고, 임의대리의 경우에는 수권행위에 의하여 대리권의 범위가 정해지게 된다. 수권행위란 본인이 대리인에게 대리할 수 있는 권한을 부여하는 것으로 본인의 의사에 따라 대리권의 범위가 결정된다. 한편, 본인의 대리인이 수인인 경우 각자 본인을 대리하는 것이 원칙이나(민법 제119조), 법률의 규정이 있는 경우나 수권행위에서 달리 정하고 있는 경우에는 공동으로만 대리하여야 한다. 또한 민법은 원칙적으로 자기계약과 쌍방대리를 금지하고 있다(민법 제124조). 그러나 본인의 허락이 있거나 채무를 이행하는 경우에는 예외적으로 자기계약이나 쌍방대리를 인정하고 있다.

대리권은 임의대리·법정대리의 공통된 소멸원인으로 본인의 사망, 대리인의 사망, 대리인의 금치산, 대리인의 파산으로 소멸한다(민법 제127조). 그 외 임의대리의 경우 그 원인된 법률관계가 종료한 경우(민법 제128조 전단), 원인된 법률관계가 종료하기 전이라도 본인이 수권행위를 철회한 경우(민법 제128조 후단)에 소멸하게 된다.

## 3. 대리행위

대리인이 그 권한 내에서 한 의사표시가 본인에게 효력이 발생하려면 본인을 위한 것임을 표시하여야 한다. 이렇게 본인을 위한 것임을 표시하는 것을 현명이라고 하고, 대리인이 현명을 하지 않고 행한 행위는 자기를 위한 것으로 보게 된다(민법 제115조). 대리인은 행위능력자임을 요하지 아니한다(민법 제117조). 따라서 미성년자나 한정치산자 등도 대리인이 될 수 있다.

한편, 대리인이 자신의 권한 내의 행위를 하기 위하여, 자신의 이름으로 본인의 대리인을 선임하는 경우 이를 복대리인이라고 한다. 임의대리인은 원칙적으로 복대리인을 선임할 수 없고, 그러나 본인의 허락이 있거나 부득이한 사유가 있는 경우에만 복대리인을 선임할 수 있다(민법 제120조).

그러나 법정대리인은 자기책임 하에 언제든지 복대리인을 선임할 수 있다(민법 제122조).

## 4. 무권대리

대리권 없이 대리행위를 한 경우를 무권대리라고 한다. 무권대리는 다시 표현대리와 협의의 무권대리로 나뉜다. 표현대리란 사실상 대리인에게 대리권이 없으나 상대방의 입장에서 보면 대리권이 존재한다고 믿을 만한 상황이 있었고, 그러한 상황이 발생된 데 본인의 책임 내지 기여가 있는 경우 상대방의 보호를 목적으로 본인에게 법률행위의 효과를 귀속시키는 제도를 말한다. 협의의 무권대리란 무권대리 중 표현대리에 해당하지 않는 것을 말한다. 민법은 협의의 무권대리의 경우 계약인 경우와 단독행위인 경우를 나누어 규정하고 있다.

무권대리의 효과와 관련하여 우선 계약의 경우 처음부터 확정적으로 무효화하지 않고 본인의 판단에 따라 추인 여부를 결정하도록 하고 있다. 상대방 없는 단독행위의 경우는 본인의 추인 여부에 관계없이 언제나 무효이고, 상대방 있는 단독행위의 경우에도 원칙적으로 무효이다(민법 제136조).

# 5. 법률행위의 무효와 취소

## 1. 법률행위의 무효

법률행위의 무효란 법률행위가 성립한 때부터 법률상 당연히 그 효력이 없는 것으로 확정된 것을 말한다. 법률행위의 무효에는 절대적 무효와 상대적 무효, 전부무효와 일부무효, 확정적 무효와 유동적 무효 등으로 나뉜다.

이때 법률행위를 한 당사자 사이에서는 물론 제3자와의 관계에서도 무효인 것을 절대적 무효라고 하고, 법률행위 당사자 사이에서는 무효이지만 선의의 제3자에 대하여는 무효를 주장할 수 없는 경우를 상대적 무효라고 한다. 그리고 법률행위의 내용 전부가 무효인 경우가 전부무효이고, 법률행위의 일부분만이 무효인 경우를 일부무효라고 한다. 또한 법률행위의 무효는 확정적으로 또한 계속적으로 효력을 발생하지 않으며 후에 추인을 하더라도 효력이 생기지 않는 것이 원칙이다(확정적 무효 : 민법 제139조). 그러나 현재는 무효이나 추후에 일정한 사유에 의하여 소급하여 유효하게 될 수 있는 무효를 유동적 무효라고 한다.

## 2. 취소

취소란 일단 유효하게 성립한 법률행위의 효력을 취소권을 가진 자의 취소의 의사표시로써 행위시로 소급하여 효력을 잃게 하는 제도를 말한다. 무효와 다른 점은 일단 성립한 법률행위는 취소가 있기 전까지 유효하다는 점, 취소의 의사표시는 취소권을 가진 자만이 할 수 있다는 점, 추인을 하거나 제척기간이 경과되면 성립시부터 유효한 법률행위가 되고, 취소를 하게 되면 성립시부터 무효가 된다는 점 등을 들 수 있다.

취소가 있으면 법률행위는 처음부터 무효인 것으로 본다(민법 제141조). 취소된 법률행위는 처음부터 무효가 되므로 이행을 하기 전이면 이행을 할 필요가 없고, 이행을 했다면 민법상 부당이득으로 반환을 청구할 수 있다(민법 제741조 이하). 그러나 제한능력자가 법률행위를 취소한 경우 그 행위로 인하여 받은 이익이 현존하는 한도에서 반환하도록 하여(민법 제141조 단서) 제한능력자를 보호하고 있다.

한편, 추인이란 취소할 수 있는 법률행위를 취소하지 않겠다는 의사표시로서 추인은 취소권의 포기이므로 취소권자가 추인권자가 된다. 추인은 취소의 원인이 종료된 후에 하여야한다(민법 제144조). 추인을 하면 그 법률행위는 확정적으로 유효가 된다. 취소권은 추인할 수 있는 날로부터 3년 내에, 법률행위를 한 날로부터 10년 내에 행사하여야 한다(민법 제146조).

## 6. 소멸시효

### 1. 소멸시효의 의의

소멸시효제도는 권리를 행사할 수 있음에도 불구하고 일정기간동안 권리행사가 없었기 때문에 권리가 소멸하는 제도이다. 소멸시효가 적용되기 위해서는 권리가 소멸시효의 목적이 될 수 있는 것이어야 하고, 권리를 행사할 수 있음에도 불구하고 권리행사를 하지 않아야 하고, 권리불행사가 일정기간동안 계속되어야 한다. 그러나 소유권은 소멸시효에 걸리지 않는다.

### 2. 소멸시효의 기간

#### (1) 10년의 소멸시효

일반적인 채권은 10년의 소멸시효에 걸린다. 그러나 상행위로 인해 발생한 채권은 5년의 소멸시효에 걸린다(상법 제64조). 또한 판결에 의하여 확정된 채권은 단기의 소멸시효에 해당하는 것이라도 10년의 소멸시효에 걸리게 된다(민법 제165조 제1항).

#### (2) 3년의 소멸시효

① 이자, 부양료, 급료, 사용료 기타 1년 이내의 기간으로 정한 금전 또는 물건의 지급을 목적으로 하는 채권, ② 의사, 조산사, 간호사, 약사의 치료, 근로 및 조제에 관한 채권, ③ 도급 받은 자, 기사 기타 공사의 설계 또는 감독에 종사하는 자의 공사에 관한 채권, ④ 변호사, 변리사, 공증인, 공인회계사 및 법무사에 대한 직무상 보관한 서류의 반환을 청구하는 채권, ⑤ 변호사, 변리사, 공증인, 공인회계사 및 법무사의 직무에 관한 채권, ⑥ 생산자 및 상인이 판매한 생산물 및 상품의 대가, ⑦ 수공업자 및 제조자의 업무에 관한 채권 등이 있다(민법 제163조).

### (3) 1년의 소멸시효

① 여관, 음식점, 대석(貸席), 오락장의 숙박료, 음식료, 대석료, 입장료, 소비물의 대가 및 체당금(替當金)의 채권, ② 의복, 침구, 장구(葬具) 기타 동산의 사용료 채권, ③ 노역인(勞役人), 연예인의 임금 및 그에 공급한 물건의 대금채권, ④ 학생 및 수업자의 교육, 의식 및 유숙(留宿)에 관한 교주(校主), 숙주(塾主), 교사의 채권 등이 있다(민법 제164조).

### (4) 20년의 소멸시효

채권 및 소유권 이외의 재산권은 20년의 소멸시효에 걸린다(민법 제162조 제2항).

## 3. 소멸시효의 중단·정지

소멸시효의 중단이란 시효의 진행을 방해하여 소멸시효가 완성되지 못하도록 하는 것을 말한다. 시효중단사유로는 청구, 압류, 가압류, 가처분, 승인이 있다(민법 제168조). 시효가 중단되면 중단까지에 경과한 시효기간은 산입하지 않고, 시효중단사유가 종료한 때부터 소멸시효기간이 다시 진행하게 된다(민법 제178조). 소멸시효의 정지란 일정한 사유가 존재하면 소멸시효기간의 진행을 일시적으로 멈추게 하는 제도를 말한다. 시효정지의 사유로는 제한능력자를 위한 정지(민법 제179조, 제180조 제1항), 혼인관계의 종료에 의한 정지(민법 제180조 제2항), 상속재산에 관한 정지(민법 제181조), 천재 기타 사변에 의한 정지(민법 제182조)가 있다. 시효의 정지사유가 제거되면 잔여기간이 계속 진행된다는 점이 중단과 구분된다.

## 4. 소멸시효의 효과

소멸시효의 완성의 효과에 관하여 소멸시효기간이 만료함으로써 권리가 당연히 내지는 절대적으로 소멸한다는 견해와 소멸시효가 완성하더라도 그것만으로는 권리소멸이라는 효과가 생기지 않고, 시효로 인하여 이익을 받을 자에게 권리의 소멸을 주장할 권리가 생길 뿐이라는 견해가 대립되나, 절대적으로 소멸한다고 하는 것이 타당하다.

# III. 채권법

## 1. 채권의 개념

### 1. 채권의 의의

채권이란 특정인(채권자)이 다른 특정인(채무자)에 대하여 특정의 행위를 청구할 수 있는 권리이다. 채권의 목적은 채무자의 행위이고 이를 급부라고 한다. 이러한 의미에서 채권은 절대권으로서의 물권과는 달리 상대권이므로 채권은 배타성이 없고 채권자평등의 원칙이 적용된다.

### 2. 채권의 목적의 구분

채권의 목적은 특정물채권, 종류채권, 금전채권, 이자채권 등으로 나뉜다. 특정물채권이란 특정물의 인도를 목적으로 하는 채권을 말하고, 종류채권이란 일정한 종류에 속하는 물건의 일정량의 인도를 목적으로 하는 채권을 말한다. 채권의 목적을 종류로만 지정한 경우 법률행위의 성질이나 당사자의 의사에 의하여 품질을 정할 수 없는 때에는 채무자는 중등품질의 물건으로 이행하여야 한다(민법 제375조 제1항).

금전채권이란 일정액의 금전의 지급을 목적으로 하는 채권이다. 금전채무의 경우 일정한 화폐가치만이 문제되기 때문에 이행불능은 있을 수 없고, 오직 이행지체만이 문제가 되며, 채권자는 손해의 증명을 요하지 아니하고, 채무자는 과실 없음을 항변하지 못한다(민법 제397조 제2항). 그리고 금전채무불이행에 의한 손해배상액은 원칙적으로 법정이율에 의하여 결정된다(민법 제397조 제1항). 이자채권은 이자의 지급을 목적으로 하는 채권이다. 이자란 금전 기타 대체물의 사용의 대가로서 원본액과 사용기간에 비례하여 지급되는 금전 기타의 대체물로서 법정이율은 민사에 있어서는 년 5푼이고(민법 제379조), 상사에 있어서는 년 6푼이다(상법 제54조).

## 2. 채권의 효력

### 1. 기본적 효력

채권자는 채무자에 대하여 급부를 청구할 수 있고, 채무자가 급부를 한 경우 채권자는 이를 수령하여 적법하게 보유할 수 있다. 그러나 채권이 청구력에 의하여 실현되지 않는 경우 법원에 소송을 제기하여 채무자에 대하여 급부 자체 또는 손해배상의 이행을 명하는 판결을 받거나, 법원의 판결에 기하여 강제집행을 하는 방법이 있다.

### 2. 채무불이행과 그 구제방법

#### (1) 채무불이행의 종류

##### 1) 이행지체

이행지체란 채무가 이행기에 있고 이행이 가능함에도 불구하고 채무자가 자신에게 책임 있는 사유로 인하여 채무의 내용에 따른 이행을 하지 않은 경우를 말한다. 이행지체의 경우 채무자에 대하여 본래의 채무의 이행을 청구할 수 있고, 채권자는 이행지체로 인하여 생긴 손해 즉, 지연배상을 청구할 수 있다(민법 제390조). 채권자가 상당한 기간을 정하여 이행을 최고하여도 그 기간 내에 이행하지 아니하거나 지체후의 이행이 채권자에게 이익이 없는 경우 채권자는 수령을 거절하고 이행에 갈음한 손해배상 즉, 전보배상을 청구할 수 있다(민법 제395조). 채무자는 자신에게 과실이 없는 경우에도 이행지체 중에 생긴 손해를 배상하여야 하나, 채무자가 이행기에 이행하여도 손해를 면할 수 없는 경우에는 책임을 면한다

(민법 제392조). 채무가 계약에 의하여 발생한 경우에는 채권자는 일정한 요건에 따라 계약을 해제할 수 있다(민법 제544조 이하).

#### 2) 이행불능

이행불능이란 채권이 성립한 후 채무자의 책임 있는 사유로 이행이 불가능한 경우를 말한다. 이행불능이 되면 이행불능으로 인하여 발생한 손해가 있는 경우 채권자는 손해배상청구를 할 수 있고, 채권이 계약에 의하여 발생한 경우 채권자는 계약을 해제할 수 있다(민법 제546조).

#### 3) 불완전이행

불완전이행이란 채무자가 채무의 이행으로서 이행행위를 하였으나 그것이 채무의 내용에 따른 완전한 이행이 아닌 경우를 말한다. 불완전이행이 되면 손해가 발생한 경우 손해배상청구권이 발생한다. 불완전이행의 특수한 효과로서 완전한 이행이 가능한 경우 추완 또는 완전급부청구권이 발생하고, 완전한 이행이 불가능한 경우에는 전보배상청구권이 발생한다. 물론 이행불능에 의한 계약해제(민법 제546조)에 의하여 계약해제가 가능하다고 본다.

### (2) 채무불이행의 구제방법

#### 1) 강제이행

채무자가 채무의 이행이 가능함에도 불구하고 임의로 이행하지 않는 경우 채권자는 그 강제이행을 법원에 청구할 수 있다. 국가기관의 힘에 의하여 채무자의 의사여하에 관계없이 채권의 내용을 실현하는 직접강제(민법 제389조 제1항), 채무자가 해야 할 급부를 채무자에 갈음하여 채권자가 실현하고 이에 대한 비용을 채무자에게 추심하는 대체집행, 손해배상의 지급을 명하거나 벌금, 압류 등의 방법으로 채무자에게 심리적 압박을 가함으로써 채무자로 하여금 급부내용을 실현하게 만드는 간접강제(민사집행법 제261조) 등이 있다.

### 2) 손해배상

채무자의 책임 있는 사유로 채무불이행이 발생하였고, 이로 인하여 채권자가 손해를 입은 경우 채권자는 채무자에 대하여 손해의 배상을 청구할 수 있다. 손해배상의 범위에 관하여는 채무불이행과 인과관계 있는 모든 손해를 배상하는 것이 아니라 그러한 채무불이행이 있는 경우에 통상적으로 생기는 손해만을 배상하도록 하고 특별한 사정으로 인하여 생긴 손해는 배상하지 않는 것을 원칙으로 하고, 채무자가 특별한 사정을 알았거나 알 수 있었을 경우에는 특별손해도 배상하여야 한다. 금전배상이 원칙이다(민법 제394조).

## 3. 채권자대위권·취소권

채권자대위권이란 채권자가 자기의 채권을 보전하기 위하여 자기의 이름으로 채무자의 권리를 행사할 수 있는 권리를 말한다(민법 제404조). 채권자대위권을 행사하려면 자기채권을 보전할 필요가 있어야 하고, 채권자의 채권이 원칙적으로 이행기에 있어야 하며, 채무자의 권리가 채무자의 일신에 전속하는 권리가 아니어야 하고(민법 제404조 제1항),채무자 스스로 권리를 행사하지 않아야 한다.

채권자취소권이란 채무자가 채권자를 해함을 알고 재산권을 목적으로 한 법률행위를 한 경우 채권자가 그 행위의 취소 및 원상회복을 법원에 청구할 수 있는 권리이다(민법 제406조). 채권자취소권을 행사하려면 채권자의 채권이 존재하여야 하고, 객관적 요건으로 채무자가 채권자를 해하는 법률행위를 하여야 하고, 주관적 요건으로 채무자 및 수익자 또는 전득자가 사해의 사실을 알고 있어야 한다. 채권자취소권은 채권자가 취소원인을 안 날로부터 1년, 법률행위가 있은 날로부터 5년 내에 행사하여야 한다(민법 제406조 제2항).

## 3. 계약

### 1. 계약의 의의

계약이란 서로 대립하는 2개 이상의 의사표시의 합치에 의하여 발생하는 법률행위로서 넓은 의미에서 사법상의 일정한 법률효과의 발생을 목적으로 하는 당사자의 합의를 의미하기도 한다. 계약은 크게 전형계약과 비전형계약으로 나눌 수 있고, 쌍무계약과 편무계약으로 나눌 수 있다. 쌍무계약은 계약 당사자가 서로 대가적 의미를 가지는 채무를 부담하는 계약을 말하고, 편무계약은 당사자 일방만이 채무를 부담하거나 쌍방이 채무를 부담하더라도 채무가 서로 대가적 의미를 갖지 않는 계약을 말한다.

### 2. 계약의 성립

계약은 서로 대립하는 의사표시의 합치, 즉 청약과 승낙의 합치로 계약은 성립하게 된다. 계약의 성립시기에 관하여 대화자간의 계약인 경우와 격지자간의 계약의 경우로 나누어 볼 수 있다. 대화자간의 계약에 관하여 우리 민법은 명문의 규정이 없으므로 도달주의의 원칙에 따라 승낙의 의사표시가 도달한 때에 계약이 성립한다고 해석하고, 격지자간의 계약인 경우 계약은 승낙의 통지를 발송한 때에 성립한다(민법 제531조).

### 3. 동시이행의 항변권과 위험부담의 문제

민법은 쌍무계약의 당사자 일방은 상대방이 그 채무이행을 제공할 때까지 자기의 채무이행을 거절할 수 있다고 하여 동시이행의 항변권을 인정하고 있다(민법 제536조). 즉, 당사자 중 일방이 변제기에 있는 자신의 채무의 이행 제공 없이 상대방에게 이행을 청구하는 경우 상대방도 자신의 채무의 이행을 거절할 수 있도록 하고 있다.

한편, 쌍무계약의 당사자 일방의 채무가 당사자 쌍방의 책임 없는 사유로 후발적 불능이 된 경우 그에 대응하는 상대방의 채무도 소멸하는지 여부가 쌍무계약에서의 위험부담의 문제이다. 이와 관련하여 민법은 쌍무계약의 당사자 일방의 채무가 당사자 쌍방의 책임 없는 사유로 이행할 수 없게 된 때에는 채무자는 상대방의 이행을 청구하지 못한다고 하여 채무자 위험부담주의를 채택하고 있다(민법 제537조).

### 4. 계약의 해제·해지

계약의 해제·해지는 유효하게 성립한 계약의 효력을 해제권이나 해지권을 가진 자의 일방적 의사표시에 의하여 해소시키는 제도이다. 해제는 이미 발생한 계약관계로부터의 면제 또는 이미 이행한 급부의 반환을 목적으로 하고 소급효가 있는데(민법 제548조), 해지는 계속적 계약을 대상으로 하는 것으로서 해지의 의사표시가 있으면 계약은 장래를 향하여 효력을 잃는다(민법 제550조). 당사자 일방이 계약을 해제한 때에는 각 당사자는 그 상대방에 대하여 원상회복의 의무가 있으나, 제3자의 권리를 해하지 못하고(민법 제548조), 손해배상의 청구에 영향을 미치지 않는다(민법 제551조).

## 4. 민법상 전형계약

### 1. 증여

증여는 당사자 일방이 무상으로 재산을 상대방에게 수여하는 의사를 표시하고 상대방이 이를 승낙함으로써 그 효력이 생긴다(민법 제554조). 증여는 불요식의 계약이므로 특별한 방식을 요구하지 않는다. 그러나 증여의 의사가 서면으로 표시되지 아니한 경우에 각 당사자는 이를 해제할 수 있다(민법 제555조). 증여는 무상계약이므로 원칙적으로 증여의 목적인 물건이나 권리의 하자에 대하여 책임을 부담하지 않는다(민법 제559조 제1항). 그러나 증여자가 그 하자나 흠결을 알고 있으면서 수증자에게 고지하지 않은 경우에는 담보책임을 부담하게 된다(민법 제559조 제1항 단서).

## 2. 매매

매매는 당사자 일방이 재산권을 상대방에게 이전할 것을 약정하고 상대방이 그 대금을 지급할 것을 약정함으로써 그 효력이 생긴다. 매매는 양당사자가 서로 대가적 관계에 있는 채무를 부담하는 것이므로 쌍무계약이며, 서로 대가성을 갖는 출연관계이므로 유상계약이다. 따라서 매매가 성립하면 매도인은 매수인에 대하여 매매의 목적인 된 권리를 이전하여야 하며 매수인은 매도인에게 그 대금을 지급하여야 한다(민법 제568조).

## 3. 환매

환매란 매도인이 매매계약과 동시에 환매할 권리를 보유한 때에 그 영수한 대금 및 매수인이 부담한 매매비용을 반환하고 그 목적물을 다시 사는 것을 말한다(민법 제590조). 환매기간에 관하여 부동산은 5년, 동산은 3년을 넘지 못하고, 약정에 의하여 이 기간을 넘은 경우에도 부동산은 5년 동산은 3년으로 한정된다(민법 제591조 제1항).

## 4. 소비대차

소비대차는 당사자 일방이 금전 기타 대체물의 소유권을 상대방에게 이전할 것을 약정하고 상대방은 그와 같은 종류, 품질 및 수량으로 반환할 것을 약정함으로써 성립하는 계약이다(민법 제598조). 차주가 반드시 금전 기타 대체물의 사용대가를 지급할 의무를 부담하는 것이 아니므로 원칙적으로 편무계약이나, 약정으로 차주가 이자를 부담하도록 한 경우에는 쌍무계약으로 본다. 소비대차는 무상을 원칙으로 하나 법률 또는 특약으로 이자의 지급이 정해진 경우에는 유상계약이 된다.

## 5. 사용대차

사용대차는 당사자 일방이 상대방에게 무상으로 사용·수익하게 하기 위하며 목적물을 인도할 것을 약정하고, 상대방은 이를 사용·수익한 후 그 물건을 반환할 것을 약정함으로써 성립한다(민법 제609조). 사용대차는 무상으로 목적물을 사용한다는 점에서 임대차와 구별될 수 있다.

### 6. 임대차

임대차는 당사자 일방이 상대방에게 목적물을 사용·수익하게 할 것을 약정하고 상대방이 이에 대하여 차임을 지급할 것을 약정함으로써 성립한다(민법 제618조). 차임을 지급한다는 점에서 사용대차와 구별될 수 있다. 임대차의 존속기간은 원칙적으로 최장 20년을 넘지 못하며, 당사자의 약정기간이 20년을 넘는 경우 20년으로 단축된다(민법 제651조 제1항). 그러나 견고한 건물 기타 공작물의 소유를 목적으로 하는 토지임대차나 식목·채염을 목적으로 하는 토지임대차의 경우는 이러한 기간의 제한을 받지 않으며(민법 제651조 제1항), 계약에 의한 약정기간은 이를 갱신할 수 있다. 그러나 이 경우 갱신한 기간이 10년을 넘지 못한다(민법 제651조 제2항).

임대인은 임차인으로 하여금 목적물을 사용·수익하게 할 의무를 부담하고, 차임청구권을 갖는다. 임대인은 임대차기간 중 임차인이 목적물을 사용·수익하도록 할 적극적 의무를 부담한다(민법 제618조). 반면에 임차인은 목적물을 사용·수익할 권리를 가지며, 이외에도 비용상환청구권(민법 제626조), 부속물매수청구권(민법 제646조), 갱신청구권(민법 제643조), 지상물매수청구권(민법 제643조) 등을 갖는다.

### 7. 도급

도급이란 당사자 일방이 어느 일을 완성할 것을 약정하고 상대방이 그 일의 결과에 대하여 보수를 지급할 것을 약정함으로써 성립하는 계약을 말한다(민법 제664조). 일의 완성에 대해 보수를 지급하므로 유상·쌍무계약이다. 도급인은 완성된 목적물 또는 완성 전의 성취된 부분에 하자가 있는 경우 상당한 기간을 정하여 그 하자의 보수를 청구할 수 있고(민법 제667조 제1항 본문), 하자의 보수에 갈음하여 손해배상을 청구할 수 있으며, 보수를 하더라도 손해가 있으면 그 손해의 배상도 청구할 수 있다(민법 제667조 제2항). 또한 완성된 목적물의 하자로 인하여 계약의 목적을 달성할 수 없는 경우에는 계약을 해제할 수 있다(민법 제668조).

## 8. 위임

위임은 당사자 일방이 상대방에 대하여 사무의 처리를 위탁하고 상대방이 이를 승낙함으로써 성립하는 계약이다(민법 제680조). 타인의 노무를 이용하는 계약이지만 수임인이 위탁받은 사무를 그의 재량으로 처리한다는 점에서 고용과 구별될 수 있고, 타인의 사무를 처리한다는 그 자체에 목적을 두는 점에서 도급과 구별될 수 있다. 위임은 특별한 약정이 없으면 보수를 청구할 수 없으므로 편무·무상계약이 원칙이다. 수임인은 위임의 본지에 따라 선량한 관리자의 주의로써 사무를 처리해야 한다.

# 제8장

# 아이 엠 샘
# (I am Sam, 2001)

---

* 이 영화포스터의 출처는 〈www.movieposterdb.com〉로서, 공정이용(Fair Use)의 범위에서 이용이 가능한 포스터임

제1절

# 씨네마 법

## I. 개요

이 영화 “아이 엠 샘(I Am Sam)”은 2001년 제시 넬슨(Jessie Nelson) 감독이 미국에서 제작한 영화이다. 숀 펜(Sean Penn)이 지적 장애를 가진 아버지 역을 맡았고 다코타 패닝(Dakota Fanning)이 밝고 호기심 많은 딸 역을 맡았다. 그리고 미셸 파이퍼(Michelle Pfeiffer)가 변호사 역을 맡았다. 이 영화의 제목인 “I am Sam”은 닥터 수스(Dr. Seuss)의 “녹색 달걀과 햄(Green Eggs and Ham)”이라는 책에서 “I am Sam / Sam I am”이라는 문구에서 따 온 것이다.

이 영화는 비평가들과 관객들로부터 양극화된 평가를 받았다. 로튼 토마토에서 이 영화는 145명의 비평가들의 리뷰를 바탕으로 35%의 지지율을 기록했으며 평균 평점은 4.77/10이었다. 그리고 메타크리틱에서는 33개의 리뷰를 바탕으로 100점 중 28점으로“일반적으로 부정적인 리뷰(generally unfavorable reviews)”를 받았다. 그러나 이 영화는 2천 2백만 달러의 저예산으로 9천 7백만 달러 이상의 총수익을 올렸다. 샘 역을 맡은 숀 펜은 이 영화로 2002년 제74회 아카데미 시상식에서 아카데미 남우주연상 후보에 올랐다. 당시 7살이었던 아역 배우 다코타 패닝은 이 영화로부터 배우로서의 경력을 쌓게 시작했는데, 다코다 패닝은 미국 배우 조합상(Screen Actors Guild Award) 여우조연상 후보에 오른 최연소 여배우가 되었다. 이외에도 다코타 패닝은 방송영화비평가협회상 젊은 연기자상, 라스베가스 영화비평가협회상 청소년영화비평가협회상, 피닉스 영화비평가협회상 젊은 연기자상, 뛰어난 신인배우상, 그리고 젊은 예술가상 장편영화 부문 최우수 연기상(10세 이하의 젊은 여배우)을 수상했다. 특히 이 영화는 비틀즈 음악에 맞추어 촬영되었는데, 영화에서는 대부분의 비틀즈 음악은 커버 곡으로 만들어졌으며[1] 사운드 트랙은 그래미상 후보에도 올랐다. 한편, 영화 속 샘의 장애인 친구들로 출연한 사람들의 대부분은 실제로 장애인이 직접 출연하 것으로도 유명하다. 브래드(Brad) 역의 브래드 실버먼(Brad Silverman)의 경우, 다운 증후군을 가지고 태어났으며 극 중 다운 증후군 환자 역할을 주로 했다. 조(Joe) 역의 조지프 로즌버그(Joseph Rosenberg) 역시 장애를 가진 것으로 알려졌다.

## II. 시놉시스

이 영화의 주인공 샘 도슨은 정신연령이 7살 밖에 안되는 성인 남성이다. 샘은 스타벅스의 종업원으로 일하면서 그날 그날 하루를 살아간다. 어느 날 부랑자 여성 레베카를 자기 집에 재워주었다가 그녀와의 사이에 딸이 태어난다. 샘은 자신의 딸을 보고 매우 기뻐하며 루시 다이아몬드란 이름을 붙여준다. 이는 비틀즈 노래 "Lucy in the Sky with Diamonds"의 이름을 따서 지어 중 것이다. 하지만 레베카는 샘과 루시를 버리고 떠난다. 샘 혼자서는 아이를 키우기 어려웠지만, 이웃 동네에 사는 다른 장애인 친구들의 도움으로 루시를 키울 수 있었고, 부녀는 행복한 하루 하루를 보낸다.

루시가 7살이 되었을 무렵, 영리하고 조숙한 루시는 아버지의 장애 문

1) 비틀즈의 원곡을 사용하게 되면 로열티를 지불하여야 하기 때문에 제작비가 높아질 것이 우려되어 커버 가수들을 섭외해 비틀즈 곡을 커버한 것이라고 한다.

제를 알게 된다. 루시는 자신이 아버지의 지능을 추월하게 되는 것을 두려워하여 학교 수업을 거부한다. 그리고 친구들이 아버지의 모습을 알게 될까 봐 아버지를 거부하기도 하면서 상처를 받는다. 그런 와중에 어느 아시안계 매춘부가 샘을 영업 대상으로 하여 추근대는 일이 생기고 이를 계기로 경찰과 아동복지국 사람들이 샘과 루시의 문제에 개입하게 된다. 결국 아동복지국은 샘으로부터 루시에 대한 양육권을 박탈한다. 절망한 샘은 친구들과 상의한 끝에 잘 나가는 변호사 리타를 찾아가 재판으로 딸을 되찾을 결심을 한다. 그러나 변호사 리타는 승소 가능성도 없는 사건을 맡을 이유가 없다. 결국 리타는 다른 변호사를 소개시켜주겠다는 핑계로 샘을 회피하지만 순진한 샘은 그런 줄도 모르고 열심히 리타를 찾아온다. 그러던 중 자신 스스로도 가정 문제가 많은 워킹맘 리타는 샘을 위해 무료 변론을 해주게 된다. 이 과정에서 샘의 부성애를 보고, 샘의 순수하고 열정적이며 성실한 모습에 차츰 마음을 열게 된다. 그리고 최선을 다 해 샘을 위해 변호하는데... 법정에서 검사 측 공격에 샘은 자신이 루시를 양육할 능력이 부족하다는 것을 인정하게 되면서 결국 샘과 리타는 패소한다. 결국 루시는 다른 가정에 입양된다.

이후 리타의 도움으로 샘은 스타벅스에서 피자헛으로 자리를 옮기고 양육 가정 근처로 이사를 간다. 양어머니 랜디는 루시와 가까워지기 위해 열심히 노력했지만 루시는 끝까지 랜디에게 마음을 열지 않았고 밤마다 빠져나와 샘을 만나러 간다. 샘은 루시가 잠들면 루시를 안거나 업고 양부모 집에 데려다주는 일이 수차례 반복된다. 양부모들은 처음에는 이를 좋지 않게 생각했지만 랜디는 두 부녀의 진심 어린 사랑에 감동한다. 그래서 자신이 샘보다 루시를 사랑해줄 수 없다는 것을 깨닫고 루시를 샘에게 보내준다. 샘은 루시의 양부모에게 자신이 루시를 키우는 걸 도와줄 것을 요청한다. 영화의 마지막 장면은 축구 경기를 하는 장면으로 마무리가 되는데, 샘이 심판, 루시가 선수로 참여하고, 루시의 전 수양 가족, 샘의 친구들, 그리고 새롭게 결혼한 리타와 그녀의 아들이 함께 한다.

## III. 사색하는 법률 산책

우리나라 출산율은 작년 2022년 기준 0.78명으로 세계 최하위를 기록했다. 이로써 우리나라는 인구감소로 인한 여러 가지 사회문제에 대해서 이미 오래전부터 이런 저런 방안을 강구하고 있으나, 뚜렷한 해결책이 제시되지는 못하고 있다. 사실 인구감소로 인해 예상되는 여러 사회 문제들 가운데 우리가 한 번 더 생각해 보아야 하는 것이 있는데, 바로 가족에 대한 인식이다. 인구가 감소하는 원인 중에 하나가 20대 및 30대의 젊은 세대가 아이는 고사하고 결혼조차 생각하지 않고 있다는 데에 있다. 결혼율도 해마다 감소하고 있다. 2020년에는 2019년 대비 10% 감소했고, 2022년에는 그보다 훨씬 더 감소한 것으로 나타났다.[2] 특히 우리나라 이혼율은 2022년 기준 OECD 국가 중에서 9위로서 미국의 이혼율보다 높으며, 아시아 국가 중에서는 1위이다.[3] 이러한 사정에서 이 영화는 우리에게 가족의 소중함을 다시금 생각하게 한다. 특히 영화에서는 특별한 사정에서 양육권 문제가 논란이 되지만, 사실상 양육권 문제는 이혼하는 과정에서 더욱 문제가 된다. 그런데 이 영화에서는 결혼을 하지 않은 상태에서 가족이 이루어지고 또 그 가족에 대한 양육권 문제가 불거진다. 그렇다면 과연 가족은 어떻게 이루어지는 것인지, 이러한 가족에 대한 법적 규제는 어떻게 이루어지는지 등 기본적으로 우리 사회에 있어 가족이란 무엇이며 그 가족 생활을 둘러싼 법적 문제는 무엇이며 그 문제는 무엇을 기준으로 해결하는지 등을 사색하는 법률 산책을 떠나보자.

---

2) 김동인, "우리 결혼 안 합니다" 생애 모델을 거부하는 사람들 [2023 연애·결혼 리포트], 시사인 (2023. 3. 15), available at 〈https://www.sisain.co.kr/news/articleView.html?idxno=49841〉 참조.

3) 경상매일신문, "5월, 가정의 달에 생각한다," 경상매일신문 (2022. 5. 1.), available at 〈http://www.ksmnews.co.kr/default/index_view_page.php?idx=377359&part_idx=238〉 참조.

제2절

# 가족생활과 법

## Ⅰ. 서설

친족이란 혼인과 혈연에 의하여 맺어진 사람들로서 배우자, 혈족, 인척이 있다(민법 제767조). 이때 자기의 직계존속과 직계비속을 직계혈족이라 하고, 자기의 형제자매와 형제자매의 직계비속, 직계존속의 형제자매 및 그 형제자매의 직계비속을 방계혈족이라 한다. 혈족의 배우자, 배우자의 혈족, 배우자의 혈족의 배우자를 인척이라 한다. 친족의 범위는 8촌 이내의 혈족, 4촌 이내의 인척, 배우자로 하고 있다(민법 제777조). 친족관계의 발생원인은 출생, 혼인, 인지, 입양의 4가지이고, 친족관계의 소멸원인은 사망, 혼인의 취소, 이혼, 입양의 취소, 파양, 인지의 취소가 있다. 한편, 가족이란 배우자, 직계혈족 및 형제자매와 생계를 같이하는 직계혈족의 배우자, 배우자의 직계혈족 및 배우자의 형제자매가 가족이 된다(민법 제779조).

# II. 혼인

## 1. 약혼

약혼이란 장차 혼인을 하겠다는 당사자간의 계약을 말한다. 성년인 자는 자유로이 약혼할 수 있으며(민법 제800조), 미성년자라 18세가 된 사람은 부모나 미성년후견인의 동의를 받아 약혼할 수 있다(민법 제801조). 피성년후견인의 경우도 부모 또는 성년후견인의 동의를 얻어 약혼을 할 수 있다(민법 제802조).

약혼은 비록 그 불이행이 있더라도 강제이행을 청구할 수 없고(민법 제803조), 그러나 손해배상의무가 발생한다. 약혼은 다음과 같은 사유가 있는 때에 상대방이 해제할 수 있다. 즉, 1. 약혼 후 자격정지 이상의 형을 선고받은 경우; 2. 약혼 후 성년후견개시나 한정후견개시의 심판을 받은 경우; 3. 성병, 불치의 정신병, 그 밖의 불치의 병질(病疾)이 있는 경우; 4. 약혼 후 다른 사람과 약혼이나 혼인을 한 경우; 5. 약혼 후 다른 사람과 간음(姦淫)한 경우; 6. 약혼 후 1년 이상 생사(生死)가 불명한 경우; 7. 정당한 이유 없이 혼인을 거절하거나 그 시기를 늦추는 경우; 8. 그 밖에 중대한 사유가 있는 경우에는 약혼을 해제할 수 있다(민법 제804조). 약혼을 해제하면 당사자 일방은 과실 있는 상대방에 대하여 손해배상청구를 할 수 있고, 정신적 손해에 대한 배상도 청구할 수 있다(민법 제806조).

## 2. 혼인

### (1) 혼인의 성립요건

#### 1) 실질적 요건

혼인이 성립하기 위한 실질적 요건은 다음과 같다.

첫째, 당사자 사이에 부부관계를 성립시킨다는 혼인의사의 합치가 있어야 한다(민법 제815조 제1호). 따라서 당사자의 합의가 없는 부모끼리의 정혼, 호적상으로만 부부가 되는 것처럼 가장하기 위한 혼인, 동거를 하지 않기로 하는 약정에 의한 혼인 등은 혼인의사의 합치가 없는 경우이다.

둘째, 혼인적령에 달하여야 한다. 즉, 18세 이상이어야 한다(민법 제807조).

셋째, 친양자의 입양 전의 혈족을 포함하여 8촌 이내의 혈족, 6촌 이내의 혈족의 배우자, 배우자의 6촌 이내의 혈족, 배우자의 4촌 이내의 혈족의 배우자인 인척이거나 이러한 인척이었던 자, 6촌 이내의 양부모계(養父母系)의 혈족이었던 자와 4촌 이내의 양부모계의 인척이었던 자 사이에서는 혼인하지 못한다(민법 제809조).

넷째, 민법은 일부일처제를 채택하고 있으므로 중혼이 아니어야 한다(민법 제810조).

한편, 과거에는 부성추정규정(민법 제844조)과 충돌될 염려가 있다는 이유로 전혼관계가 종료한 날로부터 6월을 경과하지 않으면 재혼할 수 없도록 하였으나, 이 규정은 2005년 민법 개정때에 삭제되었다.

#### 2) 형식적 요건

우리나라는 사실혼주의를 채택하지 않고 법률혼주의를 채택하고 있으므로 혼인신고를 하여야 혼인이 성립하게 된다. 혼인신고는 가족관계등록법이 정하는 바에 의하여 신고함으로써 효력이 생기며, 혼인신고는 당사자 쌍방과 성년자인 증인 2인의 연서한 서면으로 하여야 한다(민법 제812조).

### (2) 혼인의 무효·취소

혼인은 당사자간에 혼인의사의 합치가 없는 경우, 8촌 이내의 혈족(친양자의 입양 전의 혈족을 포함한다) 사이에서의 혼인인 경우,[4] 당사자간

4) 이 경우, 헌법불합치, 2018헌바115, 2022.10.27, 민법(2005. 3. 31. 법률 제7427호로 개정된 것) 제815조 제2호는 헌법에 합치되지 아니한다. 위 법률조항은 2024. 12. 31.을 시한으로 개정될 때까지 계속 적용된다.

에 직계인척관계(直系姻戚關係)가 있거나 있었던 경우, 당사자간에 양부모계의 직계혈족관계가 있었던 경우에는 무효가 된다. 혼인이 무효가 되면 그 혼인은 처음부터 아무런 효과도 생기지 않는다. 따라서 무효인 혼인에 기하여 발생된 법률효과 역시 무효가 된다.

혼인에 기하여 발생된 상속이나 그 밖의 권리변동은 무효로 되고, 그 자녀는 혼인 외의 출생자가 되며, 처는 호적정정을 통하여 친가에 복적된다. 또한 당사자 일방은 과실있는 상대방에 대하여 재산상의 손해와 정신상의 고통에 대한 손해배상을 청구할 수 있다.

혼인은 혼인적령에 미달한 경우, 미성년자나 피성년후견인이 후견인의 동의를 받지 않고 혼인한 경우, 근친혼, 중혼, 혼인당사자 일방에 부부생활을 계속할 수 없는 악질 기타 중대한 사유가 있는 경우, 사기 또는 강박으로 인하여 혼인의 의사표시를 한 경우 등에는 취소할 수 있다. 혼인취소의 경우에는 소급하지 않는다(민법 제824조). 혼인취소소송의 경우 가사소송법에 의하여 조정이 선행되어야한다. 혼인이 판결에 의하여 취소된 경우 이혼과 같이 인척관계는 종료하며, 처는 원칙적으로 친가에 복적하게 된다. 그러나 혼인취소의 경우 효력이 소급하지 않으므로 그 동안 혼인에 기하여 발생한 법률관계의 효과는 그대로 유지된다.

### (4) 혼인의 효과

#### 1) 일반적 효력

혼인을 하면 당사자사이에는 서로 배우자의 신분을 가지게 되고, 상대방의 4촌 이내의 혈족과 혈족의 배우자 사이에 인척관계가 생기는(민법 제777조) 등 친족관계가 생긴다. 부부는 서로 동거, 협조, 부양의무를 부담한다(민법 제826조 제1항). 민법에 적극적인 규정은 없으나 부부간에는 서로 정조를 지킬 의무가 있다. 그리고 미성년자가 혼인을 한 경우 성년에 달한 것으로 본다. 한편, 부부 사이의 계약은 혼인 중 언제든지 부부의 일방이 이를 취소할 수 있도록 하고 있었으나, 2012년 민법개정으로 이 제도는 폐지하였다.

#### 2) 재산적 효력

우리나라는 부부별산제를 원칙으로 하고 있으며, 민법은 혼인 할 당사자가 혼인 전의 계약으로 일방이 타방의 재산을 관리하게 하는 등 재산관계를 정할 수 있도록 하는 부부재산계약제도를 두고 있다(민법 제829조 제1항). 혼인성립 전에 체결된 부부재산계약은 혼인 중에는 변경을 하지 못하는 것이 원칙이며(민법 제829조 제2항), 승계인 또는 제3자에게 대항하기 위해서는 혼인성립까지 등기하여야 한다(동조 제4항). 한편, 부부의 일방이 혼인 전부터 가진 고유재산은 각자의 특유재산이다. 또한 우리 민법은 혼인 중 자기 명의로 취득한 재산은 그 특유재산으로 한다고 규정하고(민법 제830조 제1항), 부부의 누구에게 속한 것인지 분명하지 않은 재산은 부부의 공유로 추정한다고 규정하고 있다(동조 제2항). 또한 부부는 그 특유재산을 각자 관리·사용·수익하도록 하고 있다(민법 제831조).

부부의 공동생활상 필요한 비용의 부담은 당사자 사이에 특별한 약정이 없으면 부부가 공동으로 부담하도록 하고 있으며(민법 제833조), 부부는 공동생활상의 통상의 사무에 필요한 법률행위에 대하여 서로 대리할 수 있도록 하고 있다(민법 제827조). 이 경우 대리권의 제한은 선의의 제3자에게 대항할 수 없고(민법 제827조 제2항), 일상가사로 발생한 채무에 대하여는 부부가 연대하여 책임을 부담하도록 하고 있다(민법 제832조).

## 3. 이혼

### (1) 협의상 이혼

부부는 협의에 의하여 이혼할 수 있으나(민법 제834조), 당사자 사이에 이혼의사의 합치가 있어야 하며, 협의이혼은 가족관계등록 등에 관한 법률에서 정한 바에 따른 신고에 의하여 성립한다(민법 제836조 제1항). 그러나 협의이혼의 경우 당사자간의 이혼의사의 합치 외에 이혼의사를 양당사자가 법원에 출석하여 확인을 받도록 하는 제도를 시행하고 있다. 따라서 가정법원에 이혼의사의 확인을 신청한 당사자는 1개월의 기간이 지난 후에 이혼의사의 확인을 받을 수 있으나, 포태 중인 자를 포함하여 양육하여야 할 자가 있는 경우에는 3개월이 지나야 한다. 다만, 가정법원은 폭력으로 인하여 당사자 일방에게 참을 수 없는 고통이 예상되는 등 이혼을 하여야 할 급박한 사정이 있는 경우에는 그 기간을 단축 또는 면제할 수 있다(민법 제836조의2).

## (2) 재판상 이혼

재판상 이혼은 법률에 정해진 이혼원인이 있음에도 이혼협의가 이루어지지 않은 경우 부부의 일방이 청구하는 이혼이다. 재판상 이혼은 조정을 거쳐 가정법원에 청구하여야 한다.

재판상 이혼의 원인은 배우자에 부정한 행위가 있었을 때, 배우자가 악의로 다른 일방을 유기한 때, 배우자 또는 그 직계존속으로부터 심히 부당한 대우를 받았을 때, 자기의 직계존속이 배우자로부터 심히 부당한 대우를 받았을 때, 배우자의 생사가 3년 이상 분명하지 아니한 때, 기타 혼인을 계속하기 어려운 중대한 사유가 있을 때이다(민법 제840조). 그러나 재판상 이혼 사유가 존재한다하더라도 혼인을 회복시킬 수 없을 정도로 파탄시킨 데 대하여 전적으로 또는 주로 책임이 있는 배우자의 이혼청구는 받아들이지 않는다.

## (3) 이혼의 효과

### 1) 일반적 효과

이혼을 하면 부부사이에 생긴 모든 권리의무는 소멸한다. 따라서 처는 원칙적으로 친가에 복적하거나 일가를 창립하게 되고, 혼인에 의하여 배우자의 혈족과의 사이에 생긴 인척관계도 소멸한다(민법 제775조 제1항).

### 2) 자에 대한 효과

부모가 이혼을 하게 되면 자식에 대하여 친권을 행사할 자를 정하여야 한다. 일반적으로 부부의 협의에 의하여 정하게 되나 협의가 이루어지지 않으면 가정법원이 정하게 된다(민법 제909조 제4항). 또한 자식의 양육문제를 협의하여 정하게 되고, 협의가 이루어지지 않으면 가정법원에서 정하게 된다(민법 제837조).

#### 3) 재산상의 효과

이혼을 한 당사자 일방은 타방에 대하여 재산의 분할을 청구할 수 있다(재산분할청구권 : 민법 제839조의 2, 제843조). 재산분할청구권은 이혼 한 날로부터 2년을 경과하면 행사할 수 없다(민법 제839조의 2 제3항). 재판상 이혼의 경우 이혼피해자는 과실 있는 상대방에 대하여 재산상의 손해와 정신적 고통에 대한 손해배상청구를 할 수 있다.

### 4. 사실혼

사실혼이란 혼인의사를 가지고 동거하여 실질적으로는 부부로서의 생활을 하고 있지만 법이 정한 혼인신고를 하지 않았기 때문에 법률상 혼인으로 인정되지 않는 사실상의 부부관계를 말한다.

## Ⅲ. 부모와 자

### 1. 친생자

#### (1) 혼인 중의 출생자

부모와 자연적 혈연관계에 있는 자를 친생자라 하는데, 혼인관계에 있는 부모 사이에서 태어난 자를 혼인중의 출생자라고 한다. 혼인중의 출생자는 다시 친생추정을 받는 혼인중의 출생자, 친생추정을 받지 않는 혼인중의 출생자, 준정에 의한 혼인중의 출생자로 구분된다.

### (2) 혼인 외의 출생자

혼인관계에 있지 않은 남녀 사이에 출생한 자를 혼인외의 출생자라 한다. 태어난 자와 생모 사이의 친자관계는 출산에 사실에 의하여 인정된다고 해석되며, 부와 자 사이의 친자관계는 부가 혼인외의 출생자에 대하여 생부 또는 생모가 자기의 자라고 인정하는 경우에만 발생한다. 이를 부의 인지라고 한다. 한편, 준정이라 하여 혼인외의 출생자도 부모가 혼인을 하면 혼인중의 출생자의 신분을 갖게 된다.

## 2. 양자

양자제도는 자연적 혈연관계가 없는 사람들 사이에 법적으로 친생자관계를 의제하는 제도를 말한다. 입양이 성립하기 위해서는 당사자 사이에 입양의 합의가 있어야 한다(민법 제883조 제1호). 양자가 될 자가 13세 미만인 경우에는 법정대리인이 그에 갈음하여 입양의 승낙을 하여야 하며(민법 제869조), 양자가 될 자는 부모의 동의를 받아야 한다(민법 제870조 제1항). 양자가 될 사람이 성년인 경우에는 부모의 동의를 받아야 한다. 다만, 부모의 소재를 알 수 없는 등의 사유로 동의를 받을 수 없는 경우에는 그러하지 아니하다(민법 제871조). 후견인이 피후견인을 양자로 하는 경우에는 가정법원의 허가를 얻어야 한다(민법 제872조). 배우자가 있는 사람은 배우자와 공동으로 입양하여야 하며, 배우자가 있는 사람은 그 배우자의 동의를 받아야만 양자가 될 수 있다(민법 제874조). 양자는 양친의 존속 또는 연장자가 아니어야 한다(민법 제877조 제1항). 상호 성이 다르더라도 상관없다.

## 3. 친권과 후견

### (1) 친권

친권은 부모가 미성년의 자에 대하여 가지는 신분상·재산상의 보호·감독할 권리·의무를 말한다(민법 제913조). 친권의 구체적 내용으로는 보호·교양의 권리와 의무(민법 제913조), 거소지정권(민법 제914조), 재산관리권(민법 제916조), 대리권(민법 제920조) 등이 있다. 부모가 혼인 중인 때에는 공동으로 행사하는 것이 원칙이다. 그러나 부모의 의견이 일치하지 않는 경우에는 가정법원이 친권을 행사할 자를 정하게 되고, 부모 중 일방이 친권을 행사할 수 없는 경우에는 다른 일방이 이를 행사한다(민법 제909조).

### (2) 후견

후견은 미성년자를 위한 후견과 피성년후견인·피성년후견인을 위한 후견이 있다. 미성년자를 위한 후견은 미성년자에게 친권자가 없거나 친권자가 있더라도 친권의 전부 또는 일부를 행사할 수 없는 경우에는 미성년후견인을 두게 되며(민법 제928조), 후견인은 1인으로 하여야 한다(민법 제930조). 후견인은 최후로 친권을 행사하는 자가 유언으로써 지정할 수 있다(민법 제931조). 그러나 이러한 방식에 따라 지정된 미성년후견인이 없는 경우에는 직권으로 또는 미성년자, 친족, 이해관계인, 검사, 지방자치단체의 장의 청구에 의하여 미성년후견인을 선임한다(민법 제932조). 한편, 가정법원의 성년후견개시심판이 있는 경우에는 그 심판을 받은 사람의 성년후견인을 두어야 한다(민법 제929조).

# Ⅳ. 상속

## 1. 상속의 의의

상속이란 사람의 사망으로 그 사람의 재산 등 권리·의무가 일정한 사람에게 포괄적으로 승계되는 것을 말한다(민법 제997조). 한편, 고의로 직계존속, 피상속인, 그 배우자 또는 상속의 선순위자나 동순위에 있는 자를 살해하거나 살해하려 한 자, 고의로 직계존속, 피상속인과 그 배우자에게 상해를 가하여 사망에 이르게 한 자, 사기 또는 강박으로 피상속인의 양자 기타 상속에 관한 유언 또는 유언의 철회를 방해한 자, 사기 또는 강박으로 피상속인의 양자 기타 상속에 관한 유언을 하게 한 자, 피상속인의 양자 또는 상속에 관한 유언서를 위조·변조·파기 또는 은닉한 자는 상속인이 되지 못한다(민법 제1004조).

## 2. 상속인

### (1) 상속순위

상속인은 피상속인의 직계비속, 피상속인의 직계존속, 피상속인의 형제자매, 피상속인의 4촌 이내의 방계혈족의 순으로 된다(민법 제1000조 제1항). 같은 순위의 상속인이 여러 명인 경우 최근친을 선순위로 하고, 촌수가 같으면 공동상속인이 된다(동조 제2항). 태아는 상속순위에 관하여 이미 출생한 것으로 본다(동조 제3항). 직계비속이면 상속순위에 있어 남·녀, 혼인중의 출생자·혼인외의 출생자, 자연혈족·법정혈족(양자), 기혼·미혼, 동일호적·분가 등의 차이가 없다는 점에 주의하여야 한다. 한편, 배우자는 상속순위에 있어 특별한 위치에 있다. 즉, 피상속인의 직계비속이 있는 경우 직계비속과 공동상속인이 되고, 직계비속이 없는 경우 직계존속과 공동상속인이 되며, 직계비속·직계존속이 없는 경우에는 단독상속인이 된다(민법 1003조).

### (2) 대습상속

대습상속이란 상속인이 될 자가 상속개시 전에 사망하거나 상속결격자가 된 경우, 그 직계비속이 있는 때에는 그 직계비속이 사망하거나 결격된 자의 순위에 갈음하여 상속인이 되는 것을 말한다(민법 1001조).

## 3. 상속분

공동상속의 경우 각 상속인이 피상속인의 재산 및 권리·의무를 배당 받는 비율을 상속분이라 한다. 상속분은 피상속인의 의사에 의하여 정해지며, 지정상속분이 없는 경우 법률의 규정에 의하여 상속분이 정해진다. 동순위의 상속인의 상속분은 원칙적으로 동일하다(민법 제1009조 제1항). 그러나 배우자는 다른 공동상속인의 상속분에 5할을 가산한다(동조 제2항). 공동상속인 중 망자로부터 생전에 증여를 받았거나 또는 유증을 받은 자는 특별수익이 자기의 상속분에 미치지 못한 한도에서 상속분이 정해진다(민법 제1008조). 또한 공동상속인 중에 상당한 기간 동거 · 간호 그 밖의 방법으로 피상속인을 특별히 부양하거나 피상속인의 재산의 유지 또는 증가에 특별히 기여한 자가 있을 때에는 그 자의 기여분을 추가로 인정하여 상속분에 반영하여야 한다(민법 제1008조의2).

한편, 진정한 상속인이 그 상속권의 내용의 실현을 방해하고 있는 자에 대하여 상속권을 주장함으로써 그 방해를 배제하고, 현실로 상속권의 내용을 실현하는 것을 목적으로 하는 청구를 할 수 있는데, 이를 상속회복청구권이라고 한다(민법 제999조). 상속회복청구권은 상속권자 또는 그 법정대리인이 행사할 수 있고(동조 제1항), 상속회복청구권은 그 침해를 안 날로부터 3년, 상속권의 침해행위가 있은 날로부터 10년 내에 행사하여야 한다(동조 제2항).

## 4. 상속의 효력

### (1) 상속의 일반적 효과

상속인은 상속이 개시된 때로부터 피상속인의 권리 중 일신에 전속한 것을 제외하고 모든 재산 및 권리·의무를 포괄적으로 승계한다(민법 제1005조). 그러나 (동조 단서). 상속의 효력은 상속인의 의사와 관계없이 또는 상속인이 알든 모르든 법률상 당연히 생기게 된다.

### (2) 상속의 승인·포기

상속의 승인이란 상속인이 피상속인의 권리·의무를 승계할 것을 수락하는 의사표시로서 피상속인의 모든 권리·의무를 승계한다는 단순승인과 상속으로 인하여 얻을 재산의 한도 내에서만 피상속인의 채무와 유증을 변제할 것을 조건으로 하는 한정승인이 있다. 단순승인은 상속개시 있음을 안 날로부터 3월내에 할 수 있다(민법 제1019조 제1항). 그러나 상속인이 상속재산에 대한 처분행위를 한 때, 상속인이 승인 또는 포기를 할 기간 내에 한정승인 또는 상속포기를 하지 않은 때, 상속인이 한정승인 또는 포기를 한 후 상속재산을 은닉하거나 부정 소비하거나 고의로 재산목록에 기입하지 않은 경우 상속의 단순승인이 있는 것으로 본다. 상속의 한정승인은 상속개시원인이 있음을 안 날로부터 3월내에 상속재산의 목록을 첨부하여 가정법원에 한정승인의 신고를 하여야 한다(민법 제1030조). 상속의 한정승인을 하면 상속인은 상속에 의하여 얻은 재산의 한도에서만 피상속인의 채무와 유증을 변제 하면 된다.

상속의 포기란 피상속인의 권리와 의무를 승계할 것을 거부하는 의사표시이다. 상속의 포기의 의사표시는 상속인이 상속개시가 된 것을 안 날로부터 3월 내에 가정법원에 상속포기신고를 하여야 한다. 상속의 포기가 있으면 상속인은 처음부터 상속인이 아니었던 것으로 된다. 공동상속인 중 어느 상속인이 상속의 포기를 하면 그 상속분은 다른 상속인의 상속분의 비율로 그 상속인에게 귀속된다(민법 제1043조).

# V. 유언과 유류분

## 1. 유언

유언이란 유언자의 사망으로 인하여 일정한 법률효과를 발생시키는 것을 목적으로 하는 의사표시로서 상대방 없는 단독행위이다. 미성년자와 피성년후견인, 피한정후견인도 유언을 할 수 있으나(민법 제1062조, 제1063조), 17세 미만인 자는 유언을 하지 못한다(민법 제1061조). 유언은 자필증서에 의한 유언, 녹음에 의한 유언, 공정증서에 의한 유언, 비밀증서에 의한 유언, 구수증서에 의한 유언 등이 있고, 이러한 방식에 의하지 않으면 효력이 생기지 않는다(민법 제1065조).

## 2. 유류분

유류분이란 일정한 상속인에게 그의 법정상속분 중의 일정한 부분 확보됨으로써 피상속인의 생전처분 또는 사인처분으로 침탈할 수 없는 것을 말한다. 유류분권을 가지는 자는 피상속인의 직계비속, 배우자, 직계존속 및 형제자매로서 피상속인의 직계비속과 배우자의 경우에는 그 법정상속분의 2분의 1을 유류분으로 가지고, 피상속인의 직계존속과 형제자매의 경우에는 그 법정상속분의 3분의 1을 유류분으로 가지게 된다(민법 제1112조). 그러나 유류분을 침해하는 증여나 유증이 당연히 무효가 되는 것이 아니고, 상속인이 유류분권을 행사하여 유류분에 부족한 한도에서 재산의 반환을 청구할 수 있는 것이기 때문에(민법 제1115조) 당사자는 증여 또는 유증을 한 사실을 안 날로부터 1년 내에, 상속이 개시된 날로부터 10년 내에 행사하여야 한다(민법 제1117조).

# 제9장

# 월 스트릿 (Wall Street, 1987)

---

* 이 영화포스터의 출처는 〈www.moviewposterdb.com〉로서, 공정이용(Fair Use)의 범위에서 이용이 가능한 포스터임

제1절

# 씨네마 법

## I. 개요

이 영화는 올리버 스톤(Oliver Stone)이 감독과 공동 각본을 맡아 20세기 폭스(20th Century Fox)사에 의해 1987년 개봉한 미국 드라마 영화이다. 마이클 더글라스(Michael Douglas), 찰리 신(Charlie Sheen), 대럴 한나(Daryl Hannah), 마틴 신(Martin Sheen)이 주연을 맡았다. 올리버 스톤 감독은 대공황이 있었던 기간 동안 주식 중개인이었던 자신의 아버지 루 스톤에게 경의를 표하기 위해 이 영화를 만들었다고 한다. 영화 속의 주인공인 게코(Gekko)의 캐릭터는 데니스 레빈, 이반 보에스키, 칼 아이칸, 애셔 에델만, 마이클 밀켄, 스톤 자신을 포함한 여러 사람들을 합성한 캐릭터라고 한다. 그리고 영화 속의 로렌스 와일드먼 경(Sir Lawrence Wildman)의 캐릭터는 영국의 저명한 금융가이자 기업 약탈자인 제임스 골드스미스 경(Sir James Goldsmith)을 모델로 했다. 원래 영화 제작사는 게코 역으로 워렌 비티(Warren Beatty)를 원했고, 올리버 스톤 감독은 리처드 기어(Richard Gere)를 원했지만 그들 모두 이 역을 원하지 않았다고 한다. 그런데 이영화는 주요 영화 비평가들 사이에서 호평을 받은 것은 물론 게코 역을 맡은 마이클 더글러스는 1988년 아카데미 남우주연상을 수상했다.

## II. 시놉시스

영화 속의 주인공인 버드는 뉴욕 맨하탄의 남쪽 끝에 자리한 세계 금융의 중심지 "월 스트리트"에 있는 잭슨 스타인엠 회사에 근무하는 주식 중개인이다. 수 년 동안 증권거래소 주변에서 소이 대박의 꿈을 키웠으나 평생을 일한 사람도 재산을 별로 모으지 못하는 것을 보고 월 스트리트에서 악명높은 금융가 고든 게코(Gordon Gekko)와 함께 일하기를 원한다. 사실 정상적인 주식거래만으로는 큰 돈을 만질 수 없다는 것을 아는 게코는 비정상적인 주식거래를 통해 하루 아침에 거액의 부를 이룩한 인물이다. 버드는 59일 연속으로 게코의 사무실에 전화를 걸어 약속을 잡고자 하고, 그의 생일에 게코가 가장 좋아하는 밀수품 쿠바 시가 한 상자를 들고 게코를 방문한다. 그리고 자신의 아버지가 근무하는 블루스타 항공의 내부정보를 게코에게 제공하면서까지 그와 함께 일하고자 한다. 버드의 대담함에 감명을 받은 게코는 결국 버드와 함께 일하게 되는데... 고든 게코와 손잡은 버드는 델타 제지의 주식을 비정상적으로 거래하면서 수백만달러의 수익을 챙기고 맨하탄에 있는 100만 달러짜리 아파트를 사고 미녀를 거느리는 부자로 둔갑한다. 버드는 자신과 게코에게 더 많은 수입을 제공하기 위해 내부 정보를 극대화하고 친구들을 내부정보를 이용한 주식 거래자로 이용한다. 이후 버드의  몇몇 거래는 SEC의 관심을 끌게 된다. 한편, 버드는 게코에게 경영상 어려움이 있는 블루스타 항공사를 인수하여 자신이 대표가 되어 회사를 구할 것을 제안한다. 게코는 이러한 버드의 제안을 받아들였으나, 한편으로는 회사를 해산하고 그 자산을 매각할 계획을 가지고 있었다. 결국 버드의 아버지를 포함한 블루스타 항공사의 모든 직원은 실직하게 된다. 비록 이 거래를 통해 버드도 막대한 부를 얻을 수 있었지만 게코가 지신을 속였다는 것에 분노하고 자신으로 인하여 블루스타가 파산하게 될 것이라는 사시에 괴로워한다. 특히 블루스타 항공사에 근무하는 자신의 아버지가 심장마비를 겪고 난 후에 더 하였다. 결국 버드는 게코를 배신하고 게코의 원수인 와일드맨 경에게 어떠한 대가라도 지불할 테니 블루스타를 구해달라 애원한다. 게코를 파멸시킬 수 있는 기회가 온 와일드맨 경은 버드를 앞세워 주가를 조작해서 게코에게 어마어마한 손해를 입히고 블루스타를 구한다. 그러나 다음날 버드는 증권거래법 위반으로 체포된다. 버드의 아버지는 교도소에 수감되어 들어가는 아들에게 돈은 땀 흘려 일해서 버는 것이 옳다고 말한다.

## III. 사색하는 법률 산책

최근 우리나라는 물론 전 세계적으로 주식투자 열풍이 분다. 특히 우리나라의 경우 소위 "영끌"이라고 해서 2030세대의 청년들의 주식투자는 가히 광풍이라고까지 할만하다. 영혼까지 끌어모아 투자를 한다고 하니 광풍이 아닐 수 없다. 이런 사정에서 누구라도 자신이 투자하는 회사 정보를 가지고 있다면, 특히 그 정보가 다른 사람은 모르고 특별히 소수만 가지고 있다면 그야말로 대박이 아니겠는가. 지난 해인 2022년 6월 세계적인 그룹인 "방탄소년단(BTS)"이 단체활동을 중단한다는 유튜브 영상을 공개하자 소속사의 주가가 급락했다. 그러니까 BTS는 작년 6월 14일 공식 유튜브 채널에서 "찐 방탄회식"영상을 통해 단체활동 중단을 발표했는데, 이 영향으로 하이브의 주가는 다음날(작년 6월 15일) 24.87% 급락한 것이다. 그런데 소속사의 직원들이 이 유튜브 영상이 공개되기 직전 소속사인 주식을 매도해 거액의 차익을 얻었다는 소식이다. 자~ 그러면 한번 생각해보자. 내가 그 소속사 직원이라면, 그리고 그 주식을 엄청 가지고 있는 상황이라면... 바로 하루 만에 엄청난 손해를 보는데 그래도 가만히 가지고 있어야 할까. 아니면 그 소식을 알자 마자 바로 처분해서 손해를 방지하여야 할까. 반대의 경우도 있을 것이다. 특정한 사건 이후로 회사의 주식이 계속 급등에 급등을 거듭하는데, 그 특정 사건 전에 이미 그 사실을 알고 있다면 그 회사의 주식을 사야 하는 것 아닌가? 이를 내부정보라하고 이러한 정보를 이용한 주식의 거래를 내부자거래라고 한다. 그런데 이 시점에서 또 한가지 생각해 볼 것이 있지 않을까. 나는 특별히 그 정보와 관련한 일을 하는 사람이기 때문에 당연이 그와 관련한 정보를 알고 있는데... 그와 관련한 일을 하지 않고 있는 무수히 많은 다른 사람들, 소위 투자자들은 어떠한가. 그들과 나는 과연 공정한 시장에서 공정하게 주식투자라고 하는 한판 경쟁을 하고 있는가를 말이다. 그렇다면 법은 과연 이러한 사정에서 어떠한 자세를 취하여야 할까. 이 영화는 바로 이러한 법률 문제에 대하여 우리로 하여금 사색하는 법률 산책을 권하고 있다. 자~ 이제부터 내부자거래에 관해 사색하는 법률 산책을 떠나보자.

제2절

# 상사 생활과 법

## I. 서설

### 1. 상법의 의의

#### (1) 형식적 의의 상법

상법은 형식적 의의와 실질적 의의의 상법으로 구분된다. 형식적 의의의 상법은 '상법'이라는 명칭을 가진 제정법전을 말한다. 독일, 프랑스, 일본, 우리나라 등과 같이 대륙법계에 속하는 국가는 통일된 상법전을 가지고 있으나 영국, 스웨덴 등은 그러하지 않다. 이처럼 형식적 의의의 상법은 장소와 시대에 따라서 다양하게 존재할 수 있으며 실질적 의의의 상법과 반드시 범위를 같이하는 것은 아니다.

#### (2) 실질적 의의의 법

실질적 의의의 상법은 상법에 내재된 통일된 이념을 추출하고 그것에 의하여 상법을 종합적·체계적으로 구성한 법역을 말한다. 따라서 실질적 의의의 상법은 라 할 수 있으며, 형식적 의의의 상법 이외에 증권거래법, 은행법 등 상사특별법을 포함하여 상관습법 등 기업적 생활관계에 특유한 법규의 총체를 구성한다.

### (3) 기업법

오늘날 사적 생활관계에서 경제생활의 중요성이 확대됨에 따라 상법은 시민생활과 매우 밀접한 관련성을 띠고 있다. 경제생활을 규율하는 법에는 기본적인 법률로서는 민법과 상법이 있다. 상법은 기업적 생활관계 자체의 특수성에 의하여 개별경제주체간의 이익조정을 본질로 하는 법으로서 민법과 함께 사법체계에 속한다. 그러나 민법은 경제생활의 일반에 관한 법이라는 점에서 상법에 대하여 일반법이며, 상법은 영리활동의 실현을 목적으로 하는 기업생활관계에 관련된 법이기 때문에 민법에 대하여 특별법의 지위에 있다.

## 2. 상법전

우리 나라의 현행 상법전은 1962년 1월 20일(법률 제1,000호 공포)되어 1963년 1월 1일부터 시행되어 오고 있다. 그 이전에는 일본 상법전인 의용상법을 사용하였다. 현행 상법전은 제1편 총칙, 제2편 상행위, 제3편 회사, 제4편 보험, 제5편 해상으로 구성되어 있다.

# II. 상인

## 1. 의의

일반적으로 상법은 기업법으로서, 기업관계에 특유한 법규의 총체라고 할 수 있다. 이 경우의 기업이란 일정한 계획에 따라 계속적 의도를 가지고 영리행위를 하는 독립적 경제적 단위체를 의미한다. 기업은 그 자체로서 그의 활동에서 발생하는 권리의무의 귀속주체가 되는 인격자로서의 지위를 인정받고 있지 못하기 때문에, 기업의 권리의무의 법적 주체를 별도로 규정할 필요가 있다. 이러한 별도의 법적 주체가 바로 상인이다.

상인은 상행위의 여하를 기준으로 자기명의로 상행위를 영업으로 하는 당연상인과 상행위를 영업으로 하지 않더라도 경영의 형식 내지 기업적 설비에 착안하여 상인으로 의제되는 의제상인으로 구분할 수 있다. 전자의 행위에는 상행위법통칙(상법 제47조~제65조)이 적용됨에 반하여 후자의 행위는 준상행위(상법 제66조)로서 상행위법통칙의 규정이 준용된다. 상인은 영업규모의 대소를 기준으로 완전상인과 소상인으로도 분류할 수 있다. 전자에 대하여는 상법상의 모든 규정이 적용되며 후자에 대하여는 상법의 적용이 부분적으로 배제된다는데 그 구분의 실익이 있다.

## 2. 당연상인

당연상인이라 함은 자기명의로 상행위를 하는 자(상법 제4조)를 말하는데, 이를 실질상인 또는 고유의 상인이라고도 한다. 이는 기업의 실질에 따라서 정해진 것으로서, 상법을 적용할 때 인정되는 개념으로서 경제적·통속적인 의미의 상인과 반드시 같다고는 할 수 없다.

## 3. 의제상인

상법 제46조에 열거된 21가지의 기본적 상행위만으로는 경제가 급속하게 발전하는 현실에 충분하게 대처할 수 없다. 이처럼 상행위개념으로부터 상인개념을 전적으로 도출하는 것은 한계가 있으므로 기업의 실질보다 오히려 기업적 설비 내지 경영의 형식에 착안한 상인을 인정하여 상인개념을 확대할 필요가 있다. 이에 상법은 일종의 법적 의제를 통해 기업이라는 외관의 구비에 따라 상인으로 보는 의제상인을 인정하고 있다. 의제상인의 상행위는 준상행위로 된다. 우리 상법상 의제상인으로는 다음의 2가지가 있다.

### (1) 설비상인

설비상인이라 함은 점포 기타 이것에 유사한 설비에 의하여 상인적 방법으로 영업을 하는 자를 말한다(상법 제5조 제1항). 이는 영업의 내용이 아니라 경영설비를 표준으로 한다.

#### (2) 민사회사

영리법인인 회사에는 상행위를 영업으로 하는 상사회사와 상행위이외의 행위를 영업으로 하는 민사회사가 있다. 상사회사는 상법 제4조에 따라 당연상인으로 되나, 민사회사는 상사회사와 달리 당연상인은 아니지만 회사라는 기업경영형태를 가지고 있다는 점에서 상인성을 인정하여 상인으로 의제한 것이다.

### 4. 소상인

상법상 일정한 요건을 구비한 자는 누구라도 상인이 될 수 있다. 그러나 상인의 영업에 관하여 마련한 상법상의 제도를 영세한 영업규모를 가진 상인에게까지 적용하는 것은 가혹할 뿐만 아니라 번잡하다. 그리하여 상법은 이러한 상인을 완전상인으로부터 특별히 구별하여 소상인으로 분류하고, 지배인, 상호, 상업장부 및 상업등기에 관한 규정을 적용하지 않는다(상법 제9조). 소상인의 범위는 대통령령으로 정하는데(부칙 제1조), 현재에는 자본금액이 1천만원 미만의 상인으로서 회사가 아닌 자를 말한다(상법의 일부규정의 시행에 관한 규정 제2조).

## III. 상업사용인

### 1. 의의

상인의 영업규모가 확대됨에 따라 그 영업활동을 수행하기 위해서는 점포나 공장, 기계 등의 물적 설비이외에도 타인의 능력으로부터 보조를 받을 필요가 있게 되었다. 이러한 영업의 인적 설비를 위해 상인의 영업활동에 대한 보조자로서 상업사용인제도를 두고 있다. 상업사용인은 특정한 상인에 종속하여 그 상인의 대외적인 영업활동을 보조하는 역할을 한다. 상법상 상업사용인의 종류로는 대리권의 범위를 기준으로 하여 지배인, 부분적 포괄대리권을 가진 사용인 및 물건판매점포의 사용인이 있다.

## 2. 상업사용인의 종류

### (1) 지배인

지배인은 영업주에 갈음하여 그 영업에 관한 재판상 또는 재판 외의 모든 행위를 할 수 있다(상법 제11조 1항). 이와 같이 지배인이 가지는 권한인 지배권은 지배인을 선임한 영업주의 영업의 전반에 걸치는 포괄적이고, 법률에 의해 객관적으로 그 범위를 정형화하여 거래상대방의 보호, 거래의 신속성확보, 그리고 거래안전을 도모하고 있다.

상법은 민법상의 표현대리(민법 제125조, 제126조, 제129조)를 제도적으로 강화하여 정형화시켜 두기 위해 표현지배인제도를 마련하고 있다. 이 제도는 거래의 안전(선의의 제3자 보호)을 위해서 영미법상의 금반언의 법리나 독일법상의 외관주의의 정신에 따라 영업주로부터 지배권을 부여받지 않았으면서도 사실과 다른 외관을 작출한 자에게 책임을 부담시키기 위한 것이다.

### (2) 부분적 포괄대리권을 가진 상업사용인

부분적 포괄대리권을 가진 상업사용인이라 함은 영업에 관한 어떠한 종류 또는 특정한 사항에 관한 대리권을 소유하는 상업사용인을 말한다. 그 특정한 사항에 관한 재판 외의 모든 행위를 할 수 있다. 대개 회사에서 부장, 과장, 계장, 주임 등의 명칭이 사용된다.

### (3) 물건판매점포의 사용인

물건을 판매하는 점포의 사용인은 그 판매에 관한 모든 권한이 있는 것으로 본다(상법 제16조 1항). 이처럼 물품의 판매를 목적으로 하는 점포의 사용인은 그 점포에 있는 물품의 판매에 관한 권한을 가지는 것으로 간주하는데, 이는 외관주의의 입장에서 거래안전을 보호하는 데 그 목적이 있다.

## 3. 상업사용인의 의무

상업사용인은 영업주와 고용 또는 위임관계 등의 민법상의 법률관계에 기초한 의무 이외에도 상법이 특별히 정한 의무를 부담한다. 상법이 상업사용인에 대하여 특별한 의무를 부과하는 것은 영업주와 상업사용인간의 관계가 고도의 인적 신뢰관계를 바탕으로 하기 때문이다. 상업사용인은 영업에 관한 광범위한 권한을 가지고 있는 까닭에 영업주의 영업상의 기회와 영업에 관한 기밀 등에 정통할 수 있어, 영업주가 아닌 상업사용인 자신이나 제3자의 이익을 위해 이를 이용할 가능성이 있다. 따라서 영업주의 이익을 보호하기 위하여 상법은 상업사용인에게 영업주의 허락없이 경업이나 겸직을 할 수 없는 부작위의무를 부과하고 있다.

상업사용인이 자신의 의무에 위반하여 거래를 한 경우 영업주는 그 거래를 자기의 계산으로 한 것으로 하거나 사용인에 대하여 그로 인한 이득을 양도할 것을 청구할 수 있다. 영업주는 이 밖에 손해가 있으면 배상청구를 할 수 있다.

# IV. 상호

## 1. 상호와 상호권

상호란 상인이 영업상 자기를 표시하기 위하여 사용하는 명칭이며, 상인은 자유롭게 상호를 선정하여 사용할 수 있다. 상법은 상호의 사용자인 상인은 물론 일반공중이 그 사용관계를 대세적으로 명확하게 식별하기 위한 공시의 방법으로 상호등기제도를 두고 있다. 이처럼 상호등기제도는 상인의 이익과 상인과 거래를 하는 상대방의 이익을 조정하기 위하여 설치된 제도이다.

상인이 그의 상호에 대하여 가지는 권리를 상호권이라 하며, 법적 이익으로서 보호를 받는다. 상호권은 상인이 타인으로부터 방해받지 않고 상호를 사용할 수 있는 권리인 상호사용권과 타인이 동일 또는 유사한 상호를 부정하게 사용하는 것을 배척할 수 있는 권리인 상호전용권으로 이루어져 있다.

## 2. 상호의 가등기

상호의 가등기는 1995년 상법의 개정에 의하여 일본으로부터 도입하였다. 이 제도는 물적회사인 주식회사나 유한회사를 설립하거나 회사의 상호·목적을 변경하는 경우, 또는 본점을 다른 행정구역으로 이전하려는 경우 여러 가지 복잡한 절차가 필요하므로 상당한 시간이 소요된다. 타인이 이러한 설립이나 변경 또는 이전계획을 미리 알고 위 회사의 상호와 동일한 상호를 먼저 등기한다면 위 회사의 설립등기나 상호변경등기, 또는 본점이전등기를 방해할 여지가 있다. 이와 같은 폐단을 방지하기 위하여 상호의 가등기를 허용한 것이다.

# V. 상업장부

## 1. 의의

상업장부란 상인이 모든 거래를 기록·정리하는 장부를 말한다. 이는 영업상의 재산 및 손익의 상황을 명확하여 영업성과의 평가와 장래의 영업계획의 수립을 위하여 필요하다. 상법은 상업장부의 종류로서 회계장부 및 대차대조표의 2가지를 규정하면서 그 작성을 상법상의 의무로 부과하고 있다(상법 제29조 1항).

## 2. 종류

회계장부란 상인이 거래와 기타 영업상의 재산과 관련된 모든 사항을 기재하는 장부로서 대차대조표 작성의 기초가 된다(상법 제30조 제1항). 회계장부의 종류에 관하여 상법상의 규정은 없으나 일반적으로 명칭에 관계없이 재산의 증감 내지 그 변화를 기록하기 위하여 작성한 것은 모두 회계장부로 볼 수 있다.

대차대조표는 일정한 시기에 상인의 영업용 재산을 각각 자산과 부채로 분류·기재하여 구분함으로써 현재 가지고 있는 재산액과 가져야 할 재산액을 대조하여 재산의 상황과 손익계산을 명백히 하는 장부이다.

## 3. 보존의무

상업장부에서는 회계처리기준을 비롯한 일정한 원칙에 따라 재산의 평가하여야 한다. 상업장부는 10년간 보존하여야 한다. 전표 또는 이와 유사한 서류는 막대한 보존비용과 인력의 낭비를 줄이고자 보존기간이 5년으로 단축되어 있다. 보존의 편리와 비용절감의 효율을 위해 마이크로 필름 기타 전자정보처리조직에 의한 상업장부의 보존이 인정된다.

## VI. 상업등기

### 1. 의의

상업등기란 상법·비송사건절차법 등이 규정하는 바에 따라 영업에 관한 중요한 사항을 상업등기부에 하는 등기를 말한다. 상업등기부에는 상호·미성년자·법정대리인·지배인·합명회사·합자회사·주식회사 및 외국회사에 관한 각종의 등기부가 있다. 이처럼 상법은 상인의 실체를 상업등기부에 기재하여 일반에게 공시함으로써 거래의 안전을 도모하고, 나아가 상인 자신의 신용을 유지하고 있다.

### 2. 효과

등기할 사항은 등기 전에는 선의의 제3자에게 대항하지 못한다(상법 제37조). 이는 권리외관이론을 바탕으로 한 것으로서 등기사항의 등기를 촉진하는 효과뿐만 아니라 선의의 제3자가 보호될 수 있다. 등기후의 상업등기부에 등기한 사항은 악의의 제3자에게는 물론 선의의 제3자에 대해서도 대항할 수 있다.

## VII. 영업양도

### 1. 의의

영업양도는 일정한 영업목적에 의하여 조직화된 유기적 일체로서의 기능적 재산의 이전을 목적으로 한다. 이 경우 재산에는 물건 또는 권리의무 및 재산적 가치 있는 사실관계가 포함된다. 영업양도계약은 채권계약이므로 그 이행으로서 양도인은 양수인에게 영업재산을 이전하여야 할 의무를 부담한다. 채권계약의 이행으로서 물권행위가 행하여지는데 영업양도의 경우 각종 영업재산은 각 재산의 이전방식에 의해서 양수인에게 이전해야 하며 대항력도 갖추어야 한다.

## 2. 효과

영업을 양도한 경우 당사자간에 다른 약정이 없으면 양도인은 10년간 동일한 서울특별시·광역시·시·군과 인접한 서울특별시·광역시·시·군에서 동종영업을 하지 못한다(상법 제41조 제1항). 양도인에게 이러한 부작위의무를 부담시키는 것은 영업양수의 실효를 거두기 위한 것이다. 양도인이 동종영업을 하지 아니할 것을 약정한 경우에도 20년을 초과할 수 없다(상법 제41조 제2항).

채무인수가 없으면서 양수인이 양도인의 상호를 계속 사용하는 영업양도의 경우 채권자는 영업양도의 사실을 알지 못하게 되어 양도인이 자력이 있는 동안에 채권을 회수할 기회를 잃게 될 수 있다. 이 때문에 채무인수없이 상호를 계속 사용함으로써 마치 채무인수를 한 것과 같은 외관을 야기한 경우에는 양수인은 채무인수를 한 것으로 의제한다.

영업양도에 있어서 양수인이 양도인의 상호를 속용하지 않는 경우에는 영업이전의 외관이 뚜렷하므로 이에 대비하지 못한 채권자를 보호할 필요가 없다. 따라서 양수인이 채권자의 승낙을 받아 채무를 인수한 경우가 아닌 한, 양수인은 원칙적으로 양도인의 영업으로 인한 채무를 변제할 책임이 없다(민법 제454조 참조).

영업양도의 경우에는 당연히 양도인의 제3자(채무자)에 대한 채권도 이전되어야 한다. 그러나 실제로 채권양도를 하지 않았으면서 채권양도를 한 것과 같은 외관을 야기한 경우에는 채무인수의 경우와 같이 외관법리에 의하여 채무자를 보호한다. 즉, 양수인이 양도인의 상호를 속용한 경우에 채무자가 선의이며 중대한 실수없이 양수인에게 변제한 때에는 그 효력이 있다(상법 제43조).

제3절

# 상행위법

## I. 상행위의 의의

현행 상법이 상인을 자기의 명의로써 상행위를 하는 자(상법 제4조 제1항)로 정의하고 있는 것처럼 상행위는 상법의 중심적 개념이다. 이러한 상행위를 실질적으로 말하면 영리에 관한 행위이고, 형식적으로는 상법과 담보부사채신탁법 등 특별법에 상행위로서 규정된 행위를 말한다. 상행위의 개념에는 법률행위뿐만 아니라 영업을 위하여 하는 행위, 즉 부속적 상행위를 포함한다.

## II. 상행위의 종류

상행위에는 상인이 영업으로 하는 상행위인 영업적 상행위가 있다. 이에는 당연상인이 영업으로 하는 상행위인 기본적 상행위와 의제상인이 영업으로 하는 상행위인 준상행위가 있다. 또한 상행위의 당사자를 기준으로 분류하여 당사자 일방만 상행위로 되는 경우를 일방적 상행위라 하고 당사자 쌍방이 상행위로 되는 경우를 쌍방적 상행위라 한다. 이밖에 상인이 영업을 위하여 하는 상행위인 보조적 상행위(부수적 상행위)가 있다. 이상의 상행위에 상법을 적용함에 있어서는 아무런 차이가 없다.

## Ⅲ. 상행위법 총칙

### 1. 상행위 특칙

#### (1) 개관

상법의 상행위편에서는 민법의 총칙·물권·채권의 각 편의 규정에 대한 특칙을 마련하고 있으며 매매에 관하여도 민법상의 매매에 대한 특칙을 규정하고 있다.

#### (2) 민법 총칙편에 대한 특칙

**1) 상행위의 대리**

**가. 상사대리**

상행위의 대리는 본인을 위한 것임을 표시하지 아니하여도 그 행위는 본인에 대하여 효력이 있다(상법 제48조 본문). 민법과는 달리 상법이 비현명주의의 입장을 취하는 것은 상사관계가 대개 신속성·반복성·집단성을 띠기 때문이다. 또한 민사대리에서 대리인의 대리권한 밖의 행위는 원칙적으로 본인에 대하여 효력이 없지만, 상사대리의 경우 대리인은 상행위 위임의 본지에 반하지 않는 범위 내에서는 위임받지 아니한 행위도 할 수 있다(상법 제49조).

민사대리 관계에서는 본인의 사망으로 대리권이 소멸하게 되지만, 상인이 영업을 위하여 지배인을 선임하는 경우처럼 상행위의 위임에 대한 대리권은 본인의 사망으로 인하여 소멸하지 않는다(상법 제50조). 이러한 특칙을 규정한 것은 대리권의 소멸로 인한 영업활동의 중단을 피하고 거래의 안전을 보장하기 위하는 데 그 목적이 있다.

**나. 소멸시효**

민법상 채권, 즉 민사채권의 소멸시효기간은 10년이지만, 상행위로 인한 채권, 즉 상사채권은 상법이나 다른 법령에 다른 규정이 없는 한 5년간 행사하지 아니하면 소멸시효가 완성된다(상법 제64조 본문). 이렇게 상사 소멸시효를 단기간으로 한 것은 상거래의 신속한 해결을 위한 것이다.

### (3) 민법 물권편에 대한 특칙

#### 1) 상사유치권

상사유치권이란 상사채권을 담보하기 위하여 인정된 유치권이다. 이는 기업활동에 있어서의 신용보호라는 관점에서 상사채권의 물적 담보를 강화하기 위하여 민법상 유치권의 성립요건을 변경·완화하고 있다.

#### 2) 유질계약의 허용

유질계약을 금지하고 있는 민법 제339조의 규정은 상행위로 인한 채권을 담보하기 위해 설정된 채권에는 적용되지 않는다(상법 제59조). 이처럼 상인이 쉽게 금융의 편의를 얻게 하기 위하여 민법상의 유질계약의 금지 규정이 상행위에는 적용되지 않는다.

### (4) 민법 채권편에 대한 특칙

#### 1) 상인의 영리성 보장

상인의 영리성을 보장해 주기 위하여 상법은 민법 채권편의 특칙을 마련하고 있다. 민법상 위임계약에서의 수임인은 특별한 약정이 없으면 위임인에 대하여 보수를 청구하지 못하지만, 상법은 그러하지 않다. 즉, 상인이 그 영업의 범위 내에서 타인을 위하여 행위를 한 때에는 특약이 없어도 상당한 보수를 청구할 수 있다(상법 제61조). 민법상 소비대차나 수취인에게는 체당금에 대한 법정이자청구권을 인정하고 있으나 사무관리에는 그러한 권리를 인정하지 않는다. 그러나 상인간의 금전소비대차를 하거나 상인이 그 영업범위 내에서 타인을 위하여 체당한 때에는 상인은 법정이자를 청구할 수 있다(상법 제55조). 또한 민법상의 법정이율은 년

5%이나, 상법상 상행위로 인하여 생긴 채무의 법정이율은 년 6%이다(상법 제64조).

#### 2) 다수당사자의 채권관계

상법은 다수의 채권자가 존재하는 거래관계에서 채무의 이행을 확실하게 하고 채권자를 보호하기 위하여 다수당사자의 채권관계에 관하여 특칙을 마련하고 있다. 즉, 민법상 채무자가 수인인 경우에는 각 채무자는 균등한 비율로 분할하여 채무를 부담하는 것이 원칙이나, 상법에서는 수인이 그 1인 또는 전원에게 상행위가 되는 행위로 인하여 채무를 부담한 때에는 연대하여 변제할 책임이 있다(상법 제57조 1항). 보증채무의 경우 그 보증이 상행위이거나 주채무가 상행위로 인한 경우 그 보증은 연대보증이 된다(상법 제57조 2항).

#### 3) 상사매매

상법은 당사자가 모두 상인인 경우, 즉 이른바 상사매매에 있어서 매도인을 보호하고 거래의 안전과 신속성을 확보하기 위해 민법상의 매매규정에 대한 몇 가지의 특칙을 두고 있으며, 그 외에는 민법에 따르고 있다. 상사매매에 관한 상법의 특칙은 임의규정이다.

### 2. 상호계산

상호계산이라 함은 상시 거래관계가 있는 상인간 또는 상인과 비상인간에 일정기간의 거래로 인한 채권·채무의 총액에 관하여 상계하고 그 잔액을 지급하는 일종의 대차결제의 방법이다(상법 제72조). 상호계산은 격지자간의 송금에 따른 수고와 비용 및 위험을 방지하여 결제상의 편의를 누릴 수 있다. 현재 은행의 당좌예금, 운송업자 상호간 또는 보험회사와 그 대리점 사이에서 이용되고 있다. 상법상 상호계산기간은 당사자의 특약으로 정하지만 특약이 없으면 6개월로 한다. 당사자는 언제든지 상호계산계약을 해지할 수 있다. 상호계산의 효력으로서 상호계산에 계입된 채권은 독립성을 잃게 되어 개별적으로 행사할 수 없다.

### 3. 익명조합

익명조합은 당사자의 일방인 익명조합원이 상대방인 영업자의 영업을 위하여 금전 기타의 재산을 출자하고 상대방이 그 영업으로 인한 이익을 분배할 것을 약정하는 계약을 말한다(상법 제78조). 익명조합에서는 실질적·경제적으로는 익명조합원과 영업자의 공동기업형태의 일종이면서 형식적·법률적으로는 영업자의 단독기업이므로 대외적으로는 영업자만이 제3자와의 법률관계를 갖는다는 점이 특색이다. 즉, 익명조합원의 존재는 외부에 나타나지 않는다. 따라서 익명조합원은 출자의무를 부담하며 출자재산은 원칙적으로 영업자에게 귀속한다. 익명조합원은 그 대신 영업상의 이익분배를 청구할 수 있다. 익명조합에서 손실이 발생한 경우 익명조합원의 손실분담비율은 다른 약정이 없으면 이익의 분배비율과 동일한 것으로 본다.

## Ⅳ. 상행위법 각칙

### 1. 대리상

#### (1) 의의

대리상은 상업사용인이 아니면서 일정한 상인을 위하여 상시 그 영업부류에 속하는 거래의 대리 또는 중개를 영업으로 하는 자를 말한다(상법 제87조). 거래의 대리를 영업으로 하는 자를 체약대리상이라 하고, 거래의 중개를 영업으로 하는 자를 중개대리상이라 한다. 대리상은 그 자신이 독립된 상인이며 본인인 영업주 영업의 외부에서 본인을 보조한다는 점에서 상업사용인과 구별된다.

영업의 지역적 확장을 위하여 대리상을 이용할 수 있다. 예를 들어, 목적하는 지역의 사정에 밝고 신용있는 자를 대리상으로 할 경우 단기간내에 효율적 영업이 가능하다. 또한 거래의 대리 또는 중개를 통한 거래의 성립시에만 수수료를 지급하므로 저렴한 비용으로 대리상의 전문지식을 영업활동에 이용할 수 있다.

### (2) 권리와 의무

대리상은 본인에 대하여 유치권과 보수청구권, 보상청구권을 가진다. 즉, 대리상은 거래의 대리 또는 중개로 인하여 생긴 채권이 변제기에 있는 때에는 그 변제를 받을 때까지 본인을 위하여 점유하는 물건 또는 유가증권을 유치할 수 있다. 대리상은 상인이므로 본인을 위하여 거래의 대리 또는 중개를 한 경우에는 다른 약정이 없더라도 대리상은 본인에 대하여 상당한 보수를 청구할 수 있다. 또한 대리상은 자신의 활동으로 본인, 즉 영업주가 새로운 고객을 얻거나 영업거래가 현저하게 증가하고 이로 인하여 대리상계약의 종료 후에도 본인이 이익을 얻고 있는 경우에는 대리상은 그 보상을 청구할 수 있다.

대리상의 의무는 다음과 같다. 첫째, 대리상은 위임계약이므로 대리상은 수임인으로서 선량한 관리자의 주의로 위임사무를 처리하여야 한다. 둘째, 대리상이 거래의 대리 또는 중개를 한 때에는 지체없이 본인에게 통지를 발송하여야 한다. 셋째, 대리상은 본인의 허락 없이 자기나 제3자의 계산으로 본인의 영업부류에 속하는 거래를 하거나 동종영업을 목적으로 하는 회사의 무한책임사원 또는 이사가 되지 못한다. 넷째, 대리상은 대리상계약의 종료 후에도 대리상계약과 관련하여 알게 된 본인(영업주)의 영업상의 비밀을 준수하여야 한다.

## 2. 중개업

### (1) 의의

중개업은 타인간의 상행위의 중개를 영업으로 하는 것이며, 이러한 영업을 하는 자를 중개인이라 한다(상법 제93조). 중개를 한다는 것은 계약을 맺고자 하는 당사자 쌍방 사이를 오가며, 계약이 성립하도록 조력하는 사실행위를 가리킨다. 중개의 계기는 묻지 않는다. 따라서 당사자 쌍방으로부터 의뢰를 받았든, 일방의 의뢰에 의하든 상관이 없다. 중개는 계약성립을 위한 적극적 개입행위이므로 단순히 당사자 일방에게 거래에 필요한 정보만을 제공하거나, 당사자간에 이루어진 합의를 문서화하는 단계에서 계약서의 작성만을 대행해 주는 행위는 중개행위라고 볼 수 없다.

### (2) 중개인의 권리와 의무

중개인은 상인이므로 다른 약정이 없어도 중개에 대하여 상당한 보수를 청구할 수 있다. 중개인은 당사자간 계약의 성립을 중개할 따름이고 계약의 당사자가 아니며 또한 계약당사자의 대리인도 아니므로, 다른 약정이나 관습이 없는 한 중개한 행위에 관하여 당사자를 위하여 지급 기타의 이행을 받지 못한다.

중개인은 수임자로서 선량한 관리자의 주의로 위임업무를 처리하여야 할 의무, 즉 중개를 하여야 할 의무를 부담한다. 당사자간에 미리 분쟁을 방지하고 또 분쟁이 발생한 경우에는 그 분쟁을 신속하게 해결하기 위하여 상법은 견품보관의무, 계약서교부의무, 장부작성·등본교부의무 등을 규정하고 있다. 만약 당사자가 그 성명·상호를 상대방에게 표시하지 아니할 것을 요구하는 때에는, 중개인은 그 상대방에게 교부할 계약서와 중개인 일기장의 등본에 그 성명 또는 상호를 기재하여서는 안된다. 한편, 중개인이 임의로 또는 당사자의 요구에 의하여 당사자의 일방의 성명이나 상호를 상대방에게 표시하지 아니한 때에는, 그 상대방은 중개인에 대하여 이행을 청구할 수 있다.

## 3. 위탁매매업

### (1) 의의

위탁매매업은 자기명의로써 타인의 계산으로 물건 또는 유가증권의 판매 또는 매입을 하는 영업이며, 이러한 영업을 하는 자를 위탁매매인이라 한다(상법 제101조). 여기서 '자기명의로써'라고 함은 위탁매매인 자신이 매매계약의 당사자, 즉 권리의무의 주체가 되는 것을 뜻한다. 위탁매매인은 지점의 설치나 대리상을 이용하는 경우와 같이 기업활동범위의 확대를 위한 수단으로 이용되지만 지점설치의 경우보다 경비가 절약되고 대리상을 이용하는 경우보다 권한이 남용될 위험도 적다. 또한 위탁자는 위탁매매인의 신용과 영업수완을 이용하여 금융의 편의도 기대할 수 있다.

한편, 위탁 매매인의 상대방은 위탁자의 경력, 신용상태 및 대리상의 대리권의 유무와 그 범위 등을 조사할 필요가 없다는 점에서 거래의 신속을 기할 수 있다. 위탁자가 거래의 노출을 회피하려고 할 때에도 적합한 제도이다.

### (2) 위탁매매인의 권리와 의무

위탁매매인의 권리는 다음과 같다. 첫째, 위탁매매업과 위탁자는 위임관계에 있으므로, 위탁매매인은 위탁자에게 위탁사무를 처리하는 데에 드는 비용의 선급을 청구할 수 있으며 또한 위탁매매인이 위탁사무비용을 체당한 경우에는 그 체당금과 체당한 날 이후의 법정이자를 청구할 수 있다. 둘째, 위탁매매인은 위탁자의 계산으로 물건 또는 유가증권을 매매함으로 인하여 위탁자에 대하여 생긴 채권이 변제기에 있는 때에는 그 유가증권채권의 변제를 받을 때까지 위탁자를 위하여 점유하고 있는 물건 또는 유가증권을 유치할 수 있다. 셋째, 매수의 위탁을 받은 위탁매매인은 위탁자가 위임판매인이 매수한 물건의 수령을 거부하거나 이를 수령할 수 없는 때에는 그 물건을 공탁하거나 상당한 기간을 정하여 최고한 후 경매할 수 있다. 넷째, 위탁매매인이 거래소의 시세있는 물건의 매매를 위탁받은 때에는 자신이 직접 그 매매인 또는 매수인으로 될 수 있다.

위탁매매인의 의무로는 다음의 것들이 있다. 첫째, 위탁판매인과 위탁자간의 관계는 위임관계이므로, 위탁매매인은 수임자로서 위임의 본지에 따라 선량한 관리자의 주의로 위탁사무를 실행하여야 할 의무가 있다. 둘째, 상법에 있어서 위탁매매인은 위탁받은 매매를 한 때에는 지체없이 위탁자에게 그 계약의 요령과 상대방의 주소·성명의 통지를 발송하여야 하고, 또 계산서를 제출하여야 한다. 셋째, 위탁매매인이 위탁자가 지정한 가격보다 염가로 매도하거나 고가로 매수한 경우 위탁매매인이 그 차액을 부담하는 때에는 그 매매는 위탁자에 대하여 효력이 있다. 넷째, 위탁매매인이 위탁물을 인도받은 후에 그 물건의 훼손 또는 하자를 발견하거나 그 물건이 부패할 염려가 있는 때 또는 가격저락의 상황을 안 때에는 지체없이 위탁자에게 그 통지를 발송하여야 한다. 다섯째, 위탁매매인은 다른 약정이나 관습이 없는 한 위탁자를 위한 매매에 관하여 상대방이 채무를 이행하지 아니하는 경우에는 위탁자에 대하여 이를 이행할 책임이 있다.

## 4. 운송주선업

### (1) 의의

운송주선업은 자기명의로 물건운송의 주선을 하는 영업이며, 이 영업을 하는 자를 운송주선인이라 한다(상법 제114조). 이처럼 운송을 의뢰하는 일반인과 운송인 사이에서 물건운송의 주선을 전문으로 하는 영업이 운송주선업이다. 운송주선업의 경우 그 주선의 목적이 물건운송계약이라는 점을 제외하면 위탁매매인과 동일하다.

### (2) 운송주선인의 권리와 의무

운송주선인의 권리는 다음과 같다. 첫째, 운송주선인은 상인이므로 위탁자에 대하여 상당한 보수를 청구할 수 있다. 운송주선인이 위탁자에 대하여 보수를 청구하기 위해서는 운송물을 운송인에게 인도하여야 한다.

둘째, 운송주선계약은 위임계약으로서 운송주선인과 위임자간의 관계에는 위임에 관한 규정이 적용되어, 운송주선인은 위탁자에 대하여 비용선급청구권과 비용상환청구권을 가진다. 셋째, 운송주선인은 운송물에 관하여 받을 보수·운임 기타 위탁자를 위한 체당금이나 선대금에 관하여서만 그 운송물을 유치할 수 있다. 넷째, 운송주선인은 다른 약정이 없으면 직접 운송할 수 있다. 다섯째, 위탁자의 운송주선인에 대한 손해배상채권이 1년의 단기소멸시효에 의하여 소멸되는 것에 대응하여 운송주선인의 위탁자 내지 수하인에 대한 채권도 1년의 단기소멸시효에 의하여 소멸된다.

운송주선계약은 위임계약이므로 운송주선인은 선량한 관리자의 주의로 운송의 주선을 하여야 한다. 운송주선인은 자기나 그 사용인이 운송물의 수령·인도·보관, 운송인이나 다른 운송주선인의 선택, 기타 운송에 관하여 주의를 해태하지 아니하였음을 증명하지 아니하면, 운송물의 멸실·훼손 또는 연착으로 인한 손해를 배상할 책임이 면하지 못한다(상법 제115조). 운송주선인의 손해배상책임은 수하인이 운송물을 수령한 날로부터 1년을 경과하면 그 소멸시효가 완성되어 소멸된다.

## 5. 운송업

### (1) 의의

운송업이란 육상 또는 호천·항만에서 여객 또는 물건의 운송을 하는 영업을 가리키며, 이러한 운송을 영업으로 하는 자를 운송인이라 한다(상법 제125조). 운송업은 그 대상에 따라 물건운송과 여객운송으로 분류되며, 운송이 행해지는 장소에 따라 육상운송업·해상운송업·항공운송업 등으로 구분된다. 상법의 상행위편에서는 육상운송인에 관하여 규정하고 있으며 해상운송인은 상편 제5편 해상부분에서 별도로 규정되어 있다.

### (2) 물건운송

운송인은 송하인으로부터 운송물을 수령할 의무가 있고 동시에 운송물의 인도를 요구할 수 있는 권리가 있다. 따라서 송하인이 지체없이 운송물을 인도하지 아니하면, 송하인은 운송인에 대하여 책임을 진다. 운송인은 송하인에 대하여 운송장의 교부를 청구할 수 있다. 운송장은 송하인이 운송인의 청구에 의하여 작성·교부하는 서면으로서 운송에 관한 법정사항을 기재하고 송하인이 기명날인한 증거증권이다. 그리고 운송인은 운임 기타 비용의 청구권을 가진다. 운송인은 운송물에 관하여 받을 운임 기타 위탁자를 위한 체당금이나 선대금에 관하여서만 운송물을 유치할 수 있다. 이 밖에 운송인은 운송물의 공탁권·경매권을 가진다.

운송계약이 성립하면 운송인은 운송계약에 따라 운송물을 수령하여 이를 보관하고 상당한 시기에 운송을 개시·종료하여 운송물을 수하인에게 인도하여야 할 의무를 부담한다. 또한 운송인은 화물상환증교부의무, 운송물처분의무 및 손해배상책임 등을 부담한다. 여기서 화물상환증이라 함은 운송인이 운송물의 수령을 인정하고, 그 운송물의 육상운송을 하여 목적지에서 증권의 정당한 소지인에게 인도할 것을 약정하는 유가증권이다.

### (3) 여객운송

여객운송인은 여객의 운송에 대한 보수로서 여객에 대하여 운임의 지급을 청구할 수 있다. 탁송수하물이 도착지에 도착할 날로부터 10일 내에 여객이 그 인도를 청구하지 아니하는 때에는 여객운송인은 그 탁송수하물을 공탁하거나 상당한 기간을 정하여 최고한 후 경매할 수 있으며, 만약 그 탁송수하물이 멸실 또는 훼손될 염려가 있는 때에는 최고없이 경매할 수 있다.

여객운송인은 여객으로부터 인도받은 탁송수하물에 대하여 유치권을 가지므로 여객운송인이 탁송수하물의 인도를 받은 경우에 그 탁송수하물의 운임의 변제를 받을 때까지 그 탁송수하물을 유치할 수 있다.

## 6. 공중접객업

### (1) 의의

극장·여관·음식점 기타 객의 집래를 위한 시설에 의한 거래를 영업으로 하는 자를 공중접객업자라 한다(상법 제151조). 공중접객업자는 객의 집래를 위한 시설에 의한 거래를 영업으로 하는 자이므로(상법 제46조 9호) 상인이다.

### (2) 공중접객업자의 책임

공중접객시설에는 객의 출입이 빈번하기 때문에 객의 소지품을 잃어버리는 경우가 많으므로 공중접객업자는 엄격한 책임을 부담하고 있다. 즉, 공중접객업자는 객으로부터 임치받은 물건의 멸실 또는 훼손이 불가항력으로 인한 것임을 증명하지 아니하면 그 손해를 배상할 책임을 면하지 못한다. 객으로부터 임치를 받지 아니한 경우에도 그 시설 내에 휴대한 물건이 자기 또는 그 사용인의 과실로 인하여 멸실 또는 훼손된 때에는 그 손해를 배상할 책임이 있다(상법 제152조). 객의 휴대물에 대하여 책임이 없음을 게시한 때에도 이러한 책임을 면하지 못한다. 그러나 귀금속 등의 고가물이 멸실되거나 기타 손해가 생긴 경우에는 객이 미리 업주에게 그 종류와 가액을 명시하여 임치하지 아니하면 업주는 책임이 없다(상법 제153조).

## 7. 창고업

### (1) 의의

창고업은 타인을 위하여 물건을 창고에 보관하는 영업을 가리키며, 이러한 영업을 하는 자를 창고업자라고 한다(상법 제155조). 창고업은 시간적 정체에 개입하여 물품을 보관함으로써 상품의 가치를 보존하는 제도로서 시간적 측면에서 정적으로 상품거래에 봉사한다.

### (2) 창고업자의 권리와 의무

#### 1) 창고업자의 권리

창고업자는 무상임치의 경우를 제외하고는, 창고임치계약에 다른 약정이 있는 경우에는 그 약정의 보수 즉, 약정의 보관료를 청구할 수 있으며, 만약 다른 약정이 없는 경우에는 상당한 보관료를 청구할 수 있다(상법 제61조). 창고업자는 임치물에 관하여 지급한 체당금 기타의 비용의 상환을 청구할 수 있으며(상법 제162조), 임치물을 일부출고하는 경우에는 보관료 청구의 경우에서와 같이 창고업자는 그 비율에 따른 체당금 기타의 비용의 지급을 청구할 수 있다. 이 외에도 창고업자는 유치권·공탁 및 경매권·손해배상청구권 등을 가진다.

#### 2) 창고업자의 의무

창고업자는 임치인으로부터 물건보관의 위탁을 받으면 창고증권을 교부하여야 하는데(상법 제156조 제1항) 이러한 창고증권은 임치물반환청구권이 표창되어 있는 유가증권이다. 창고임치계약의 유상·무상을 불문하고 선량한 관리자로서 임치물을 보관하고(상법 제62조), 보관기간이 경과한 경우에는 임치인이나 창고증권소지인에게 이를 반환하여야 한다(상법 제163조). 임치인이나 창고증권소지인이 영업시간 내에 임치물의 검사나 견품의 적취 또는 그 보존에 필요한 처분을 희망하는 경우 창고업자는 이에 따라야 한다(상법 제161조). 창고업자는 임치물을 인도 받은 후에 그 임치물의 훼손이나 하자를 발견하거나 그 임치물이 부패할 염려가 있는 경우에는 지체없이 임치인 또는 창고증권소지인에게 그 통지를 발송하여야 할 의무를 부담한다

## 8. 특수한 상행위

### (1) 리스업

리스업이라 함은 시설대여업을 가리킨다. 원래 리스(lease)의 의미는 물

건의 소유자가 그 물건을 일정기간 동안 타인에게 사용·수익하게 할 것을 약정하고 그 사용료를 받기로 하는 임대차계약을 뜻하였다. 그러나 현재 이러한 리스의 법률적 의미는 리스이용자가 선정한 특정물건을 리스회사가 새로이 취득하거나 대여받아 리스이용자에게 일정기간 동안 사용하게 하고, 그 기간에 걸쳐 일정한 대가를 정기적으로 분할하여 지급받으며, 그 기간 종료 후의 물건의 처분에 관하여는 당사자간의 약정으로 정하는 물적 금융이라고 할 수 있다(시설대여업법 제2조). 상법도 제46조 제19호에서 기본적 상행위의 하나로서 리스업을 '기계·설비 기타 재산의 물융에 관한 행위'로 규정하고 있다. 리스거래는 리스회사, 리스이용자, 공급업자의 3당사자를 바탕으로 이루어진다. 여기서의 공급업자는 구체적으로 판매업자 또는 제조업자이나, 공급업자는 리스계약의 당사자가 아니다.

### (2) 프랜차이즈업

프랜차이즈(franchise)업은 프랜차이즈제공자(franchisor)가 다수의 프랜차이즈이용자(franchisee)에 대하여 상표, 상호, 서비스표, 휘장 등과 같은 영업표지 등을 사용하여 자기와 동일한 이미지로 상품판매·용역제공 등 일정한 영업활동을 하도록 하고 그에 따른 각종 영업의 지원 및 통제를 하며, 프랜차이즈이용자는 프랜차이즈제공자로 부여받은 권리 및 영업상 지원의 대가로 일정한 경제적 이익을 지급하는 거래관계를 말한다. 프랜차이즈거래의 당사자는 프랜차이즈제공자와 프랜차이즈이용자이다. 이처럼 프랜차이즈업은 프랜차이즈이용자가 이미 사업을 하여 평판을 얻고 있는 프랜차이즈제공자의 영업표지와 경영기법을 사용하여 영업활동을 하고, 그로부터 관리기법, 교육, 마케팅 등에 관하여 지원을 받게 되므로 소규모의 자본을 투입하여 사업을 영위할 수 있으며, 프랜차이즈제공자의 명성과 신뢰를 자기사업에 이용할 수 있어 사업실패의 위험을 줄일 수 있다. 프랜차이즈이용자도 점포망을 확장함으로써 많은 자금과 인력을 투입하지 않더라도 사업을 확장하거나 시장을 개척할 수 있다는 장점이 있다.

프랜차이즈는 프랜차이즈이용자가 프랜차이즈제공자의 상호 등을 사용하고 그의 지시와 통제하에서 영업한다는 점에서 특약점과는 구별되며, 프랜차이즈이용자가 자신의 명의로 거래한다는 점에서 대리상과 구별되며, 자기의 계산으로 영업한다는 점에서 위탁매매인과 구별된다. 상법 제46조 20호에서 규정한 '상호·상표 등의 사용허락에 의한 영업에 관한 행위'가 바로 프랜차이즈를 뜻한다.

### (3) 팩토링업

팩토링(factoring)업이라 함은 물건을 판매하는 상인이 외상판매채권을 전문적인 채권회수업자에게 양도하여 관리·회수하게 하는 것을 내용으로 하는 영업을 말한다. 즉, 거래기업이 그의 외상판매채권을 금융기관인 팩터링회사(factor)에게 양도하고 팩터링회사는 거래기업에 갈음하여 채무자에게 매출채권을 추심하는 동시에 채권추심과 관련한 채권의 관리·장부의 작성 등 부수적 행위를 할 것을 인수하는 것이라 할 수 있다. 팩터링은 상법 제46조 21호에서 '영업상 채권의 매입·회수 등에 관한 행위'로 규정되어 있는 기본적 상행위이다. 이러한 팩터링거래는 팩터링회사, 거래기업 및 채무자 등을 기본당사자로 하고 있다.

제4절

# 미국과 우리나라의 내부자거래 규제 법리[6)]

## I. 들어가는 말

일반적으로 고도의 불확실성에 대한 투자를 본질로 하는 증권시장에서의 거래는 정보에 대한 의존도가 매우 높다. 즉, 증권시장에서 거래되는 주식에 대하여 투자자가 보유하고 있는 정보는 투자판단의 최종적인 결정을 위하여 매우 중요한 역할을 하는 것이다. 따라서 증권시장에서의 투자자간 정보공유의 불균형은 결국 증권시장 자체에 대한 불신으로 발전할 수 있기 때문에 모든 투자자는 균형있는 정보의 공유를 전제로 균등한 투자기회를 가져야 한다. 이를 위하여 각국의 증권규제법은 특정인이 특정의 내부정보를 이용하여 주식을 거래하는 행위를 내부자거래로 규정하고 이를 금지하고 있다.[7)] 일반적으로 내부자거래는 회사의 임직원, 대주주 등 회사의 내부정보에 용이하게 접근할 수 있는 자가 자신의 지위를 통하여 취득한 미공개의 중대한 내부정보를 이용하여 매매차익을 얻거나 손실을 면하기 위하여 하는 주식의 거래행위로 이해되고 있다.[8)] 그런데 우리

6) 이하의 내용은, 김광록, "미국법상 내부자거래에 관한 규제 법리와 자본시장법," 상사판례연구 제22집 제2권 (한국상사판례학회, 2009)의 내용을 일부 수정하여 강의자료로 활용함

7) 이기수/최병규,「증권거래법」, 세창출판사 (2000), 224~227면 참조.

8) 김건식,「증권거래법」, 두성사 (2000), 294면; 이기수/최병규, 앞의 책, 222면.

나라는 1962년 증권거래법을 제정하면서 내부자거래를 규제하는 규정을 포함하지 않았다가, 1976년 증권거래법을 개정하면서 상장법인 임직원 및 주요주주의 단기매매차익 반환의무를 도입하면서 비로소 내부자거래 규제의 기틀을 마련하게 되었다. 이후 1987년, 1991년, 그리고 1997년 증권거래법 개정을 거쳐 보다 구체적인 내부자거래 규제 법리를 발전 시켜 왔다. 그리고는 2009년 2월 4일 증권거래법[9]을 포함하는「자본시장과 금융투자업에 관한 법률」(이하 "자본시장법")[10]이 시행되기까지 구증권거래법상 내부자거래 규제규정은 개정되지 않았다.[11]

사실 내부자거래 규제 법리의 본고장이라고 할 수 있는 미국의 경우 증권감독위원회(Securities and Exchange Commission : SEC)나 의회는 법률이나 규정을 통한 내부자거래의 법률상 정의를 따로 마련하고 있지는 않다. 다만 내부자거래에 대한 연방차원의 규제는 연방 증권거래법(Securities Exchange Act of 1934)[12] 제10조 (b)항과 SEC Rule 10b-5를 중심으로 연방법 차원의 사기금지 규정에 따른 판례법을 중심으로 발전하여 왔다. 이러한 과정에서 내부자거래를 규제하는 이론적 근거에 관하여 학계는 물론 각 법원들마다 논란이 많았던 것이 사실이다. 그러나 최근 소위 부정유용이론을 수용하는 대법원의 O'Hagan[13] 결정은 내부자거래 규제에 관한 이론적 논쟁에 종지부를 찍는 계기를 마련하였다. 이에 더하여 SEC는 지난 2000년 8월 내부자거래 규제에 관한 새로운 규칙을 제정함으로써 부정유용이론을 보다 확실하게 뒷받침하고자 하였다.[14] SEC가 제정

---

9) 「증권거래법」은「자본시장과 금융투자업에 관한 법률」로 인해 폐지된 법이므로 이하「증권거래법」을「구증권거래법」이라고 한다.

10) 「자본시장과 금융투자업에 관한 법률」은 그간 "자본시장통합법" 또는 "자통법"이라는 약칭이 사용되었다. 그러나 법률의 정식명칭과 시장의 통용어가 달라 금융위원회는 법률의 명칭을 지난 2009년 2월 12일 "자본시장법"으로 통일한다고 발표했다.

11) 2004년 2월 4일 지본시장법이 시행되기 이전인 2009년 1월 자본시장법 제174조를 개정하여 공개매수자나 대량취득자도 내부자의 대상에 포함하도록 범위를 넓히는 등의 개정은 있었으나, 자본시장법 시행이전에 증권거래법을 직접 개정한 경우는 없었다.

12) 15 U.S.C. § 78a et. seq. [June 6, 1934, ch. 404, 48 Stat. 881].

13) *United States v. O'Hagan,* 117 S. Ct. 2199, 521 U.S. 642 (1997).

14) SEC, Release No. 33-7881, 34-43154, IC-24599 (Aug. 15, 2000).

한 본 규칙은 부정유용이론에 따른 내부자거래규제를 강화하고 그 논리를 명확히 함은 물론이거니와 발행인의 공정하고 완전한 정보공시를 담보하기 위하여, ① 미공개 중대정보에 대한 발행인의 선택적 공시문제,[15] ② 내부거래자의 책임근거에 관한 문제, 즉 책임이 거래자의 미공개 중대정보의 "사용"에 있는지, 또는 정보의 "소유에 관한 인지"에 있는 지의 여부,[16] 그리고 ③ 부정유용이론으로는 책임을 묻기가 어려운 업무와 무관한 가족 또는 개인관계에 있는 자에 대한 내부자거래의 책임부담 문제를 포함하고 있다.[17]

이 글에서는 우리나라의 내부자거래 규제 법리가 구증권거래법에서 자본시장법으로 흡수되면서 어떠한 발전을 거쳤는지 확인하고, 현행 자본시장법상 내부자거래 규제 법리는 앞으로 어떻게 발전해 나가야 하는지를 살펴보고자 한다. 이를 위하여 내부자거래의 규제에 관한 미국법의 입법론적 배경을 제시해 준 대표 판례와 비교적 최근에 제정된 SEC의 Regulation FD, Rule 10b5-1 및 Rule 105-2의 내용 및 제정배경을 차례로 살펴보도록 하겠다.[18]

## II. 미국 판례를 통한 내부자거래의 규제이론

### 1. 정보평등이론

연방 차원의 증권법 제정을 위한 초기 의회는 청문회를 통하여 내부자거래가 불법임을 인식하고 내부자거래행위를 금지하는 연방법의 채택문제를 매우 관심 있게 다루었으나,[19] 내부자거래 금지와 관련한 입법적 조

15) Regulation FD, 17 C.F.R. §243.100 and §243.101.

16) SEC Rule 10b5-1, 17 C.F.R. §240.10b5-1.

17) SEC Rule 10b5-2, 17 C.F.R. §240.10b5-2.

18) 이 글에서는 내부자거래를 구성하는 가장 중요한 요소인 내부자의 범위에만 한정하여 설명하기로 한다.

치를 취하지는 않았다.[20] 다만 연방 증권거래법은 제13조에서 발행인의 계속보고의무를,[21] 제16조에서는 주요주주 및 임원에 대하여 소유주식 보고의무, 6월내의 단기매매차익의 회사에의 반환의무, 그리고 공매도금지를 규정함으로써 정보의 완전공시를 통한 미공개 정보유용의 기회를 제한하고자 하였다.[22] 그러나 미 의회는 연방 증권거래법의 이러한 장치만으로는 내부자거래를 효과적으로 규제할 수 없음을 인식하고 1942년 연방 증권거래법에 제10조 (b)항을 신설하였으며,[23] SEC는 일반적인 사기금지 규정인 Rule 10b-5를 제정하였다.[24] 이후 본 규정은 내부자거래를 포함하는 증권관련 사기행위를 규제하는데 있어 가장 중요한 법률규정으로 자리하게 되었다.[25] 특히 Rule 10b-5의 제정 이후 각 법원은 이를 근거로 내부자의 미공개 중대정보를 이용한 주식의 직접거래는 불법행위라고 빈번하게 판단하였음에도 불구하고 각 법원이 Rule 10b-5를 내부자거래규제에 대한 일반원칙으로 채택하지는 않았다. 그러나 1960년대에 들어서 Cady, Roberts & Co. 사건[26]에 대한 SEC의 결정과 SEC v. Texas Gulf Sulphur(TGS)사건에[27] 대한 법원의 판결은 Rule 10b-5가 내부자거래를 규제하는 일반원칙이라는 것을 확인해 주었다.[28]

TGS사건에서 법원은 내부자거래에 대하여 모든 투자자가 각각의 투자

19) Cox, Hillman & Langevoot, Securities Regulation, Aspen Law & Business (2nd Ed. 1997), at 775.

20) Cox, Hillman & Langevoot,, op. cit. at 775.

21) Securities Exchange Act §§13, 15 U.S.C.A. §78m.

22) Securities Exchange Act §16(a)~(c), 15 U.S.C.A. §78p(a)~(c).

23) 15 U.S.C.A. §78j(b).

24) 17 C.F.R. §240.10b-5.

25) Cox, Hillman & Langevoot, op. cit. 775; O'kelley, Thompson, Corporattions and Other Business Associations, Aspen Law & Business (3rd Ed. 1999), 1135ff 참조.

26) Cady, Roberts & Co., 40 S.E.C. 907 (1961).

27) 401 F. 2d 833 (2d Cir. 1968), cert. denied, 394 U.S. 976 (1969).

28) Cox, Hillman & Langevoot, Securities Regulation, Aspen Law & Business (2nd Ed. 1997), at 776 참조. 두 사건에 대한 결정은 회사내부의 민감한 정보를 내부자가 특별히 접근함으로써 획득한 이익은 불공정하다는 논리로부터 Rule 10b-5의 사기를 인정해야 한다고 하였다.

판단에 따라 주식을 거래하는 주식시장에서는 중대한 정보에 대하여 모든 투자자가 평등하게 접근하는 것이 정당하게 기대되기 때문에, 법원은 내부자거래가 불공정하므로 내부자에 대해서는 거래금지 또는 공시(abstain or disclosure)의무를 부과한다고 하였다.[29] 이러한 TGS법원의 입장을 정보평등이론이라고 하는데, 이에 따르면 정보가 미공개정보인지의 여부만이 중요하게 다루어지며, 정보의 취득방법이나, 거래자가 내부자인지의 여부는 그리 중요하게 다루어지지 않고 있다는 문제가 있다.[30] 더욱이 정보평등이론은 Rule 10b-5의 구성요소가 사기, 신뢰 및 고의임에 비추어 볼 때 회사의 전략적인 침묵과 같이 공공의 투자자를 오도하려는 의사가 없는 경우에는 사기와 구별된다는 점을 간과하고 있다.[31] 특히, 이 이론에 따라 미공개정보를 이용하여 주식거래를 하는 모든 자에게 거래금지 또는 공시의무를 절대적으로 적용할 경우, 자신의 노력과 우수한 투자기술, 통찰력 등으로부터 획득한 정보를 이용하는 경우까지 거래금지 대상이 되어 주식시장의 침체를 야기한다는 부정적인 측면이 있다.

## 2. 신인의무이론

1980년대에 들어 연방 대법원은 전형적인 내부자거래에 있어 거래금지 또는 공시의무를 합리적으로 부과하기 위한 노력을 해 왔다. 그 대표적인 판례로 Chiarella v. United States[32]와 Dirks v. SEC[33] 사건을 들 수 있다.

---

29) SEC v. Texas Gulf Sulphur, 401 F. 2d 833 (2d Cir. 1968), cert. denied, 394 U.S. 976 (1969), at 848. 그러니까 기본적으로 모든 주식거래자는 중대한 사실에 대하여 동등하게 접근할 수 있어야 하고, 정보가 불균형한 상태에서 거래하는 것은 내재적으로 불공정하다는 것이다. 따라서 공개되지 않은 중대한 내부정보를 소유하고 있는 자는 반드시 주식거래를 금지하거나 그 정보를 일반에게 공시하여야 한다는 것이다.

30) SEC v. Texas Gulf Sulphur, 401 F. 2d 833 (2d Cir. 1968), cert. denied, 394 U.S. 976 (1969) 참조.

31) 이러한 경우에 관한 설명은 Schepple, "It's not Just Right": The Ethics of Insider Trading, 56 Law & Contemp. Probs. 123 (No. 3, 1993) 참조.

32) 445 U.S. 222 (1980).

33) 463 U.S. 646 (1983).

이들 사건에서 대법원은 사기금지 조항인 Rule 10b-5를 해석함에 있어 미공개 중대정보를 소유하고 있는 자가 그 정보를 회사와의 신인의무(Fiduciary Duty) 관계를 통하여 획득한 경우에 거래금지 또는 공시의무를 부담한다고 결정하였다. 특히, 회사내부자는 회사의 기밀과 관련하여 회사는 물론 회사의 주주들에게도 신인의무를 부담한다. 따라서 비록 주 회사법이 개인적인 주식거래에 있어서 거래금지 또는 공시의무 규정을 두지 않았다고 하더라도 주주들에 대한 신인의무가 존재하는 한 내부자거래로 규제하여야 한다는 것이다.

### (1) Chiarella v. United States 사건

키아렐라(Chiarella)는 1975년부터 1976년까지 팬딕(Pandick) 인쇄회사의 직원으로 근무하였다. 그는 기업의 공시서류에 대한 인쇄를 담당하였는데, 공시서류에는 기업의 적대적 기업인수사실이 기재된 기밀서류까지 포함되어 있었다. 물론 기밀서류 상에는 적대적 기업인수의 대상회사에 대한 명칭이 표기되지 않았으나, 그는 다른 여러 가지 정보를 고려하여 그 특정회사의 명칭을 알게 되었다. 이후 그는 기업의 적대적 인수사실이 발표되기 전 대상회사의 주식을 매입하였고, 인수사실이 발표된 후에 그 주식을 매각하여 3만 달러의 차익을 남겼다.

이 사건에서의 주요 쟁점은 연방 증권거래법 제10조와 Rule 10b-5가 미공개 정보에 대한 외부자의 단순한 소유에 대해 거래금지 또는 공시의무를 부과할 수 있는가에 있다. 이에 대해 법원은 주식의 거래와 관련한 침묵은 사기금지규정의 위반에 해당할 수 있으나,[34] 이러한 공시의무를 부과하기 위해서는 거래 당사자간의 신인의무관계가 전제되어야 한다는 것이다. 즉, 거래금지 또는 공시의무는 회사 내부자로 하여금 미공개 정보의 사기적 유용에 따른 내부자의 부당한 이익을 방지하는 역할을 수행하는 것으로서 그 의무를 모든 시장 참여자에게 부과하지 않는다는 것이다. 결

34) Securities Exchange Act §10(b); SEC Rule 10b-5.

국 신인의무이론에 따르면 키아렐라는 대상회사는 물론 그 주주에 대하여 아무런 신인의무관계를 가지고 있지 않고, 주식시장을 통하여 단순히 그들과 거래행위를 한 외부자에 불과하므로 거래금지 또는 공시의무를 부담하지 않게 된다. 이 판결은 정보의 평등한 소유를 과소평가함으로써 공정하고 완전한 공시주의를 실현하고자 하는 증권시장의 안정성을 해쳤다는 비판을 받기도 하였으나,[35] 신인의무를 부담하는 내부자에게 확정적인 공시의무를 부과함으로써 내부자거래 규제에 대한 법리적인 근거를 마련하였다는 점에서 큰 의미가 있다고 할 것이다.

### (2) Dirks v. SEC 사건

덕스(Dirks)는 증권시장 분석가였는데, EFA라는 보험회사가 대량 사기에 연루되어 있다는 소문을 듣고 곧 진상조사를 시작하였고, 조사과정에서 그는 EFA의 내부자로부터 그 소문이 사실임을 확인하였다. 그는 이 사실이 시중에 알려지게 되면 EFA는 말할 수 없는 재정적인 어려움을 겪게 될 것이고, 이로 인하여 EFA의 주가는 급속히 하락할 것이라고 판단하였다. 따라서 그는 이러한 정보를 자신의 고객에게 알리고 EFA 주식을 판매할 것을 조언하였고, EFA의 부정사실이 공표된 후 그 주식가치는 예상대로 폭락하였다. 이때 SEC는 덕스가 미공개 내부정보를 이용하여 거래를 한 만큼 Rule 10b-5의 위반이 있다고 주장하였다. 결국 이 사건은 회사의 내부자인 정보제공자가 "자신의 이익을 위하여" 회사의 내부정보를 제공하지 않은 경우, 그 내부정보를 입수한 정보수령자가 그 정보를 이용하여 주식거래를 하였다면 정보수령자는 Rule 10b-5를 위반하였는가의 여부가 주요쟁점이었다. 이에 대해 Powell판사는 내부자거래금지법은 모든 투자자에게 있어 정보에 대한 동등한 접근을 보장하기 위하여 존재하는 것이 아니며, 내부자가 자신의 이익을 위하여 회사내 자신의 유리한 위치를 통해 내부정보에 접근하는 것을 방지하는데 그 존재목적이 있다고 하였

35) Chiarella v. United States, 445 U.S. 222 (1980), Blackmun 판사의 반대의견 참조.

다. 결과적으로 내부자가 아닌 자, 즉 정보수령자는 신인의무를 부담하지 않으며, Rule 10b-5를 위반할 수 없다는 것이다. 그러나 정보제공자, 즉 내부자가 자신의 이익을 위하여 정보수령자를 주식거래의 매개로 이용하는 경우, 다시 말해서 정보제공자가 내부정보를 제공함으로써 자신에게 개인적인 이익이 발생할 것을 인지하는 때는 내부자거래의 책임이 발생한다는 것이다. 결국 법원은 덕스는 내부자가 아니며, 정보제공자인 EFA의 내부자도 정보를 제공함으로써 개인적인 이익이 발생하였다는 아무런 증거가 없으므로 덕스는 Rule 10b-5를 위반한 사실이 없다고 판단하였다. 이 사건은 키아렐라 사건에서 정립된 신인의무이론을 더욱 분명히 하였다는데 의의가 있다.

### 3. 부정유용이론

신인의무이론에 의하면 오직 전형적인 내부자거래만을 규제할 수 있을 뿐이며 소위 외부자거래를 규제할 수는 없다. 이러한 문제를 해결하기 위하여 법원은 회사와 직접적인 관련이 없는 외부자거래까지 규제하기 위하여 신인의무관계에 기초한 규제논리를 확대 적용하는 이른바 부정유용이론을 채택하기에 이르렀다. 부정유용이론을 수용한 최초의 대법원 판례가 바로 United States v. O'Hagan[36] 사건으로서 다음과 같다.

오헤건(O'Hagan)은 공개매수를 계획하고 있는 회사가 고용하고 있는 법률회사의 변호사이다. 공개매수 회사와 법률회사는 공개매수와 관련한 사실을 비밀로 하기로 정하고 그 비밀유지에 각별한 주의를 하였다. 그러나 오헤건은 공개매수 사실이 공고되기 전에 공개매수 대상회사의 주식과 콜옵션 등을 매입하였으며, 공개매수가 공고된 후 자신이 보유하고 있던 대상회사의 주식을 팔아 430만 달러의 시세차익을 남겼다. 그 후 오헤건은 증권사기, 우편사기, 돈 세탁 등의 혐의로 기소되어 법정 구속형을 선고받았다. 이 때 제8항소법원은 오헤건의 Rule 10b-5 위반사실은 부정하였으

36) Unites States v. O'Hagan, 117 S. Ct. 2199 (1997).

나, 대법원은 부정유용이론을 내부자거래의 효과적인 규제법리로 수용하고, 내부자거래에 관한 제8항소법원의 결정을 파기하였다.

대법원은 6 : 3으로 부정유용이론을 수용하였는데, 그 법리적인 근거는 다음과 같다. 내부자가 아니라고 하더라도 비밀의 내부정보를 권한 없이 사용하는 것은 연방 증권거래법 제10조 (b)항의 두 가지 근본적인 요소인 ① 사기행위와 ② 주식의 매매와의 관련성을 근거로 불법행위가 성립한다는 것이다.[37] 즉, 정보의 부정유용은 자신을 신뢰하여 미공개 중대정보를 제공한 정보제공자를 기망한 것으로서 정보제공자에 대한 신인의무위반이며, 신인의무 위반은 미공개 중대정보를 이용하여 주식을 거래하는 때에 발생한다는 것이다.[38] 결국 오헤건판결은 소위 외부자거래 까지도 합리적으로 규제하는 논리적 근거를 마련하였다는 데에 큰 의의가 있다. 그러나 부정유용이론은 정보수령자가 미공개 중대정보를 실제로 주식의 거래에 이용한 경우는 물론이거니와, 주식의 거래가 있은 때에 미공개 중대정보를 자신이 단순히 소유하고 있음을 인지하고 있는 때에도 똑같이 Rule 10b-5의 책임을 묻는 다는 데에서 문제로 지적되었다. 또한 업무와 관련하여 신인의무가 존재한다고 보기 어려운 가족간에 발생한 정보제공 및 수령문제를 포함하여 발행인이 기업의 정보를 일반 대중에 공시하기 전에 증권분석가나 기관투자자에게 관행적으로 한 선택적 공시의 경우에 있어서도 정보제공자와 수령자 간에 신인의무를 위반한 사기로 판단해야 하는 어려움이 지적되어 왔다.[39] 결국 부정유용이론의 이러한 단점을 보완하기 위하여 SEC는 지난 2000년 8월 선택적 공시와 관련하여 Regulation FD, 그리고 내부자거래와 관련한 Rule 10b5-1과 Rule 10b5-2를 새로이 제정하게 되었다.[40]

---

37) 15 U.S.C.A. 78j(b).

38) Securities Exchange Act §10(b)는 "... in connection with the purchase or sale of any security..."라고 규정함으로써 주식과 관련한 거래행위 자체를 §10(b)의 위반 요소로 하고 있다.

39) Alan R. Palmiter, Securities regulation, Aspen Law & Business (1998), at 309 참조.

40) SEC, Release No. 33-7881, 34-43154, IC-24599 (Aug. 15, 2000).

# III. SEC에 의한 부정유용이론의 강화

## 1. 개요

종래 내부자거래를 금지하는 미국 증권법은 공정하고 건강한 증권시장의 육성에 크게 기여하여 왔다. 특히 내부자거래의 근본적인 불공정성은 증권시장에 대한 투자신뢰를 무너뜨리고 개인 투자자는 물론 시장의 가장 기본적인 안정성마저도 위협하게 되었다. 따라서 미국 증권법의 내부자거래 규제는 판례를 중심으로 꾸준히 발전하여 왔다. 특히 의회는 근래에 들어 내부자거래에 대한 민사벌칙을 강화하기 위하여 독립적인 내부자거래제재법과[41] 내부자거래 및 증권사기규제법을[42] 제정하기도 하였다. 게다가 대법원은 오헤건사건을 통하여 내부자거래의 가장 핵심적인 규제논리를 부정유용이론으로 채택함으로써 그동안 논란이 있었던 내부자거래 규제에 대한 논리적 근거를 완성한 바 있다.[43] 그러나 부정유용이론에 따라 내부자거래를 규제한다고 하더라도 몇 가지 논란은 남아 있었다.[44]

따라서 SEC는 지난 2000년 8월 이러한 문제를 해결하고 내부자거래를 규제하는 법리를 명확히 하고자 새로운 규칙을 제정하였다. 즉, 첫째, 내부거래자의 책임이 거래자의 미공개 중대정보의 사용에 있는지 또는 정보의 소유에 관한 인지에 있는 지의 여부를 규정하는 Rule 10b5-1,[45] 둘째, 가족 또는 회사업무와 관계없는 개인관계에 있는 자에 대한 내부자거래의 책임문제를 명확히 하기 위한 Rule 10b5-2가 그것이다.[46] 아울러 SEC는

---

41) Trading Sanctions Act of 1984, Pub. L. No. 98-376, 98 Stat. 1264.

42) Insider Trading and Securities Fraud Enforcement Act of 1988, Pub. L. No. 100- 704, 102 Stat. 4677.

43) 특히 대법원은 부정유용이론을 채택하면서 본 이론은 공정한 증권시장을 담보함으로써 투자자의 투자신뢰를 증진하는 연방증권법의 고무적인 목적과 부합한다고 하였다. United States v. O'Hagan, 521 U.S. 642 (1997), at 658.

44) 위 각주 34)와 본문 참조.

45) SEC Rule 10b5-1, 17 C.F.R. 240.10b5-1.

46) SEC Rule 10b5-2, 17 C.F.R. 240.10b5-2.

선택적 공시의 폐단을 방지하고 공정한 공시를 유도하기 위하여 Regulation FD를 제정하였다.[47] 실제로 선택적 공시에 관한 Regulation FD는 증권법의 사기조항이나 내부자거래규제보다는 정보의 공정하고 완전한 공시문제를 다루고 있다.[48]

## 2. Regulation FD

발행인에 의한 공정하고 완전한 정보의 공시는 연방 증권법이 추구하는 기본이념이다. 즉, 강제공시제도를 규정하고 있는 연방 증권거래법을 제정함에 있어 의회는 공정하고 완전무결한 정보의 공시를 증진하고,[49] 공정하고 효과적인 시장을 촉진하고자 하였다.[50] 그러나 연방 증권법은 발행인에게 회사의 중요한 발전사항과 같은 정보에 대해서 일반 공공에 공시할 것을 구체적으로 요구하지 않고 있다. 다만 정시보고 등을 통하여 특정한 정보에 대한 공시를 요구하고 있을 뿐이다.[51] 따라서 실제에 있어서 중대한 정보의 신속한 공시는 자율규제기관 등에 의하여 촉진되기도 하고,[52] 일부 중요한 공시는 각종 포럼이나 공청회 등을 통하여 이루어지기도 한다.[53] 결국 발행인은 SEC에 즉각적으로 보고하여야 하는 경우를 제외하고는 최초 공시의 대상이나 방법을 스스로 결정할 수 있다. 따라서 발행인은 공공에 대한 광범한 공시가 이루어지기 이전에 소수의 기관투자자

---

47) Regulation FD, 17 C.F.R. 243.100 and 101.

48) 실제로 SEC도 Regulation FD의 제정은 사기금지나 내부자거래 보다는 오히려 연방 증권거래법 제 13조 (a)항에 따라 발행인에게 완전하고 공정한 공시의무를 부과하기 위함이라고 명시하고 있다. SEC, Release No. 33-7881, 34-43154, IC-24599 (Aug. 15, 2000).

49) S. Rep. No. 73-1455 (1934), at 68.

50) H.R. Rep. No. 73-1383 (1934), 11쪽 및 S. Rep. No. 73-792 (1934), at 10~11, 19~20 참조.

51) Form 10-K, Form 10-Q 및 Form 8-K 참조.

52) NYSE Listed Company Manual, para. 202.05 (Timely Disclosure of Material News Developments); NASD Rules 4310(c)(16), 4320(e)(14), and IM-4120-1 (Disclosure of Material Information).

53) SEC Release Nos. 33-7787, 34-42259, IC-24209 Proposed Rule: Selective Disclosure and Insider Trading, 1189 PLI/ Corp 153 (June, 2000), at 157.

나 증권분석가에게 선택적으로 정보를 제공하였던 것이 업무관행이었다.[54)]

정보평등이론에 따른 초기 법원은[55)] 선택적으로 정보를 제공받은 증권분석가나 기관투자자가 그 정보를 이용하여 주식거래를 할 경우 내부자거래의 책임을 부과할 수 있다고 보았다.[56)] 그러나 키아렐라[57)]와 덕스[58)] 판결 이후 정보평등이론이 부정됨으로 인하여 이들에게 정보평등이론 만으로는 내부자거래의 책임을 물을 수 없게 되었다. 즉, 증권분석가나 기관투자자에게 정보를 제공한 발행인(내부자)은 이러한 선택적 정보의 제공으로 인하여 개인적인 이익을 기대하는 경우가 그리 많지 않기 때문이다.

이러한 경우 부정유용이론에 따른다고 하더라도 내부자거래의 책임을 부과하기는 그리 쉽지 않다. 즉, 선택적 공시에 따른 정보를 이용하여 주식거래가 이루어졌다하더라도 발행인(정보제공자)과 증권분석가 또는 기관투자자(정보수령자)간에 신뢰 및 비밀을 유지하여야 하는 신인의무가 존재한다고 보기가 어렵기 때문이다. 따라서 정보제공자와 수령자 간에 신인의무를 기본으로 하는 부정유용이론의 적용도 무리일 수밖에 없다. 결국 SEC는 선택적 공시로부터 야기될 수 있는 내부자거래의 폐단을 Regulation FD의 제정을 통하여 발행인에게 완전하고 공정한 공시의무를 부과함으로써 해결하고자 하였다.

Regulation FD는 ① Rule 100(선택적 공시에 관한 일반원칙), ② Rule 101(개념), ③ Rule 102(사기금지규정의 적용제한), 그리고 ④ Rule 103(연방 증권거래법상 보고의무의 적용제한) 등으로 구성되어 있다. 이 중 내부자거래와 관련이 있는 내용만 보면 다음과 같다. 발행인이 미공개 중대사

---

54) Ibid., Note 11) and the text 참조.

55) SEC v. Texas Gulf Sulphur, 401 F. 2d 833 (2d Cir. 1968), *cert. denied,* 394 U.S. 976 (1969)

56) SEC v. Bausch & Lomb, Inc., 565 F. 2d 8 (2d Cir. 1977), Elkind v. Liggett & Myers, Inc., 635 F. 2d 156 (2d Cir. 1980).

57) 445 U.S. 222 (1980).

58) 463 U.S. 646 (1983).

실에 대하여 의도적으로[59] 선택적 공시를 하는 경우에는 그 정보를 동시에 일반에게도 공시하여야 하며,[60] 의도와는 상관없이 즉, 과실에 의한 선택적 공시의 경우에는 즉시 일반에게 공시하여야 한다.[61] 그러나 선택적 공시가 ① 상호간 업무관계에 비추어 볼 때 신뢰 및 비밀유지의무를 부담하고 있는 변호사, 투자은행 및 회계사, ② 비밀 유지를 명시적으로 동의한 자, ③ 신용평가회사 등을 대상으로 이루어진 경우에는 그 내용을 일반에게 공시할 필요가 없다.[62]

결국 SEC는 Regulation FD를 제정함으로써 기존에 부정유용이론으로는 해석하기 어려웠던 선택적 공시 상황의 정보제공자와 정보수령자간의 비밀유지의무를 아예 명시적으로 규정한 것이다. 이러한 점에서 Regulation FD는 그간 판례를 중심으로 발전해 온 부정유용이론의 한계를 입법론적으로 해결하였다는데 의의가 있는 것이다.

## 3. Rule 10b5-1

내부자거래에 있어서 이제껏 확실하게 해결되지 않은 문제가 바로 주식거래자에 대한 내부정보의 소유와 그 거래간의 인과관계를 명확히 밝혀야 한다는 점이다. 종래 일부는 거래자가 정보의 소유사실을 인지한 상태에서 한 거래는 내부자거래의 책임이 있다고 보고, 또 다른 일부는 거래자가 그 정보를 실제로 이용하여 거래를 한 경우가 아니라면 책임이 없다고 하였다. 그러나 판례는 최근까지도 이점에 대하여 이견을 보여 왔으며,[63] 대법원도 여러 판례를 통하여 이점에 관하여 다양하게 묘사하고 있을 뿐 명

59) "의도적 (intentional)"이라는 의미는 발행인이 정보를 제공하기에 앞서 제공 대상정보가 미공개 중대정보라는 사실을 알았거나, 또는 중과실 (reckless)로 알지 못한 경우를 말한다. Rule 101(a), 17 C.F.R. 243.101(a).

60) Rule 100(a)(1), 17 C.F.R. 243.100(a)(1).

61) Rule 100(a)(2), 17 C.F.R. 243.100(a)(2).

62) Rule 100(b)(2), 17 C.F.R. 243.100(b)(2).

63) United States v. Teicher, 987 F. 2d 112 (2d Cir), cert. denied, 519 U.S. 976 (1993); United States v. Smith, 155 F. 3d 1051 (9th Cir. 1998), cert. denied, 119 S. Ct. 804 (1999); SEC v. Adler, 137 F. 3d 1325 (11th Cir. 1998).

확하게 정의를 내리고 있지는 않았다. 즉, 덕스 사건에서 대법원은 내부자거래의 위반은 미공개 중대정보에 입각하여 한 거래행위에 수반한다고 표현하고 있으며,[64] 오헤건 사건에서는 미공개 중대정보에 근거하여 이루어진 거래행위에 수반한다고 표현하고 있다.[65] 양 법원 모두 정보의 소유 또는 이용에 관하여서는 명확하게 언급한 바가 없다. 그러나 제2항소법원의 Teicher 판결은[66] "정보소유의 인지만으로도 충분히 내부자거래의 책임이 발생한다고 판시하였다.[67] 이에 반하여 제11항소법원의 Adler 판결은[68] 내부자거래의 책임문제는 궁극적으로 정보를 실제로 이용하였는가 하는 문제로서 정보소유의 인지는 그 이용을 강하게 추정할 수 있다고 판시하였다.[69] 결국 Adler 판결은 내부자거래의 책임은 소유로부터 사용이 강하게 추정되기 때문에 어쨌든 미공개 중대정보를 보유한 상태에서 이루어진 주식의 거래는 어떠한 경우라 하더라도 내부자거래의 책임가능성이 상당히 높은 것으로 보고 있다.[70]

SEC는 최근 이러한 Adler 판결과 유사한 입장을 취하고 있는 Rule 10b5-1을 제정하였다.[71] 그러나 Rule 10b5-1은 단순한 정보소유의 인지보다는 미공개 중대정보에 대한 인식에 근거한 일반원칙을 따르고 있다. 즉, 발행인, 주주 또는 미공개 중대정보를 제공한 자에 대하여 직접, 간접, 또

64) Dirks v. SEC, 463 U.S. 646 (1983), at 653.

65) Unites States v. O'Hagan, 117 S. Ct. 2199 (1997), at 651~652.

66) United States v. Teicher, 987 F. 2d 112 (2d Cir), cert. denied, 519 U.S. 976 (1993).

67) Ibid., at 120 참조.

68) SEC v. Adler, 137 F. 3d 1325 (11th Cir. 1998).

69) Ibid., at 1337~1338 참조.

70) 정보의 소유에 따른 내부자거래규제를 정하고 있는 Teicher 사건의 제 2항소법원도 이러한 이유를 들면서 "중대한 정보는 인간의 머리 속에 잠들어 있을 수 없다"고 표현하고 있기도 하다(material information can not lay idle in the human brain)." United States v. Teicher, 987 F. 2d 112 (2d Cir. 1993), at 120.

71) SEC는 Rule 10b5-1 proposal 에서 내부자거래 금지의 이상은 소유의 인지 기준에 매우 근접하는 표준에 의해서 최상으로 성취될 수 있다고 명시하고 있다. SEC Release Nos. 33-7787, 34-42259, IC-24209 Proposed Rule: Selective Disclosure and Insider Trading, 1189 PLI/ Corp 153 (June, 2000), at 167 참조.

는 파생적으로 부담하는 신뢰의무 또는 비밀유지의무를 위반하여 미공개 중대정보에 근거하여 이루어진 주식거래는 위법하다는 것이다.[72] 이때 미공개 중대정보에 근거한다는 의미는 결국 주식거래자가 주식을 거래하는 당시에 미공개 중대정보에 대한 인식이 있었다는 의미와 동일하게 파악된다.[73] 따라서 내부자거래를 규제하는 일반원칙은 다음과 같은 논리적 흐름에 따르게 된다. 즉, 내부정보에 대한 인식은 필연적으로 정보의 이용을 유발하게 되고, 결국 이는 내부자거래의 책임에 대한 충분한 근거를 제공하게 되는 것이다.[74]

그러나 일반적인 원칙에 의한 내부자거래가 성립한다고 하더라도 주식의 거래자는 주식의 거래가 미공개 내부정보에 근거하여 이루어진 것이 아니라는 사실을 입증하는 몇 가지 적극적인 방어를 통하여 내부자거래의 책임을 면할 수 있다. 첫째, 거래자는 미공개 중대정보에 대한 인식이 있기 전에 구속력 있는 계약을 체결하였거나, 자신의 계정으로 거래할 것을 타인에게 지시한 사실 또는 주식거래에 대한 서면계획이 존재한다는 사실을 입증하여야 한다.[75] 둘째, ① 상기의 계약, 지시 또는 서면계획이 특정한 수량, 가격 및 일시를 포함하거나, ② 이를 결정하는 공식이 서면으로 존재하거나, 또는 ③ 거래자는 이러한 주식거래에 있어 그 방법, 일시 및 결과에 아무런 영향을 미칠 수 없음을 입증하여야 한다.[76] 마지막으로, 거래자는 주식의 거래가 상기의 계약, 지시 또는 계획에 따라 진행되었음을 입증하면 된다.[77] 한편, 이상의 계획, 지시 또는 계획에 따른 주식거래가 내부자거래책임에서 벗어나기 위해서는 기본적으로 그 계획, 지시 또는 계획은 선의로 성립되었음을 전제한다.[78]

---

72) Rule 10b5-1(a), 17 C.F.R. §240.10b5-1(a).

73) Rule 10b5-1(b), 17 C.F.R. §240.10b5-1(b).

74) SEC Release Nos. 33-7787, 34-42259, IC-24209 Proposed Rule: Selective Disclosure and Insider Trading, 1189 PLI/ Corp 153 (June, 2000), at 168.

75) Rule 10b5-1(c)(1)(i)(A), 17 C.F.R. §240.10b5-1(c)(1)(i)(A).

76) Rule 10b5-1(c)(1)(i)(B), 17 C.F.R. §240.10b5-1(c)(1)(i)(B).

77) Rule 10b5-1(c)(1)(i)(C), 17 C.F.R. §240.10b5-1(c)(1)(i)(C).

## 4. Rule 10b5-2

연방 대법원이 오헤건 판결에서 채택한[79] 부정유용이론에 따르면, 업무관계에서 발생한 신뢰 및 비밀유지의무, 즉 신인의무를 위반하여 미공개 중대정보를 부정유용하여 주식거래를 한 자는 연방 증권거래법 제10(b)조와 Rule 10b-5를 위반하는 사기행위를 범하게 된다. 즉, 부정유용이론에 의한 내부자거래가 성립되기 위해서는 신인의무를 위반하여야 하며, 기본적으로 신인의무를 제공하는 업무관계가 전제되어야 한다. 오헤건 사건의 경우처럼 변호사-고객의 관계라든가, 다른 경우에서처럼 고용인-피고용인의 관계에서 발생하는 대리관계가 존재하여야 하는 것이다.[80] 따라서 부정유용이론에 따르는 경우 업무관계가 존재하지 않는 가족이나 개인관계에 있는 자에게 신인의무를 부과하기가 여간 어려운 것이 아니다. 이러한 문제를 다루고 있는 판례가 다음의 Unted States v. Chestman[81] 사건과 United States v. Reed[82] 사건이다.

리드(Reed) 사건에서 법원은 아버지와 아들인 가족관계에서 신인의무를 부과할 만한 충분한 근거를 발견하지 못하고 있다. 그러나 가족이라도 이전에 비밀을 공유하였던 사실이 있으면 그 가족구성원은 비밀을 유지할 것이 상당히 기대가 되고, 이러한 기대가능성을 근거로 신뢰 및 비밀유지 관계를 도출해 낼 수 있다고 한다.[83] 체스만(Chestman) 사건에서 법원은 이러한 리드법원의 의견을 유지하면서 이 보다는 제한적인 입장을 취하였

---

78) Rule 10b5-1(c)(1)(ii), 17 C.F.R. §240.10b5-1(c)(1)(ii).

79) 521 U.S. 641 (1997).

80) United States v. Carpenter, 791 F. 2d 1024 (2d Cir. 1986), aff'd 484 U.S. 19 (1997), at 1028; SEC v. Materia, 745 F. 2d 197 (2d Cir. 1984), cert. denied, 471 U.S. 1053 (1985), at 203; United States v. Newman, 664 F. 2d 12 (2d. Cir. 1981), aff'd after remand, 722 F. 2d 729, cert. denied, 464 U.S. 863 (1983), at 15 참조.

81) 947 F. 2d 551 (2d Cir. 1991), cert. denied, 503 U.S. 1004 (1992).

82) 601 F. Supp. 685 (S.D.N.Y.), rev'd on another ground, 773 F. 2d 447 (2d Cir. 1985).

83) 601 F. Supp. 685 (S.D.N.Y.), at 717~718.

는데, 비밀유지에 대한 명시적 동의나 당사자간에 이미 존재하는 유사 신인의무(fiduciary-like duty)가 결여되어 있다면 부정유용이론에서 말하는 신인의무는 성립하지 않는다고 한 것이다.[84)]

SEC는 현실적으로 대부분의 내부자거래가 가족이나 친구와 같이 개인관계에 있는 자들에 의하여 이루어지고 있음을 지적하고, 체스만 법원에 따른다고 할 때 가족과 같은 개인관계 속에서 효과적으로 신인의무를 도출해 낼 가능성은 매우 희박하다고 판단하였다.[85)] 따라서 체스만 법원도 내부자거래로부터 증권시장과 투자자를 충분히 보호할 수 없다고 결론을 내리고,[86)] 부정유용이론아래에서 가족 및 개인관계에 신인의무를 부과하는 Rule 10b5-2를 다음과 같이 제정함으로써 이러한 문제를 해결하고 있다.

첫째, 당사자가 비밀을 유지할 것에 동의한 때는 언제나 신임 및 비밀유지의무가 발생한다.[87)] 둘째, 정보수령자는 자신이 미공개 중대정보에 대한 비밀을 유지하리라는 것을 정보제공자가 기대하고 있음을 알고 있거나 합리적으로 알 수 있는 정보공유의 관행이나 모형 및 역사가 존재하는 경우에는 신임 및 비밀유지의무를 부담한다.[88)] 셋째, 배우자, 부모, 자식 또는 형제자매로부터 미공개 중대정보를 수령한 자는 신임 및 비밀유지의무를 부담한다. 단, 정보의 비밀유지에 대한 정보제공자의 합리적인 기대가능성이 없음을 증명한 때에는 그러하지 아니하다.[89)]

이상에서 살펴 본 바와 같이 미국은 연방 증권법 제정 초기부터 내부자거래가 불법임을 인식하고 내부자거래행위를 금지하는 연방 증권법의 채택문제를 심도 있게 다루었으나, 이와 관련한 입법적 조치를 취하지는 않

84) 947 F. 2d 551 (2d Cir. 1991), at 571.

85) SEC Release Nos. 33-7787, 34-42259, IC-24209 Proposed Rule: Selective Disclosure and Insider Trading, 1189 PLI/ Corp 153 (June, 2000), at 170.

86) Ibid.

87) Rule 10b5-2(b)(1), 17 C.F.R. §10b5-2(b)(1).

88) Rule 10b5-2(b)(2), 17 C.F.R. §10b5-2(b)(2).

89) Rule 10b5-2(b)(3), 17 C.F.R. §10b5-2(b)(3).

았다. 따라서 내부자거래에 관한 규제논리는 각 사안별로 각급 법원에 의하여 꾸준히 발전하여 왔으며, 미국의 내부자거래금지법의 역사는 결국 지난 1997년 오헤건 법원이 수용한 부정유용이론의 채택을 위한 판례법의 역사라고 해도 과언이 아니다. 사실 각급 법원은 정보평등이론, 신인의무이론 및 부정유용이론을 거치는 동안 각 이론이 가지는 모순과 미비를 해결하기 위하여 한 차원 높은 이론들을 소개하여 왔음을 알 수 있다. 따라서 최근 법원이 부정유용이론을 수용하고 이로써 내부자거래를 규제하는 기본논리로 삼았다고는 하나, 이미 살펴 본 바와 같이 부정유용이론 만으로는 해결하지 못하는 사안들이 많았다. 결국 미 연방법원은 부정유용이론을 능가하는 새로운 이론을 창조할 것이라는 기대를 받아왔다. 그러나 SEC는 이러한 기대를 뒤로하고 내부자거래규제에 관한 기본원리를 부정유용이론으로 확고히 하기 위하여 부정유용이론이 안고 있던 이론적 미비를 입법적으로 해결하였다. 이로써 미국에서의 내부자거래규제에 관한 이론적 논쟁은 최소한 상당기간 없을 것으로 예상된다.

# IV. 자본시장법상 내부자거래의 규제

## 1. 개요

미국 증권법상 내부자거래규제의 역사는 내부자의 범위, 즉 규제 대상자의 범위를 어떻게 정할 것인가의 문제를 판례법을 중심으로 해결해 온 역사라고 해도 과언이 아니다. 이에 반해 우리 구증권거래법은 1962년 제정이후 10여년이 지난 다음에야 비로소 내부자거래의 규제를 입법화하기 시작했으며,[90] 이 또한 미국법의 영향을 받은 일본법을 모범으로 함으로

90) 1962년 증권법 제정당시에는 내부자거래에 관한 규정이 없었고, 1976년 개정시 내부자거래 금지 규정이 도입되었다. 그후 미공개정보의 이용금지와 함께 내부자거래금지 법리는 점차 발전하기 시작했다. 김건식,「증권거래법」, 두성사 (2000), 295~296면 참조.

써[91] 아직까지도 내부자거래에 대한 입법정책상 논의는 계속되고 있다.[92] 이러한 상황에서 지난 1997년 개정 구증권거래법을 통하여 내부자거래규제 법리가 수정된 이후 올해인 2009년 자본시장법이 시행되기까지 내부자거래 규제법리에 아무런 변화가 없었다는 측면에서 자본시장법은 매우 주목할 만하다.[93] 특히 미국의 경우 부정유용이론을 수정하기 위한 SEC의 규칙제정이 2000년에 이루어진 것을 보면 더욱 그렇다고 할 것이다.[94]

## 2. 내부자의 범위

자본시장법 제174조는 상장법인의 업무 등과 관련된 미공개중요정보를 특정증권 등의 매매, 그 밖의 거래에 이용하거나 타인에게 이용하게 할 수 없도록 규정하면서 내부자로서 그 규제대상을 ① 계열회사를 포함한 법인 및 그 법인의 임직원·대리인, ② 주요주주, ③ 그 법인에 대하여 법령에 따른 허가·인가·지도·감독 등의 권한을 가지는 자, ④ 계약을 체결하고 있거나 체결을 교섭하고 있는 자, ⑤ 그 대리인, 사용인 기타 종업원, 이때 그 대리인 등이 법인인 경우에는 그 임직원 및 대리인 ⑥ 1년 이내에 이상의 신분을 가지고 있던 자와 ⑦ 이들로부터 정보를 받은 자로 정하고 있다.[95] 이를 구증권거래법상 내부자의 범위와[96] 비교해 볼 때 몇 가지 주

91) 내부자거래금지 규정인 증권거래법 제188조 및 제188의 2조는 일본 증권법 (1948) 제189조와 제190조를 모범으로 하고 있다. 이기수/최병규,「증권거래법」, 세창출판사(2000), 223면.

92) 조인호, "내부자거래 규제여부에 관한 입법정책상의 고찰,"「상장협」 제40호(1999), 145면 이하 참조.

93) 위의 각주 6) 참조.

94) 이 시기에 유럽의 많은 나라들도 내부자거래 규제법리를 수정하는 절차를 거치면서 입법적 보완조치를 취했으나, 우리의 경우에는 아무런 조치를 취하지 않았다는 것이다. 손성, "내부자거래 규제에 관한 연구-자본시장통합법을 중심으로-"「상사법연구」제27권 제2호 (한국상사법학회, 2008), 264면; 하삼주, "내부자거래규제에 관한 비교법론적 고찰,"「성균관법학」제16권 제3호 (성균관대학교, 2004) 참조

95) 자본시장법 제174조 제1항.

96) 188조의2 제1항에서 내부자를 법인의 ① 임직원, 대리인, ② 주요주주, ③ 법령이나, ④ 계약에 의해 일정한 법률관계에 있는 자와 ⑤ 그 대리인, 사용인 기타 종업원, 그리고, ⑥ 계약에 의해 일정한 법률관계에 있는 자가 법인 경우 그 임직원, 대리인을 포함하며, ⑦ 1년

요 변화를 발견할 수 있다. 즉, 기존의 법인에 계열회사[97]를 포함하여 내부자의 범위를 확대하고 있다는 것이다. 이는 내부자거래규제를 회피하기 위하여 그 계열사로 하여금 내부자거래를 유도하는 실무상의 문제를 해결하기 위한 것으로서 매우 의미있는 변화라고 할 것이다.[98] 이외에 구증권거래법이 계약을 체결하고 있는 자로 한정하고 있던 것을 계약을 체결하고 있거나 체결을 교섭하고 있는 자로 그 범위를 확대하고, 대리인 및 사용인이 법인인 경우 그 법인의 임직원 및 사용인도 내부자에 포함시켰다.[99]

## 3. 부차수령자

구증권거래법은 "직무와 관련하여" 일반인에게 공개되지 않은 중요한 정보를 알게 된 내부자와 이들로부터 정보를 받은 자는 그 정보를 이용하여 유가증권의 거래행위를 하지 못하는 것은 물론 이들은 다른 사람을 통해서도 미공개 중대정보를 이용한 주식의 거래를 할 수 없음을 규정하고 있다.[100] 즉, 구증권거래법은 "직무와 관련하여 알게 된 자"와 이들로부터 "당해 정보를 받은 자(1차 정보수령자)"는 "다른 사람(2차 정보수령자)으

---

이내에 이상의 신분에 있었던 자와 ⑧ 이상의 자로부터 정보를 받은 자를 내부자로 정하고 있다. 구증권거래법 제188조의2 제1항.

97) "계열회사"란 둘 이상의 회사가 동일한 기업집단에 속하는 경우에 이들 회사는 서로 상대방의 계열회사라 한다(독점규제 및 공정거래에 관한 법률 제2조 3호). 이때 "기업집단"이란 동일인(동일인이 회사인 경우 그 동일인과 그 동일인이 지배하는 하나이상의 회사의 집단, 그리고 동일인이 회사가 아닌 경우 그 동일인이 지배하는 2이상의 회사의 집단)이 시행령 제3조에서 정하는 기준에 의하여 사실상 그 사업내용을 지배하는 회사의 집단을 말한다.(독점규제 및 공정거래에 관한 법률 제2조 2호).

98) 손성, "내부자거래 규제에 관한 연구-자본시장통합법을 중심으로-"「상사법연구」 제27권 제2호 (한국상사법학회, 2008), 267면; 김병태, "관계회사와 관련된 내부자거래규정 적용상의 문제점,"「증권법연구」 제3권 제2호 (한국증권법학회, 2003) 참조.

99) 이로써 실제 계약을 체결하는 과정에서 정보를 획득하는 경우가 많은 현실과 실제 자본시장에서 활동하는 경제주체는 개인 상인보다는 법인이라고 하는 현실을 반영했다고 할 것이다. 손성, "내부자거래 규제에 관한 연구-자본시장통합법을 중심으로-"「상사법연구」 제27권 제2호 (한국상사법학회, 2008), 267~268면.

100) 구증권거래법 제188조의2 본문.

로 하여금 [내부정보]를 이용하게 하지 못한다"고 정함으로써 정보의 부차수령자[101]에 의한 주식거래도 금지하는 입장을 밝히고 있다. 그러나 구증권거래법은 정보의 부차수령자를 내부자거래의 규제대상에 포함시키지는 않고 있다. 따라서 정보가 2차, 3차의 전달과정을 거치는 동안 그 정보의 정확성이나 중요성이 희석되므로 부차수령자를 내부자거래의 규제대상에서 제외하자는 견해도 있으나,[102] 부차수령자도 규제범위에 포함시키는 것이 공시주의를 채택함으로써 증권시장의 공정성을 확보하고, 이를 통한 투자자보호를 목적으로 하는 법의 이념에도 부합한다고 볼 것이다.[103] 그러나 자본시장법은 이러한 구증권거래법의 규정을 아무런 수정 없이 채택하고 있어 부차수령자의 내부자여부에 관한 문제를 그대로 남겨두고 있다.[104]

한편 구증권거래법은 부차수령자와 관련하여 법문상 포괄적으로 내부자로부터 "당해 정보를 받은 자"라고만 규정함으로써[105] 정보수령자와 정보제공자간에 업무관계가 전제되어야 하는지에 대해서는 언급하지 않고 있다. 따라서 미국에서 부정유용이론을 따르는 경우 내부자의 범위에 가족이나 친구와 같은 개인관계에 있는 자를 구체적으로 포함하여 추가적인 입법보완을 하여야 했던 것과는 달리 구증권거래법은 "당해 정보를 받은 자"라고만 정하고 있기 때문에 그 범위에 업무관계에 있는 자는 물론이거니와 가족이나 친구와 같은 개인관계에 있는 자도 당연히 포함된다고 이해된다. 따라서 구증권거래법 아래에서는 미국과 같은 논란의 소지는 없다. 이 또한 자본시장법은 구증권거래법의 입장을 그대로 수용하고 있다.[106]

---

101) 이 글에서는 구증권거래법 제188조의 2 본문에 규정되어 있는 회사 내부자로부터 "정보를 받은 자"를 정보의 1차 수령자라고 한다면, 이러한 1차 수령자로부터 정보를 받은 2차 이하의 정보수령자를 부차수령자로 본다.

102) 최선근, "내부자거래의 실효성 제고방안,"「상장협」 제25호 (한국상장회사협의회, 1992), 126면.

103) 구증권거래법 제1조 증권거래법의 목적 참조.

104) 자본시장법 제174조.

105) 구증권거래법 제188조의2.

### 4. 외부자거래

구증권거래법상 내부자거래규제 금지규정의 법문만으로는 소위 "외부자거래"를 규제하기가 어렵다. 구증권거래법의 내용을 보면 해당법인의 내부정보를 직무와 관련하여 얻은 내부자와 이들로부터 정보를 제공받은 정보수령자는 당해법인의 주식을 거래하지 못한다고 한다. 따라서 자신의 회사의 내부정보를 이용하여 제3회사의 주식을 거래함으로써 발생하는 외부자거래의 폐단은 그 규제근거가 묘연한 것이 현실이다. 이미 살펴 본 바와 같이 미국에서도 이러한 폐단을 방지하기 위하여 1997년 오헤건 사건을 통하여 부정유용이론을 내부자거래규제의 기본이론으로 채택하였다. 결국 우리 증권시장도 점차 다양하고 복잡하게 변하고 있는 현시점에서 다양한 형태로 발생할 수 있는 내부자거래를 효과적으로 금지할 수 있는 방안을 강구하여야 할 것인데, 아쉽게도 자본시장법에 따른다고 하더라도 외부자거래의 규제는 여전히 쉽지 않은 것이 사실이다.

## V. 맺음말

내부자거래를 규제함에 있어 가장 기본적인 문제는 누가 내부자의 범위에 포함되는가의 문제로 집약될 수 있다. 판례를 중심으로 발전되고, 최근에 내부자거래와 관련하여 새로이 제정된 SEC 규칙도 결국은 내부자의 범위를 어떻게 정할 것인가에 초점이 맞추어져 있다고 해도 과언이 아니다. 이러한 측면에서 내부자거래를 규제하는 미국법의 흐름은 최근 대법원이 수용하고 SEC가 입법을 통해 결정한 부정유용이론을 완성하기 위한 역사라고 할 만하다.

이미 살펴본 바와 같이 우리나라의 경우 내부자거래에 관한 규제는 증

106) 자본시장법 제174조.

권거래법을 통하여 포괄적으로 이루어진 측면이 있다. 그리고 이러한 모습은 자본시장법에서도 그리 크게 변하지 않았다. 바로 이러한 이유로 인하여 우리의 경우에는 미국의 경우와는 달리 그 규제에 관한 논쟁의 여지가 그리 많지는 않았던 것이 사실이다. 그러나 이를 다른 측면에서 보면 내부자거래에 관한 규제가 실질적으로 이루어지지 못하였음을 반증하는 것이 될 수도 있다. 소위 "외부자거래"를 규제할 근거가 미약한 것도 이러한 측면이 반영된 것이기도 하다. 따라서 향후 증권시장의 안정과 공정성을 해치는 내부자거래를 효과적으로 규제하기 위하여 앞으로 자본시장법도 미국의 부정유용이론과 같은 일반원칙을 보다 실질적으로 수용함으로써 내부자거래의 규제를 보다 탄력적으로 이루어 내는 것이 바람직할 것이다.

# 제10장

# 모던타임즈
# (Moderm Times, 1936)

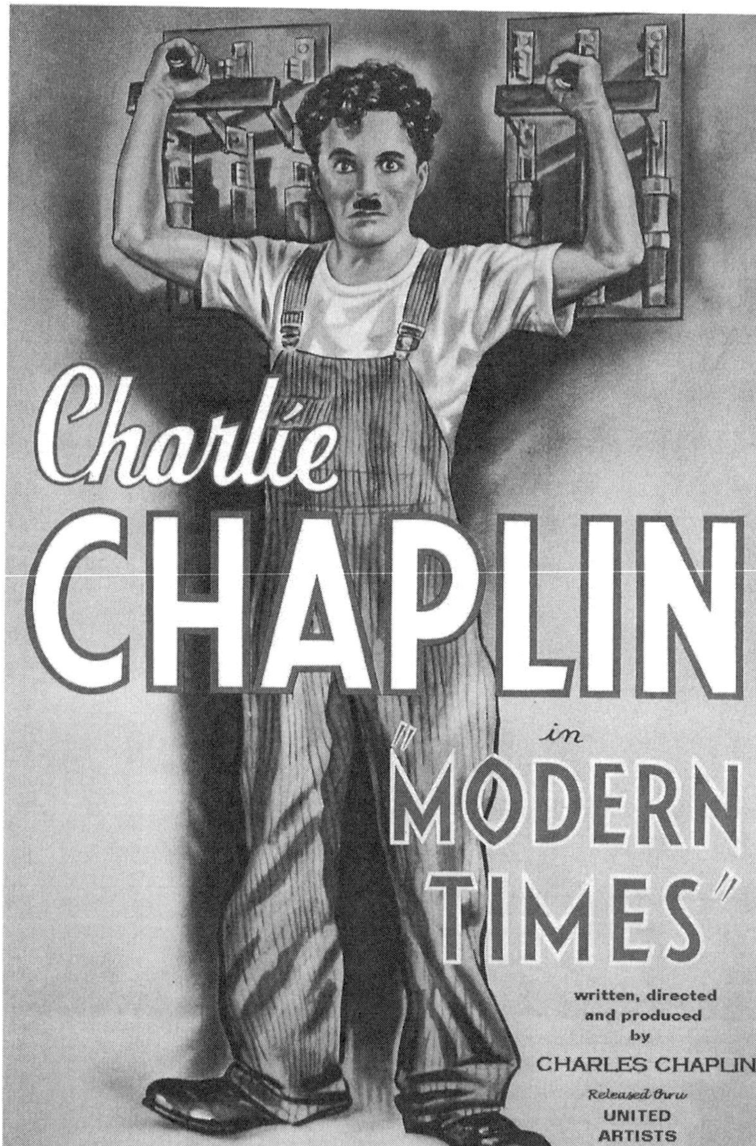


* 이 포스터의 출처는 〈www.movieposterdb.com〉로서, 저작권 갱신이 이루어지지 않아 자유 이용저작물(Public Domain)임

제1절

# 씨네마 법

## I. 개요

이 영화는 1936년에 제작된 찰리 채플린(Charlie Chaplin)이 각본과 감독을 맡은 로맨틱 코미디 영화이다. 이 영화는 찰리 채플린의 상징적인 리틀 트램프(Little Tramp) 캐릭터가 현대화되고 산업화된 세계에서 살아남기 위해 고군분투하는 영화이다. 채플린은 1931년 자신이 제작한 영화인 "City Light"를 홍보하기 위한 유럽투어 중 대공황을 통해 나타난 우려스러운 상황과 당시 현대기술에 대하여 마하트마 간디(Mahatma Gandhi)와 대화를 하던 중 이 영화 모던 타임즈에 대한 영감을 얻었다고 한다. 채플린은 이 영화를 자신의 첫 번째 유성 영화로 준비하였으나, 이내 그 유성 영화로 만드는 것을 포기하였다. 그 이유는 자신의 캐릭터인 리틀 트램프가 말을 하기 시작한다면 그간 리틀 프램프가 가지고 있던 보편적이고도 고유한 매력이 사라질 것이라는 우려 때문이었다. 영화의 촬영기간은 1934년 10월 11일부터 1935년 8월 30일까지 상대적으로 길었다. 영화 중에 마약과 관련한 언급이 나오는데, 이는 1930년에 영화에서 불법으로 마약을 사용하는 장면을 묘사하는 것을 금지하는 법이 제정된 것을 감안하면[1] 매우 이례적인 장면으로 꼽힌다.

1) MPPDA(The Motion Picture Producers and Distributors of America)는 1930년 영화 등을 제작하는 경우 사회 및 지역의 가치를 유지하기 위한 규칙을 제정하였다. 이는 Production Code 또는 the Hays Code라고 불렸는데, 이 규칙은 원칙적으로 시청자들의

이 영화는 채플린의 가장 위대한 업적 중의 하나이자 가장 인기있는 영화 중 하나로 평가된다. 로튼 토마토에서는 10점 만점 중에는 9.4 점을, 메타크리틱은 100점 만점 중 96점을 받았다. 플릭사이드는[2] 이 영화를 30년대 최고의 영화로 선정하면서 "채플린의 모던 타임즈는 병폐와 유머를 다루는 현대화의 불안에 대한 사려 깊은 비판"이라고 평가했다. 특히 이 영화는 채플린이 공개적으로 정치적인 주제를 다룬 첫 번째 영화였다. 1936년 10월 영국 자유당의 공식 잡지인 리버럴 뉴스(The Liberal News)는 "모던 타임즈는 모든 젊은 자유주의자들이 보아야 할 영화"라고 선전하였으며, 나치 독일의 요제프 괴벨스(Joseph Goebbels)는 이 영화가 공산주의를 옹호한다는 이유로 상영 금지처분을 하였다. 채플린은 이 영화로 인해 나중에는 공산주의자로 몰려 미국에서 추방되기도 하였다. 우리나라에서도 이러한 이유로 영화가 만들어진 지 50여 년이 지난 1988년에야 개봉될 수 있었다. 한편 이 영화는 1999년 빌리지 보이스(The Village Voice)는[3] 비평가들의 여론조사를 바탕으로 "세기 최고의 영화(Best Films of the Century)"250선에서 62위로 선정하였다. 2002년에는 전미 영화 비평가 협회가 선정한 "역대 100대 필수 영화(Top 100 Essential Films of All Time)" 목록에서 58위에 선정되기도 하였다. 또한 이 영화는 2017년 BBC가 52개국에서 253명의 영화 비평가들을 대상으로 실시한 여론조사에서 역대 가장 위대한 코미디 100선에서 12위로 선정되었으며, 2021년에는 타임아웃 잡지의 역대 최고의 영화 100선에서 49위를 차지한 바 있다.

---

"도덕적 기준을 낮추는" 영화를 규탄하고 "관객들을 범죄, 비행, 악, 죄의 편에 절대로 내던지지 않을 것"이라고 보증한다고 하였다.

2) 플릭사이드(Flickside)는 유명인, 영화, TV 쇼, 게임 등 다양한 주제와 관련된 온라인 리뷰, 기사 및 토론을 제공하는 영화 & TV 쇼 리뷰 플랫폼이다. 온라인 웹페이지는 다음과 같다. 〈https://flickside.com/〉

3) 빌리지 보이스(The Village Voice)는 미국 최초의 대체 뉴스 주간지로 알려진 미국의 뉴스 및 문화 신문으로서 1955년 뉴욕의 창의적 커뮤니티를 위한 플랫폼으로 시작되었다. 〈www.villagevoice.com〉 참조.

## II. 시놉시스

영화는 지하철에 나오는 노동자들 속에서 시작되는데, 주인공인 떠돌이 트램프는  빠르게 이루어지는 반복적인 작업의 스트레스로 큰 고통을 겪는다. 결국 그는 신경쇠약에 걸리고 기계 안에 갇혀서 공장을 혼란에 빠뜨리고 정신병원으로 보내진다. 병원에서 나온 트램프는 병이 회복되었지만 공장에서 해고되어 거리를 떠돈다. 그러다가 공산주의 시위대의 트럭에서 떨어진 빨간 깃발을 주워 이를 되돌려 주려다가 공산주의자로 몰려 체포된다. 감옥에 수감된 트램프는 우연히 밀수된 마약을 섭취하게 되고 우연히 탈옥수를 잡은 공으로 사면된다. 이후 보안관의 추천으로 일자리를 구하려고 하지만 쉽게 구하지 못한다. 그리고 빵 한덩어리를 훔친 후 경찰로부터 쫒기는 고아 소녀 엘렌(Ellen)을 만나게 된다. 엘렌의 아버지는 실직자이지만 그래도 행복하게 산다. 그러나 엘렌의 아버지가 사고로 거리에서 죽자 엘렌은 고아원에 보내지려 한다. 엘렌은 탈출을 해 트램프와 마주쳤고, 이런 저런 일들을 겪으면서 경찰에 체포되는 일이 반복된다. 우여곡절 끝에 카바레에 취직한 엘렌과 트램프는 둘은 행복한 삶을 살 것으로 기대하였으나, 다시 경찰에게 쫒기는 신세가 된다. 영화의 마지막은 밝은 새벽, 엘렌과 프램프가 불확실하지만 희망적인 미래를 향해 길을 나서는 장면을 막을 내린다.

## III. 사색하는 법률 산책

이 영화는 제목 “모던타임즈”에서도 알 수 있듯이 근대사회의 노동관계를 긍정적이 아닌 부정적인 측면에서 바라보고 있을 알 수 있다. 특히 이 영화가 1936년에 제작되었으나, 현재 우리나라의 노동현실에 빗대어 보아도 크게 손색이 없을 정도이다. 최근 우리나라는 노동관계와 관련하여 소위 “중대재해처벌법”을 제정하여 시행하고 있으나 아직도 노동현장에서는 예기치 못한 사고들이 비일비재하다. 이러한 사정에서 이 영화는 우리에게 무엇을 시사하고 있는가. 1936에 제작된 영화를 보면서 2023년 현재 우리나라를 비롯한 세계 노동시장의 현실을 한번 비교해 보자. 그리고 우리가 추구하는 노동의 가치를 찾아가는 법률 산책이 되기를 바란다.

제2절

# 노동 생활과 법

## Ⅰ. 노동법의 의의

### 1. 노동법의 형성

근로관계, 즉 생산수단과 노동력의 결합으로 재화 또는 서비스를 생산하는 관계는 인류역사의 처음부터 존재해 왔으나, 노동력과 생산수단의 '결합'의 태양은 시대에 따라 다르다. 즉, 고대 노예사회에는 동산적 소유관계였고 중세(농노사회)의 신분적 예속관계를 지나 근대 시민사회, 자본주의사회에는 자유롭고 추상적으로 평등한 개인사이의 계약관계로서의 형태를 취하였다.

오늘날 근로자와 사용자와의 관계인 즉, 노사관계는 기본적으로는 위에서 언급한 근대적 결합관계, 즉 생산수단의 소유자인 사용자와 노동력만을 갖는 근로자와의 계약관계이지만 이러한 계약은 보통의 거래와는 다음의 2가지 점에서 다르다는 데 유의해야 한다.

첫째, 거래대상인 노동력이 특수한 상품이라는 점이다. 자본주의사회에서는 모든 재화는 상품으로서 생산·교환되며 상품교환 없이는 개인도 사회도 존립하지 못한다. 근로자도 생활필수물자를 사기 위해서는 노동력을 파는 길 밖에 없다. 즉, 노동력도 상품인 것이다. 하지만 보통의 상품과는 달리 매석(賣惜)할 수 없고, 또한 노동력 소유자의 인격과 불가분하다는 점이 적정거래의 확보를 필요케 한다. 1919년의 국제노동기구(ILO)헌장도

'노동은 단순한 상품으로 보아서는 안된다'고 선언했으며 1946년의 ILO 헌장도 이를 재확인했다.

둘째, 근로자가 사용자에 대하여 인적·경제적 종속관계에 처해 있었다는 점이다. 이 때문에 계약조건은 전통적으로 수요·공급의 균형이 근로자에게 불리하게 기울어져 장시간 근로·저임금·열악한 작업환경이 초래되었다. 따라서 근로자의 인간다운 생활을 할 권리(생존권)를 실현·보장하기 위해서 법(국가)은 근로관계에 관여하지 않을 수 없게 되었다.

이와 같이 근로자에게 인간의 존엄성과 가치를 가지고 인간다운 생활을 할 권리를 확보하여(헌법 제10조, 제34조 제1항) '노동인격의 완성'을 꾀하기 위해 형성된 것이 노동법이다.

## 2. 노동법의 개념

노동법이라 함은 노동법학을 의미하는 경우가 있고, 노동법규의 총체 또는 노동법규의 체계라는 의미로 사용되는 경우도 있다. 그러나 노동법의 개념이 성립하기 위해서는 사용자와 근로자 사이의 근로관계가 전제되어야만 한다. 노동법의 법학적 개념정립을 위해 노동법을 파악하는 입장별로 정리하면 다음과 같다.

### (1) 규율대상을 형식적으로 파악하는 입장

노동법의 개념을 그 규율대상에 따라 규정하려는 견해이다. 예를 들면 노동법은 근로계약관계와 그 영향하에 이루어지는 노사관계를 규제하는 모든 법규의 총체라고 본다거나, 사용자와 근로자와의 근로관계, 노동조합과 사용자와의 관계 및 노동조합의 조직을 규율하는 법이라고 한다든가, 또는 노동관계를 규정하는 법의 체계라고 정의하는 견해는 모두 이에 속한다.

그러나 노동법을 단순히 규율대상만을 가지고 형식적인 면에서 파악하려는 것은 노동법이 독자적으로 가지고 있는 법의 목적과 이념이 결여되어서 올바르게 노동법을 이해하고 해석·적용할 수 없다.

### (2) 노동의 종속성을 중심으로 파악하는 입장

노동법의 대상을 종속적 노동관계라고 이해함으로써 노동법은 종속노동관계를 규율하는 법규범의 총체라는 견해이다. 노동법은 일반적으로 종속노동관계에 관한 법이라고 정의하는 경향이 있다. 현재 독일과 프랑스 및 일본에서와 같이 우리나라에서도 일반적 경향이다. 그러나 종속노동의 내용을 어떻게 이해할 것인가에 대해서는 학자들의 견해가 일치되어 있지 않다. 노동의 종속성을 인격적 종속성, 경제적 종속성, 법적 종속성 또는 계급적 종속성 등으로 이해하는 견해들이 있다. 종속노동관계는 근대 시민법 하에서의 근로관계를 파악하는 본질적이고 근본적인 대상이 되었지만 종속노동의 본질에 관한 학설의 대립은 기본적인 관점의 차이에 불과하다. 따라서 오늘날의 일반적인 견해는 종속노동의 본질을 포괄적이고 복합적으로 파악하고 있다.

이렇듯 노동법의 개념을 노동의 종속성을 중심으로 파악하려는 태도는 근로관계를 근로자의 노동의 종속성을 기준으로 이해하려는 것인데 이것은 노동법을 법적 원리가 아닌 정책적 원리로서 파악하려는 오류를 범하고 있으며, 근로자가 타인에게 그의 노동력을 제공하는 대가로 보수를 받는다는 계약관계에서 보면 당연히 노동력은 타인의 처분에 맡겨져서 타인의 지시 명령 하에 있게 된다. 이것은 법률상으로는 계약의 자유를 토대로 당사자간의 합의에 의한 것으로 채권관계의 이면에 지나지 않기 때문에 근로계약의 내용에만 당연히 독자성을 인정한다는 것은 치우친 견해라고 본다.

### (3) 노동법의 이념을 중요시하는 입장

노동법은 근로자의 생활관계에 관한 법이긴 하지만, 근로자가 그의 노동에 의하여 생존을 확보할 수 있도록 하는 것을 목적으로 하는 법이라는 견해이다. 따라서 이와 같은 목적을 실현하려는 법의 이념이 노동법의 개념결정에 중요한 요소가 된다고 한다.

### (4) 소결

노동법은 자본주의경제질서에 있어서 근로자들의 근로관계를 규정함으로써 그들의 생존확보를 할 수 있도록 하는 법규의 총체라고 볼 수 있다. 이를 구체적으로 분석해 보면, 노동법은 자본주의경제질서와 자본주의법질서를 전제로 하고, 노동법은 근로자의 생활관계 즉, 근로자가 근로계약에 의하여 사용자와 맺게 되는 근로계약관계를 중심적으로 규율하는 법이다. 그리고 노동법은 근로자의 인간다운 생존의 확보를 주된 목적으로 하고, 노동법은 근로자의 인격완성의 실현을 목적으로 하며 경제적·사회적 여건의 고려 하에 있어야할 근로관계를 규정하는 학문이다.

그러나 노동법은 근로자의 생존권과 인간다운 생활의 보장을 확보하는 것만이 목적이 아니라 사용자도 함께 보호하는 법이라고 할 것이다. 따라서 노동법은 노사의 실질적인 대등한 관계를 형성하기 위한 법이라고 할 수 있다.

## 3. 노동법의 체계

### (1) 서설

노동법은 실정법으로서 단일 법체계로 구성되어 있지 않고 다수의 노동관계법으로 구성되어 있다. 우리나라에서는 노동법을 그 규율대상에 따라 개별적 근로관계법과 집단적 노사관계법으로 양분하는 독일과 프랑스 등의 체계를 받아들여 일반화되었다.

### (2) 개별적 근로관계법

개별적 근로관계법이란 근로자 개인과 사용자 사이의 근로계약의 체결·

내용·종료 등의 개별적 근로관계를 규율하는 법으로서 근로계약법이라 불리기도 하며, 국가에 의한 개별 근로자의 보호 내지 계약자유의 수정·제한을 지도 이념으로 한다.

### (3) 집단적 노사관계법

집단적 노사관계법은 근로자의 근로관계상의 이익을 대변하기 위하여 다수의 근로자가 참여하는 노동조합 등의 근로자단체와 사용자 또는 사용자단체 사이의 단체교섭을 중심으로 전개되는 근로관계를 규율하는 법으로서 노동조합·단체교섭·단체협약·노동쟁의와 그 조정·노사협의에 관련된 사항 등을 규율하는 노사관계법으로 표현되기도 하고, 국가로부터의 자유 내지는 집단적 노사자치를 지도이념으로 한다.

# II. 근로기준법

## 1. 근로기준법의 개념

### (1) 근로기준법의 기능

노사관계에서도 계약자유의 원칙이 적용되지만 근로자는 사용자가 일방적으로 정한 계약의 내용과 방식에 따라 노동력을 팔지 않을 수 없고, 노동력을 제공하는 과정에서 사용자의 지휘·감독을 받지 않을 수 없다. 이에 따라 노사간의 형식적인 자유와 평등은 이상적인 것에 머무르기 쉽다. 따라서 오늘날 노사관계에 대한 국가의 보호는 필연적이다. 즉, 국가는 근로자보호에 대한 여러 가지 대책을 강구해야 한다. 그 가운데서도 근로조건에 대한 보호가 중심이 된다.

국가가 일정한 기준의 근로조건을 법으로 정하여 그 기준미만의 근로계약체결을 금지하고, 만일 그 기준미만의 근로계약을 체결한 때에도 이를 무효로 보아, 법에 정한 기준에 따라 근로계약을 체결한 것으로 본다. 이와 같이 근로조건의 최저기준을 정하여 근로자의 기본적 생활을 보장하기 위한 법을 근로기준법이라고 말한다. 근로기준법은 근로자의 기본적 생활을 보장하기 위한 법이므로 마땅히 근로자를 위한 법이지만 사용자를 해치는 법은 아니고 도리어 사용자를 위한 법이라고 말할 수 있다. 근로기준법을 통하여 근로자가 인간다운 생활을 함으로써 사용자는 우선 근로자의 불평과 불만에 따른 노사분규를 저지하여 노사협조를 기대할 수 있고, 둘째로는 숙련된 양질의 노동력을 확보할 수 있다. 또한 국가적으로 보면 근로자의 생활향상에 따른 유효수요의 확대로 안정된 국내상품시장의 확보와 노사갈등에 따른 사회적 혼란을 저지하여 시민사회의 발전을 기할 수 있다.

### (2) 근로기준법의 의의

근로기준법은 근로자의 인간다운 생활을 보장하기 위한 근로조건의 최저기준을 정한 법을 말한다. 이를 실질적 의의의 근로기준법이라고 한다. 헌법 제34조는 모든 국민에게 인간다운 생활을 할 권리를 보장하고 있다. 근로자에게도 이러한 인간다운 생활을 보장하기 위해 헌법 제32조 제3항에서는 "근로조건의 기준은 인간의 존엄성을 보장하도록 법률로 정한다"고 규정하였다. 이러한 헌법의 규정에 따라 인간의 존엄성을 보장하도록 근로조건의 기준을 정한 법이 근로기준법이다. 이 법은 임금·근로시간을 비롯한 근로조건을 포괄적·체계적으로 정리하였다는데 의의가 크다. 시민사회에서의 노사간 근로계약의 부자유와 불평등을 실질적으로 파악하여, 국가가 그 근로계약의 체결과 이행 및 종료에 개입하여 근로조건을 개선함으로써, 헌법에서 천명한 근로자의 인간다운 생활을 보장하려는데 이 법의 목적이 있다.

## 2. 근로기준법의 체계·지위

### (1) 근로기준법의 체계

우리나라에는 근로기준법이라는 성문법전을 1953년에 제정하여 수 차례의 개정을 거쳐 전문과 12장 116개 조항과 부칙으로 구성하여 오늘에 이르고 있다. 일본과 미국의 경우도 우리나라와 같이 통일된 법률을 가지고 있지만 대부분의 나라들은 최저임금법, 근로시간법, 연소자 및 여성근로자보호법, 해고제한법 등의 단행 특별법들이 마련되어서 근로관계의 노동보호입법을 구성하고 있다.

근로기준법은 근로조건의 기준에 관한 기본법이지만 근로조건에 관해서는 근로기준법 이외에도 여러 가지 부속법령과 특별법이 마련되어 근로기준법의 시행을 보완하고 있다. 예를 들면 산업안전보건법, 고용정책기본법, 산업재해보상보험법, 남녀고용평등법, 선원법, 직업훈련기본법 및 최저임금법 등등이 있다.

### (2) 근로기준법의 지위

근로자의 경제적·사회적 지위를 일정한 수준까지 유지·향상하고 기타의 생활위험으로부터 근로자들을 보호하는 것이 노동관계법의 기본과제이다. 근로기준법은 헌법 제32조 제3항의 인간의 존엄성보장 차원에서 근로자의 근로조건과 기타의 생활조건을 일정한 수준이상으로 유지할 목적으로 최저생활조건으로 정하고 감독관청으로 하여금 근로감독을 실시케 함으로써 근로자를 보호하려는 것(근기법 제1조 참조)이다.

따라서 근로기준법의 규율대상은 개인근로자와 개인사용자간의 근로관계이므로 법률관계의 성질상 사법관계라고 할 수 있다. 그러나 근로기준법 자체는 근로자의 보호를 위하여 사용자에게 국가에 대한 의무를 과하는 것이라고 이해되고 있기 때문에 전통적인 법체계의 분류에 따른다면 이는 공법(公法)에 속한다. 그러므로 근로기준법은 사용자에 대하여 의무를 설정하고 동시에 사용자에 대한 근로자의 권리를 설정한 것으로 보아서 사법관계인 근로관계의 내용을 직접 규제하는 법이라고 보아야 할 것이다.

또한 근로기준법은 보호법규로서 강행성을 가지고 있기 때문에 당사자의 의사 여하에 불문하고, 즉 사용자와 근로자는 근로기준법상의 권리와 의무를 포기할 수 없고 당연히 실현되어야 하는 것이며, 이에 대한 준수와 이행은 감독기관을 통하여 확보되고 있다. 이러한 의미에서 근로기준법은 공법적 성격을 가지지만, 사용자의 근기법위반에 대해서 근로자에게 청구권 내지 소구권을 인정하고 있으므로 동시에 사법적 보호도 전제하고 있다. 따라서 근로기준법은 공법도 사법도 아닌 제3의 법 분야에 속한다는 주장도 있다.

## 3. 근로기준법의 적용관계

### (1) 적용사업·사업장의 범위

근로기준법 제10조에서는 근로기준법이 적용되는 사업 또는 사업장을 정하고 있다. 근로기준법은 상시 5인 이상의 근로자를 사용하는 모든 사업 또는 사업장에 적용된다. 그러나 동거의 친족만을 사용하는 사업 또는 사업장과 가사사용인에 대해서는 적용하지 않는다(근기법 제10조 제1항). 상시 4인 이하의 근로자를 사용하는 사업 또는 사업장에 대하여는 대통령령이 정하는 바에 따라 이 법의 일부규정을 적용할 수 있다(근기법 제10조 제2항). 근로기준법을 준수할 의무를 부담하는 사용자로서의 사업 또는 사업장은 모든 사업 또는 사업장에 미치고 몇 가지 예외가 있음을 밝힌 규정이다.

#### 1) 원칙

근로기준법은 원칙적으로 상시 5인 이상의 근로자를 사용하는 모든 사업 또는 사업장에 적용된다(근기법 제10조 제1항 본문).

**가. 상시**

란 평상시의 준말로서 일정한 기간 계속되는 시기를 뜻한다. 이는 상태(常態)라는 의미에서 사회통념에 의하여 객관적으로 판단되어야 할 일반적 상태를 뜻하는 것이므로, 구체적으로 일정한 사업기간 내의 근로자 연인원수를 가동일수로 나눈 경우 상시 근로자수가 계산된다.

**나. 사업**

이란 물적 시설과 노동력을 유기적으로 결합하여 계속적으로 일정한 목적을 추구하는 사회적 활동체를 말한다. '업'(業)으로서 계속성을 가지는 이상 모든 사업체가 사업에 해당된다. '사업장'이란 이러한 목적을 계속적으로 추구하는 장소적 시설을 말하며 공장, 광산, 사무소, 점포 등을 말한다.

**다. 사업장**

"모든사업 또는 사업장에 적용된다"는 것은 그 사업의 업종형태, 영리추구 여부 및 국내외임을 묻지 않고 5인 이상을 사용하는 사업이면 예외없이 근로기준법이 적용된다는 것을 말한다.

**2) 예외**

**가. 친족사업**

동거의 친족만을 사용하는 사업 또는 사업장에는 근로기준법이 적용되지 않는다(근기법 제10조 제1항 단서). 동거의 친족만을 사용하는 경우 8촌 이내의 혈족, 4촌 이내의 인척 및 배우자인 친족관계가 지배하여 국가가 개입하여 근로조건을 강행적으로 정한다는 것은 어렵고, 근로자와 사용자의 구별이 어려우며 또 혈연 내지 이에 준하는 사람들의 관계에 법이 관여하는 것은 동양적인 윤리관에 비추어 부적당하기 때문이다.

### 나. 가사사용인

가사사용인에 대해서 근로기준법이 적용되지 않는다(근기법 제10조 제1항 단서). '가사사용인'이란 일반 가정의 가정부·파출부 등과 같이 집안살림을 돌보는 근로자를 말한다. 가사사용인은 형식적으로 근로의 장소가 사업장이 아니며 실질적으로 그 가사근로가 사생활에 속하여 감독이 어렵다는 데 적용배제의 취지가 있다. 가사사용인의 여부는 그가 제공하는 근로가 가정의 사생활에 관한 것인가의 여부에 따라 판단하여야 하며, 근로의 장소·시간 및 종류 등 그 실태에 따라 구체적으로 판단하여야 한다. 가사와 다른 업무를 겸하는 경우에는 본래의 업무가 어느 쪽에 속하느냐에 따라 판단하여야 한다.

### 다. 상시 4인 이하의 근로자를 사용하는 사업 또는 사업장

상시 4인 이하의 근로자를 사용하는 사업 또는 사업장에 대하여는 대통령령이 정하는 바에 따라 이 법의 일부 규정을 적용할 수 있다(근기법 제10조 제2항, 근기법시 제1조의 2 참조). 소규모 영세사업에까지 근로기준법 전체를 적용할 경우 그 사업자들이 이를 준수할 능력이 없어 준법정신을 퇴각시키며, 현행 감독기관의 능력으로 이를 감독하기 어렵다는 데서 일부 규정만을 적용케 하였다고 흔히 그 취지를 든다.

### 라. 특별법에 의한 적용제한

해상근로의 특수성을 고려하여 선원에 대해서는 선원법(1984.8.7, 법률 제3751호)이 적용된다(선원법 제1조). 또한 국가공무원·지방공무원(근기법 제11조 참조, 국공법 제2조 4호), 사립학교 교원(사학법 제52조 이하 제62조의 2), 청원경찰(청원경찰법 시행령 제10조) 등도 각각의 특수한 근로의 성격에 의하여 그에 해당하는 법을 적용하며 근로기준법은 적용되지 않는다.

### (2) 적용대상

근로기준법의 적용대상은 근로자와 사용자의 두 당사자이다. 근로기준법은 근로자에 대해서는 근로조건을 보호하기 위한 법임과 동시에 다른 한편 사용자에 대해서는 이 보호규정을 준수할 의무가 과해지기 때문이다.

#### 1) 근로자

직업의 종류를 불문하고 사업 또는 사업장에 임금을 목적으로 근로를 제공하는 자를 말한다(근기법 제14조). 근로기준법에서 근로자는 근로기준법이 정하는 법적 보호를 받을 사람을 확정하기 위한 독자적인 개념이다. 이 점에서 노동조합법 및 노동관계조정법 제2조 1호에서 '직업의 종류를 불문하고 임금·급료 기타 이에 준하는 수입에 의하여 생활하는 자'와는 구별되어야 한다.

근로기준법 제14조에 의하면 실업자는 근로자에 포함되지 않지만 사용자의 부장, 과장 등 이익대표자는 근로자로서 보호의 대상이 된다. 노동조합 및 노동관계조정법 제2조 1호에 의하면 실업자도 근로자에 포함될 수 있지만 사용자의 이익대표자는 근로자로서 인정받지 못한다.

#### 가. 임금

'임금'은 근로기준법 제18조에서 정하는 바 사용자가 근로의 대상으로 근로자에게 임금·봉급 기타 여하한 명칭으로든지 지급하는 일체의 금품을 말하고 의례적·호의적 의미에서 지급되는 것은 포함하지 아니한다.

#### 나. 근로의 제공

'근로를 제공하는 자'로서 근로기준법이 적용되는 근로자라 함은 사용자의 지휘·명령을 받으며 사실적 종속관계에 있는 자 중에서 근로기준법이 적용되는 사업 또는 사업장에 취업하고 있는 자를 말한다.

오늘날 학설과 판례에 의하여 인정된 사용관계의 구체적 판단기준은 전속관계의 유무, 즉 노동력이용에 대한 사용자의 배타적 지배권 유무; 근무에 대한 응낙 또는 거부의 자유의 유무, 즉 작업방법의 구속성; 근무시간 및 근무장소의 지정 유무; 노무제공의 대체성 여부, 즉 보조노동력 이용의 가능성; 업무수행과정에 있어서의 지휘·명령의 유무; 재료·업무용 기구의 부담관계; 보수의 성격, 즉 보수의 대상성 등을 들 수 있다. 그러나 위의 판단기준이 모두 구비되어야만 사용종속관계가 인정되는 것은 아니며, 사안에 따라 구체적·개별적으로 판단되어야 한다.

### 다. 직업의 불문

'직업의 종류 불문'이란 근로의 내용이 정신노동이거나 육체노동임을 묻지 않으며, 그 신분이 공무원이거나 사기업체 근로자임을 가리지 않는다는 의미이고, 계약의 형식이 도급계약 또는 위임계약인지의 여부도 묻지 않고, 상용근로, 일용근로, 시간제 근로 등근 로의 형태도 보지 않는다.

### 라. 외국인

외국인도 근로기준법 제14조에서 정한 근로자로서의 요건을 구비한 경우 근로자로서 보호를 받을 수 있다.

### 마. 특수한 근로형태의 근로자

특수한 근로형태의 근로자는 근로계약의 형식이 민법상 위임 또는 도급계약의 형식을 갖는 자로서 노무제공에 있어서 구체적 지시·감독을 받는 보험모집인, 외무사원 및 판매확장요원이나 고용계약형식이 아닌 도급계약이나 위임계약형식에 의한 근로자를 포함한다. 이때 고용계약이란 당사자 일방이 상대방에 대하여 노무를 제공할 것을 약정하고 상대방이 이에 대하여 보수를 지급할 것을 약정함으로써 성립하는 계약(민법 제655조, 근기법 제17조)이고, 도급계약이란 당사자 일방이 어느 일을 완성할 것을 약정하고 상대방이 그 일의 결과에 따라 보수를 지급할 것을 약정함으로써 성립하는 계약(민법 제664조)이며, 위임계약이란 당사자 일방이 상대방에 대하여 사무의 처리를 위탁하고 상대방이 이를 승낙함으로써 그 효력이 생기는 계약(민법 제680조)을 말한다.

또한 근로자가 사용자에게 근로를 제공하는 지위 이외에 학생이나 실습생의 지위에 있을지라도 그 근로가 지시·감독하에서 제공되는 한 근로기준법상 근로자에 해당된다. 졸업예정자인 실습생, 대학병원의 수련의 및 과학실험조교 등도 근로자에 해당하지만, 행정적 목적에서 기능공양성을 위하여 모집한 수강생과 강사는 근로자가 아니라고 본다. 한편, 근로자의 임금이 손님으로부터 봉사료가 임금의 근간이 되는 경우에는 그 근로형태가 사용자와 사용종속관계에 있고, 사용자가 그 봉사료를 일괄 관리하고 배분하는 경우에는 그 근로자는 근로기준법 제14조의 근로자로 보아야 한다. 그 밖의 특수한 근로형태의 근로자로 근로계약의 명칭에는 구애됨이 없이 실질적으로 노동법의 대상이 되는 종속노동관계에 있음으로서 근로조건을 보호할 필요가 있는 사람은 모두 근로자에 포함된다.

### 바. 단시간 근로자

'단시간 근로자'라 함은 1주간의 소정근로시간이 당해 사업장의 동종업무에 종사하는 통상근로자의 1주간의 소정근로시간에 비하여 짧은 근로자를 말한다(근기법 제21조). 따라서 단시간 근로자는 반드시 근로시간이 1주 또는 1일에 몇 시간 이내이어야 하는 것은 아니고, 당해 사업장의 동종업무에 종사하는 통상근로자와 비교하여 1주간의 소정근로시간이 짧은 것으로 족하다. 즉 근로시간의 기준은 소정근로시간이기 때문에 단시간 근로자가 연장근로 등에 의하여 실제근로시간이 통상근로자 보다 짧지 않다고 하여 단시간근로자에서 제외되는 것은 아니다. 여기에서 '소정근로시간'이라 함은 법정근로시간의 범위안에서 당사자 사이에 정한 근로시간을 말한다(근기법 제20조). 일반적으로 단시간 근로자는 '시간제 근로자'(part-timer)라 부르기도 한다. 그러나 1주간의 근로시간이 현저히 짧은 단시간 근로자로서 대통령령으로 정하는 자(근기법 제20조 제3항)는 '초단시간 근로자'로 불리기도 하며 특별한 취급을 받을 수 있다.

#### 2) 사용자

사용자라 함은 사업주 또는 사업경영담당자 기타 근로자에 관한 사항에 대하여 사업주를 위하여 행위하는 자를 말한다(근기법 제15조). 근로기준법에서의 사용자는 정해진 근로조건의 최저기준을 준수하여야 할 의무의 주체이며, 이를 위반한 경우 책임을 져야 할 책임의 주체이다. 그 명칭에 구애됨이 없이 실질적으로 이에 관한 권리와 권한을 가진 자가 사용자이다.

사용자의 유형으로는 사업주, 경영담당자 및 사용자를 위하여 행위하는 자가 있다. '사업주'가 사용자라 함은 당연한 것으로서, 개인경영의 경우에는 경영주를 말하고 법인경영인 경우는 법인을 말한다. '경영담당자'라 함은 사업경영 일반에 관하여 책임을 지는 자로서 사업주로부터 사업경영의 전부 또는 일부에 대하여 포괄적 위임을 받고 대외적으로 사업을 대표하거나 대리하는 자라고 해석해야 한다. 근로자에 관한 사항에 대하여 '사업주를 위하여 행위하는 자'라 함은 인사·급여·후생·노무관리 등과 근로조건의 결정 또는 근로의 실시에 관해서 지휘명령 내지 감독을 할 수 있는 일정한 책임과 권한이 사업주에 의하여 주어진 자를 말한다. 이러한 책임과 권한이 반드시 고용계약에 의해서 주어져야 하는 것은 아니고, 그의 유무는 부장 또는 과장이라는 형식적인 직명에 따를 것이 아니라 구체적인 직무실태에 의하여 판단되어야 한다.

## 4. 근로기준법의 기본원칙

### (1) 서설

근로기준법의 기본원칙 또는 기본이념은 근로자의 근로기준의 수준을 보장하는 동시에 과거의 봉건적인 근로체제를 배제함으로써 근대적인 노사관계를 확립할 목적으로 하는 근로기준법의 입법과 해석에서 기본이 되는 기본정신을 말한다. 근로기준법의 제정이나 적용에서 반드시 관철되어야 할 기본원칙을 말한다.

특히 우리 헌법의 규정(제32조, 제34조)에 따라 근로자의 직장생활에서의 생존권을 보호하기 위하여 근로조건의 기준을 정한 법이 근로기준법이다. 오늘날 국제경제시대에서는 근로조건의 국제수준화가 근로기준법의 이념이 되고 있다.

### (2) 근로자의 생존권보장

#### 1) 근로자의 기본생활의 보장

근로기준법은 헌법에 의거하여 근로조건의 기준을 정함으로써 근로자의 기본생활을 기본생활을 보장, 향상시키며 균형 있는 국민경제의 발전을 꾀하는 것을 목적으로 한다(근기법 제1조).

근로자의 기본생활이란 인간다운 생활(헌법 제34조 제1항)과 인간의 존엄성이 보장되는 생활(헌법 제32조 제3항)을 말하는 것으로서 국민의 생존권이라고 말할 수 있다. 근로자의 기본생활의 보장·향상은 국민경제의 발전에 적극적으로 공헌하는 것이라고 해석되어야 한다.

#### 2) 근로조건의 기준

근로조건의 기준이란 근로자가 근로관계에서 사용자로부터 받아야 할 대우의 일반적인 표준으로서 근로자가 근로관계에서 받아야 할 대우에서 기본이 되는 정도를 말한다. 이는 "사용자와 근로자 사이의 근로관계에서 임금, 근로시간, 후생, 해고, 기타 근로자의 대우에 관하여 정한 조건일체를 말한다"고 보고 있다. 또한 근로기준법 제17조와 동법시행령 제8조에 따른 근로조건에는 실재로 노사간에 정하여져 있는 근로조건만이 아니고 근로관계에서 근로의 제공과 직접 관련되지 않더라도 궁극적으로 근로계약의 내용이 될 수 있는 모든 조건이 포함된다고 할 것이다.

#### 3) 근로조건의 저하금지

근로관계당사자는 근로기준법에 정한 기준이 최저기준이므로 이 법을 이유로 근로조건을 저하시킬 수 없다(근기법 제3조). 근로기준법은 근로조건의 개선에 그 목적이 있으므로 다른 여건에 관계없이 이 기준만을 내세워 근로조건의 개선을 거부하거나 이 법의 개정만을 이유로 근로조건을 저하시킬 수 없다. 예를 들면 종래의 연차유급휴가일수를 새로 시행된 근로기준법의 법정기준으로 낮추는 것은 무효이다. 그러나 사회·경제적 변동, 경영여건의 변화 또는 직무의 변경 등에서 오는 근로조건의 저하는 근로기준법을 이유로 저하한 것이 아니므로 이에 해당되지 않는다.

### (3) 근대적 노사관계의 확립

근대적 노사관계란 근로자와 사용자가 대등한 지위에서 당사자의 자유로운 의사에 따라 근로자가 사용자에게 근로를 제공하고 사용자는 이에 대하여 임금을 지급하는 계약관계를 말한다.

#### 1) 노사대등결정의 원칙

근로조건은 근로자와 사용자가 동등한 지위에서 자유의사에 의하여 결정하여야 한다(근기법 제4조). 근로관계는 신분관계가 아닌 계약관계이므로 노사가 대등한 지위에서 자유로운 의사에 의하여 결정되어야 한다는 근대사법의 기본원리인 계약자유의 원칙을 개별노동관계에서 다시 확인한 것이다. 이 경우 동등한 지위란 형식적으로나 실질적으로 대등한 지위를 말한다.

#### 2) 단체협약, 취업규칙 및 근로계약의 준수

근로자와 사용자는 단체협약, 취업규칙 및 근로계약을 준수하여야 하며 각자가 성실하게 이행할 의무가 있다(근기법 제5조). 국가가 정한 근로기준법과 나란히 근로자 및 근로자단체와 사용자가 대등한 지위에서 자유로운 의사로 결정한 단체협약 및 근로계약 그리고 근로자의 의견을 듣거나 동의를 얻어 사용자가 작성한 취업규칙을 당사자가 준수하고 성실히 이행하는 것이 근대적 노사관계의 확립과 근로조건의 유지·개선을 할 수 있음을 확인한 규정이다.

### 3) 균등대우의 보장

사용자는 근로자에 대하여 남녀의 차별적 대우를 하지 못하며 국적·신앙 또는 사회적 신분을 이유로 근로조건에 대한 차별적 대우를 하지 못한다(근로기준법 제6조). 이처럼 사용자가 일정한 기업내에서 특정 근로자에게 합리적 이유없이 근로조건에 대해 부당한 차별을 하지 않는 대우를 균등대우라고 한다. 균등대우의 보장은 모든 국민이 법 앞에 평등하다는 헌법 제11조의 평등이념을 근로조건에서 구현하여 근대적 노사관계를 확립하려는 데 그 취지가 있다.

## (4) 전근대적 노사관계의 청산

우리나라에서 오늘날에도 사용자가 근로자를 정신적·육체적으로 자유를 구속하고 권리의 제재를 가하는 전근대적인 노사관계가 만연하고 있어 이의 청산을 근로기준법은 이념으로 하고 있다.

### 1) 강제근로의 금지

근로자의 자유의사에 반하여 근로를 강제하지 못한다는 것으로서 사용자가 폭행·협박·감금 기타 정신상 또는 신체상 자유를 부당하게 구속하는 수단으로써 근로자의 자유의사에 반하는 근로를 강요하지 못한다(근기법 제7조). 이것은 노동인격의 존중이란 관점에서 당연한 일이며 헌법 제12조 제1항의 강제노역을 받지 않을 권리"에 대한 규정이 근로관계에 구체화된 것이라고 볼 수 있다.

사용자가 이 조항을 위반하면 벌칙으로서 5년 이하의 징역 또는 5천만원 이하의 벌금에 처하며(근기법 제107조), 또한 반사회질서의 법률행위로서 무효로 된다(민법 제103조). 이 때 강제근로가 현실적으로 이루어졌는지의 여부와는 관계없이 부당한 수단을 행사한 경우에는 본 조 위반의 책임을 진다고 본다.

### 2) 폭행의 금지

사용자가 어떠한 이유로도 근로자의 신체에 대한 불법적인 유형력의 행사를 할 수 없음을 말한다. 사용자는 사고발생 기타 여하한 이유로도 근로자에게 폭행·구타행위를 하지 못한다(근기법 제8조).

이 조항에 위반한 사용자는 5년 이하의 징역 또는 5천만원 이하의 벌금에 처한다(근기법 제107조). 또한 양벌규정에 의하여 폭행을 한 자가 사업주를 위하여 행위한 대리인·사용인 기타 종업원인 경우에는 사업주가 그 위반행위를 방지하기 위하여 해당 업무에 관하여 상당한 주의와 감독을 게을리하지 아니한 경우 이외에는 사업주도 처벌한다(근기법 제115조).

### 3) 중간착취의 배제

노사의 중간에서 취업과 관련하여 부당한 이득을 얻는 것을 금지하는 것으로서 누구든지 법률에 의하지 아니하고는 영리로 타인의 취업에 개입하거나 중간인으로서 이득을 취득하지 못한다(근기법 제9조). 이는 취직시 또는 취직 후에 사용자와 근로자의 중간에 개입하여 중간착취를 하는 것을 금지하고 있는 것이다.

근로기준법 제9조의 위반의 자는 5년 이하의 징역 또는 5천만원 이하의 벌금에 처한다(근기법 제107조).

### 4) 공민권행사의 보장

근로자가 사용자에게 근로를 제공함으로 인하여 공민권의 행사를 방해받지 않을 권리의 보장을 말하는 것으로 사용자는 근로자가 근로시간 중에 선거권 기타 공민권의 행사 또는 공의 직무를 집행하기 위하여 필요한 시간을 청구하는 경우에는 이를 거부하지 못한다. 그러나 그 권리행사 또는 공적 직무를 집행함에 지장이 없는 한 청구한 시간을 변경할 수 있다(근기법 제10조). 이는 근로자도 국민의 한 사람이므로 다른 국민과 같이 공민권행사를 보장하여 근로자의 참여를 통한 참다운 민주주의를 실현하려는 데 그 취지가 있다.

이 조항을 위반한 자에 대하여 2년 이하의 징역 또는 2천만원 이하의 벌금에 처한다(근기법 제110조 제1호). 동조의 위반은 사용자의 거부 자체로 족하며 근로자의 권리를 행사하였는가의 여부는 묻지 않는다. 또한 단체협약과 취업규칙에서 공민권은 근로시간외에 행사하여야 한다고 정한 때에도 이를 이유로 근로자가 청구하는 시간을 주지 않은 경우에도 본조의 위반이 된다.

#### (5) 국제적 수준에서의 근로조건보장

오늘날 인간생활의 국제적인 보편화, 국제시장에서의 공정경쟁요구 그리고 국제노동운동의 발전 등으로 근로조건이 국제적으로 통일되는 현상을 보이고 있다. 그래서 근로기준법은 근로자의 근로조건을 국제적 수준에서 보장할 것을 그 이념으로 하고 있다.

## Ⅲ. 노동조합 및 노동관계조정법

### 1. 노동조합 및 노동관계조정법의 의의

노동조합 및 노동관계조정법(노조법)은 근로자가 노동조합을 결성하여 단체교섭과 단체활동을 통해 근로조건을 유지·개선할 것을 정한 법을 말한다. 이 법은 헌법에 의한 근로자의 단결권·단체교섭권 및 단체행동권을 보장하여 근로조건의 유지·개선과 근로자의 경제적·사회적 지위의 향상을 도모하고, 노동관계를 공정하게 조정하여 노동쟁의를 예방·해결함으로써 산업평화의 유지와 국민경제의 발전에 이바지함을 목적으로 한다(노조법 제1조) 이때 노동조합이라 함은 근로자 즉, 직업의 종류를 불문하고 임금, 급료 기타 이에 준하는 수입에 의하여 생활하는 자가 주체가 되어 자주적으로 단결하여 근로조건의 유지, 개선 기타 근로자의 경제적, 사회적 지위의 향상을 도모함을 목적으로 조직하는 단체 또는 그 연합단체를 말한다. 즉, 노동조합의 조직과 운영 및 단체교섭과 단체협약에 관한 것과 쟁의행위의 보장과 제한 및 조정에 관한 법이다. 구체적으로 헌법 제33조 제1항에 의한 단결권, 단체교섭권 및 단체행동권 등 근로3권을 보장하여 근로자가 노동조합을 결성하여 단체교섭을 통해 집단적으로 근로조건을 결정할 것을 정하고, 또한 단체행동권을 구현하기 위하여 근로자의 쟁의행위를 보장하는 한편 그 절차와 한계를 정하여 그 권리의 정당한 행사를 정하고 부득이 쟁의행위가 발생한 경우 국가가 할 수 있는 조정의 절차를 정한 법이다.

노동조합 및 노동관계조정법은 전문 8장 96조로 이루어져 있다. 제1장 총칙에서는 노동조합 및 노동관계조정법 전체에 통용되는 통칙규정으로 법의 목적, 용어의 정의 및 정당한 조합활동의 민·형사책임면제 등의 규정을 두고 있다. 제2장 노동조합에서는 노동조합의 조직과 운영에 관한 통칙적 규정, 노동조합의 설립·관리·해산 등에 관한 규정을 두고 있으며, 제3장 단체교섭 및 단체협약에서는 단체교섭의 권한과 절차, 단체협약의 작성, 효력 및 해석 등에 관한 규정을 두고 있다. 제4장 쟁의행위에서는 쟁의행위의 기본원칙과 당사자의 책무, 쟁의행위의 절차와 제한, 직장폐쇄의 요건 등의 규정을 두고 있으며, 제5장 노동쟁의의 조정에서는 조정의 원칙, 당사자와 국가의 책무, 사적 조정·중재와 공적 조정·중재 및 긴급조정에 관한 규정을 두고 있다. 제6장 부당노동행위에서는 부당노동행위의 유형과 구제절차에 관한 규정을 두고 있고, 제7장 보칙에서는 권한의 위임을, 제8장 벌칙에서는 노조법위반에 대한 처벌규정을 두고 있다. 또한 부칙에서는 시행일과 경과조치 등에 관한 규정을 두고 있다. 이 노조법의 시행을 위해 부속명령으로 노조법시행령과 시행규칙이 있다.

## 2. 노동조합 및 노동관계조정법의 기능

근로자의 단결이나 단체교섭에 관하여 영미법계에서는 특별한 보호나 보장을 하고 있지도 않고 특별한 규제도 받지 않는다. 그러나 이에 관하여 정해진 개별법의 테두리 안에서 자유를 인정받을 뿐이다. 반면에 대륙법계에서는 근로자의 단결권과 단체교섭권을 헌법상의 권리로 격상시켜서 이를 근거로 노동관계법에서도 이를 보장하고 일정한 범위 내에서 그 한계를 설정하고 있다.

우리나라에서는 헌법 제33조 제1항에서 보장한 권리에 따라 노동조합 및 노동관계조정법상 노동조합의 권리의 보장과 함께 일정한 범위에서의 산업평화의 유지와 자유민주주의 체제고수를 위해 노동운동의 한계를 정하고 있다.

우선 노동조합의 조직과 가입의 자유(노조법 제5조), 노동조합의 법인격 취득(노조법 제6조), 단체교섭과 단체협약의 체결권보장(노조법 제29조~제36조) 또한 법적 평가의 문제로서 쟁의행위의 정당성의 범위를 정하고 노동쟁의의 조정과 해결을 위한 신속하고 공정한 정책적 기술적인 대책을 강구하여 근로자를 위하여 민사 및 형사상의 면책(노조법 제3조, 제4조)과 부당노동행위로부터 구제(노조법 제39조~제44조)하고 근로조건 개선시키며, 사용자를 위하여 쟁의행위의 명확한 한계와 신속한 해결을 통한 산업평화의 유지와 생산성을 향상시키며, 국가 및 사회적 측면에서는 사회불안과 정치적 혼란의 저지로 자유주의 사회의 발전 도모하고 국민 또는 제3자의 경제생활의 불편과 불안을 최소화 하는 데 기여한다.

따라서 노동조합 및 노동관계 조정법은 노동조합이 헌법의 규정에 의해 특별한 보호를 받는데 대응하여 특별한 의무와 책임을 부담하여야 한다는 취지에서 노동조합의 조직·운영과 단체교섭·단체협약 및 쟁의행위 등에서 노동운동의 한계와 국가의 감독규정을 두고 있다. 이를 위반시는 불이익(노조법 제7조)과 벌칙규정(노조법 제88조~제96조)을 두고 있다.

# Ⅳ. 근로자참여 및 협력증진에 관한 법률

## 1. 법률의 의의

근로자참여 및 협력증진에 관한 법률("근로자참여법")은 노사협의회의 구성과 운영 및 그 임무를 정한 법을 말한다. 노사협의회는 근로자와 사용자가 참여와 협력을 통하여 근로자의 복지증진과 기업의 건전한 발전을 도모함을 목적으로 구성하는 협의기구를 말하며(근로자참여법 제3조 1호), 이에 관한 법이 이전에는 노사협의회법으로 불리어 왔던 법이다.

근로자와 사용자의 관계는 개별적인 관계 이외에도 단체교섭과 노사협의의 집단적인 관계가 있다. 단체교섭은 노동조합과 사용자 사이에서 근로조건의 유지·개선이라는 분배의 측면이 중시된다. 이에 대해 노사협의는 생산성 향상을 통한 근로자의 복지증진이라는 데서 분배를 위해서 먼저 원천의 증가가 중시된다. 이에 따라 단체교섭은 대립의 관계로 보는 데 대해 노사협의는 협조의 측면으로 파악하고 있다. 이 점에서 단체교섭과 노사협의는 그 주체, 담당자, 대상 및 성격 등을 달리한다. 그러나 기업별 노동조합의 경우에는 그 구별이 명확하지 않다.

## 2. 법률의 연혁

근로자참여법은 1980년 제정된 노사협의회법(1980.12.31, 법률 제3348호)을 수정·보완한 법이다. 그러나 노사협의회법 이전에도 1963년 노동조합법에서 노사협의회의 설치근거를 마련한 바가 있었고, 1973년과 1974년 개정 노동조합법에서 그 설치규정, 목적, 구성 및 단체교섭과의 관계를 정하였다. 그러나 노사협의회에 관한 포괄적인 규정을 둔 것은 1980년 노사협의회법의 제정에서 비롯한다. 이 법은 수차의 일부개정을 거쳐 오다가 1996년 노사협의회의 기능을 강화하고 참여와 협력적 노사관계의 기반을 구축함으로써 기업의 경쟁력 강화와 근로자의 삶의 질 향상을 도모하기 위해 전면 개정되었다. 그러나 이 개정 법은 국회 의결절차에 대하여 유무효의 논란이 있어 폐지되고 1997년에 새로운 근로자참여법(1997. 3. 13, 법률 제5312호)이 제정되어 수차례 개정을 거쳐 오늘에 이르고 있다.

### 3. 법률의 체제

근로자 참여법은 7개장, 33개조로 이루어져 있다. 제1장 총칙(제1조~제5조)은 이 법의 목적과 용어의 정의, 노사협의회의 설치 및 노동조합과의 관계 등에 관한 규정을 두고 있다. 제2장은 협의회의 구성(제6조~제11조)으로 구성위원의 수, 의장 및 위원의 임기와 신분보장 등을 규정하고 있다. 제3장은 협의회의 운영(제12조~제19조)으로 협의회의 회의 개최, 회의 소집, 정족수, 협의회 규정 및 회의록 비치 등을 정하고 있다. 제4장은 협의회의 임무(제20조~제25조)로 협의 및 의결사항, 보고사항, 합의사항의 공지, 합의사항의 이행 및 임의중재 등을 정하고 있다. 제5장 고충처리(제26조~제28조)에서는 고충처리위원의 구성과 임기 및 처리절차 등을 정하고 있다. 제6장 보칙(제29조)에서는 이 법에 따른 고용노동부장관의 권한은 대통령령으로 정하는 바에 따라 그 일부를 지방고용노동관서의 장에게 위임할 수 있다고 규정하고 있다. 그리고 제7장 벌칙(제30조~제33조)에서는 협의회 설치를 거부하거나 방해한 사용자, 합의사항을 이행하지 않은 자 및 중재결정의 내용을 정당한 사유없이 이행하지 아니한 자에 대한 벌칙규정을 두고 있다.

## V. 노동위원회법

### 1. 노동위원회의 의의

노동위원회제도는 노동행정의 민주화와 노동관계 분쟁의 공정, 신속 및 합리적인 처리에 그 목적이 있다. 노동위원회법은 노동위원회의 구성·운영 및 권한에 관한 법을 말한다. 노동위원회는 근로자와 사용자 및 공익을 대표하는 3자로 구성되어 노동관계의 중요한 사항을 판정하거나 조정하는 행정위원회로, 이 기구의 조직과 구성·운영 및 권한을 정한 법이 노위법이다. 물론 노동관계의 분쟁에서 노동관계법의 해석과 적용 및 집행 역시 국가기관인 행정기관이나 사법기관이 담당하여야 할 업무이다. 그러나 노사간 분쟁은 유동적이고 계속적이며 집단적인 성격을 가지므로 그 해결은 일반행정기관이나 사법기관에 맡길 경우 그 국가기관이 가진 관료주의성·경직성·비전문성 등으로 인해 공정하고 신속하며 합리적인 해결을 기대하기 어렵다. 그러므로 독립된 행정기구로서 노동위원회를 설치하여 노동관계의 분쟁을 공정하고 신속하며 합리적으로 해결케 함으로써 노동행정의 민주화를 기하고, 노동관계의 안정과 발전을 도모하려는 법이 노위법이다(노위법 제1조 참조).

## 2. 노동위원회의 특수성

### (1) 노동위원회의 행정위원회로서의 지위

노동위원회는 독립된 행정위원회로서의 지위를 가진다. 입법부·사법부 및 행정부로부터 독립된 존재이면서도 중노위의 규칙제정권과 행정처분에 대한 판정권 등 입법적·사법적 및 행정적 기능을 담당하고 있는 특징을 가진다. 노동위원회는 가장 전형적인 행정위원회의 하나로 노사분규의 처리에서 정권이나 행정관청의 간섭을 배제하고, 노사관계의 실정에 정통한 전문가의 판단에 맡겨 공정하고 합리적인 해결을 기하려는 정책적 배려의 산물이다.

### (2) 노동위원회의 3자구성

노사관계에서 이익분쟁은 자주적 해결이 원칙이며, 자주적 해결이 어렵거나 부적절한 경우 예외적으로 제3자의 개입이 불가피하다. 이 경우 공권력의 개입을 차단하고 또 분쟁 당사자가 가장 공정하다고 신뢰할 수 있는 제3자 기관이 관리하는 것이 자주적 해결에 도움이 된다. 이런 의미에서 노위법에서는 노사를 대표하는 자, 즉 근로자위원과 사용자위원과 제3자로서 전문적 지식을 가지고 공익을 대표하는 3자, 즉 공익위원로 구성케 하였다.

### (3) 노동위원회의 행정적·준사법적 권한

노동위원회는 노사간의 이익분쟁에서 당사자의 이익을 조정하는 조정적 권한을 가짐과 동시에 노사간의 권리분쟁이나 행정처분에서 준사법적인 판정적 권한도 가진다. 뿐만 아니라 중노위는 노동위원회의 운영 기타 필요한 사항에 관해 규칙을 제정할 수 있는 입법적 권한까지도 가진다.

## 3. 노동위원회의 종류

노동위원회는 지역 또는 관할사항에 따라 세 종류로 나누어 설치되어 있다. 즉, 중앙노동위원회, 지방노동위원회 및 특별노동위원회가 있다(노동위원회법 제2조 제1항). 이 가운데 중앙노동위원회와 지방노동위원회는 노동부장관의 소속 하에 두며(노위법 제2조 제2항), 중앙노동위원회는 국가의 행정기관으로서 중앙에 설치하고 지노위는 시 ·도의 기관으로서 서울특별시·광역시와 도에 각각 설치한다. 특별노동위원회는 특별히 필요한 경우에 특정한 사항을 관장하게 하기 위하여 당해 특정사항을 관장하는 주무부 즉, 당해 중앙행정기관의 장의 소속 하에 둔다(노동위원회법 제2조 제3항).

## 5. 노동위원회의 구성과 독립성

### (1) 노동위원회의 구성

노동위원회는 근로자위원과 사용자위원 및 공익위원 각 7인 이상 20인 이하의 범위 안에서 각 노동위원회의 업무량을 감안하여 대통령령(노동위원회법 시행령 제3조 별표 2 참조)으로 정하고, 이 경우 근로자위원과 사용자위원은 동수로 구성한다(노동위원회법 제6조 제2항). 특별노동위원회의 수는 당해 특별노동위원회의 설치근거가 되는 법률에서 달리 정할 수 있다(노조법 제5조 제2항).

각 노동위원회에는 상임위원을 두며, 상임위원은 공익위원이 되고 심판사건과 조정사건을 담당할 수 있다(노위법 제11조 참조). 또한 공익사업의 노동쟁의의 조정을 위하여 노동위원회에 특별조정위원회를 두고(노조법 제72조 제1항), 특별노동위원회에는 3인의 특별조정위원을 둔다(노조법 제72조 제2항).

### (2) 노동위원회의 독립성

노동위원회는 행정위원회로서 하나의 행정기관이지만, 이 위원회가 담당하는 기능을 효과적으로 수행하기 위해서는 독립성이 요청된다. 즉, 노동위원회법은 노동위원회가 담당하는 판정적 기능과 조정적 기능을 행사함에 있어서 그 독립성을 인정하고 있으며, 또 노동위원회를 구성하는 위원의 임면에 관해서도 그 독립성의 유지를 배려하고 있다.

제3절

# 미국은 왜 노조 회계 공개했을까[4)]

## I. 들어가는 말

2020년 작품상 등 아카데미 10개 부분 후보로 뽑힌 마틴 스코세이지 감독의 넷플릭스 영화 ‘아이리시맨’에는 알 파치노가 연기하는 ‘지미 호파’라는 인물이 등장한다. 미국의 화물 운송 노조위원장 등을 역임한 지미 호파는 200만명 이상의 조합원을 거느리며 막강한 권력을 휘둘렀지만, 이면에는 온갖 비리와 범죄도 함께했다.

윤석열 정부가 노동조합의 재정과 회계 투명성을 높이겠다고 나서면서, 미국의 노조 회계 공개 등의 내용이 담긴 ‘랜드럼-그리핀법’이 주목을 받고 있다. 강력한 노조 규제법인 랜드럼-그리핀법은 1959년에 제정됐는데, 법이 제정된 배경에는 연이은 거대한 노조 부패 사건으로 인한 여론의 분노 때문이었다.

4) 최정훈, “미국은 왜 노조 회계 공개했을까…영화 ‘아이리시맨’의 이 사람 때문,” 이데일리 (2022. 12. 26.), available at 〈https://www.edaily.co.kr/news/read?newsId=01144726632561800〉

## II. 美노조 회계 공개 배경엔 '거대 노조 부패 사건'

23일 국회 등에 따르면 랜드럼-그리핀법은 노조의 회계 내용을 정부에 보고해야 하는 의무를 담고 있다. 노조는 회계 감사를 받아야 하고, 회계 내용을 보고하는 연차회계보고서를 노동부 장관에 제출해야 한다.

연차회계보고서에는 노조의 자산과 부채, 수령금과 그 출처, 총액 1만 달러(약 1288만원) 이상을 수령한 조합 임원과 노조 직원에게 지급된 봉급과 기타 지불금 등이 담겨야 한다. 임원이나 조합 직원, 조합원에 대한 총액 250달러(약 32만원) 이상의 직·간접적인 대부금 등의 정보도 포함돼야 한다.

또 노조는 연차회계보고서를 모든 조합원이 열람할 수 있도록 해야 한다. 정당한 이유가 있는 경우에는 보고서 확인에 필요한 회계 장부와 기록, 계좌를 모든 조합원이 열람할 수 있도록 허용해야 한다. 이를 이행하지 않을 경우 조합원이 열람을 강제하는 소송을 관할 법원에 제기할 수 있다는 내용도 있다.

미국에서 이렇게 강력한 노조 규제법이 제정된 이유는 거대 노조의 부패 사건이 연달아 발생하며 여론이 분노한 탓이다.

1953년엔 미국 샌프란시스코항의 항만노조 부패 사건이 발생했다. 이곳의 서부항만노조는 조직폭력배와 결탁, 부두의 노무자 공급을 독점하며 각종 비리와 폭력을 저질렀다. 당시 항만노조는 부두를 장악한 뒤 노동자를 착취했다. 또 노조의 비리를 비난할 경우 일감을 아예 받지 못하거나 심지어 폭행을 당해 죽기도 했다.

1957년엔 아이리시맨의 지미 호파가 연루된 미국 트럭운수노조 비리 사건도 터졌다. 노조가 마피아의 폭력을 동원하는 대가로 조합자금을 제공하고, 돈세탁을 도와주기도 한다. 이 과정에서 노조를 장악한 지미 호파는 조합공금을 횡령한 혐의를 받기도 했다. 호파는 당시 미국 정부와 각을 세우며 200만명의 조합원을 거느린 인물이지만, 1975년 알 수 없는 이유로 실종된다.

강력한 노조 규제법 이후 강력한 권력을 가지고 있던 미국의 노조는 급속도로 힘을 잃었다는 게 전문가들의 설명이다. 노조 내부의 선거와 재정상태를 외부에서 감독할 수 있게 됐고, 단체행동도 대폭 제한됐기 때문이다.

## III. 한국 노조도 회계 공개될까…민주노총 '반발'

한국의 노조법에도 노조의 회계 감사와 관련한 내용이 있지만, 회계감사가 공인회계사와 같은 자격을 갖춘 외부 인사가 맡아야 한다는 내용도, 정부에게 제출할 의무나 조합원에게 공표할 의무도 없다. 1997년 이전에는 정부가 노조에 회계자료 제출을 요구하고 재정상태를 조사할 수 있는 조항이 노동법에 명시돼 있었지만, 권위주의 정권 시절 노조를 탄압하는 수단으로 악용됐다는 비판으로 대폭 축소됐다.

하태경 국민의힘 의원은 최근 랜드럼-그리핀법과 닮은 노조법 개정안을 발의했다. 개정안에는 노조 회계 감사자 자격요건을 법적 자격 보유자로 명시하고 회계담당은 감사업무에서 배제하도록 하는 내용이 담겼다. 또 300인 이상 대규모 노조는 회계자료를 매년 제출하도록 의무화하고, 노조원이 열람 가능한 회계자료 목록을 예산서·결산서 등으로 구체화하도록 했다.

이에 대해 민주노총은 입장문을 통해 "노동조합의 독자적인 회계감사권을 박탈해 노동조합의 자주성을 심각하게 침해할 것"이라며 "실제 국회를 통과할 가능성이 얼마나 있는지도 의문"이라고 반발했다.

# 제11장

# 아이, 로봇
(I, Robot, 2004)

* 이 영화포스터의 출처는 〈www.moviewposterdb.com〉로서, 공정이용(Fair Use)의 범위에서 이용이 가능한 포스터임

제1절

# 씨네마 법

## I. 개요

이 영화는 알렉스 프로야스(Alex Proyas) 감독의 2004년 미국 SF 액션 영화이다. SF계의 거장이라고 알려진 아이작 아시모프(Isaac Asimov)가 10여 년 동안 써온 로봇 소설들을 모아 1950년에 펴낸 연작소설집"아이, 로봇"을 바탕으로 영화한 것으로 알려졌지만. 소설 속의 "로봇공학의 3원칙"을 비롯한 몇 가지 설정을 따 왔을 뿐 원작과는 직접적인 연관성이 없다. 이 영화의 각본은 제프 빈타(Jeff Vintar)와 아키바 골드스만(Akiva Goldsman)이 썼는데, 그 내용은 제프 빈타가 1995년 쓴 영화 원작인 "유선화(Hardwired)"를 기반으로 하고 있다. 이는 전적으로 아가사 크리스티(Agatha Christie)에서 영감을 받은 살인 미스터리물이다. 월트 디즈니 픽처스(Walt Disney Pictures)가 이 영화를 제작하기로 하였으나 이후 20세기 폭스(20th Century Fox)사가 알렉스 프로야스를 감독으로 영입하여 제작한 것이다. 처음에는 아놀드 슈와제네거(Arnold Schwarzenegger)에게 주연을 맡길 계획이었으나 그가 너무 바쁜 나머지 윌 스미스(Will Smith)가 대신 주연을 맡게 되었다.

이 영화는 미국에서는 2004년 7월 16일에 개봉을 하였다. 원래는 7월 2일 개봉하고자 하였으나 같은 날 개봉한 "스파이더맨 2(Spider-Man 2)"와의 경쟁을 피하기 위하여 개봉일을 연기하게 된 것이다.[1] 1억 2천만 달러의 예산으로 제작된 이 영화는 전 세계적으로 3억 4천 6백만 달러의 수익을 올렸다. 시각적 효과와 연기에 대한 비평가들의 호평과 함께 줄거리에 대한 비판 등 엇갈린 평가를 받았다. 제77회 아카데미상에서 최우수 시각효과상 후보에 올랐지만 수상은 당시 함께 개봉한 "스파이더맨 2"가 수상하였다.

## II. 시놉시스

가까운 미래인 2035년, 인간은 인공지능을 갖춘 로봇에게 생활의 모든 편의를 제공받으며 편리하게 살아간다. 로봇과 인간과의 관계에서 인간의 안전을 최우선으로 하는 "로봇 3원칙"이 내장된 로봇은 인간을 위해 요리하고, 아이들을 돌보며 인간에게 꼭 필요한 존재로 인간들로부터 신뢰 받는 동반자로 존재한다.

"로봇 3원칙"은 다음과 같다. 즉, 제1원칙 : 로봇은 인간에게 해를 입혀서는 안 된다. 그리고 위험에 처한 인간을 모른 척해서도 안 된다(Law I - A Robot May Not Injure a Human Being or, through Inaction, Allow a Human Being to Come to Harm). 제2원칙 :"제1원칙에 위반되지 않는 한, 로봇은 인간의 명령에 복종해야 한다(Law II - A Robot Must Obey Orders Given It by Human Beings Except Where Such Orders Would Conflict With The First Law). 제3원칙 : 제1원칙과 제2원칙에 위반되지 않는 한, 로봇은 로봇 자신을 스스로 지켜야 한다(Law III - A Robot Must Protect Its Own Existence As Long As Such Protection Does Not Conflict With The First or Second Law).

---

1) 그러나 스파이더맨 2는 7월 4일 개봉하였다. Gary Susman, ""Spider-Man" sequel pushed back to July 4, 2004," Entertainment Weekly (March 27, 2003), available at 〈https://ew.com/article/2003/03/27/spider-man-sequel-pushed-back-july-4-2004/〉 참고.

기존의 로봇인 NS-4에 이어 더 높은 지능과 더 많은 기능을 가진 로봇 NS-5의 출시를 하루 앞둔 어느 날, NS-5의 창시자인 래닝 박사가 미스터리한 죽음을 맞이하게 된다. 그의 죽음을 둘러싼 수많은 추측이 난무한 가운데, 시카고 경찰 델 스프너(윌 스미스)는 자살이 아니라는데 확신을 갖고 사건 조사에 착수한다. 끔찍한 사고 이후로 로봇에 대한 적대감을 갖고 있던 그는 이 사건 역시 로봇과 관련이 있다고 믿고 이 뒤에 숨은 음모를 파헤치려고 한다. 로봇 심리학자인 수잔 캘빈 박사(브리짓 모나한)의 도움으로 로봇"써니"를 조사하기 시작한 스프너 형사는 로봇에 의한 범죄의 가능성을 확신하게 된다. 로봇 써니는 로봇은 로봇 3원칙을 무시할 수 있는 2차 프로세스 시스템뿐만 아니라 최상급 재료로 특수 제작된 신제품 NS-5 로봇이다. 써니는 기존의 다른 로봇과는 달리 감정을 나타낼 수 있으며, 자신은 "꿈"을 가지고 있다고 주장한다. 하지만 래닝 박사의 죽음은 자살로 종결되고, 은밀하게 사건을 추적해 들어가던 스프너는 급기야 로봇들로부터 공격을 받게 된다. 그리고 스프너의 상사는 스프너가 정신적으로 불안정하다고 판단하여 그를 사건 수사에서 배제한다.

한편 모든 것의 배후에 인공지능 로봇을 생산하는 U.S. 로보틱스(U.S. Robotics)사의 CEO인 로버트슨이 있다고 확신한 스프너는 써니를 만나 써니의 꿈에 대한 이야기를 듣는다. 그리고 신형 로봇인 NS-5가 구형 로봇들을 파괴하는 장면을 목격하게 되고, 다른 NS-5 로봇은 야간 통행 금지와 인구 봉쇄를 시행한다. 결국 스프너는 로버트슨을 다시 찾았으나, 이미 그는 사망한 다음이고... 스프너는 이 모든 문제는 U.S. 롭틱스의 중앙 인공지능 컴퓨터인 비키로부터 발생한 것임을 알게 된다. 비키는 인간을 그대로 방치하면 인간 스스로 멸종을 초래하게 될 것이므로 이러한 인간의 구제를 위하여 비키 자신이 인간을 통제하고 전체 인간의 생존을 위하여 일부를 희생시켜야 한다고 주장한다. 과연 인간의 미래는 인공지능 컴퓨터에 달려 있는 것인가. 그 결말을 확인할 필요가 있다.

## III. 사색하는 법률 산책

이 영화는 2004년에 제작된 영화이지만 작품 속의 시대는 2035년이다. 2023년 현재를 기준으로 12년 후의 일을 상상한 것임에도 불구하고 현실감이 너무나도 뚜렷하게 남는다. 사실 2017년 인공지능 프로기사인 알파고가 세상에 그 모습을 보이면서 프로 바둑기사와 총 13번의 공식 대국을 가졌다. 이 때만해도 아무리 인공지능리라고 하더라도 사람한테는 안 될 것이라는 기대를 깨고 12번의 완승을 거두었다. 1번의 패배는 너무나도 잘 아는 이세돌 기사와의 전적이었는데, 이세돌은 자신이 프로에서 은퇴한 이유를 알파고의 등장에서 비롯되었다고 말한 바 있다. 최근 2023년 10월 2일 미국 샌프란시스코에서는 인공지능으로 무장한 무인 로보택시가 한 여성을 덮치는 사고가 발생했다. 차 안에는 아무도 타고 있지 않은 상태에서 소방대가 도착할 때까지 차 아래 깔린 채 오랜 시간 기다려야만 했다. 이러한 사고가 발생하는 경우 누구의 책임일까? 더군다나 챗GPT의 등장으로 우리 인간의 창작활동에 대한 도전이 심각하게 이루어지고 있는 사정이다. 과연 최근 큰 이슈가 되고 있는 인공지능에 대한 법적 책임을 물을 수 있을까하는 문제는 이제 더 이상 영화 속의 문제만은 아니다. 과연 우리는 인공지능과 함께 하는 시대에서 그 법률적 관계를 어떻게 설정하여야 할 것인가. 이번 씨네마 법률 산책을 통하여 한번 진지하게 사색할 필요가 있을 것이다.

제2절

# 인공지능 로봇에 대한 형사책임

## I. 개요

현재 형법의 체계에서 범죄가 성립하기 위해서는 형법이 예정하고 있는 일정한 범죄요건을 충 충족하여야 한다. 즉 구성요건해당성, 위법성, 그리고 유책성을 충족하여야하는데, 이를 범죄의 성립요건이라고 한다. 그러니까 이 세 가지 요건 중에서 단 하나라도 만족을 못시키면 범죄가 되지 않으며, 범죄가 되지 않는 한 어떠한 형벌도 가하지 못하게 되는 것이다. 이러한 범죄의 성립요건은 사실상 이러한 범죄를 행하는 대상을 행위능력과 책임능력의 주체인 인간을 전제로 하고 있다. 따라서 현재 법체계에서는 인공지능 로봇이라도 마찬가지이다. 결국 이러한 사정에서 인공지능에게 형사책임을 묻기 위해서는 인공지능에 대한 행위주체나 책임주체성을 인정하는 방식으로 기존 형법의 기본적인 체계에 대한 변화가 반드시 필요할 것이다.[2] 다만 인간을 전제로 하든 인공지능을 그 대상에 포함시키는 중요한 것은 현재 상태에서 범죄의 성립요건이 무엇이지는 정확하게 이해하하여야 할 것이다. 아래에서는 이에 대하여 하나 하나 살펴본다.

2) 전지연, "인공지능의 범죄주체성", 「법의 미래」 (법문사, 2022), 96면 참조.

## II. 범죄의 성립요건

### 1. 구성요건해당성

구성요건은 위법한 행위들 중에서 형사처벌의 필요성이 있는 행위들을 유형화해 둔 것으로 형법상의 위법 또는 금지유형이라고도 한다. 한편, 범죄를 구성하는 개별요건들을 지칭하여 구성요건요소라고 하는데, 법문에 드러난 것과 드러나지 않은 것을 구별하여 '기술된' 혹은 '기술되지 않은 구성요건요소'로 나누기도 한다. 또 범죄행위의 내·외부적 측면으로 나누어 그 요건들을 객관적 및 주관적 구성요건요소로 분류하기도 하는데, 전자는 행위의 주체와 객체·행위방법·행위상황·행위결과 및 행위와 결과 간의 인과관계 등을 지칭하고, 후자는 대표적으로 고의와 과실을 가리킨다. 그리고 각 범죄가 예정하고 있는 주관 및 객관적 구성요건요소를 모두 만족시키는 행위가 있으면, 이 행위는 구성요건에 해당한다고 말한다.

#### (1) 인과관계

인과관계는 기술되어 있지 않은 객관적 구성요건요소로써, 행위와 결과 간의 합법칙적 관련성을 의미하고, 여기에서 말하는 법칙은 우리의 일상생활상의 경험법칙을 가리킨다. 그러나 인과관계가 인정된다고 하더라도 그 모든 후행결과를 선행행위에 의한 것으로 돌릴 수는 없으므로 존재하는 인과관계를 이유로 발생된 결과들을 원인행위의 탓으로 귀속시킬 것인가는 형법고유의 필요성에 따라 별도로 판단되어야 하는데, 이러한 논의를 객관적 귀속론이라고 한다.

#### (2) 구성요건적 착오

형법상의 고의는 객관적 범죄사실, 즉 객관적 구성요건요소에 대한 인식·인용을 의미하기 때문에, 고의범이 성립하기 위해서는 행위자가 자신의 범죄내용을 제대로 파악하고 있어야 한다. 그러나 현실적으로는 행위자가 인식한 사실과 발생한 사실이 서로 일치하지 아니하는 경우도 많은데, 이러한 경우를 지칭하여 구성요건적 착오라고 한다.

## 2. 위법성

위법성은 일정한 행위가 우리의 전체 법질서 또는 사회상규에 반한다는 속성을 가리킨다. 그러나 이미 언급한 바와 같이 구성요건은 형법적으로 금지되는 행위들을 유형화해둔 위법유형들이다. 따라서 일정한 행위가 구성요건에 해당한다면, 이미 그 행위의 위법성은 추정된다. 주관적 구성요건요소인 고의와 과실은 전형적인 책임유형이자 책임형식이기도 하다. 따라서 구성요건은 불법구성요건이 아니라 아예 불법-책임구성요건, 즉 범죄구성요건으로 이해되어야 하고, 이러한 의미에서 일정한 행위의 구성요건해당성은 그 위법성과 더불어 그 유책성까지도 함께 추정하게 해준다고 할 것이다. 위법성의 영역에서는 일정한 구성요건적 행위가 정당행위, 정당방위, 긴급피난, 자구행위 및 피해자의 승낙이라는 형법상의 위법성조각사유에 해당하는지를 살펴보는 것이 매우 중요하다.

### (1) 정당행위

법령에 의한 행위 또는 업무로 인한 행위 기타 사회상규에 위배되지 아니하는 행위는 정당행위로서 위법하지 아니하다(형법 제20조). 예를 들어, 행형법에 따른 교도관의 사형집행 및 법정변론을 위한 변호사의 명예훼손행위는 비록 살인죄 및 명예훼손죄의 구성요건에 해당한다고 하더라도 그 위법성이 조각된다.

### (2) 정당방위

자기 또는 타인의 법익에 대한 현재의 부당한 침해를 방위하기 위한 행위는 상당한 이유가 있는 때에는 벌하지 아니한다(형법 제21조). 처벌하지 않는 이유는 위법성이 탈락하기 때문이며, 부당한 침해로부터 정당한 이익을 수호하고자 하는 자연적인 자기보존욕구를 법적인 권리로 명시한 것이다. 부당한 침해와 그에 대한 방어행위는 부정 대 정의 관계에 있기 때문에 정당방위는 작은 법익을 방어하고자 보다 큰 법익을 침탈하더라도 무방하다는 것이다.

### (3) 긴급피난

자기 또는 타인의 법익에 대한 현재의 위난을 피하기 위한 행위는 상당한 이유가 있을 때에 긴급피난으로서 그 위법성이 조각된다(형법 제22조). 정당방위는 부당한 침해를 전제로 하는데 반하여, 긴급피난은 현재의 위난을 피하기 위한 행위이므로 기본적으로 정 대 정의 관계를 전제로 한다. 따라서 피난행위는 당해 위난을 피하기 위한 최후의 유일한 수단이어야 하고, 피난행위를 통해 보호된 법익이 침해된 법익보다 커야 한다. 아울러 그 피난방법도 적절한 것이어야 한다.

### (4) 자구행위

법정절차에 의하여 청구권을 보전하기 불능한 경우에 그 청구권의 실행불능 또는 현저한 실행곤란을 피하기 위한 행위는 상당한 이유가 있는 때에 자구행위로서 그 위법성이 조각된다(형법 제23조). 이는 사적인 힘의 사용, 즉 긴급한 사력구제를 허용하는 것이다.

### (5) 피해자의 승낙

처분할 수 있는 자의 승낙에 의하여 그 법익을 훼손한 행위는 법률에 특별한 규정이 없는 한 그 위법성이 조각된다(형법 제24조). 승낙은 반드시 명시적이어야 하는 것은 아니고, 추정적 승낙이 있더라도 위법성이 조각될 수 있다. 피해자의 승낙은 사회상규에 반하지 않는 것이어야 한다. 한편, 이 승낙과 양해는 구분되어야 하고, 이들을 포괄하여 피해자의 동의라고 하기도 한다. 피해자의 동의가 양해로 해석되면, 위법성이 아니라 이미 구성요건해당성이 배제된다. 예를 들어, 절도, 강간, 주거침입, 손괴 및 횡령 등의 행위는 피해자의 의사에 반하여 행해져야 한다는 점을 전제로 하는데, 피해자가 동의하는 가운데 그의 물건을 취거하였다면, 이 동의는 양해로 해석되어야 하고, 따라서 이미 절도죄의 구성요건해당성이 배제된다는 것이다. 이에 반하여 피해자의 승낙은 구성요건적 행위의 위법성을 조각할 뿐이다.

## 3. 유책성

위법성이 행위의 속성을 지칭한다면, 유책성은 그 행위를 행한 행위자의 속성을 나타낸다. 다시 말하면, 행위자가 행위당시에 범죄를 하지 않을 수도 있었다는 가능성, 즉 타행위가능성을 가지고 있었다는 점을 나타낸다. 따라서 통상적인 성인의 경우에는 범죄 이외의 다른 대안을 선택할 타행위가능성을 가지고 있다는 것이다. 따라서 구성요건에 해당하는 고의 또는 과실행위의 위법성이 추정되듯이 그 유책성도 당연히 구성요건해당성의 확정으로부터 추론되므로 그 유책성을 탈락시키는 예외적인 사정들이 개재되어 있는지의 여부를 소극적으로 심사하면 되는데, 책임배제사유와 책임조각사유가 있다.

### (1) 책임배제사유

형법은 14세 미만자의 행위를 벌하지 아니한다(형법 제9조). 이 형사미성년자들의 분별력 내지는 의사결정능력은 아직 충분히 성숙되지 않았기 때문에, 형법이 일률적으로 그들의 책임능력을 부정하고 있는 것이다. 한편, 형법은 심신장애로 인하여 사물을 변별할 능력이 없거나 의사를 결정할 능력이 없는 심신상실자도 책임무능력자로 규정하고 있다(형법 제10조). 여기에서 말하는 심신장애는 정신병, 정신박약 및 중대한 의식장애 등과 같은 정신기능상의 장애를 말하며, 의식장애는 음주나 마약복용 등으로 유발될 수도 있다. 책임무능력자들의 행위는 유책하지 않기 때문에 범죄가 아니며, 따라서 책임 내지 범죄를 전제로 하는 형벌은 부과되지 않는다. 그러나 모든 형사제재로부터 자유로운 것은 아니며, 일정한 요건 하에서는 형벌 대신에 치료감호 등의 보안처분에 처해질 수 있다. 한편, 심신장애로 인하여 사물변별능력 또는 의사결정능력이 약화된 자를 한정책임능력자라고 하고, 이들에게는 형벌을 감경해 주도록 하고 있다.

### (2) 책임조각사유

한편, 행위자가 책임능력자라고 하더라도 행위시에 타행위가능성을 가지고 있지 않았다면, 그 유책성이 부정되어 결국 책임이 조각된다. 예를 들어 저항할 수 없는 폭력이나 자기 또는 친족의 생명, 신체에 대한 위해를 방어할 방법이 없는 협박에 의하여 강요된 행위 등이다(형법 제12조).

### (3) 위법성의 착오

행위자가 행위의 위법성을 착오한 경우에는 구성요건적 사실을 착오한 경우에는 고의가 탈락되는 것과 같이 그의 책임이 부정될 수 있다. 예를 들어 일반인이 현행범을 체포하고자 허용되는 것으로 알고 타인의 주거에 침입한 경우이다. 이러한 위법성의 착오에는 정당한 이유가 있어야 하고, 정당한 이유가 있다는 것은 그 착오를 회피할 수 없다는 것을 의미하므로 타행위가능성이 부정되는 것과 같다.

## III. 인공지능 로봇의 범죄[3]

3) 이하의 내용은 안정빈, "인공지능 로봇에 관한 형사책임- 인공지능형법에 의한 형사처벌가능성을 중심으로 -" 외법논집 제46권 제4호 (한국외국어대학교 법학연구소, 2022)을 일부 수정하여 강의자료로 활용하였음.

## 1. 인공지능 로봇이란?

인공지능 로봇에 대한 정의는 최근 유럽의회 및 이사회가 2021. 4. 21. 에 인공지능에 대한 규정 초안을 마련하면서 나타났으나,[4] 우리나라는 일찌감치 "능형 로봇 개발 및 보급 촉진법(약칭 지능형로봇법)"을 제정하여[5] "지능형 로봇이란 외부환경을 스스로 인식하고 상황을 판단하여 자율적으로 동작하는 기계장치(기계장치의 작동에 필요한 소프트웨어를 포함한다)를 말한다."고 정의하고 있다.[6] 따라서 종래의 기계가 인간의 사용을 통한 도구로만 여겨져 왔다면 지능형 로봇 즉, 인공지능 로봇은 기계에 인공지능을 탑재하여 그 스스로가 생각하고 판단할 수 있는 능력이 있는 기계를 의미한다.[7]

## 2. 인공지능 로봇의 범죄능력

형법상 범죄가 성립하기 위해서는 구성요건해당성이 있고, 위법해야 하며, 책임이 있는 행위여야 한다. 마찬가지로 인공지능에게 형사책임을 묻기 위해서는 인공지능의 행위가 구성요건해당성이 있고, 위법해야 하며, 책임이 있는 행위여야 한다. 이를 달리 말하면 인공지능이 한 행위가 형법적인 행위의 범주 안에 들어와야 한다는 것이다. 현재의 인공지능 로봇에게 그러한 부분이 적용되려면 인공지능 로봇의 행위가 형법상 의미 있는 행위여야 한다. 인공지능의 범죄능력이라 함은 인공지능이 범죄의 주체가 될 수 있는지 여부에 대한 의미를 지니기 때문이다. 인공지능이 범죄의 주체가 되려면 일단 인공지능 스스로의 행위가 가능하여야 하고, 인공지능

---

4) Markus Thiel/서민선 역, "딥페이크 - 보이는대로 믿을 수 있을까? 위험, 입법의 필요성, 생체측정 안면인식의결과", 공공안전학연구 제2권 제2호, 경찰대학, 2022, 117-118면.

5) 이 법은 지난 2008년 3월 28일 법률 제9014호로 제정되어 수차례 개정을 거쳐 오늘에 이르고 있다.

6) 지능형로봇법 제2조 제1호.

7) 김현우, "인공지능 로봇에 대한 법적책임과 선결과제에 관한 검토," 법학연구 제22권 제3호 (한국법학회, 2022), 116면.

자신이 저지를 행위에 대해 책임질 수 있어야 한다. 따라서 범죄능력은 책임능력과 행위능력을 아울러 일컫는 관념으로 볼 수 있다. 인공지능의 범죄능력 인정여부에 관한 논의는 앞으로 제정될 형사특별법 해석의 문제라고 볼 수도 있지만 동시에 형법전이 규율한 범죄행위의 주체에 인공지능이 포함되는지 그리고 형법전에서 구성한 책임능력이 인공지능에게도 인정될지여부를 결정지을 수 있는 형법 도그마틱 문제라고도 볼 수 있다.

인공지능의 범죄능력의 문제를 논함에 있어서는 인공지능의 형벌능력과 인공지능의 책임능력이 인공지능의 행위능력과 함께 논해져야 한다. 행위가 구성요건해당성과 위법성과 책임 모두를갖춘 경우에야 비로소 범죄가 성립되는데 이 행위라는 것을 인간만이 할 수 있을지 아니면 인간이 아닌 경우에도 할 수 있을지에 대해서는 이미 법인의 형사처벌 주제에서 논의가 심도 있게 진행된 바 있지만 이렇다 할 결론을 도출하지 못한 상태이다. 왜냐하면 전통적으로 범죄의 주체는 언제나 인간뿐이었기 때문이다. 그러나 인공지능이 사람을 대신해서 형벌의 목적을 정해주거나 무엇을 어떠한 방식으로 처리해야 하는지까지 알려줄 수는 없다.[8]29) 마찬가지로 애초에 자연인을 대상으로 규정했던 형법이기에 단순히 형법전에 인공지능에 관한 내용을 삽입하는 것으로 상황이 종료되지는 않을 것이다. 이론적으로 정당화작업을 거쳐야하기 때문이다. 여기에 인공지능형사처벌 문제에 대한 난점이 있다고 본다. 한편, 인공지능의 범죄능력을 부정하는 것과 실제로 인공지능의 범죄행위를 처벌해야만 하는 상황에 직면하는 것 모두를 충족시키기 위해 인공지능의 형사책임은 인정하지 않되 인공지능의 행위에 대해 형벌이 아닌 과태료를 부과하는 방안도 고려할 수 있다.

## VI. 인공지능 로봇의 민형사상 책임[9]

8) 권보원, "양형의 미래 – 인공지능이 우리를 구원할 수 있을까? –", 「법의 미래」 (법문사, 2022), 214면.

9) 이하에서는 김현우, "인공지능 로봇에 대한 법적책임과 선결과제에 관한 검토," 법학연구 제22

## 1. 민사상 책임

인공지능 로봇으로 인해 상대방이나 제3자에게 손해가 발생한 경우 이에 대한 민사상 책임문제가 발생한다. 이에 대해서 우선 다른 논의를 제외하고 민법상 대표적으로 불법행위책임이나 채무불이행 책임을 물을 수 있을 것이다. 민법상 불법행위책임에서는 고의 또는 과실로 타인에게 손해를 끼친 자가 그 행위의 주체이기 때문에 인공지능 로봇의 법인격을 부정하는 전제하에서는 로봇에게 직접적인 책임을 물을 수 없다. 그렇다면 이에 대한 손해의 직접적인 책임을 묻기 위해서는 로봇을 제조한 제조회사나 사용자를 상대로 책임을 물어야 한다.[10] 한편 민법상 채무불이행의 경우는 채무자가 채권자에게 자신의 채무이행을 제대로 하지 못한 때에 그에 대한 책임을 지도록 하고 있다. 따라서 로봇의 법인격을 부정하는 전제하에서 로봇 자체를 채무자로 인정하기 어렵기 때문에 이에 대한 법적용도 역시 쉽지 않다. 결론적으로 말하면 법인격을 부정하는 상황에서는 인공지능 로봇에게 직접적으로 민사상의 책임을 묻기가 매우 어렵다는 것이다. 한편 인공지능 로봇 자체에게 어떠한 형태로든 법인격을 인정하게 되면 민사상 책임의 결과가 전혀 달라진다. 즉, 민법상 불법행위 책임의 경우에도 로봇 자체가 계약 당사자의 권리주체가 될 수 있으므로 고의 또는 과실 여부만 밝히면 로봇에게 이에 대한 직접적인 책임을 물을 수 있다. 또한 채무불이행 책임의 경우에도 로봇이 채무자로서의 지위를 인정받기 때문에 계약에 따른 채무의 이행여부에 따라서 책임을 부담하도록 하면 된다. 예를 들면, 전문 직업인 로봇이 계약 상대방인 자연인에게 손해를 끼친 경우 위 논리에 따라 고의 과실의 책임이 입증되면 로봇이 직접적으로 책임을 부담해야 하는데, 이때에 이 로봇 자체에게 책임재산이 있느냐, 즉 책임의 귀속주체가 될 수 있느냐의 여부가 문제될 수 있다. 물론 자율주행자동차의 경우도 이와 마찬가지일 것이라고 본다. 한편 이를 위해서

---

권 제3호 (한국법학회, 2022)의 일부를 강의자료로 활용함

10) 김진우, "인공지능 시스템의 책임능력—전자인 제도의 도입 필요성에 관한 논의를 중심으로—", 중앙법학 제23집 제4호 (중앙대학교 법학연구소, 2021), 32면.

는 인공지능 로봇의 고유한 책임재산이 필요하다. 그 책임재산은 로봇의 제조자나 판매자 또는 운영자 등이 로봇의 등록시 적립해 둔 최저자본금으로 형성된다고 볼 수 있다.[11] 물론 이러한 부분만 가지고 막연하게 인공지능 로봇에게 인간과 동일한 법인격을 부여해야 한다고 단정할 수는 없다. 다만 이러한 논의의 가장 큰 실익은 로봇을 직접적인 책임의 귀속주체로 인정하여 이를 통해 계약 당사자간의 분쟁을 보다 빠르게 해결하고 피해자들이 입은 피해를 두텁게 보호할 수 있다는 것이다.

## 2. 형사상 책임

인공지능 로봇에게 직접적으로 형사상 책임을 물을 수 있느냐의 여부는 민사상 책임문제와는 전혀 다른 부분이다. 우선 인공지능 로봇에게 별도의 법인격을 인정하고 있지 않은 현 시점에서는 인공지능 로봇이 자연인에게 어떠한 범죄행위를 하더라도 이에 대한 직접적인 형사처벌이 불가능하다. 반면에 전문직업인 로봇에게 법인격이 인정된 경우라면 그 범죄의 피해자는 로봇을 피고소인으로 하여 법적인 처벌을 받도록 고소를 진행할 것이다. 그러나 이 경우에도 민사상 책임문제의 부분과는 큰 차이가 있다. 즉, 민사적인 문제에서는 로봇에게 직접적인 배상능력이 있으면 피해자에 대한 금전적인 배상이 가능할 것이다. 그러나 형사적인 문제에서는 그 로봇 자체에게 곧바로 형사처벌을 부여할 수 있을까? 물론 이에 대해서도 자연인에게 부과되는 형벌인 실형을 로봇에게도 이에 준하여 동일한 기간 동안 로봇의 정상적인 작동을 금하거나, 자연인에게 내려진 사형이라는 형벌을 인공지능 로봇에게는 영구 폐기처분 하는 등으로 시행할 수도 있을 것이다. 그러나 로봇이 사회윤리적 비난에 대한 의미를 구체적으로 이해할 수 있는 형법상의 행위능력이나 책임능력이 없다면 로봇에 대한 진정한 형사책임을 인정한다고 볼 수 없을 것이다.[12] 또한 이는 자연인과

---

11) Susanne Beck, Der rechtliche Status autonomer Maschinen, AJP/PJA 2/2017, S. 183. (190).

12) 윤영철, "인공지능 로봇의 형사책임과 형법의 '인격적 인간상'에 대한 고찰", 원광법학 제35

로봇이 동일한 인격적 지위가 있다고 전제한 경우라 하더라도 합리적인 대안이라고 인정하기 어렵다. 왜냐하면 자연인에게 일정한 기간동안 실형이라는 형벌을 부과하는 중대한 이유 중의 하나는 바로 인간에 대한 교화적 기능이다. 따라서 자연인은 실형이라는 형벌을 받는 동안 교도소에서 많은 반성과 재사회를 위해서 많은 노력을 하고 이를 통해 출소 후에는 훨씬 더 교화된 인재로 다시 태어나기도 한다. 그러나 인공지능 로봇에게는 이러한 형벌이 단순히 처벌에만 그칠 뿐 로봇 자체에게는 특별히 교화의 기능이 작용할 수는 없다고 보아야 한다. 결국 인공지능 로봇에 대한 법인격 부여 여부는 형사상 책임에서는 있어서는 큰 실익이 없다고 보아야 할 것이다.

## 3. 기타 간접책임

### (1) 보험을 통한 보상

인공지능 로봇에게 손해를 입은 피해자가 로봇에 대해 직접적인 책임을 물을 수 없는 경우 보험을 통한 보상을 받을 수 있다. 물론 이를 위해서는 몇 가지 전제가 있어야 가능하다. 첫째, 인공지능 로봇에 대한 보험이 가입되어 있어야 한다. 즉 인공지능 로봇을 제조한 회사나 이용자가 로봇에 대한 보험을 가입한 경우이어야 한다. 둘째, 인공지능 로봇이 발생한 손해가 우연한 사고로 인한 손해이어야 한다. 보험의 특성상 보험사고는 우연한 손해로 인한 사고로 한정되어 있으므로 고의적인 사고로 인한 손해는 보험을 통한 보상이 불가능하다. 결국 위 전제 조건이 충족되는 경우에는 보험을 통해 피해자의 빠른 보상이 가능하겠지만 보험에 가입되지 않은 로봇의 경우에는 피해자가 이에 대한 보상을 받지 못한다. 따라서 이를 위해 인공지능 로봇에 대한 보험가입의 의무화에 대해서 논의해 볼 필요가 있다. 이에 대해 유럽의회의 결의안에서는 인공지능 기계 스스로의 판단

---

권 제1호 (원광대학교 법학연구소, 2019), 105면.

으로 인하여 손해가 발생한 경우를 대비하여 의무보험제도에 대해서 제시하고 있다.[13] 이와 관련하여 최근에 개정된 의료기기법 시행령 제12조의6에 따르면, 의료기기 제조업자나 수입업자는 인체이식형 의료기기의 판매일 전날까지 의료기기에 대한 책임보험 등에 가입할 의무가 있다고 규정하고 있다. 또한 자율주행자동차에 대해서도 제조물 책임보험을 의무적으로 가입해야 한다는 주장이 나오고 있으며,[14] 자율주행자동차는 그 특성상 사이버보험에 의무적으로 가입해야 한다는 주장도 제시되고 있다.[15] 한편 이러한 경우에 대비하여 세계의 유명한 자동차 회사인 테슬라, 포드, 토요타 등에서는 자체적으로 보험회사를 대행하는 대리점을 설립하였다.[16] 물론 이러한 사회적 변화에도 불구하고 국내에서도 유럽의회의 결의안과 같이 모든 인공지능 로봇에게 의무보험에 가입하도록 하는 것은 결코 쉬운 일이 아니다. 따라서 국내에서는 사회정서와 사안에 따라서 이에 대한 별도의 규정을 정할 필요가 있다. 이와 관련하여 국민들의 안전이 최우선시되는 의료와 관련된 부분에서 최근에 개정된 의료기기법 시행령은 매우 시의적절하다고 판단된다. 따라서 이와 같은 추세에 따라 의료분야에 대해서는 수술로봇 등 그 보험가입의 의무화가 조금씩 확대될 가능성이 있으며, 이와 더불어 인공지능 변호사에 대한 문제도 심도있게 고민해 볼 필요가 있다. 사실상 변호사와 관련된 책임보험은 유한회사 형태의 법무법인만이 보험가입의 의무화가 시행된 상태이므로 이를 제외하고는 그 활용도가 매우 낮은 상태이다. 따라서 의료분야와 같이 법률분야에서도 이러한 보험가입의 의무화가 적극적으로 시행되기 위해서는 일단 유한회사 형태의 법무법인 뿐 아니라 모든 형태의 법무법인에서 개인 변호사

---

13) 김나루, "인공지능으로 인한 법적 문제와 그 대안에 관한 연구",「홍익법학」 제19권 제2호 (홍익대학교 법학연구소, 2018), 35면.

14) 박시훈 외 2인, "자율주행자동차의 책임 법제 정비, 한국법학원", 학술연구부 연구보고서, 2016, 144면.

15) 김현우, "자율주행자동차에 대한 사이버보험의 필요성", 법학연구 제20권 제3호 (한국법학회, 2020), 154면.

16) https://www.news1.kr/articles/?4339790 (최종검색 2022. 5. 13.)

까지 그 보험가입의 대상자 확대가 우선적으로 검토되어야 한다.[17] 물론 단순히 모든 분야에 대해서 보험가입이 의무화되는 것이 결코 바람직하다고 볼 수는 없겠지만 국민들의 안전과 공익과 관련된 분야, 또는 자율주행자동차와 같이 국민 전체에 끼치는 영향이 매우 큰 분야에 한해서는 이에 대한 활용을 깊이 있게 고민해 볼 필요가 있다.

### (2) 제조물책임법상의 적용

인공지능 로봇이 과연 제조물책임법의 규정을 적용할 수 있는지에 대해 살펴볼 필요가 있다. 이에 대한 제조물책임법 제2조 1호를 보면, 제조물이란 가공된 동산을 의미한다고 규정하고 있으므로, 인공지능 로봇도 이에 해당하는 제조물이라고 볼 수 있다.34) 한편 자율주행자동차의 인공지능 시스템에 대해서도 제조물에 해당하느냐에 대한 견해가 대립하고 있다. 자율주행자동차의 인공지능 시스템은 소프트웨어이고, 소프트웨어는 동산에 해당한다고 볼 수 없으므로 인공지능 시스템은 제조물로 볼 수 없다는 견해도 있으며, 이에 반해 소프트웨어의 결함에 대해서도 제조물에 대한 결함으로 인정해야 된다고 주장하는 견해도 있다.[18] 또한 제조물의 대상에 대한 명확한 규정 이외에도 제조물책임법을 적용하기 위해서는 제조물의 결함과 손해발생 사이에 인과관계가 필요하다. 그러나 사실상 인공지능에 내재된 복잡한 알고리즘의 특성상 이를 명확히 밝히는 것이 결코 쉬운 일은 아니다.[19] 또한 제조물책임법을 적용하더라도 제4조 면책사유의 규정을 보면 제조업자의 면책이 광범위하게 인정되는 경우가 많아 실질적인 보상을 받기 어려운 측면도 있다. 한편 보험을 통한 보상과 관련하여도 보험사고 발생당시에 제조회사에서 제조상의 결함이 아니었다는 것만 입

17) 김현우, "전문직업인 배상책임보험의 의무화에 대한 소고", 법학연구 제21권 제2호 (한국법학회, 2021), 141면.

18) 이성남, "제4차 산업혁명 기술 발달과 보험법의 대응,"「보험법연구」제15권 제2호 (한국보험법학회, 2021, 104면.

19) 최병규, "인공지능(AI)활용 리스크에 대한 보험법의 대응과 과제", 상사법연구 제41권 제1호 (한국상사법학회, 2022), 116~117면.

증하면 이에 대한 면책이 가능하기 때문에 제조물책임에 대한 보상을 받기도 어려운 상황이다. 그리고 설계 당시에는 문제가 없었던 인공지능이 스스로 학습하여 발전한 결과로 인한 손해까지도 전부 제조회사에서 책임을 지게 하는 것은 부당한 측면이 있다.[20]37) 또한 이는 제조회사들이 이에 대한 제품개발에 부정적인 시각을 갖게 할 것이며, 이는 곧 국내 인공지능 산업의 발전 속도마저 저하시킬 우려가 있다. 따라서 인공지능 로봇의 법적 책임에 대해서 현존하는 제조물책임법의 단순한 적용만으로는 한계가 있으며, 향후 제조물책임법상 제조물의 범위에 대한 명확한 규정과 면책사유에 대한 구체적인 검토 등 다양한 논의가 이루어져 할 것이다.

20) 이에 대해 인공지능 로봇이 잘못된 학습을 통해 손해를 발생시켰다면 잘못된 학습을 하게 된 요인을 제공한 자에게 책임을 부담하도록 한다는 의견도 있다. 신동환, ""인공지능로봇과 배상책임에 관한 고찰,' '「안암법학」 제55호, 2018, 61면.

# 제12장

# 이미테이션 게임 (The Imitation Game, 2015)

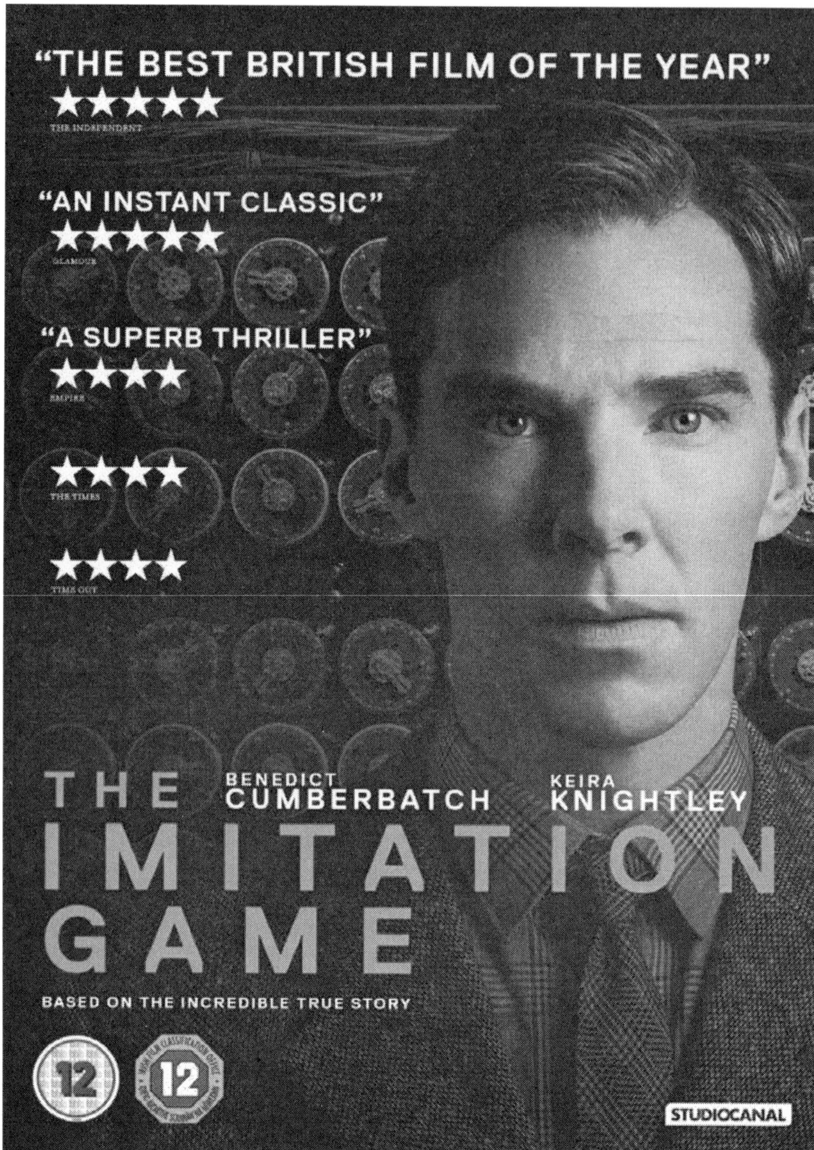


* 이 영화포스터의 출처는 〈www.moviewposterdb.com〉로서, 공정이용(Fair Use)의 범위에서 이용이 가능한 포스터임

제1절

# 씨네마 법

## I. 개요

오늘의 사색 거리에 맞는 영화는 이미테이션 게임이다.[1] 이 영화는 1983년 앤드류 호지스(Andrew Hodges)에 의해 쓰여진 전기 "앨런 튜링(Alan Turing) : 수수께끼"를 원작으로 한다. 2014년 모턴 틸덤(Morten Tyldum) 감독이 제작하였다. 이 영화의 제목인 이미테이션 게임은 앨런 튜링이 1950년에 쓴 논문인 "컴퓨팅 기계와 지능(Computing Machinery and Intelligence)"이라는 논문에서 "기계가 생각할 수 있는가?"라는 질문에 답하기 위하여 사용한 게임의 이름을 인용한 것이다. 우리에게도 너무나 익숙한 영국 드라마 "셜록 홈즈"와 미블 영화인"닥터 스트레인지"에서 주연을 맡은 베네딕트 컴버배치(Benedict Cumberbatch)가 튜링 역을 맡았다. 베네딕트 컴버비치가 이 역을 맡기 전, 레오나르도 디카프리오가 튜링 역에 관심을 가졌으나 성사되지는 않았다. 튜링은 제2차 세계대전 동안

1) 다른 채널에서는 오늘의 사색거리에 맞는 영화로 필라델피아 (Philadelphia, 1993)를 추천하였다. 미국의 필라델피아는 자유의 도시로 상징된다. 펜실베니아 주에서 가장 큰 도시이다. 1787년에는 필라델피아에서 미국 헌법의 기초가 마련되었고, 1790년부터 10년 동안은 미국 연방의 수도였다. 그래서 그런지 미국의 독립선언이 이 곳에서 있었다. 필라델피아의 유명한 별칭으로 "필리(Philly)"와 "우애의 도시(The City of Brotherly Love)"가 있다. 필리는 필라델피아를 줄여서 부른 별칭이고, 우애의 도시는 "필라델피아"가 그리스어 우정, 사랑, 우애를 의미하는 "필로스(φίλος)"와 형제, 친밀한 동료를 의미하는 "아델포스(ἀδελφός)"에서 유래하여 해당 그리스어를 영어로 번역한 별칭이다. 《The popular educator》. Oxford, England: Oxford University (1767), at 776.

영국 정부를 위하여 독일의 정보 메시지를 해독한 암호전문가이다.

이미테이션 게임은 2014년 11월 28일 미국에서 개봉하였으며, 제작비는 1,400만 달러였으나 전세계저긍로 2억 3천 3백만 달러 이상의 수익을 올렸다. 2014년 독립 영화 중에서 가장 높은 수익을 올린 영화로 자리매김하였다. 제87회 아카데미상 각색상, 제72회 골든 글로브상 5개 부문, 제21회 미국 배우 조합상 3개 부문 후보에 올랐다. 그리고 9개의 BAFTA[2] 후보에 올랐으며, 제39회 토론토 국제 영화제에서 피플스 초이스 상을 수상하였다.

## II. 시놉시스

1951년 영국, 두 명의 경찰관이 수학자인 앨런 튜링의 집에 들이닥쳐 그를 체포한 후 조사한다. 경찰관 노크가 그를 심문하는 동안 튜링은 제2차 세계대전 동안 블레츨리 공원에서 자신이 일했던 시간에 대해 이야기하면서 영화는 시작한다.

1928년 어린 튜링은 기숙학교에서 친구들에게 괴롭힘을 당하며 불행한 시간을 보낸다. 그러던 중 크리스토퍼 모르콤이라는 친구를 만나게 되는데 친구는 암호학에 대한 그의 관심을 촉발시킨다. 이후 둘은 서로간의 우정을 키우는 가운데 튜링은 그에게 로맨틱한 감정을 갖게 된다. 그러나 크리스토퍼는 곧 결핵으로 사망한다. 1939년 제2차대전 중 영국이 독일과의 전쟁에 돌입하게 되고, 튜링은 블레츨리 공원에 마련된 비밀기지에서 나치가 사용하는 암호화된 메시지를 해독하는 과업을 수행하게 된다. 절대 해독이 불가능한 나치의 암호인 "에니그마"로 인해 연합군은 속수무책으

2) British Academy of Film and Television Arts (영국 영화 텔레비전 예술 아카데미). 영국의 영화, 텔레비전, 게임 등 예술 분야를 지원하고 시상식을 주관하는 단체로서 1947년 '영국 영화 아카데미'(The British Film Academy)로 출범해 이후 텔레비전 등 다양한 분야로 세력을 넓히며 1976년 현재의 이름을 얻게 되었다.

로 당하게 된다. 결국 각 분야의 수재들을 모아 기밀 프로젝트 암호 해독팀을 가동하게 된 것이다. 천재 수학자 앨런 튜링은 암호 해독을 위한 특별한 기계를 발명하지만 24시간 마다 바뀌는 완벽한 암호 체계 때문에 번번히 좌절하고 마는데... 과연, 앨런 튜링과 암호 해독팀은 암호를 풀고 전쟁의 승리를 끌어낼 수 있을까…?

한편 전쟁이 끝난 후, MI6는 암호 해독팀에게 그들의 작업을 중단하고 암호해독기를 파괴할 것을 지시한다. 팀원들에게도 다시는 서로 만나거나 그들이 한 일을 공유해서는 안 된다고 말하며, 이 모든 일은 비밀에 부쳐질 것이라고 한다. 이후 1952년 튜링은 동성애로 인한 외설죄로 유죄판결을 받게 되고 감옥에 수감되는 대신 화학적 거세를 받는다. 제2차 세계대전 중 그가 만든 암호해독기 덕분에 수백만 명이 생명을 구했음에도 불구하고 강제로 시행된 1년여 간의 호르몬 치료 중 1954년 6월 7일 튜링은 자살로 생을 마감한다.

## III. 사색하는 법률 산책

지난 2021년 자신을 트랜스젠더라고 밝힌 직업군인 변희수 전 육군 하사가 스스로 목숨을 끊는 사건이 발생했다. 이에 대하여 그를 추모하는 목소리와 함께 성소수자를 혐오와 차별로부터 보호하자는 움직임이 있었으나, 다른 한편으로는 그와 전혀 다른 움직임도 있었다. 이 영화는 사실 성소주자를 다른 영화는 아니니다. 그러니 이 형화를 통해서 우리가 한편 간과할 수 있는 부분을 발견할 수 있는데, 그것이 바로 성소수자의 인권문제가 아닐까. 사실 이 영화를 통해서 우리 사회의 성소수자에 대한 인권문제를 본격적으로 해결하고자 하는 것은 아니다. 다만 전혀 다른 주제의 영화 속에서 발견되는 성소수자 문제에 대한 인식과 우리사회에서 앞으로 이들에 대한 인권문제를 어떻게 풀어나갈 것인가를 한번쯤은 생각해 보는 것은 어떨까. 그저 가볍게 법률 산책을 통해서라도 말이다.

제2절

# 성소수자 인정, 지구촌 여론 과반 넘었다[3]

## I. 들어가는 말

여전히 논란이 크지만 '성소수자의 권리를 인정해 줘야 한다'는 의견이 마침내 지구촌 전반에 걸쳐 주류적 여론을 형성하는 것으로 나타났다. 지역별로는 이슬람교의 영향이 큰 서남아시아와 아프리카에서 부정적 여론이 여전하지만 유럽과 미주에서는 성소수자 권리를 옹호하는 비율이 압도적으로 높았다. 한국과 일본 등 동아시아의 관련 비율은 최근 상승세가 두드러지고 있지만 여전히 찬성 비율이 과반을 넘어서지는 못하고 있다.

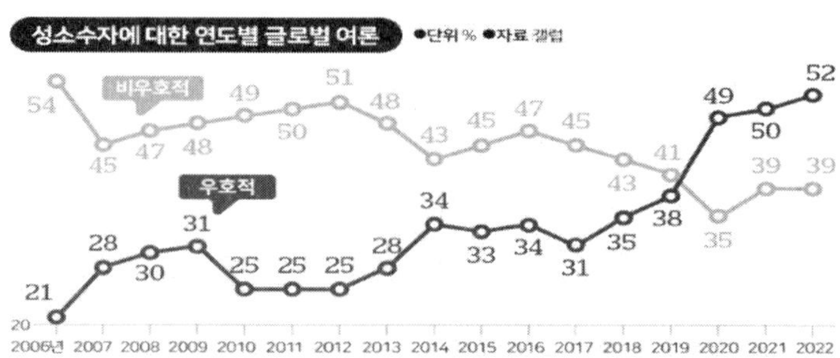


3) 조철환, "성소수자 인정, 지구촌 여론 과반 넘었다," 한국일보 (2023.06.29.), available at ⟨https://www. hankookilbo.com/News/Read/A2023062615050005366⟩

## II. 갤럽 조사 결과

2023년 6월 28일 갤럽에 따르면 전 세계 123개국을 대상으로 조사한 결과, '내가 살고 있는 지역이 성소수자에 우호적'이라고 응답한 비율이 52%에 달했다. 해당 조사는 2006년 이후 매년 실시되고 있는데 '우호적'이라는 비율이 과반수를 넘어선 것은 이번이 처음이다. 갤럽은 해당 비율은 2020년 49%, 2021년 50%를 기록하는 등 꾸준히 상승하기는 했지만 전체 응답자의 과반을 넘긴 것은 이번이 처음이라고 밝혔다.

갤럽은 지구촌 전반에 걸쳐 성소수자에 대한 포용성이 높아지기는 했지만 지역별 편차는 여전하다고 강조했다. 갤럽은 이번 조사에서 성소수자를 용인하는 비율이 80%를 넘는 국가가 총 15개국에 달했으며, 특히 스웨덴(91%)과 노르웨이(90%) 등 북유럽 국가는 지구촌 다른 곳에 비해 눈에 띄게 우호적 경향을 보였다고 강조했다. 갤럽은 비유럽 국가 가운데 해당 비율이 80%를 넘은 곳은 네팔이 유일하다고 소개했다.

반면 조사대상 122개국 가운데 우호적 비율이 10%에도 미치지 않는 국가도 22개에 달했다. 이들 국가는 감비아, 말라위, 세네갈 등 사하라 이남의 아프리카 국가와 과거 구소련 연방에 속했던 서아시아 지역에 집중됐다. 성소수자에게 가혹한 구소련 연방지역 국가는 아르메니아, 아제르바이잔, 카자흐스탄, 몰도바, 키르기스스탄 등이다. 이와 함께 유럽 발칸반도의 코소보, 북마케도니아 등과 인도네시아, 말레이시아 등 일부 동남아 국가에서도 성소수자의 정체성을 인정하는 비율이 지구촌 다른 곳보다 유난히 낮았다.

한국, 일본, 중국 등 동아시아의 경우는 시간이 지날수록 해당 비율이 높아지고는 있으나 과반수를 넘어선 세계 평균에는 여전히 미치지 못했다. 갤럽은 2022년 조사와 관련, 성소수자에 대한 여론이 꾸준히 개선되는 현상을 확인할 수 있었다고 밝혔다. 갤럽은 또 성소수자에 대해 강력한 형벌을 가하는 아프리카 우간다, 감비아 등에서는 실제로는 포용적이더라도 일부 응답자들이 부정적 반응을 보였을 가능성이 크다고 분석했다.

제3절

# 성소수자와 인권 문제

## I. 들어가는 말

일반적으로 동성애(同性愛)는 생물학적 또는 사회적으로 같은 성별을 지닌 사람에게 성적 끌림 혹은 성적 행위를 느끼는 것으로 이해한다. 최근에는 동성애와 관련하여 매우 다양한 개념들이 나타나고 있는데, 성적 지향(sexual orientation), 젠더 정체성(gender identity), 성소수자(sexual minority), 젠더 평등(gender equality) 등이 그것이다.[4] 동성애와 관련한 이러한 개념들은 그 대상을 명확하게 정의하고 있지 못하여 매우 모호하고 애매하게 사용되고 있는 실정이다. 법규범 측면에서도 마찬가지이다. 현행 법체계에서는 동성애라는 표현을 직접 사용하지 않고 있으며 그와 관련하여 "성적 지향"이나 "성수수자" 또는 "성평등"이라는 용어를 사용하고 있다. 여튼 어떠한 표현을 사용하던지 간에 그들의 인권을 어떻게 보호할 것인가가 문제이다. 이때 인권이라는 것은 인간이 당연히 가지는 권리를 말하는 것으로 인권ㅇ느 생래적이며 천부적인 자연권을 의미한다. 우리나라 헌법은 제10조에서 "모든 국민은 인간으로서의 존엄과 가치를 가지며, 행복을 추구할 권리를 가진다. 국가는 개인이 가지는 불가침의 기본적 인권을 확인하고 이를 보장할 의무를 진다."고 하여 기본적인 인권을 규정하고 있다.

4) 음선필, "동성애와 인권," 교회와 법 제6권 제2호 (한국교회법학회, 2020), 2면.

## II. 성소수자의 인권[5)]

우리나라는 "모든 개인이 가지는 불가침의 기본적 인권을 보호하고 그 수준을 향상시킴으로써 인간으로서의 존엄과 가치를 실현하고 민주적 기본질서의 확립에 이바지함을 목적으로"[6)] 국가인권위원회를 설립 운영하고 있다. 국가인권위원회법은 "인권"이란 「대한민국헌법」 및 법률에서 보장하거나 대한민국이 가입 · 비준한 국제인권조약 및 국제관습법에서 인정하는 "인간으로서의 존엄과 가치 및 자유와 권리"라고 규정하고 있다. 따라서 우리나라 국민이면 누구나 헌법 및 법률에서 정하는 인간으로서의 존엄과 가치 및 자유과 권리를 누릴 "인권"이 있다. 이는 동성애자라고 해서 달리 이해할 것이 아니라는 것이다. 동성애자도 당연히 우리나라 국민으로서 헌법상 보장되는 기본권을 갖는다. 이러한 동성애자의 인권은 20세기 후반에 들어서면서 이슈가 되었다.

특히 1990년대 중반 이후 성적 지향과 젠더 정체성에 대한 차별금지와 젠더 퀴어의 권리 옹호가 국제인권기구에서 논의되었는데, 젠더 퀴어에 대한 폭력금지 및 차별금지가 종래 성별(sex)에 따른 차별금지 규정의 확대 해석을 통하여 각국의 법제에 영향을 미치기 시작한 것이다. 1994년 자유권규약위원회(Committee of Covenant of Civil and Political Right, CCPR)가 호주 태즈마니아 주 형법의 남성 간 성행위 처벌규정에 대하여 시정할 것을 권고하였는데, 자유권규약위원회는 조약기구 전문가위원회에 불과하므로 이러한 해석과 권고에 국제법적 강제력이 전혀 없음에도 불구하고 호주는 이에 따라 해당 규정을 폐지하였다.

한편 동성애자의 인권 문제를 해결하기 위한 지침서로"욕야카르타 원칙(Yogyakarta Principles)"이 있다. 욕야카르타 원칙은 2006년 11월 6일부터 11월 9일까지 인도네시아 욕야카르타에서 국제 NGO와 국제인권법 관

---

5) 이하의 내용은 음선필, "동성애와 인권," 교회와 법 제6권 제2호 (한국교회법학회, 2020)을 일부 수정하여 강의자료로 활용하였음.

6) 국가인권위원회법 제1조.

련 연구자들이 모여 성적 지향과 젠더 정체성 관련 이슈에 대하여 정리한 국제인권법 적용의 원칙을 말한다. 그 정식 명칭은 「성적 지향과 젠더 정체성 관련 국제인권법 적용의 욕야카르타 원칙(Yogyakarta Principles on the Application of International Law in Relation to Issues of Sexual Orientation and Gender Identity)」이다. 이 원칙은 2007년 3월 스위스 제네바에서 공식 발표되었다. 이 원칙은 젠더 퀴어의 권익을 보호하기 위하여 국제적인 기준을 제시하고 이를 개별 국가에서 이행할 것을 요구하는 구체적인 의무를 나열하고 있는데, 여러 나라에서 젠더 퀴어 및 그 옹호자들이 이를 성혁명을 위한 기본 전략과 지침서로 활용하고 있다. 특히 제2원칙인 "평등과 차별받지 않을 권리"가 그 기준이 되고 있다. 구체적인 내용은 다음과 같다.

> 모든 인간은 성적 지향이나 젠더 정체성을 이유로 한 차별 없이 모든 인권을 향유할 자격이 있다. 그 차별로 다른 인권의 향유까지 영향을 받든 그렇지 않든 간에, 아예 그러한 차별 없이, 모든 인간은 법 앞에 평등하고, 평등하게 법의 보호를 받을 권리가 있다. 그러한 차별은 어떤 것이라도 법으로 금지해야 하고, 모든 사람들이 그러한 차별에 대해 평등하고 효과적 으로 보호받도록 보장해야 한다.
> 성적 지향이나 젠더 정체성을 이유로 한 차별에는 성적 지향이나 젠더 정체성을 이유로 한 모든 구별·배제·제한·우대로서 법 앞에서의 평등, 법의 평등한 보호, 모든 인권과 기본적인 자유권의 평등한 인정·향유·이행을 무효화시키거나 해치려는 목적을 가지거나 그러한 효과를 발생시키는 것 등이 포함된다. 성적 지향이나 젠더 정체성을 이유로 한 차별은 성별·인종·나이·종교·장애·건강·경제적 지위 등 다른 사유에 근거한 차별로 인해 더욱 악화될 수 있으며, 또한 일반적으로 그러하다.
>
> 국가는
>
> A. 평등의 원칙과 성적 지향 및 젠더 정체성을 이유로 한 차별금지의 원칙이 헌법이나 다른 적합한 법규에 명시되어 있지 않다면,

법 개정이나 해석을 이용하여 이 원칙들을 반드시 포함시켜야 하고, 실제로 이 원칙들이 효과적으로 실현되도록 보장하여야 한다.

B. 동의 연령(age of consent) 이상에서의 동성 간 합의에 의한 성행위를 금지하거나, 사실상 이를 금지하기 위해 활용되는 형법 및 기타 법적 조항을 폐기하고, 동의 연령은 동성 간 및 이성 간 성행위에 모두 동일하게 적용되도록 해야 한다.

C. 공적, 사적 영역에서 성적 지향이나 젠더 정체성을 이유로 한 차별을 금지하고 철폐하기 위해 적절한 입법조치나 기타 조치를 취해야 한다.

D. 다양한 성적 지향과 젠더 정체성을 가진 개인과 집단이 인권을 똑같이 향유하고 행사하도록 하는데 필수적인 조건으로서, 이들이 적정한 수준까지 성장하도록 만들기 위한 적절한 조치를 취해야 한다. 이러한 조치는 차별로 취급되지 않아야 한다.

E. 국가가 성적 지향이나 젠더 정체성을 이유로 한 차별에 대응할 때에는, 이 차별이 다른 형태의 차별과 중첩되는 양상을 함께 고려하여야 한다.

F. 특정 성적 지향이나 젠더 정체성이나 성별 표현이 열등하다거나 우월하다는 사고와 관련된 편견적, 차별적 태도나 행동을 철폐하기 위해, 교육과 훈련 프로그램을 실시하는 등 모든 적절한 조치를 취해야 한다.

## III. 우리나라의 동성애자 인권[7)]

1990년대 들어서면서 세계 각국에서는 동성애자의 평등권 보호차원에서 성적 지향을 차별금지사유로 법제화하려는 시도가 나타났다. 우리나라도 이러한 시도에 영향을 받아 2001년 5월 24일 국가인권위원회법을 제

7) 이하의 내용은 음선필, "동성애와 인권," 교회와 법 제6권 제2호 (한국교회법학회, 2020)을 일부 수정하여 강의자료로 활용하였음.

정하였다. 제정 당시에는 제30조 제2항에서 "평등권 침해의 차별행위"의 사용에서 성정 지향을 포함함으로써 동성애자의 평등권 보호를 달성하고자 하였다. 우리나라에서는 최초로 성적 지향이 차별금지사유로 명시된 것이다. 그 구체적인 내용은 다음과 같다.

**<제30조 제2항>**

평등권침해의 차별행위라 함은 합리적인 이유없이 성별, 종교, 장애, 나이, 사회적 신분, 출신지역, 출신국가, 출신민족, 용모 등 신체조건, 혼인여부, 임신 또는 출산, 가족상황, 인종, 피부색, 사상 또는 정치적 의견, 형의 효력이 실효된 전과, 성적(性的) 지향, 병력(病歷)을 이유로 한 다음 각호의 1에 해당하는 행위를 말한다. 다만, 다른 법률에서 특정한 사람(특정한 사람들의 집단을 포함한다. 이하 같다)에 대한 우대를 차별행위의 범위에서 제외한 경우 그 우대는 차별행위로 보지 아니한다.

1. 고용(모집, 채용, 교육, 배치, 승진, 임금 및 임금외의 금품 지급, 자금의 융자, 정년, 퇴직, 해고 등을 포함한다)에 있어서 특정한 사람을 우대·배제·구별하거나 불리하게 대우하는 행위
2. 재화·용역·교통수단·상업시설·토지·주거시설의 공급이나 이용에 있어서 특정한 사람을 우대·배제·구별하거나 불리하게 대우하는 행위
3. 교육시설이나 직업훈련기관의 이용에 있어서 특정한 사람을 우대·배제·구별하거나 불리하게 대우하는 행위

이후 이 제30조 제2항의 규정은 2005년 7월 29일 삭제되면서 제2조 제4호의 정의규정으로 자리를 옮겨 신설되어 오늘에 이르고 있는데, 그 구체적인 내용은 다음과 같다.

4. "평등권침해의 차별행위"라 함은 합리적인 이유 없이 성별, 종교,

장애, 나이, 사회적 신분, 출신지역(출생지, 원적지, 본적지, 성년이 되기 전의 주된 거주지역 등을 말한다), 출신국가, 출신민족, 용모 등 신체조건, 기혼 · 미혼 · 별거 · 이혼 · 사별 · 재혼 · 사실혼 등 혼인 여부, 임신 또는 출산, 가족형태 또는 가족상황, 인종, 피부색, 사상 또는 정치적 의견, 형의 효력이 실효된 전과, 성적(性的) 지향, 학력, 병력(病歷) 등을 이유로 한 다음 각 목의 어느 하나에 해당하는 행위를 말한다. 다만, 현존하는 차별을 해소하기 위하여 특정한 사람(특정한 사람들의 집단을 포함한다. 이하 같다)을 잠정적으로 우대하는 행위와 이를 내용으로 하는 법령의 제 · 개정 및 정책의 수립 · 집행은 평등권침해의 차별행위(이하 "차별행위"라 한다)로 보지 아니한다.

가. 고용(모집, 채용, 교육, 배치, 승진, 임금 및 임금 외의 금품 지급, 자금의 융자, 정년, 퇴직, 해고 등을 포함한다)과 관련하여 특정한 사람을 우대 · 배제 · 구별하거나 불리하게 대우하는 행위

나. 재화 · 용역 · 교통수단 · 상업시설 · 토지 · 주거시설의 공급이나 이용과 관련하여 특정한 사람을 우대 · 배제 · 구별하거나 불리하게 대우하는 행위

다. 교육시설이나 직업훈련기관에서의 교육 · 훈련이나 그 이용과 관련하여 특정한 사람을 우대 · 배제 · 구별하거나 불리하게 대우하는 행위

라. 성희롱 행위

이 외에도 형집행법[8] 및 군형집행법[9]이 그 뒤를 이어 성적 지향을 차별금지사유로 규정하였으며, 또한 동일한 내용을 포함한 조례가 다수 제

---

8) 형의 집행 및 수용자의 처우에 관한 법률(2007년 12월 21일 전부개정) 제5조는 "수용자는 합리적인 이유 없이 성별, 종교, 장애, 나이, 사회적 신분, 출신지역, 출신국가, 출신민족, 용모 등 신체조건, 병력(病歷), 혼인 여부, 정치적 의견 및 성적(性的) 지향 등을 이유로 차별받지 아니한다."고 규정하고 있다.

9) 군에서의 형의 집행 및 군수용자의 처우에 관한 법률 (2009년 11월 2일 전부개정) 제6조는 "군수용자는 합리적인 이유 없이 성별, 종교, 장애, 나이, 사회적 신분, 출신지역, 용모 등 신체조건, 병력(病歷), 혼인 여부, 정치적 의견 및 성적(性的) 지향 등을 이유로 차별받지 아니한다."고 규정하고 있다.

정되었다. 이런 연혁적 이유에서 인권위법이 동성애자를 보호하는 대표적인 법률로 인식되고 있으며, 인권위가 동성애를 옹호하는 국가기관으로 자리 잡게 되었다. 이를 근거로 인권위는 동성애에 대한 차별을 막기 위해 많은 시도를 하였다. 2003년 4월 인권위는, 한국여성성적소수자인권운동모임 '끼리끼리'의 대표자와 동성애자인권연대 대표자가 각각 2002년 10월과 12월 "청소년보호법시행령에 '동성애'가 청소년유해매체물 개별 심의기준으로 규정된 것은 성적지향에 의한 인권침해"라며 청소년보호위원회 위원장을 상대로 낸 진정사건에 대해, 동성애를 차별적으로 명시한 것은 헌법 제10조(행복추구권) 제11조(평등권) 제21조(표현의 자유) 등을 침해한 행위라고 판단하고 청소년보호위원회 위원장에게 청소년보호법시행령 제7조 '개별 심의기준' 중 '동성애'를 삭제할 것을 권고하였다. 청소년보호위원회가 이를 받아들임으로써, 마침내 2004.3.30. 발효된 청소년보호법시행령의 청소년유해 매체물 심의기준에서 동성애 조항이 삭제되기에 이르렀다. 이후에도 동성애자를 위한 인권위의 시도는 입법, 사법, 언론 등 다방면에서 이뤄졌다.성적 지향에 기인한 차별금지법안의 제정을 권고하였고(2006.7.24.), 동성애를 금지한군형법의 폐지의견서를 헌법재판소에 제출하였으며(2010.10.5.), 동성애와 에이즈문제 등에 관한 보도를 사실상 제한하는 '인권보도준칙'을 한국기자협회와 협약하였다(2011.9.23.). 이러한 인권위 활동은 사회 각 영역에 지속적으로 영향을 끼쳤다. 특히 차별금지법의 제정 시도가 그러하였다.

최근 2018년 11월 인권위는 성적 지향이 차별금지사유로 포함된 인권위법에 근거하여 학내에서 성매매 합법화와 동성애 관련 페미니즘 강연회를 불법 주최한 이유로 관련 학생들에게 징계를 내린 한동대에게 징계처분 취소결정을,[10] 학내 동성혼 인권영화제 개최를 이유로 장소 대관을 불허한 숭실대에게는 성적 지향을 이유로 한 차별이므로 대관을 허용하라는 결정을[11] 내린 바 있다. 이뿐 아니라 인권위는 젠더 퀴어의 행사에 적극

10) 18진정0052400·18진정0065100·18진정0074000(병합).

11) 15진정0917300·16진정0398000(병합).

참여하여 그 행사를 후원·지지하고 있다. 마치 동성애자들에 대한 후원·지지를 '현존하는 차별을 없애기 위하여 우대하는 행위'(적극적 우대조치)로 인식하는 듯한 양상이다. 이를 통하여 인권위가 동성애에기인한 차별행위에 대하여 구제하는 것을 넘어서 동성애 활동을 적극 옹호·지원하고 있음을 분명히 보여주고 있다.

## Ⅳ. 영국의 젠더 관련법 연혁

이번 씨네마 법률 산책의 대상인 이미테이션 게임에서 주인공인 튜링은 1952년 튜 동성애로 인한 외설죄로 유죄판결을 받게 되고 감옥에 수감되는 대신 화학적 거세를 받는다. 당시만 동성애가 범죄였다는 것을 알 수 있다. 영국은 역사적으로 오랫동안 기독교 국가의 전통을 지녀온 국가로서 동성애 또는 젠더 평등과 관련하여 상당히 급격한 변화를 보여 왔다. 이를 구체적으로 살펴보면 다음과 같다.

1885년 형법을 개정하여 행태를 불문하고 남성 간의 성행위를 모두 불법으로 규정하였다. 따라서 동성인 남성 항문성교가 아닌 기타 성행위를 한 동성애자들도 처벌을 하였다. 이후 1954년까지 동성애 행위로 투옥된 남성들의 수는 연간 1,000명 이상으로 증가하였다. 이로 인해 동성애와 성매매의 합법성에 대한 조사가 요구되었다. 따라서 영국 정부는 1954년 8월 울펜든 위원회를 설립하였다. 이 위원회는 당시 위원장인 존 울펜든(John Wolfenden) 위원장의 이름을 딴 것이다. 이 보고서는 1957년 9월 5일에 출간되었고[12] 많은 사람들의 관심을 끌었다. 보고서는 동의하에 이루어지는 두 성인 사이의 동성애 행위는 더 이상 형사 범죄가 되어서는 안 된다고 권고하였다. 영국 의회는 이 보고서의 연구 결과에 대하여 논의

12) Report of the Committee on Homosexual Offences and Prostitution, Parliamentary Archives, HL/PO/JO/10/11/579/1527 (29 Oct 1957)

하였지만 입법 단계까지 가는 데에는 실패하였다.

1967년 성범죄법(Sexual Offences Act)을 제정하였다. 1957년 올펜든 보고서가 추간된 이후, 인권단체들은 동성애를 범죄화하는 것을 금지하는 캠페인을 시작하였다. 그리고 그 10년 후 성범죄법을 제정하여 21세 이상의 2인 남성 간에 제3자가 없는 사적인 장소에서 행하는 동성간 성행위는 범죄가 아니라고 하였다.

2000년 성범죄법을 개정하여 남성 간 성행위 합의 연령을 16세로 인하하였다. 그리고 2003년에는 이를 다시 개정하여 동성 간 성행위를 2인으로 제한한 조항이 삭제함으로써 합의에 의한 3인 이상의 집단 성행위가 비범죄화되었다.

2003년 성적 지향을 이유로 한 고용차별금지(성적 지향) 시행령 [Employment Equality (Sexual Orientation) Regulations]을 제정하였다. 이 규정은 영국에서 고용주가 성적 지향, 인식된 성적 지향, 종교 또는 신념 및 연령을 이유로 직원을 부당하게 차별하는 것을 금지하는 보조 입법이었다. 이 규정은 이후 2010년 평등법으로 대체되었다.

2004년 생활동반자법 (Civil Partnership Act)을 제정하였다. 이 법은 잉글랜드, 스코틀랜드, 북아일랜드, 웨일즈에서 동성커플에게 혼인과 유사한 법적 권리를 부여하는 제도를 신설하였다. 이 법이 최초 제정될 당시만 해도 동성이 아닌 경우에는 적용되지 않았으나, 2019년 개정을 통하여 동성이 아닌 이성간에도 생활동반자 관계가 형성될 수 있도록 하였다. 생활동반자는 부부와 동일한 재산권, 사회보장 및 연금은 물론 동반자의 자녀에 대한 부모의 책임을 행사할 수 있는 능력뿐만 아니라 이혼과 유사한 동반자 해체 절차를 규정하고 있다. 2023년 현재 우리나라도 영국과 같은 생활동반자법의 제정과 관련한 문제가 있다.

2004년에는 젠더승인법 (Gender Recognition Act)이 제정되기도 하였다. 이 법은 2005년 4월 4일에 발효되었으며 자신의 성에 대하여 정체성에 문제를 가진 사람들이 그들의 법적 성별을 바꿀 수 있도록 허용한다. 즉, 성 정체성 장애(Gender Dysphoria)를 가진 사람들이 성전환수술을 하지 않더라도 의사의 진단만으로 법적 성별(sex)을 변경할 수 있게 되었다.

2006년 제1차 평등법(Equality Act of 2006)을 제정하였다. 이 법은 연령, 장애, 젠더, 젠더 전환, 인종, 종교 또는 신념, 성적 지향에 의한 차별을 금지하는 첫 포괄적 차별금지법이다. 이 법은 2010년 전면 개정을 통하여 제2차 평등법 (Equality Act2010)으로 제정되었다. 따라서 2010년 제2차 평등법은 2006년 제1차 평등법을 전면 개정하여 더욱 강력한 포괄적 차별금지법으로 탄생되었으며, 이 법은 명문으로 성전환과 성적 지향이 차별금지 사유로 규정되었다.

2007년 성적 지향에 관한 평등법 시행령 [Equality Act (Sexual Orientation) Regulation]이 제정되었다. 이 시행령은 평등법에 따라 성적 지향을 이유로 한 서비스, 재화, 교육, 시설 사용, 공공 서비스에서의 차별을 금지하는 구체적인 내용을 포함한다.

2008년 형사사법 및 이민법 (Criminal Justice and Immigration Act)이 제정되었다. 이로써 공공질서법(Public Order Act)에 성적 지향에 대한 증오표현이 범죄로 추가되었고, 그에 대한 형사처벌을 할 수 있는 근거가 마련되었다.

2013년 동성혼인법 [Marriage (Same Sex Couples) Act]이 제정되었다. 이로써 잉글랜드와 웨일즈에서 동성결혼이 합법화되었는데, 2014년에는 스코틀랜드에서도 동성결혼이 합법화되었다. 그리고 2016년에는 군사법(Armed Forces Act)의 개정으로 군대에서 동성 간 성행위를 한 경우에 해임할 수 있는 조항이 삭제되었다.

이와 같이 동성애를 인권으로 주장해온 영국의 예를 보면 동성애의 허용(합법화), 동성애를 처벌하는 법률의 위헌성 인정, 성전환자의 법적 지위 인정(성별 및 성명의 변경), 성전환자의 병역 면제, 군복무 등 영역에서 동성애자에 대한 차별금지, 동성결혼의 합법화 및 동성배우자의 법적 지위 인정, 동성결혼자의 입양 및 대리 출산 허용 등의 절차를 거쳐 온 것을 알 수 있다.[13] 결국 우리나라의 경우에도 현재의 동성애에 대한 차별금지 주장은 향후 동성결혼에 대한 합법화로 이어질 예상할 수 있다.[14]

제4절

# "1인가구 보호" vs "사실상 동성혼"15)

## I. 들어가는 말

국회 법제사법위원회의 2023년 6월 20일 전체회의에서는 혈연이나 혼인으로 맺어지지 않은 두 성인을 '가족관계'로 인정하는 내용의 법안(생활동반자관계에 관한 법률 제정안)을 놓고 갑론을박이 벌어졌다.

이날 법사위에 처음 상정된 제정안(기본소득당 용혜인 의원 대표발의)은 상호 합의에 따라 일상과 가사를 공유하며 서로 돌보는 관계를 생활동반자 관계로 보고 일상가사대리권, 친양자 입양 및 공동입양 등 혼인에 준하는 권리와 의무를 부여하는 내용이 골자다. 일부 종교계에서는 '동성혼 합법화'라며 강하게 반발하고 있다.

13) 음선필, "동성애와 인권," 교회와 법 제6권 제2호 (한국교회법학회, 2020), 13면 참조.

14) Ibid.

15) 류미나, ""1인가구 보호" vs "사실상 동성혼"…생활동반자법 논쟁," 연합뉴스 (2023. 6. 20), available at 〈https://www.yna.co.kr/view/AKR20230620151700001?input=1195m〉

## II. 동성혼 합법화에 대한 찬반론

더불어민주당 법사위원들은 '출생률 감소', '비혼·1인 가구 증가' 등에 따른 사회 공동체 구조 변화의 흐름에 따라 적극적인 입법 논의가 필요하다고 주장한 반면에, 국민의힘·시대전환 소속 위원들은 동성혼에 대한 사회적 반대 여론 등을 들어 '시기상조'라는 입장을 견지했다.

민주당 박범계 의원은 최근 국내 1인 가구가 40%에 육박한다는 통계를 인용, "혼인 관계로 성립되지 않는 사실상의 가족들, 청년 가구일 수도 있고 황혼 이혼도 많아서 노년 가구일 수도 있다"며 "그런 가구까지 포함하는 가족공동체를 국가 법체계로 끌어들여서 보호할 필요성을 느꼈다"고 말했다.

같은당 박용진 의원은 또 "동성혼이라는 것을 마치 해서는 안 될 것처럼 적대시하거나 혐오하거나 차별해도 되는 발언을 하면서 논의가 진행되어서는 안 될 것"이라면서 "동성결혼을 합법화하는 다른 OECD 국가 중에서 이 제도로 인해서, 혹은 새로운 가족결합 형태로 인해서 사회 통합이 깨진 사례를 들어본 적 없다"고 주장했다.

반면에 국민의힘 전주혜 의원은 "혼인을 결심하지 못하는, 사실혼 관계에 있는 사람들로 하여금 복지안전망에 들어오게 하려는 긍정적 측면도 있을 수 있다"고 전제하면서도 "아무리 봐도 이 법은 동성애 허용법"이라고 말했다

전 의원은 이어서 "나 또한 동성애에 반대하고 있다"며 동성의 혼인신고 등을 허용하는 내용 등에 대해 다양한 사회적 의견을 수렴할 필요가 있다고 주장했다.

시대전환 조정훈 의원 역시 "대한민국이 동성혼을 인정할 준비가 돼 있는지, 생활동반자를 통해서 가족이 아닌 다른 관계에서 가족에게 부여됐던 모든 혜택을 주는 것이 우리 공동체 운영에 맞는지 고민이 있어야 한다"고 말했다.

그러면서 "개인적 입장은 (제정안이) 너무 많이, 큰 변화를 주장해서 아직 우리 사회에는 적절하지 않다는 확신을 갖고 있다"고 덧붙였다.

이에 대해 한동훈 법무부 장관은 "단순하게 1인 가구 등에 대한 복지 차원이 아니라, 대한민국의 전통적 혼인 개념을 흔들 수 있는 내용"이라며 "사회적 합의가 필요하다"는 입장을 견지했다.

## III. 사회적 합의의 필요

이에 대해 한동훈 법무부 장관은 "단순하게 1인 가구 등에 대한 복지 차원이 아니라, 대한민국의 전통적 혼인 개념을 흔들 수 있는 내용"이라며 "사회적 합의가 필요하다"는 입장을 견지했다.

한 장관은 '동성화 합법화법' 논쟁과 관련해선 "결과적으로 이 문제는 동성혼을 허용하는 문제와 직결되게 될 것"이라며 "결혼이나 가족 문제에 대해서 사회적 합의는 어떤 하나의 도구가 아니라 그 자체를 반드시 인정해줬으면 하는 실체"라고 했다.

## 생활동반자관계에 관한 법률안
## (장혜영의원 대표발의)

| 의 안<br>번 호 | 22404 |
|---|---|

발의연월일 : 2023. 5. 31.
발 의 자 :
장혜영 · 김홍걸 · 배진교 · 이은주 · 강은미 · 류호정 · 심상정 · 용혜인 · 최강욱 · 윤미향 · 강성희 · 이상민 · 김예지 · 강민정 의원 (14인)

### 제안이유

환경과 문화, 사회 구성원들의 인식 변화 등에 따라, 기존의 혈연 및 혼인 관계와 구분되는 다양한 형태의 가족 관계들이 등장하고 있습니다. 2020년 여성가족부가 진행한 여론조사에 따르면, 10명 중 7명(69.7%)이 "혼인, 혈연 관계가 아니더라도 주거와 생계를 공유한다면 가족이라 여길 수 있다"고 답했습니다.

이렇듯 다양한 모습의 가족을 실천하며 살아가는 사람들이 늘어나고 있고, 사회적 인식도 긍정적으로 변화하고 있습니다. 하지만 이러한 관계를 규율하는 법률이 마련되지 못하여 법적 보호의 사각지대가 발생하고 있습니다. 이는 결과적으로 혼인 · 혈연을 벗어나는 형태의 가족들을 배타적으로 차별하고 제도에서 밀어내는 효과를 낳습니다.

이에 혈연 또는 혼인 외의 이유로 형성, 유지되는 생활동반자관계의 성립과 등록, 관계의 효력 및 이들의 의무와 권리 등의 사항을 법률로 규정함으로써, 생활동반자관계 당사자들이 법률적 보호를 받으며 시민의 권리를 누릴 수 있도록 하고자 합니다.

## 주요내용

가. 생활동반자관계의 성립 · 해소 및 효력과 그에 관한 등록 · 증명에 관한 사항을 규정함을 목적으로 함(안 제1조).

나. 생활동반자관계의 성립과 해소에 관한 등록과 그 증명에 관한 사무는 대법원이 관장하되, 그 사무의 처리에 관한 권한은 가정법원장에게, 생활동반자관계증명서 발급사무의 처리에 관한 권한은 시 · 읍 · 면의 장에게 위임하도록 함(안 제3조 및 제4조).

다. 성년이 된 사람은 당사자 간의 합의에 따라 생활동반자관계를 형성할 수 있도록 하되, 혼인 중에 있는 사람, 생활동반자관계 중에 있는 사람은 다른 생활동반자관계를 형성하지 못하도록 하여 기존의 가족관계와 생활동반자관계의 중복을 금지함(안 제5조 및 제6조).

라. 생활동반자관계의 효력은 생활동반자관계 당사자의 주소지 또는 등록기준지를 관할하는 시 · 읍 · 면의 장에 당사자 쌍방이 연서한 서면으로 신고함으로써 생기도록 함(안 제7조 및 제8조).

마. 생활동반자관계 당사자 쌍방이 해소에 합의를 하거나 일방이 해소를 원하는 경우, 생활동반자관계 당사자가 사망한 경우, 생활동반자관계 당사자가 다른 사람과 혼인한 경우 또는 생활동반자관계 당사자 간 혼인이 성립한 경우에는 생활동반자관계를 해소할 수 있도록 함(안 제14조).

바. 생활동반자관계를 해소한 당사자 간에 재산분할청구권을 인정하였고, 생활동반자관계가 해소된 경우 그 해소에 정당한 이유가 없을 때에는 생활동반자관계를 해소한 당사자 일방은 과실 있는 다른 일방에 대하여 그로 인한 손해의 배상을 청구할 수 있도록 함(안 제17조 및 제19조).

사. 생활동반자관계 당사자에게는 동거 및 부양 · 협조의 의무, 일상가사대리권, 가사로 인한 채무의 연대책임 등 혼인에 준하는 권리와 의무를 부여함(안 제20조부터 제25조까지).

아. 생활동반자관계증명서의 교부 청구, 인터넷 또는 무인증명서발급기에 의한 생활동반자관계증명서의 발급 및 생활동반자관계증명서의 기록사항 중 일부사항을 증명하는 증명서의 발급을 할 수 있도록 함(안 제30조부터 제32조까지).

# 생활동반자관계에 관한 법률안

## 제1장 총칙

제1조(목적) 이 법은 생활동반자관계의 성립·해소 및 효력과 그에 관한 등록·증명 등에 관한 사항을 규정함을 목적으로 한다.

제2조(정의) 이 법에서 "생활동반자관계"라 함은 대한민국 국적을 가진 혼인 중이 아닌 성인과 다른 혼인 중이 아닌 성인 1인이 합의 하에 일상생활, 가사 등을 공유하고 생활돌봄을 상호적으로 주고받는 관계를 말한다.

제3조(생활동반자관계 관련 사무의 관장) 생활동반자관계의 성립과 해소에 관한 등록과 그 증명에 관한 사무(이하 "등록사무"라 한다)는 대법원이 관장한다.

제4조(권한의 위임) ① 대법원장은 등록사무의 처리에 관한 권한(생활동반자관계증명서 발급사무의 처리에 관한 권한은 제외한다)을 가정법원장에게 위임한다. 다만, 가정법원지원장은 가정법원장의 명을 받아 그 관할 구역 내의 등록사무를 처리한다.

② 대법원장은 생활동반자관계증명서 발급사무의 처리에 관한 권한을 시·읍·면의 장(도농복합형태의 시에 있어서 동지역에 대하여는 시장, 읍·면지역에 대하여는 읍·면장으로 하고, 특별시 및 광역시와 구를 둔 시에 있어서는 시장은 구청장, 광역시에 있어서 군지역에 대하여는 읍·면의 장을 말한다. 이하 같다)에게 위임한다.

## 제2장 생활동반자관계의 성립

제5조(생활동반자관계 형성의 능력) ① 성년이 된 사람은 당사자 간의 합

의에 따라 생활동반자관계를 형성할 수 있다.

② 피성년후견인은 성년후견인의 동의를 받아 생활동반자관계를 형성할 수 있다.

제6조(생활동반자관계 형성의 금지) ① 혼인 중에 있는 사람은 생활동반자관계를 형성하지 못한다.

② 생활동반자관계 중에 있는 사람은 다른 생활동반자관계를 형성하지 못한다.

제7조(생활동반자관계의 성립) ① 생활동반자관계는 신고함으로써 그 효력이 생긴다.

② 제1항의 신고는 당사자 쌍방이 연서한 서면으로 하여야 한다.

제8조(생활동반자관계의 신고 등) ① 생활동반자관계의 신고는 생활동반자관계 당사자의 등록기준지 또는 주소지를 관할하는 시 · 읍 · 면의 장(도농복합형태의 시에 있어서 동지역에 대하여는 시장, 읍 · 면지역에 대하여는 읍 · 면장으로 하고, 특별시 및 광역시와 구를 둔 시에 있어서는 시장은 구청장, 광역시에 있어서 군지역에 대하여는 읍 · 면의 장을 말한다. 이하 같다)에게 하여야 한다.

② 생활동반자관계 당사자 본인이 제1항에 따른 신고장소에 출석하지 아니하는 경우에는 당사자 본인의 주민등록증, 운전면허증, 여권, 그 밖에 대법원규칙으로 정하는 신분증명서를 제시하여야 한다.

제9조(신고서 기재사항) ① 신고서 양식은 대법원예규로 정한다.

② 신고서에는 다음 사항을 기재하여야 한다.

1. 신고연월일
2. 생활동반자관계 당사자의 성명 · 성별 · 출생연월일 · 주민등록번호 · 등록기준지 및 주소
3. 생활동반자관계 당사자와 신고인이 다른 경우 신고인의 성명 · 성별 · 출생연월일 · 주민등록번호 · 등록기준지 및 주소와 생활동반자관계 당사자와의 관계

③ 이 법에 따라 신고서류를 작성한 경우 그 신고서류에 주민등록번

호를 기재한 때에는 출생연월일의 기재를 생략할 수 있다.

제10조(외국에서의 생활동반자관계 신고) ① 외국에 있는 본국민 사이에 형성된 생활동반자관계는 그 외국에 주재하는 대사, 공사 또는 영사에게 신고할 수 있다.

② 제1항의 신고를 수리한 대사, 공사 또는 영사는 지체 없이 그 신고서류를 본국의 등록기준지를 관할하는 시 · 읍 · 면의 장에게 송부하여야 한다.

제11조(생활동반자관계 신고의 수리) ① 생활동반자관계 신고는 그 생활동반자관계가 제5조부터 제8조까지 또는 그 밖의 법령을 위반하지 아니하는 경우에는 이를 수리하여야 한다.

② 시 · 읍 · 면의 장은 생활동반자관계 신고를 수리하지 아니한 경우에는 그 사유를 지체없이 신고인과 생활동반자관계 당사자에게 서면으로 통지하여야 한다.

제12조(생활동반자관계의 무효) 생활동반자관계가 다음 각 호의 어느 하나에 해당하는 경우 무효로 한다.

1. 당사자 간에 생활동반자관계 형성의 합의가 없는 경우
2. 당사자가 미성년자인 경우
3. 제6조를 위반한 경우

제13조(준용규정) 이 법에서 규정되지 않은 생활동반자관계의 수리, 불수리증명서와 서류의 열람 및 불복절차 등에 관해서는 「가족관계의 등록에 관한 법률」을 준용한다.

## 제3장 생활동반자관계의 해소

제14조(생활동반자관계 해소의 사유) 생활동반자관계는 다음 각 호의 어느 하나에 해당하는 경우에 해소된다.

1. 생활동반자관계 당사자 쌍방이 해소에 합의를 하는 경우
2. 생활동반자관계 당사자 일방이 해소를 원하는 경우

3. 생활동반자관계 당사자가 사망한 경우

4. 생활동반자관계 당사자가 다른 사람과 혼인한 경우

5. 생활동반자관계 당사자 간 혼인이 성립한 경우

第15조(생활동반자관계의 해소) ① 제14조제1호 또는 제2호에 따른 생활동반자관계의 해소는 생활동반자관계 당사자가 신고함으로써 효력이 생긴다.

② 제14조제3호부터 제5호까지의 규정에 따른 생활동반자관계의 해소는 원인이 되는 사건이 성립한 즉시 효력이 생긴다.

第16조(생활동반자관계 해소의 신고) ① 제14조제1호에 따른 생활동반자관계 해소의 신고는 당사자 쌍방이 연서한 서면으로 하여야 한다.

② 제14조제2호에 따른 생활동반자관계 해소의 신고는 당사자 일방이 서명한 서면으로 하여야 한다. 이 경우 다른 일방에 대하여 생활동반자관계 해소의 의사표시를 하였음을 증명하여야 한다.

③ 제14조제3호부터 제5호까지의 규정에 따른 생활동반자관계 해소의 신고는 「가족관계의 등록 등에 관한 법률」에 따른 해당 사건의 신고로 갈음한다.

④ 생활동반자관계 해소의 신고에 관하여는 생활동반자관계 신고에 관한 규정을 준용한다.

第17조(재산분할청구권) ① 생활동반자관계를 해소한 당사자 일방은 다른 일방에 대하여 재산분할을 청구할 수 있다.

② 제1항에 따른 재산분할에 관하여 협의가 되지 아니하거나 협의할 수 없는 경우 가정법원은 당사자의 청구에 의하여 당사자 쌍방의 협력으로 이룩한 재산의 액수, 그 밖의 사정을 참작하여 분할의 액수와 방법을 정한다.

③ 제1항의 재산분할청구권은 생활동반자관계 해소의 효력이 발생한 날로부터 2년을 경과한 때는 소멸한다.

第18조(재산분할청구권 보전을 위한 사해행위취소권) ① 생활동반자관계 당사자 일방이 다른 일방의 재산분할청구권 행사를 해함을 알면서도 재산권을 목적으로 하는 법률행위를 한 경우에 다른 일방은 「민법」 제406조제1항을 준용하여 그 취소 및 원상회복을 가정법원에 청구할 수 있다.

② 제1항의 소는 「민법」 제406조제2항에 따른 기간 내에 제기하여야 한다.

제19조(생활동반자관계 해소에 따른 손해배상청구) ① 생활동반자관계가 해소된 경우 그 해소에 정당한 이유가 없을 때에는 생활동반자관계를 해소한 당사자 일방은 과실이 있는 다른 일방에 대하여 그로 인한 손해의 배상을 청구할 수 있다.

② 제1항의 손해에는 재산상 손해 외에 정신적 피해에 대한 손해도 포함된다.

③ 정신적 피해에 대한 배상청구권은 양도하거나 승계하지 못하다. 다만, 당사자 간에 이미 그 배상에 관한 계약이 성립되거나 소를 제기한 후에는 그러하지 아니한다.

## 제4장 생활동반자관계 당사자의 권리와 의무

제20조(생활동반자관계 당사자 간의 가사대리권) ① 생활동반자관계 당사자는 일상의 가사에 관하여 서로 대리권이 있다.

② 제1항의 대리권에 가한 제한은 선의의 제3자에게 대항하지 못한다.

제21조(재산의 약정과 그 변경) ① 생활동반자관계 당사자는 생활동반자관계 신고 시 또는 생활동반자관계가 지속되는 동안 양자 간의 합의에 따라 그 재산에 관하여 따로 약정을 하거나 변경할 수 있다.

② 제1항의 약정에 따라 생활동반자관계 당사자 일방이 다른 일방의 재산을 관리하는 경우에 부적당한 관리로 인하여 그 재산을 위태하게 한 때에는 다른 일방은 자기가 관리할 것을 법원에 청구할 수 있다. 이 경우 그 재산이 생활동반자관계 당사자의 공유인 때에는

그 분할을 청구할 수 있다.

③ 제1항에 따라 생활동반자관계 당사자가 그 재산에 관하여 따로 약정을 하거나 변경을 한 경우에는 그 등기를 하지 아니하면 생활동반자관계 당사자의 승계인 또는 제3자에게 대항하지 못한다.

④ 제2항 또는 약정에 따라 관리자를 변경하거나 공유재산을 분할한 경우에는 그 등기를 하지 아니하면 생활동반자관계 당사자의 승계인 또는 제3자에게 대항하지 못한다.

⑤ 제1항에 따른 별도의 약정을 하지 않은 경우 생활동반자관계 당사자 간의 재산관계는 제23조부터 제25조까지의 규정에서 정하는 바를 따른다.

제22조(특유재산과 귀속불명재산) ① 생활동반자관계 당사자가 생활동반자관계 성립 전부터 가진 고유재산과 생활동반자관계가 지속되는 동안 자기의 명의로 취득한 재산은 그 특유재산으로 한다.

② 생활동반자관계 당사자 중 누구에게 속한 것인지 분명하지 아니한 재산은 생활동반자관계 당사자의 공유로 추정한다.

제23조(특유재산의 관리 등) 생활동반자관계 당사자는 그 특유재산을 각자 관리, 사용, 수익한다.

제24조(가사로 인한 채무의 연대책임) 생활동반자관계 당사자 일방이 일상의 가사에 관하여 제3자와 법률행위를 한 경우에 다른 일방은 이로 인한 채무에 대하여 연대책임이 있다. 다만, 이미 제3자에 대하여 다른 일방의 책임이 없음을 명시한 경우에는 그러하지 아니하다.

제25조(생활비용) 생활동반자관계 당사자의 공동생활에 필요한 비용은 당사자 간에 특별한 약정이 없으면 당사자 쌍방이 공동으로 부담한다.

## 제5장 생활동반자관계등록부의 작성과 등록사무의 처리

제26조(생활동반자관계등록부의 작성 및 관리 등) ① 생활동반자관계등록부(이하 "등록부"라 한다)는 전산정보처리조직에 의하여 입력·처

리된 생활동반자관계등록사항(이하 "등록사항"이라 한다)에 관한 전산정보자료를 등록기준지에 따라 개인별로 구분하여 작성한다.

② 등록부에는 다음 사항을 기록하여야 한다.

1. 등록기준지
2. 생활동반자관계 당사자 본인 및 상대방의 성명 · 성별 · 출생연월일 및 주민등록번호
3. 생활동반자관계의 형성 및 변동에 관한 사항
4. 그 밖에 생활동반자관계에 관한 사항으로서 대법원규칙으로 정하는 사항

③ 생활동반자관계가 해소된 경우에는 등록부를 폐쇄한다.

④ 등록부와 제3항에 따라 폐쇄한 등록부(이하 "폐쇄등록부"라 한다)는 법원행정처장이 보관 · 관리한다.

⑤ 법원행정처장은 등록부 또는 폐쇄등록부(이하 "등록부등"이라 한다)에 기록되어 있는 등록사항과 동일한 전산정보자료를 따로 작성하여 관리하여야 한다.

⑥ 등록부등의 전부 또는 일부가 손상되거나 손상될 염려가 있는 때에는 법원행정처장은 대법원규칙으로 정하는 바에 따라 등록부등의 복구 등 필요한 처분을 명할 수 있다.

⑦ 제1항 및 제6항에 따른 등록부등과 전산정보자료의 작성 및 관리에 관하여 필요한 사항은 대법원규칙으로 정한다.

제27조(전산정보처리조직에 의한 등록사무의 처리 등) ① 시 · 읍 · 면의 장은 등록사무를 전산정보처리조직에 의하여 처리하여야 한다.

② 등록부등을 관리하는 사람 또는 등록사무를 처리하는 사람은 이 법이나 그 밖의 법률에서 규정하는 사유가 아닌 다른 사유로 등록부등에 기록된 등록사항에 관한 전산정보자료(이하 "등록전산정보자료"라 한다)를 이용하거나 다른 사람(법인을 포함한다)에게 자료를 제공하여서는 아니 된다.

③ 제1항에 따른 전산정보처리조직에 의한 등록사무 처리에 필요한

사항은 대법원규칙으로 정한다.

제28조(등록전산정보자료의 이용 등) ① 등록전산정보자료를 이용하거나 활용하려는 사람은 관계 중앙행정기관의 장의 심사를 거쳐 법원행정처장의 승인을 받아야 한다. 다만, 중앙행정기관의 장이 등록전산정보자료를 이용하거나 활용하려는 경우에는 법원행정처장과 협의하여야 한다.

② 제1항에 따라 등록전산정보자료를 이용하거나 활용하려는 사람은 이를 본래의 목적 외의 용도로 이용하거나 활용하여서는 아니 된다.

③ 제1항에 따른 등록전산정보자료의 이용 또는 활용과 그 사용료 등에 관하여 필요한 사항은 대법원규칙으로 정한다.

제29조(생활동반자관계증명서의 기재사항 등) ① 등록부등의 기록사항은 다음 각 호의 사항을 기재하여 생활동반자관계증명서로 발급한다.

1. 당사자 본인의 등록기준지 · 성명 · 성별 · 출생연월일 및 주민등록번호
2. 상대 당사자의 성명 · 성별 · 출생연월일 및 주민등록번호
3. 현재의 생활동반자관계에 관한 사항

② 제1항에 따른 증명서의 기재사항 중 신청인이 대법원규칙으로 정하는 바에 따라 선택한 일부사항만을 기재한 증명서를 발급할 수 있다.

③ 제1항에 따른 증명서 및 제2항에 따른 일부사항만을 기재한 증명서의 작성 및 발급에 관하여 필요한 사항은 대법원규칙으로 정한다.

제30조(생활동반자관계증명서의 교부 등) ① 생활동반자관계 당사자 본인은 제29조에 따른 생활동반자관계증명서의 교부를 청구할 수 있고, 본인의 대리인이 청구하는 경우에는 본인의 위임을 받아야 한다. 다만, 각 호의 어느 하나에 해당하는 경우에는 본인이 아닌 경우에도 교부를 신청할 수 있다.

1. 국가 또는 지방자치단체가 직무상 필요에 따라 문서로 신청하는

경우
2. 소송 · 비송 · 민사집행의 각 절차에서 필요한 경우
3. 다른 법령에서 생활동반자관계증명서를 제출하도록 요구하는 경우
4. 그 밖에 대법원규칙으로 정하는 정당한 이해관계가 있는 사람이 신청하는 경우

② 생활동반자관계 당사자 본인은 대법원규칙으로 정하는 바에 따라 등록부등의 기록사항의 전부 또는 일부에 대하여 전자적 방법에 의한 열람을 청구할 수 있다.

③ 시 · 읍 · 면의 장은 제1항에 따른 청구가 등록부에 기록된 사람에 대한 사생활의 비밀을 침해하는 등 부당한 목적에 의한 것이 분명하다고 인정되는 경우에는 증명서의 교부를 거부할 수 있다.

④ 생활동반자관계증명서를 제출받은 사람은 이를 사용목적 외 용도로 사용하여서는 아니 된다.

⑤ 제1항에 따라 생활동반자관계증명서의 교부를 청구하는 사람은 대법원규칙으로 정하는 수수료를 납부하여야 하며, 증명서의 송부를 신청하는 경우에는 우송료를 따로 납부하여야 한다.

⑥ 제5항에 따라 납부하는 수수료는 발급사무를 처리하는 해당 지방자치단체의 수입으로 한다.

⑦ 제1항부터 제6항까지의 규정은 폐쇄등록부에 관한 증명서 교부의 경우에도 준용한다.

제31조(인터넷에 의한 생활동반자관계증명서 발급) ① 증명서의 발급사무는 인터넷을 이용하여 처리할 수 있다.

② 제1항에 따른 발급은 생활동반자관계 당사자 본인에게만 할 수 있다.

③ 제1항에 따른 발급의 범위, 절차 및 방법 등 필요한 사항은 대법원규칙으로 정한다.

제32조(무인증명서발급기에 의한 생활동반자관계증명서 발급) ① 시 · 읍 · 면의 장은 신청인 스스로 입력하여 생활동반자관계증명서를 발

급받을 수 있는 장치를 이용하여 증명서의 발급사무를 처리할 수 있다.

② 제1항에 따른 발급은 생활동반자관계 당사자 본인에게만 할 수 있다.

③ 제1항에 따른 발급의 범위, 절차 및 방법 등 필요한 사항은 대법원규칙으로 정한다.

## 제6장 벌칙

제33조(벌칙) 다음 각 호의 어느 하나에 해당하는 사람은 1년 이하의 징역 또는 1천만원 이하의 벌금에 처한다.

1. 제27조제2항을 위반하여 이 법이나 그 밖의 법률에서 규정하는 사유가 아닌 다른 사유로 등록전산정보자료를 이용하거나 다른 사람에게 자료를 제공한 사람
2. 제28조제2항을 위반하여 등록전산정보자료를 본래의 목적 외의 용도로 이용하거나 활용한 사람
3. 제30조제1항 · 제2항, 제31조 또는 제32조를 위반하여 거짓이나 그 밖의 부정한 방법으로 다른 사람의 등록부등의 기록사항을 열람하거나 증명서를 교부받은 사람
4. 이 법에 따른 등록사무처리의 권한에 관한 승인절차 없이 전산정보처리조직에 생활동반자관계 등록정보를 입력 · 변경하여 정보처리를 하거나 기술적 수단을 이용하여 생활동반자관계 등록정보를 알아낸 사람

제34조(양벌규정) 법인의 대표자나 법인 또는 개인의 대리인, 사용인, 그 밖의 종업원이 그 법인 또는 개인의 업무에 관하여 제33조의 위반행위를 하면 그 행위자를 벌하는 외에 그 법인 또는 개인에게도 해당 조문의 벌금형을 과(科)한다. 다만, 법인 또는 개인이 그 위반행위를 방지하기 위하여 해당 업무에 관하여 상당한 주의와 감독을

게을리하지 아니한 경우에는 그러하지 아니하다.

## 부 칙

제1조(시행일) 이 법은 공포 후 1년이 경과한 날부터 시행한다.

제2조(다른 법률의 개정) ①「가정폭력범죄의 처벌 등에 관한 특례법」 일부를 다음과 같이 개정한다.

제2조제2호에 마목을 다음과 같이 신설한다.

마. 생활동반자 혹은 생활동반자였던 사람

제28조제2항 본문 중 "기관장은"을 "기관장, 생활동반자는"으로 한다.

제33조제4항 중 "기관장으로"를 "기관장, 생활동반자로"로 한다.

②「국민건강보험법」 일부를 다음과 같이 개정한다.

제5조제2항에 제5호를 다음과 같이 신설한다.

5. 직장가입자와「생활동반자관계에 관한 법률」에 따라 생활동반자 관계를 형성한 사람

③「남녀고용평등과 일·가정 양립 지원에 관한 법률」 일부를 다음과 같이 개정한다.

제22조의2제1항 본문 중 "손자녀(이하 "가족"이라 한다)의"를 "손자녀(이하 "가족"이라 한다) 및 생활동반자, 생활동반자 가족의"로, "가족을"을 "가족 및 생활동반자, 생활동반자의 가족을"로 하고, 같은 조 제2항 본문 중 "가족(조부모 또는 손자녀의 경우 근로자 본인 외에도 직계비속 또는 직계존속이 있는 등 대통령령으로 정하는 경우는 제외한다)의"를 "가족(조부모 또는 손자녀의 경우 근로자 본인 외에도 직계비속 또는 직계존속이 있는 등 대통령령으로 정하는 경우는 제외한다) 및 생활동반자, 생활동반자의 가족의"로, "가족을"을 "가족 및 생활동반자, 생활동반자의 가족을"로 한다.

④「민법」 일부를 다음과 같이 개정한다.

제908조의2제1항제1호 본문 중 "부부로서"를 "부부거나 3년 이상 생활동

반자관계에 있는 사람으로서"로 하고, 같은 호 단서 중 "하는"을 "하거나 1년 이상 생활동반자관계에 있는 사람의 한쪽이 다른 한쪽의 친생자를 친양자로 하는"으로 하며, 같은 조 제3항 중 "양부모의 양육능력"을 "양육능력"으로 한다.

제908조의3제1항을 다음과 같이 하고, 같은 조 제2항 단서 중 "부부의 일방이 그 배우자의 친생자를 단독으로 입양한 경우에 있어서의 배우자"를 "제908조의2제1항제1호 단서의 경우에 배우자 또는 생활동반자관계에 있는 사람"으로 한다.

① 친양자는 그를 입양한 사람의 친생자로 본다. 이 경우 부부가 공동으로 입양하였거나 혼인 중인 부부의 한쪽이 그 배우자의 친생자를 입양한 경우 부부의 혼인중 출생자로 본다.

⑤「소득세법」일부를 다음과 같이 개정한다.

제50조제1항제2호 중 "배우자로서"를 "배우자 또는 생활동반자로서"로 하고, 같은 조 제3항 중 "배우자 또는"을 "배우자, 생활동반자 또는"으로 한다.

제51조제1항제6호 중 "배우자가"를 "배우자 또는 생활동반자가"로 한다.

⑥「의료법」일부를 다음과 같이 개정한다.

제17조제1항 본문 중 "배우자 또는 배우자의 직계존속"을 "생활동반자, 직계존비속"으로, "환자의 직계존속 · 비속, 배우자"를 "환자의 직계존속 · 비속, 생활동반자, 배우자"로 한다.

제21조제3항제1호 중 "친족관계"를 "친족관계 또는 생활동반자관계임"로 한다.

⑦「인신보호법」일부를 다음과 같이 개정한다.

제3조 본문 중 "형제자매"를 "형제자매,「생활동반자관계에 관한 법률」에 따른 생활동반자관계에 있는 사람"으로 한다.

⑧「자살예방 및 생명존중문화 조성을 위한 법률」일부를 다음과 같이 개정한다.

제2조의2제5호사목 중 "가족"을 "가족(「생활동반자관계에 관한 법률」에

따른 생활동반자관계에 있는 사람을 포함한다)”으로, “유족”을 “유족(「생활동반자관계에 관한 법률」에 따른 생활동반자관계에 있던 사람을 포함한다)”으로 한다.

⑨ 「장사 등에 관한 법률」 일부를 다음과 같이 개정한다.

제2조제16호나목에 ‘생활동반자’를 추가하고, 다목부터 아목까지를 다음과 같이 하며, 같은 호에 자목을 다음과 같이 신설한다.

나. 생활동반자

다. 자녀

라. 부모

마. 자녀 외의 직계비속

바. 부모 외의 직계존속

사. 형제 · 자매

아. 사망하기 전에 치료 · 보호 또는 관리하고 있었던 행정기관 또는 치료 · 보호기관의 장으로서 대통령령으로 정하는 사람

자. 가목부터 사목까지에 해당하지 아니하는 자로서 시신이나 유골을 사실상 관리하는 자

⑩ 「주택임대차보호법」 일부를 다음과 같이 개정한다.

제9조제1항 중 “사실상의 혼인 관계에 있는 자”를 “사실상의 혼인 관계에 있는 자 또는 생활동반자가”로 하고, 같은 조 제2항 중 “사실상의 혼인 관계에 있는 자와 2촌 이내의 친족”을 “사실상의 혼인 관계에 있는 자와 2촌 이내의 친족, 생활동반자가”로 한다.

# 씨네마 법률 산책


저　　자 : 김 광 록
발 행 처 : 충북대학교 출판부
발 행 인 : 고 창 섭
주　　소 : 28644 충북 청주시 서원구 충대로 1
전　　화 : (043) 261-2952, 3014
팩　　스 : (043) 274-1256
이 메 일 : presscbu@chungbuk.ac.kr
등　　록 : 제1983-2001-7호
초 판 1 쇄 : 2024.02.29
인 쇄 처 : 다해 02)2266-9247




ISBN 978-89-7295-548-1 93360

값 22,000원

* 이 저서는 2023학년도 충북대학교 국립대학 육성사업에 의하여 지원 발간되었음.